SCALING UP
스케일업

Scaling Up

How a Few Companies Make it...and Why the Rest Don't
by Verne Harnish

Copyright © 2022 Verne Harnish
Original English language edition published by ForbesBooks 18 Borad Street, Charleston South Carolina 29401, USA.
All rights reserved.

This Korean edition was published by Purun Communication in 2024 by arrangement with ForbesBooks c/o Dropcap, Inc through KCC(Korea Copyright Center Inc.), Seoul.

이 책은 (주)한국저작권센터(KCC)를 통한 저작권자와의 독점계약으로 푸른커뮤니케이션에서 출간되었습니다. 저작권법에 의해 한국 내에서 보호를 받는 저작물이므로 무단전재와 복제를 금합니다.

SCALING UP
스케일업

버네 하니시, 스케일링업 팀 지음
김동규 옮김

e 비즈북스

CONTENTS

1 기업 성장의 도구 — 9
- 01 개관: 인력, 전략, 실행, 현금 — 15
- 02 장벽: 리더십, 인프라, 마케팅 — 37

2 인력 스케일업 — 57
- 03 리더: 기업의 FACe와 PACe — 62
- 04 팀: 유치, 채용, 코칭 — 91
- 05 핵심: 가치, 목적, 역량 — 122

3 전략 스케일업 — 141
- 06 전략의 7 스트라타: 업계를 지배하는 프레임워크 — 147
- 07 한쪽짜리 전략계획: 전략계획에 필요한 도구 — 173
- 08 계획 프로세스: 준비와 운영 — 201

4 실행 스케일업 — 215
- 09 우선순위: 집중, 결승선, 재미 — 220
- 10 데이터: 예측 강화 도구 — 242
- 11 회의 주기: 조직의 심장박동 — 263

5 현금 스케일업   **287**

    12   현금: 현금흐름 가속화   291
    13   1의 위력: 7가지 핵심 재무 지렛대   309
    14   엑시트: 가치를 극대화하는 4가지 비결   336

    다음 단계 - 당장 해야 할 5가지   348

스케일업 기업의 리더와 그들을 뒷받침하는 가족과 팀에게
여러분은 우리 경제의 원동력이자 자유의 근원입니다.

일러두기: 스케일업Scale-up은 단기간에 급성장을 이뤄내는 기업을 일컫는 경제용어로 본문에서는 문맥에 따라 스케일업과 고성장 기업을 혼용하여 썼다. 또한 '스케일링업Scaling Up'은 저자 버네 하니시의 동명의 컨설팅 프로그램과 회사명이기도 하다.

Part1
기업 성장의 도구

Tools for Scaling Up

> *사람들에게 새로운 사고방식을 알려주고 싶다면 그들을 가르치려 들지 말라. 대신 그들에게 도구를 안겨주면 그것을 사용하는 방법을 익히면서 새로운 사고방식을 터득하게 될 것이다.*
> *- 버크민스터 풀러, 미국의 건축가, 발명가, 미래학자*

"목적은 사람들이 모든 이들을 위해 더 나은 세상을 만들게 해주는 동력입니다. 우리는 기본적으로 상품보다 체험의 가치를 더 중시합니다." 이것은 호주와 뉴질랜드의 최대 체험 마켓플레이스인 빅레드 그룹의 공동창업자 겸 이사인 나오미 심슨의 말이다. "사람들이 체험하는 삶의 방식을 바꾼다"는 목표로 그녀의 회사는 사람들이 즐기거나 다른 이에게 선물할 1만 가지 이상의 체험 상품을 제공한다. 그녀의 장기적인 목표는 2030년까지 "지구 어디에서나 매 순간 즐길 수 있는 체험을 지속적으로 제공하는 것"이다. 그녀가 이런 크고 대담하고 도전적인 목표BHAG, Big Hairy Audacious Goal를 새로 정한 2017년 현재, 그녀의 회사는 2.5분마다 한 번의 체험을 제공하고 있다.

그녀가 기업 성장을 위한 우리의 스케일링업 컨설팅 과정을 시작한 것은 2005년부터였다. 시드니에서 버네가 개최한 이틀간의 록펠러 습관 워크숍에 경영팀과 함께 참석한 것이 계기가 되었다. 당시 그녀가 목표로 정한 BHAG는 2015년까지 200만 건의 체험을 제공하는 것이었다. 창립 이래 모두 7500건의 체험을 제공해온 그들에게 이것은 비약적인 목표임이 틀림없었다.

나오미는 이렇게 외친다. "우리는 목표를 2년이나 앞당겨 달성했지만, 그것을 정할 당시에는 도저히 불가능해 보였습니다. 사실 상상조차 할 수 없었지요. 결국 우리는 그것이 가능하다는 것을 입증했습니다."

1996년에 엄마가 되기 위해 직장을 그만둔 나오미가, 2001년에 레드벌룬을 창립하면서 마음에 품었던 원래 목적은 "두 아이 나탈리아(현재 20세)와 오스카(현재 18세)와 더 많은 시간을 보내는 것"이었다. 그녀의 바람은 낮에는 아이들과 함께 놀고 저녁 시간에 레드벌룬을 운영하는 것이었다. 그로부터 22년이 지난 현재, 그 회사의 매출 전망은 약 2억 5000만 달러에 이르며, 사람들에게 평생 잊히지 않을 체험을 제공하는 기업으로 계속해서 발돋움하고 있다.

　네덜란드의 기업가 헤스터 안데리센 르 리쉬도 이와 유사한 목적 주도형 경로를 밟고 있다. 토버Tover의 창립자인 그녀는 인지 장애를 겪는 사람들을 바라보는 세상의 인식을 바꾸고 싶었다. 헤스터는 이렇게 설명한다. "우리는 그 목적을 어떻게 달성할 수 있을까요? 삶의 질에 긍정적인 영향을 미치는 것으로 검증된 진지한 게임을 통해서 그렇게 할 수 있습니다. 더 나은 존재가 된 역할을 맡아보는 거지요. 우리는 그것을 '의도적인 놀이'라고 부릅니다."

　창업 후 7년 동안 자기자본으로 사업을 꾸려간 헤스터는 이후 5년 만에 자금을 유치하고 매출을 8배로 신장했다. 토버는 총 14개국에서 100가지 이상의 게임을 제공한다. 그녀는 우리의 네덜란드 코칭 파트너와 협력하여 자신의 게임 사업도 키웠다. 원래 향후 10년 안에 하루 게임 사용자를 100만 명으로 늘린다는 BHAG를 세웠던 그녀는, 이제 2030년까지 30배에 달하는 사용자 3000만 명을 목표로 하고 있다. 그녀의 영향력은 날로 커지고 있다.

　샌디에이고에 기반을 둔 위탁 보호 대상 청(소)년을 위한 '저스트인타임JIT'이라는 비영리기관의 최고 동기부여 책임자 돈 웰스도 조직의 목적을 다음과 같이 정하고 있다. "전환기 청(소)년이 자립과 행복을 달성하도록 돕는 공동체 활동에 관여한다." 현재 연간 1600명의 18~26세 청(소)년을 돕는 그의 팀이 원래 세웠던 BHAG는 향후 10년 안에 그 10배인 1만 6000명의 청(소)년을 돕는 공동체를 조성하는 것이었다.

　돈과 그의 팀은 처음에 스케일링업 방법론이 사회적 기업에 과연 도움이 될지 반신반의하면서도 스케일링업 코치가 진행하는 강좌에 몇 번 참석했다. 돈은 당시를 이렇게 회상한다. "강좌에 참석하면서 우리가 할 수 있는 일에 관한 생각이 바뀌기 시작했습니다." 그 결과, 그의 팀은 비전을 한 단계 격상하여 2032년까지 연간 10만 명의 청(소)년을 돕는다는 탄탄한 계획을 이사회에 보고하기에 이르렀다.

　돈은 이렇게 말한다. "그 강좌는 비전을 실현할 새로운 해결책과 도구를 우리 손에 쥐여주었습니다." 그 결과, JIT가 지념할 다음과 같은 목적 선언문이 도출되었다. "위탁 보호 대상 청(소)년에게 삶의 변화와 혁신적인 영향을 주는 전국 규모의 신뢰할 수 있고, 즉각적으로 대응하는 진정한 '10만 개의 공동체'를 구축한다"

돈은 이 "10만 개의 공동체"가 다음 10년 동안 JIT의 슬로건이 되었으며, 그를 비롯한 경영팀이 위탁 기관을 떠날 나이가 된 청(소)년들에게 더 큰 영향을 줄 기회에 열정을 품게 된 과정을 설명한다.

목적과 이익의 증대

나오미와 헤스터, 돈은 전 세계에서 스케일링업과 록펠러 습관 도구 및 기법을 사용하는 8만 개 이상 조직의 리더 중 3명이다. 그들은 모두 우리 도구를 이용하여 매출과 자본, 현금(기부)뿐만 아니라 영향력까지 증대하고 있다.

스케일링업 과정에 관여하는 우리들(그리고 6개 대륙의 총 200명이 넘는 코칭 파트너들)은 모두 여러분과 조직이 성장 과정은 더 쉽게, 예기치 못한 어려움은 더 줄이도록 돕는 데서 큰 즐거움을 느낀다. 여러분의 재무 성과가 증대하는 것은 매우 중요한 일이다. 현금흐름은 2배, 수익은 업계 평균의 3배, 그리고 기업 가치는 극적으로 증대한다. 이를 통해 여러분은 밤에 편안히 잠들 수 있고 성장 과정이 훨씬 더 즐거운 일이 된다.

물론 돈만 중요한 것이 아니다. (여러분의!) 스케일업 기업은 지역과 세계 경제의 보이지 않는 영웅이다. 각자가 속한 지역사회에서 창출되는 신규 일자리와 혁신의 대부분을 사실상 여러분이 담당하는 셈이기 때문이다. 나아가 여러분은 수백만 명의 생계를 직접 책임진다. 우리는 특히 이 혼돈의 시대에 이 일을 통해 여러분과 여러분의 조직이 받는 압박을 인식하며, 그 점에서 여러분을 돕는 일에 진지한 책임감을 느낀다. 게다가 지난 1920년대가 그랬던 것처럼 2020년대도 다시 한번 "광란의 10년"이 될 것으로 보인다.

사람들이 번영할 수 있는 위대한 문화를 창조하고, 고객이 기뻐할 만한 상품과 서비스를 제공하며, 이 모든 일을 통해 놀라운 수익을 창출하는 것이 바로 우리가 느끼는 즐거움이다. 여러분의 목적이 가족과 더 많은 시간을 보내는 것이든, 주변 세상에 큰 영향을 미치는 것이든, 우리는 지난 40년 동안 세계 곳곳의 다양한 규모의 조직이 성공적으로 성장하는 데 도움을 줬다. 여러분과 여러분의 팀이 성장 마인드와 배우려는 의지를 지니고 있었기에 우리가 제공하는 도구와 기법이 오랜 시간의 검증을 견뎌낸 셈이다.

가장 중요한 습관

리더는 배우는 사람이다! 구글의 CEO 래리 페이지는 회사를 경영하는 법을 어떻게 배웠느냐는 질문에 대해 "책을 많이 읽는다"라고 대답했다. 예를 들어 그는 명명법에 관한 책만 3권을 읽었다. 빌 게이츠가 수십 년째 저 유명한 "생각 주간"을 꼭꼭 지켜오고 있다는 이야기는 유명하다. 그는 한번은 이 생각 주간을 통해 총 112건의 책과 논문, 보고서 등을 독파한 적도 있다.

  댈러스 매버릭스의 구단주 마크 큐번은 하루에 3시간을 독서에 할애한다. 그가 이 독서를 통해 추구하는 목표는 그가 운영 및 투자하는 150여 개 기업이 시장에서 앞서 나갈 수 있는 단 하나의 아이디어를 찾아내는 것이다. 마크 저커버그가 자기계발에 우선순위로 두는 것은 2주에 1권의 책을 읽는 것이다. 이것은 《톱그레이딩Topgrading》의 저자 브래드포드 스마트가 A급 경영자와 B, C급 경영자의 차이점이라고 말한 연간 24권보다 2권 더 많다.

  찰리 멍거는 50년이나 투자 파트너로 지내온 워런 버핏을 이렇게 묘사한다. "그(워런 버핏)의 최우선 과제는 조용한 독서와 사색의 시간을 따로 마련하는 것입니다. 그는 이런 독서를 통해 지금과 같은 나이에도 학습에 대해서만큼은 단호한 의지를 보여줍니다."

  비즈니스 리더들은 이런 학습을 통해 한 가지 사실을 깨달았다. 그 어떤 흥미로운 생각도 배우지 않고는 머리에서 나오지 않는다는 사실이다. 우리가 경험한 바, 천성적인 호기심과 배움에 대한 갈망이야말로 좋은 리더와 위대한 리더를 구분하는 기준이다. 즐거운 배움의 기회가 되기 바란다!

01 개관

THE OVERVIEW

인력, 전략, 실행, 현금

EXECUTIVE SUMMARY 사업의 규모를 키우는 실제적인 도구와 기법을 바쁜 경영자들이 20분 만에 파악할 수 있게 요약했다. 이 내용은 기업의 리더라면 반드시 결정해야 할 4가지 분야이자, 이 책을 구성하는 4가지 주요 항목이기도 하다. 각 항목에는 구체적인 방법론과 짤막한 사례 연구 자료도 포함되어 있다.

주의: 간략하게 정리된 항목이 다수 포함되어 있으므로, 갑자기 너무 많은 정보량에 압도될 수도 있다! 그러나 자세한 내용이 책 전체에 걸쳐 하나하나 설명되어 있으니 너무 걱정하지 않아도 된다. 책 말미의 〈다음 단계〉에 4쪽 분량의 요약을 수록했다.

스타트업, 스케일업, 스크루업 …
… 정체 혹은 (확장) 실패!

거의 모든 기업의 생애 주기는 S자형 성장 곡선으로 묘사할 수 있다. 기업이 이런 곡선에 따라 성장하는 데 필요한 핵심 요소는 다음과 같다.

1. 적합한 **인력**을 유치하고 지킨다.
2. 차별화된 **전략**을 창출한다.
3. 전략을 완벽하게 **실행**한다.
4. 역경을 헤쳐갈 **현금**을 충분히 확보한다.

수백만 명이 사업을 시작하지만, 살아남은 기업 중 96%는 '쥐' 신세를 면치 못한다. 1000만 달러나 1억 달러, 또는 10억 달러 규모의 매출을 달성하는 기업은 극히 소수(이들을 가젤 혹은 스케일업이라고 한다)일 뿐이다. 서론에

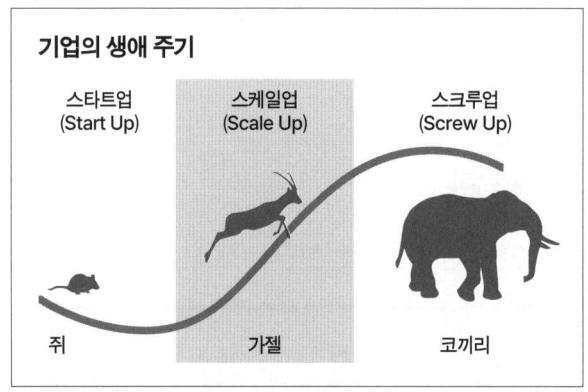

서 소개한 나오미 심슨의 레드벌룬 같은 회사가 여기에 해당한다. 이 책은 기업의 규모를 10배로 확대하는 방법을 안내한다.

성장하는 기업들(가젤)은 결국 '코끼리' 기업에 매각되곤 하는데(드물게는 스스로 코끼리 기업이 되기도 한다), 그 과정에서 성장과 번영을 뒷받침했던 혁신 요소를 잃는 경우가 많다. 이런 대기업은 결국 경영이 악화하여 사라지거나 시대 흐름에 적응하지 못한다.(여러분의 가족, 기업, 혹은 국가를 이런 비극적 파국에서 구하고 싶다면 나심 탈레브의 《안티프래질》을 읽어보길 권한다.)

스타트업과 중소기업의 수는 워낙 많으므로, 이런 기업가들을 위한 도서만 해도 거대한 시장을 형성할 정도지만 그중에서도 가장 뛰어난 책으로는 마이클 거버의 《사업의 철학》과 에릭 리스의 《린 스타트업》을 들 수 있다. 이들 기업가는 그 수가 너무나 많아 정치권이 주목할 정도의 상당한 유권자층을 형성하고 있기도 하다.

거꾸로, 《포천》 500대 기업은 수천 명의 비즈니스 대가와 그들이 매년 발표하는 약 1만 1000권의 신간 서적을 소화해낼 정도의 방대한 독자층을 형성한다. 이들 대기업은 높은 급여를 받는 로비스트를 고용하여 정부를 상대로 영업을 펼치고, 그 결과 온갖 특혜를 얻어낸다.

그런데 이런 비즈니스 대가들과 정부는 비교적 오랜 역사가 있고 상당한 영향을 발휘하는 성장 기업에는 별로 관심을 기울이지 않는다. 그들은 경제를 지탱하는 거의 모든 혁신과 일자리 창출을 담당하는데도 정작 정치인과 출판사들에게서는 호의적인 관

심을 얻지 못하고 있다. 이 책의 저자와 그의 팀은 이미 튼튼하게 자리 잡은 스타트업 생태계를 도와 여러 도시와 국가들이 고성장 기업 생태계를 만들 수 있도록 지원하는 방법을 안내하고 있다.

고 영향력 기업 — 애플과 스타벅스

미국 중소기업청이 의뢰한 '고 영향력 기업: 가젤 기업의 재검토'라는 연구의 저자들은 이렇게 말한다. "고 영향력 기업은 비교적 역사가 오래되고 그 수가 적으면서도 전체 경제 성장의 대부분을 담당한다. 이들 회사의 업력은 평균 **25년**이며, 그 수는 전체 기업의 **2~3%** 정도에 불과하다. 그러면서도 이들은 민간 고용시장과 매출 성장을 거의 모두 책임지고 있다."

이들 '오래된' 기업의 대표적인 예로, 유명한 두 가젤 기업을 들 수 있다. 바로 애플과 스타벅스다. 1976년에 창업한 애플은 창업 25주년을 맞이하던 2001년에 아이팟을 출시했다. 애플의 직원 수는 당시만 해도 9600명에 불과했으나 그 이후 그들이 이룩한 일은 그야말로 역사가 되었다. 애플이 매출과 고용(2021년 기준 15만 4000명에 이르렀다)에서 기록적인 성장을 거듭한 것은 모두 이 역사적인 전환 이후의 일이며, 오늘날에는 세계 최고의 시가총액을 기록하는 회사가 되었다.

스타벅스 역시 거의 똑같은 성장 곡선을 따랐다. 이 회사는 1971년에 창업한 이래 비즈니스 모델을 확립하고 100개 지점을 달성하기까지 꼭 20년이 걸렸다. 그런데 창업 25주년이 되던 해에는 지점이 1000개로 늘었고 처음으로 해외에까지 진출했다. 그 이후 폭발적인 성장을 거듭하여 현재는 총 80개국에 3만 2000개가 넘는 지점과 38만 3000명이 넘는 직원을 거느리고 있다.

스티브 잡스의 말을 빌리자면, "남들의 눈에는 벼락 성공처럼 보이지만, 그 이면에는 엄청난 세월이 필요하다." 다시 말해, 창업한 지 25년이 안 된 회사라면 아직 크게 성장할 시간이 남아있는 셈이다. 물론 25년이 지났는데 아직 크게 성장하지 못한 회사라 해도 늦었다는 법은 없다!

고성장 기업 만들기

우리는 오랫동안 수많은 리더에게 "회사의 규모를 어떻게 키울 것인가?"라는 질문을 받았고, 그래서 이 책의 제목과 주제도 바로 그렇게 정했다. 두 번째로 많이 받았던 질문은 바로 온전한 정신과 인간관계를 바탕으로 "그 과정에서 어떻게 살아남을 것인가?" 하는 것이었다.

> **리더는 입을 다물어야**
>
> 기업의 리더들은 될수록 말을 아끼는 것이 회사를 성장시키는 데 큰 도움이 되었다는 사실을(그때가 가장 경영이 즐거운 시기였다는 사실도) 대부분 알고 있다! 반대로, 그들이 답을 모두 알고 있으면(혹은 그렇게 행동하면) 조직 전체가 입을 다물고 눈을 감게 될 것이 거의 확실하다.(그리고 CEO는 이런 사실을 맨 나중에야 깨닫게 된다.) 결국 회사의 모든 문제를 경영진들이 도맡아야 한다. 최고의 리더는 정답을 알면서도 직원과 고객, 자문가, 그리고 대중이 먼저 답을 찾을 때까지 기다릴 줄 안다. 모든 기업은 최고경영자에게 기대지 않는 만큼 더 가치가 오르게 마련이다. 이 주제에 관한 참고 도서로는 마거릿 헤퍼넌의 《의도적 눈감기》와 리즈 와이즈먼의 《멀티플라이어》를 추천한다.

직원이 몇 안 되는 회사를 상당한 규모로 키우기 위해(다시 말해, 우주에 흔적을 남기고 업계를 지배할 회사를 만들기 위해) 우리가 제시하는 방법은 다음의 **3가지 목표**에 집중한다.

1. 최고 경영진이 기업 경영(조직 운영 측면)에 쓰는 시간의 80%를 줄인다.
2. 최고 경영진이 시장 대응 활동에 다시 집중한다.
3. 모두 한마음으로 실행과 성과에 집중할 수 있도록 조직을 재편한다.

우리가 제시하는 방법이 성공적으로 정착되면 조직은 다음의 **4가지 성과**를 얻게 된다.

1. 현금흐름이 최소 2배로 늘어난다.
2. 업계 평균 대비 3배의 수익성을 달성한다.
3. 경쟁 기업 대비 기업 가치가 올라간다.
4. 이런 상승효과를 이해관계자(직원, 고객, 주주)와 함께 누린다.

그러나 기업의 성장을 방해하는 **3가지 장벽**이 존재한다. 이 문제는 다음 장에서 자세히 다룬다.

1. **리더십:** 위임과 예측 능력을 갖춘 리더를 조직 전체에 걸쳐 발굴하고 육성할 역량의 부재.
2. **확장가능 인프라:** 조직이 성장하면서 점점 복잡해지는 의사소통과 결정 과정을 감당할 시스템과 구조(물리적, 조직적)의 결여.
3. **마케팅:** 새로운 고객과 인재, 자문가, 기타 핵심 인사를 기업으로 끌어들일 효과적인 마케팅 기능의 성장 실패.

따라서 경영진은 이런 장벽을 극복하기 위해 우리가 제시하는 방법을 통해 다음과 같은 **4가지 기본**을 완벽하게 익혀야 한다.

1. **리더십:** 부모의 역할을 본받는다. 규칙은 최소한으로 정하되, 리더가 그 규칙을 수없이 반복하는 솔선수범을 보인다. 이것이 바로 핵심가치의 역할이자 위력이다. 핵심가치를 제대로 찾아내 효과적으로 사용한다면 회사 내의 모든 인간관계와 의사결정, 나아가 시스템을 운영하는 지침이 될 수 있다.
2. **전략 수립:** 탁월한 비즈니스 전략가 게리 해멀의 정의를 그대로 따른다. 진정한 전략은 다음 두 조건을 만족해야 한다. 첫째, 고객에게 정말 중요한 계획이어야 한다. 둘째, 경쟁자와 차별되어야 한다.
3. **실행:** 3가지 핵심 요소를 습관으로 삼아야 한다. 즉, 최소한의 '우선순위'를 정하고, 정량 및 정성 '데이터'를 매일 수집하여 매주 의사결정에 반영하며, 효과적인

일일, 주간, 월간, 분기, 연간 회의를 '정례화'하여 모두가 여기에 익숙해지도록 한다. 남보다 먼저 행동하는 회사일수록 더 빨리 성장한다.
4. **현금 관리:** 돈이 바닥나지 않도록 관리하라! 즉, 모든 의사결정은 매출이나 수익성 못지않게 현금흐름을 민감하게 의식하며 내려야 한다는 뜻이다.

이런 기본 요소를 익혔다면 이제 성장을 시작할 준비가 된 셈이다.

흐르는 강물처럼

기업의 규모 확대는 오랫동안 "에베레스트 오르기"에 비유되어 왔다. 목표를 파악하고, 계획을 수립한 후, 고통스럽고 험한 등반 과정을 끝내 이겨내는 과정이 닮았다는 점에서다!(우리가 개최하는 워크숍과 이 책의 초판에 사용한 그림에 잘 나타나 있다.)

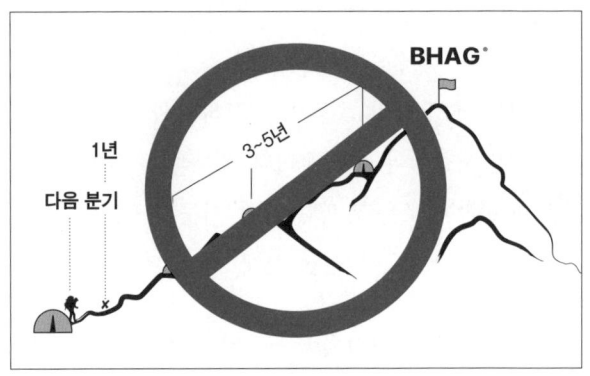

그런데 이제 이 낡은 비유를 포기해야 할 때가 온 것 같다. 버네가 공동 창립자로 있는 지오버시티의 연구에 따르면 본질은 정반대로 진행된다는 걸 알 수 있다. 오히려 하산하는 것에 더 가깝다!

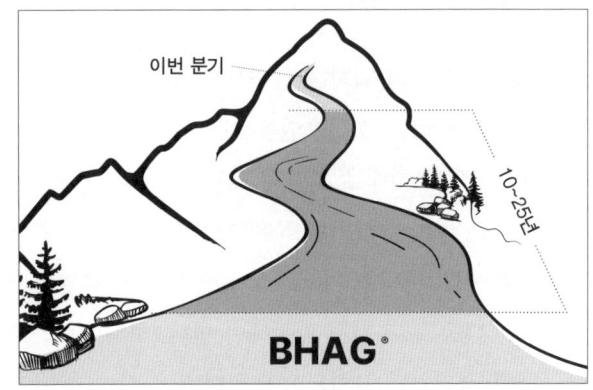

그것은 바다에 가까운 곳을 선호하는 문명의 방향과도 일치한다. 2장 〈장벽〉에서 더 자세히 살펴보겠지만, 시장의 흐름을 거스르기보다는 따르는(파도를 올바로 파악하고 그 위에 올라타는) 편이 더 나은 선택이다.

에베레스트에서 바다로 흐르는 강물처럼, 언덕을 오르는 힘들고 지루한 길보다는 방해가 가장 적은 경로를 택하는 것을 중요 원칙으로 삼아야 한다. 3부 〈전략 스케일업〉에서 살펴보겠지만, 우리가 모든 상품과 서비스를 통해 달성해야 할 "궁극적 과업"은 고객과 직원을 위해 모든 것을 더 어렵게 할 것이 아니라 더 쉽게 만드는 것이다. 사업을 키우는 것도 마찬가지다. 우리는 일을 어렵게 만드는 게 아니라 쉽게 하는 방법을 고안했다. 그리고 (에베레스트 등정에 관한 모든 이야기나 영화와는 달리!) 이 과정에 극적인 요소는 모두 제거했다.

그러므로 우리는 일련의 핵심가치(강이나 바다의 법칙)와 목적(애초에 여정을 시작하는 이유)을 바탕으로 10~25년 후를 내다보는 크고 대담하고 도전적인 목표BHAG, Big Hairy Audacious Goal를 설정한다. 그다음에는 3~5년 정도의 중간 단계 목표를 정하고 이를 다시 연간 목표로 나눈다. 연간 목표는 다시 몇 주 단위의 구체적인 실천 단계로 나뉘며, 이는 시장 상황이 바뀜에 따라 수시로 조정할 수 있다. 물론 그 과정에서 거센 급류와 폭풍을 만날 수도 있고, 때론 장애물과 제약 요소를 우회해야 할 경우도 있으나, 산을 내려간다는 점에서는 올바른 방향을 설정한 셈이다.

결국 모든 사람이 목표에 집중하고, 그에 따라 당면한 진로(분기별 우선순위)를 올바르게 정하는 것이 중요하다. 여기서 빌 게이츠가 한 말에 귀 기울일 필요가 있다. "사람들은 대개 자신이 1년 동안 할 수 있는 일은 과대평가하는 데 비해, 10년 안에 성취할 수 있는 일은 과소평가하는 경향이 있다."

분기별 우선순위와 10~25년 뒤의 목표 사이에 있는 모든 일은 잘해야 어림짐작일 뿐이다. 자연이든 인간 세계든, 계획대로 되는 일이란 없다. 강물이 지형지세를 따라 굽이치며 흘러가 바다에 닿듯이, 한 사업이 BHAG를 달성하는 데도 시장의 굴곡을 헤쳐나가는 과정을 반드시 겪어야 한다. 중요한 것은 늘 보상에서 눈을 떼지 않으며 상황에 맞게 경로를 조정하는 노력이다.

업무를 루틴으로 만들면 그 여정을 더 쉽게 이어갈 수 있다. 여기서 "루틴이 우리를 자유롭게 하리라"가 바로 우리가 사용하는 방법과 도구의 핵심 원리인 셈이다. 예컨대 몸무게를 줄이는 목표를 세웠다고 하자. 그러나 일일, 혹은 주간별 루틴을 바꾸지 않는다면 그 목표는 결코 달성할 수 없다. 루틴이 없는 목표는 희망에 불과하다. 거꾸로 목표가 없는 루틴은 방황을 낳게 된다. 가장 성공적인 비즈니스 리더는 뚜렷한 비전과 그것을 현실화할 수 있는 훈련(즉 루틴)을 터득한 사람이다.

> **쓸데없는 토론**
>
> 어떤 아이디어가 B2B 사업에 맞는지, B2C 사업에 어울리는지를 놓고 팀별 토론을 벌이는 것은 사실 의미 없는 일이다. 우리가 하는 일은 결국 사람을 상대로 한다는 점에서 모두 똑같다. 가만히 생각해보면 기업을 상대로 뭔가를 파는 일이란 존재하지 않는다. 우리가 상대하는 존재는 모두 회사라는 조직 내에 있는 사람이다. 그리고 그들은 여느 사람과 똑같이 동기와 도전, 감정을 지니고 있다.
>
> 어떤 회사가 상품 기업이냐, 서비스 기업이냐 하는 것도 쓸데없는 논의다. 장기적으로는 상품 기업도 이익을 증대하기 위해 서비스를 추가할 것이고, 서비스 기업 역시 판매에 도움이 된다면 서비스를 상품화할 것이다. 이런 불필요한 논의는 지양해야 한다. 이 책에 나오는 사례도 기본적으로 어떤 업계, 어떤 기업에든 모두 적용할 수 있다고 생각해야 한다.

4D 프레임워크

맥킨지는 대기업에 맞는 7S 프레임워크를 운용한다. 그러나 우리가 성장 기업을 위해 제시하는 것은 4D 프레임워크다. 이 프레임워크는 앞에서 설명한 기초 사항과 장벽, 목표 등에서 도출된 것으로, 아인슈타인이 했던 다음과 같은 말에 바탕을 두고 있다. "모든 것은 최대한 단순하게, 그러나 지나치게 단순하지는 않게 만들어야 한다." 사업을 성장시키는 것은 복잡한 일이며 이를 달성하기 위해서는 견고한(그러면서도 간단한) 도구와 기법이 필요하다.

이 프레임워크의 구성 요소는 다음의 4가지다.

스케일링업의 4D 프레임워크 결과 얻기

수천 개의 성장 기업에서 **결과** 달성을 위해 사용하는 입증된 비즈니스 성장법

1 추진 Driver (가속장치 포함)

코칭 - 자문인, 컨설턴트, 코치
학습 - 지속적인 비즈니스 교육 (CBE)
기술 - 관리 책임 시스템

2 요구 Demands (균형)

대상 (평판) - 직원, 고객, 주주
프로세스 (생산성) - 생산/구매, 판매, 기록관리

3 훈련 Disciplines (루틴)

우선과제 - 주요 안건
데이터 - 질적 / 양적
회의 주기 - 일일, 주간, 월간, 분기, 연간

4 결정 Decisions (올바른 질문)

인력 - 행복/책임
전략 - 수익/성장
실행 - 이익/시간
현금 - 산소/옵션

! 결과

현금흐름 × 2, 수익성 × 3, 가치평가 × 10, 시간 효율

1. **추진**Driver: 리더는 록펠러의 습관을 각 사의 사정에 맞게 적용하여 추진한다. 리더를 비롯한 팀이 코칭에 관여하고, 학습을 수용하며, 신기술 사용을 권장하여 우리 도구의 적용을 가속한다면 실행이 훨씬 더 쉬워질 것이다.
2. **요구**Demands: 리더는 사업에서 서로 충돌하는 경우가 많은 두 요소, 즉 사람과 프로세스 사이에서 균형을 이뤄야 한다. 이를 위해서는 직원, 고객, 주주 모두와 신뢰를 지키고(기업의 인적 측면), 기업의 생산, 구매, 판매 및 이를 관리하는 프로세스의 생산성을 증대해야 한다.(기업의 프로세스 측면)
3. **훈련**Disciplines: 성공적인 실행에는 3가지 기초 훈련(루틴)이 필요하다. 우선순위를 설정하고, 정량 및 정성 데이터를 확보하며, 효과적인 회의 주기를 수립하는 것이다. 데이터(가혹한 진실!)를 논의하는 이런 회의에서 우선순위가 도출된다.
4. **결정**Decisions: 앞의 3요소를 실천하려면 결국 어떤 형태로든 결정을 내려야 한다. 사업을 성장시키려면 4가지 핵심결정(인력, 전략, 실행, 현금)을 올바로 내려야 하며, 여기에는 분명히 정답과 오답이 있게 마련이다. 4가지 요소 중 어느 하나라도 부족하면 사업상 기회를 극대화할 수 없다.

주의: 《록펠러식 성공 습관 마스터》라는 책이 나온 이후, 우리의 4D 프레임워크 중 많은 부분이 다른 이들에 의해 모방되었다. 그 과정에서 우리가 만든 도구가 너무 단순화된 나머지, 비록 효과를 발휘했다고는 해도(우선순위와 핵심성과지표KPI, Key Performance Indicators를 정하는 일은 아무것도 하지 않는 것보다는 낫다) 매출과 이익이라는 면에서 엄청난 잠재력이 간과되는 문제가 발생했다. 우리의 목표는 아인슈타인이 말한 대로 "단순하지만, 지나치게 단순하지 않은 것"이다.

물론 한 기업이 성장하기까지는 "수많은 스승"의 도움이 필요하며, 어느 한 사람이 모든 문제의 정답을 알 수는 없다. 따라서 우리도 리더십, 영업, 마케팅, 고용 등 각 분야의 중요한 공백을 채우기 위해 여러 중요한 책과 개념을 참조할 것이다.

올바른 질문

우리가 4D 프레임워크를 설계하는 데 지침으로 삼은 마지막 원칙은 다음과 같다.

우리는 해답을 모두 알고 있다. 우리가 모르는 것은 바로 질문이다.

우리가 함께 일하는 팀들은 모두 지독히도 똑똑하다. 그들은 대단한 인내와 투지를 발휘하여 해답을 찾아낼 것이다. 그러나 우리가 걱정하는 바는 그들이 잘못된 질문을 바탕으로 노력하는 것이다. 그래서 우리는 주로 지도부가 올바른 질문을 던지도록 돕는 일을 한다. 올바른 질문을 찾아낼 수만 있다면 해답은 저절로 드러난다.

4가지 결정 사항(인력, 전략, 실행, 현금)은 매우 중요한 핵심 질문을 그 근거로 삼는다. 그리고 그에 수반되는 성장 도구는 기업이 4가지 결정 분야에서 성장과 성과를 추진하는 구체적 질문에 집중할 수 있게 만들어진 것이다.

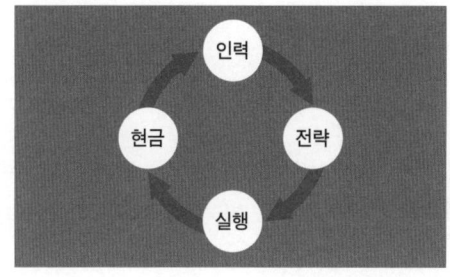

따라서 4D 프레임워크의 실행에 착수하기 위한 첫 질문은 **"다음번에 가장 관심을 기울여야 할 결정 사항은 4가지(인력, 전략, 실행, 현금) 중 어느 것인가?"**가 되어야 하며, 이것부터 시작해야 한다! (scalingup.com 사이트를 방문하면 여러분이 출발점을 결정하는 데 도움이 될 개인별 4가지 결정 진단을 참고할 수 있다.)

4가지 결정 사항이 모두 서로 밀접히 관련되어 있다는 점을 아는 게 중요하다. 우리는 성장의 근본적인 제약은 고위 경영진이 직접적인 제약이라고 결정하기 전에 이루어지는 결정 때문일 수도 있다는 것을 배웠다.

예컨대 어떤 팀이 성장의 가장 큰 제약 요소를 전략이라고 생각하면서도 정작 전략을 수립하는 일에 알맞은 인력을 배치하지 않는 경우가 있다. 거꾸로, 실행이 제약 요소라고 생각하지만, 사실은 잘못된 전략을 실행하려고 노력할 수도 있는 것이다. 또 다른 예로 자금 면에서 드러나는 제약의 근본 원인은 엉성한 실행일 수도 있고, 핵심 인력 부족의 원인이 알고 보니 현금인 경우도 있다.

그러므로 가장 먼저 해야 할 일은 4D 프레임워크의 출발점에 대해 팀 전체가 동의하는 것이다. 그렇게 합의점을 찾아낸 후에는 직전의 결정 사항이 바로 근본적인 제약

일지도 모른다는 점을 생각해야 한다!

우리가 제시하는 방법론과 도구는 마치 십자말풀이나 스도쿠 퍼즐과도 같다. 특정한 순서는 없다. 그러나 처음에 시작할 5가지 "다음 단계"를 마지막 장에 설명해두었다.

지금부터 설명할 4가지 결정 사항은 사업 성장을 어디에서 시작할 것인지를 선택하는 데 도움이 될 것이다.

인력

핵심 질문: 이해관계자, 즉 직원, 고객, 주주들이 충분히 만족하며, 사업에 적극적으로 참여하고 있는가? 또, 여러분은 언제든 그들을 "다시 맞아들일" 용의가 있는가?

여러분의 조직에서는 "알맞은 인력이 적절한 일을 올바로 하고" 있는가?

기업을 둘러싼 모든 사람, 또는 조직과의 관계에 대해서도 똑같은 생각을 하고 있는가? 기존 고객과의 관계를 계속 유지할 것인가? 투자자나 은행과의 관계에 만족하는가? 협력업체들은 적절한 지원을 제공하는가? 자문가들(회계사, 변호사, 컨설턴트, 코치 등)은 조직의 규모와 미래 계획에 비춰 최적의 서비스를 제공한다고 볼 수 있는가? 그런데 기존의 이런 관계가 맞지 않을 정도로 회사가 급성장하여 변화가 필요할 때가 되면 매우 힘든 결정을 내려야만 한다.

그럴 때는 먼저 사람들과의 관계에 관한 자신의 목적과 우선순위를 검토하고, 사업을 추진하는 주요 직무와 프로세스에 책임을 지는 리더가 누구인지 뚜렷이 파악해야 한다.

여기에 사용되는 도구는 다음과 같다.(66쪽, 72쪽, 86쪽 참조)

한쪽짜리 개인계획 OPPP, One-Page Personal Plan: 우리의 사생활과 직장에서 보내는 일과는 서로 밀접하게 관련되어 있으며, 이 둘이 서로 일치할 때 최고의 성과가 나오는 것은 자명한 이치다. 이 도구는 기업의 4가지 핵심결정(인력, 전략, 실행, 현금)을 반영하는 4가지 핵심결정을 다루고 있다. 그것은 바로 관계, 성취, 의례, 그리고 자산이다. 개인적인 삶에서 강력한 성취를 누리는 것은 사업적인 목표를 달성하는 데 중요한 바탕이 된다.

직무책임표FACe, Function Accountability Chart: 《좋은 기업을 넘어 위대한 기업으로》의 저자 짐 콜린스는 조직의 최고위층이 적재적소에 적합한 인재를 배치하는 일의 중요성을 강조했다. 결국 병목은 항상 병의 맨 꼭대기에 있게 마련이다! FACe 도구는 모든 조직이 갖춰야 할 적재적소(직무) 목록을 제공한다.

이런 직무를 맡길 인력은 조직문화에 맞고 다음의 둘을 충족하는 사람이어야 한다.

1. 관리할 필요가 없는 사람
2. 번뜩이는 통찰과 탁월한 성과로 팀에 경탄을 안겨주는 사람

다음으로 직무별로 KPI를 1~2가지 정하고, 각 부분의 최고 책임자가 매일 집중해야 할 업무를 객관적으로 정의한다. 마지막으로는 각 직무가 담당하는 결과물이나 성과를 몇 가지 결정한다.(수익, 매출총이익, 이익, 현금 등의 책임 주체) 이런 성과는 주로 재무제표상의 항목으로 표현되는 경우가 많다.

프로세스책임표PACe, Process Accountability Chart: 모든 업무는 다양한 직무에 걸쳐 수평적으로 흘러가는 특성을 보인다. 직무는 고립된 셀이 아니다. 모든 직무(부서)가 서로 협력하지 않는다면 기업은 멈춰서고 말 것이다. 이런 프로세스는 여러분의 고객과 직원이 기업을 경험하는 실체이기도 하다. 프로세스야말로 훌륭한 고객 경험CX과 직원 경험EX, 나아가 주주 경험SX을 안겨주는 핵심 요소다! 이 도표는 4~9개 정도의 사업 추진 프로세스를 기술하는 공간이다.(신상품 개발 및 출시, 새로운 직원의 유치와 고용, 직무 배치, 그리고 청구 및 수금 등의 프로세스)

다음으로는 각 프로세스의 책임자를 정해야 한다. 이 단계에서 마주하는 어려운 점은 각 프로세스가 다양한 직무(부서)에 걸쳐 있는 데다, 직무(부서)별 책임자 사이에 이기심이나 관리상의 문제가 개입될 수 있기 때문이다.

마지막으로 프로세스의 건전성을 추적 관리할 KPI를 2~3개 정한다. 가장 중요한 것은 한 프로세스가 시작해서 종료될 때까지 걸리는 시간이다. 수많은 조직이 프로세스 간소화와 가속화를 위해 도요타가 창안한 관리기법인 린 제조 방식을 도입, 응용하고 있다. 그 사례 중 일부를 이 책에서도 소개할 것이다.

4장 〈팀〉: 인재 확보는 어느 기업에나 끝나지 않는 전쟁과도 같은 일이다. 이 책은 다수의 우수한 지원자를 유치하는 게릴라 마케팅 기법, 그리고 면접 및 선발과 관련된 톱그레이딩 방법론을 소개한다.

우리는 직원을 지키고 그들의 적극적인 참여를 끌어내기 위해 (그저 좋은 관리자가 아니라) 탁월한 관리자들이 수행하는 5가지 활동을 소개한다.(이를 코칭이라고 하며, 나중에 더 자세히 설명한다.)

1. 사람들이 강점을 발휘하도록 돕는다.
2. 사람들의 의욕을 꺾거나, 들볶지 않는다.
3. 직원들에 대한 기대치를 분명히 하고, 이 사실을 그들에게도 분명히 알려준다.
4. 인정하고 칭찬한다.
5. 필요한 인원보다 적게 뽑고, 급여는 더 후하게 준다.(고위층이 아니라 일선 직원들!)

전략

핵심 질문: 여러분은 자사 전략을 간단하게 기술할 수 있는가, 그리고 그 전략은 매출과 매출총이익의 지속 성장을 뒷받침하는가?

지금부터는 등장한 지 50년이 지난 **전략계획**이라는 용어를 **전략적** 사고와 **계획**의 실행이라는 두 부분으로 나누어 생각해보자.

전략적 사고를 위해서는 소수의 고위 경영진이 매주 회의를 열어야 한다.(분기 혹은 연간 1회의 회의로는 전략을 실행하기에 턱없이 부족하다.) 짐 콜린스는 이를 '자문회'라고 부른다. 이것은 일반적인 실행 팀의 회의와 구분되는 별도의 회의다. 전략사고팀은 기업의 일상적인 경영 이슈에 매몰되지 않은 채, 다음에 설명하는 SWT(강점, 약점, 트렌드)와 7가지 스트라타Strata 도구를 비롯한 큼직한 전략 이슈를 논의하는 데 집중한다.

실행 계획은 결국 더 폭넓은 전략을 실행하는 것이므로 훨씬 더 큰 규모의 팀이 필요하다. 구체적인 연간 및 분기별 우선순위와 성과, KPI 등을 정하는 데는 중간관리자와 일선 직원이 참여하는 편이 가장 적합하다. 그들은 기업의 일상적인 경영 이슈에 더 정통하므로, 그들이 계획에 참여해야 실행이 더 원활해진다.

여기에 훈련된 행동과 적극적인 학습 활동을 추가하면 사고, 계획, 행동, 학습으로 이어지는 단순한 전략계획 사이클을 구성할 수 있다.

이때 사용되는 도구는 다음과 같다.

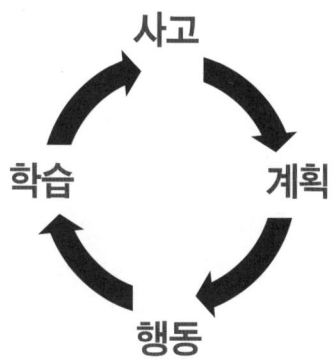

비전 요약: 모든 사람이 같은 페이지를 들여다보게 하려면 우선 그 페이지를 마련해야 한다! 록펠러 습관을 막 시작한 회사나 50인 미만 기업의 경우, 비전 요약은 간단한 한쪽짜리 전략계획OPSP과 프레임워크를 마련할 수 있는 훌륭한 방법이 된다. 나아가 OPSP의 구체적인 측면을 활용하고자 하는 더 큰 규모의 기업도 비전 요약을 이용해 직원과 고객, 투자자 등 폭넓은 이해관계자에게 기업의 비전을 한쪽으로 전달할 수 있다.

SWT: 우리는 일반적인 SWOT(강점, 약점, 기회, 위기) 분석 틀을 강화하여 SWT(강점, 약점, 트렌드)라는 도구를 만들었다.

SWOT 프로세스가 리더들에게 자사와 동종 업계가 마주한 도전을 내적으로 검토하는 기회를 제공한다면, SWT는 동종 업계나 사업 지형을 넘어 더 폭넓은 외부 트렌드를 전망할 수 있게 해준다. 따라서 SWT는 경쟁에 나서기 전에 기회를 파악하고, "업계 내부를 향하는 근시안적 사고"를 극복하는 강력한 도구가 된다.

전략의 7 스트라타: 이 도구는 견고하면서도 간단하게 기술된 전략의 7가지 요소(계층)를 나타낸다. 이것은 여러분이 시장에서 틈새를 지배하는 데 필요한 일종의 차별화와 장벽을 제공하기 위해 고안된 것이다.

7가지 요소는 다음과 같다.

1. 여러분은 목표 고객의 마음속에서 어떤 단어를 점유하고 있는가?(예컨대 구글은 "검색"을 소유한다.)
2. 여러분의 핵심고객은 누구인가, 그들에게 제공하는 3가지 브랜드 약속은 무엇인가?(예를 들어 사우스웨스트 항공은 저렴한 요금, 많은 항공편, 많은 재미를 약속한다.) 그리고 이런 약속이 실현되고 있는지를 어떻게 아는가?(예컨대 기존의 KPI를 살짝 비튼 약속이행지표를 사용하는가?)
3. 여러분의 브랜드 약속 보장은 무엇인가?(예를 들어 오라클은 자사의 엑사데이타 서버가 경쟁사에 비해 5배의 성능을 발휘하지 못한다면 1000만 달러를 보상하겠다고 광고했다.)
4. 고객의 마음을 불편하게 만들 수 있지만, 여러분이 엄청난 돈을 벌 수 있는 핵심 요소이자 경쟁사가 감히 넘볼 수 없는 한 문장으로 된 전략은 무엇인가?(애플의 경우는 "폐쇄 시스템"이다.)
5. 하버드의 전략 전문가 마이클 포터가 차별화의 핵심으로 정의한 3~5가지 활동은 무엇인가?(예컨대 이케아가 파는 가구는 고객이 직접 조립해야 한다.)
6. 모든 경쟁자를 완전히 무너뜨리는 여러분의 숨은 요인(경쟁사 대비 10~100배의 우위를 점유하는 요소)은 무엇인가?
7. 여러분의 X당 수익(경제적 동력)과 회사의 BHAG는 무엇인가? 이것은 짐 콜린스의 고슴도치 프레임워크(고슴도치가 가시 하나만으로도 포식자들을 피할 수 있는 것처럼 기업도 하나의 핵심역량에 집중하는 것이 올바른 전략이라는 개념-옮긴이)에서 직접 도출된다.

한쪽짜리 전략계획OPSP, One-Page Strategic Plan: OPSP는 우리가 고안한 도구 중 가장 유명하고 널리 사용되는 것으로, 조직의 정렬과 책임감, 집중력 등을 추진하기 위해 고안된 것이다.

이 도구를 통해 수립한 계획은 여러분이 어떤 목적을 성취하기 위해 대답해야 하는 7가지 기본 질문을 중심으로 하는 7가지 열로 구성된다. 즉, **누가, 무엇을, 언제, 어디서,**

어떻게, 왜, 그리고 반드시 해야 할 것과 하지 말아야 할 것 등이 그것이다. 물론 우리는 일반적인 전략계획 용어인 핵심가치, 목적, 연간 우선순위 등을 사용하여 내용을 정렬하지만, 계획의 바탕에는 이런 단순한 질문이 있다는 점을 알아야 한다.

OPSP의 첫 3열은 7 스트라타를 작성한 결과에서 나온 계획의 전략적 사고 분야를 나타낸다. 그리고 나머지 4개 열은 계획의 실행 부분에 해당한다. OPSP의 아래에는 여러분의 SWT를 요약한 내용이, 그리고 윗부분에는 여러분의 평판(인력)과 생산성(프로세스)을 보여주는 핵심지표가 자리한다.

실행

핵심 질문: 모든 프로세스가 무사히 운영되며, 업계 최고의 이익을 추구하는 데 도움이 되는가?

아래의 3가지 일들이 존재한다면 실행 상의 문제가 있다고 봐야 한다.

1. 조직 내에 불필요한 사건이 있다.(예컨대 어떤 품목의 선적이 늦어지거나, 송장에 오류가 발생하거나, 회의에 불참한 사람이 있다.)
2. 모든 사람이 늦게까지 일하거나, 애초에 제대로 했으면 하지 않아도 되었을 일에 시간을 낭비하는 경우가 있다.
3. 무엇보다, 회사의 수익이 업계 평균의 3배에 미치지 못한다.

주의: 기업에 만약 뛰어난 전략이 있거나, 하루 18시간, 주 7일 근무를 마다하지 않는 대단히 헌신적인 직원이 있어서 모든 문제를 해결한다면 실행 상의 문제를 용케 넘어갈 수도 있을 것이다. 엄청난 수익과 시간을 낭비하고 있음을 인식해야 한다.(그 과정에서 현금과 인력이 모두 고갈된다!)

도구는 다음과 같다.

누가, 무엇을, 언제www: 주간 회의를 할 때마다 마지막에 잠깐 시간을 내어 누가, 무엇을, 언제 하기로 했는지 정리해 두면 회의의 효과를 극대화하는 데 도움이 된다. 이것은 사소한 일까지 일일이 챙기는 것과 상관이 없다. 오히려 훌륭한 관리기법이자 의사소통과 책임을 분명히 하는 것에 해당한다.

이때 중요한 것은 다음 주간(혹은 월간) 회의가 돌아오기 전에 회의를 "언제" 할지 정하는 것이다. 해야 할 일의 규모가 더 큰 경우에는 몇 주 내로 달성할 수 있게 과업을 여러 조각으로 나누면 된다.(여러 조각으로 나누어야 코끼리를 먹을 수 있듯이 말이다.)

록펠러 습관 체크리스트: 전략의 실행을 뒷받침하는 10가지 기본 습관이 있다. 이것은 존 록펠러가 실천하고 소개한 이래 100년이 흐르도록 바뀌지 않았다. 그는 이 습관을 통해 역사상 가장 큰 부자가 되었고, 오늘날 가장 큰 기업 중 하나인 엑슨 모빌을 세웠다.

이 습관은 수익을 극적으로 키우고 기업 운영에 필요한 시간을 줄여준다. 항공업계가 항공기의 안전 운항을 위해 체크리스트를 꼭 사용해야 하듯이, 지금 소개하는 10가지 습관을 여러분의 회사를 성장시키고 정체를 방지하기 위해 사용하는 "사전 운항" 체크리스트라고 생각해보자.

주의: 이 모든 습관을 한꺼번에 실행한다면 조직 구성원들은 엄청난 혼란을 겪을 수밖에 없다. 올바른 방법은 분기별로 1~2가지를 도입하여 모든 사람이 대략 24~36개월간의 연습을 거쳐 간단하면서도 강도 높은 루틴을 유지해 몸에 익히도록 하는 것이다. 그런 다음 기업의 성장에 맞춰 새로운 습관을 계속해서 더해가도록 한다.

10가지 습관을 하나하나 살펴보자.("루틴이 여러분을 자유롭게 할 것이다!")

1. **경영진들은 건강하며 서로 연계되어 있다.** 이 대목에서 패트릭 렌시오니의 《팀워크의 부활》을 모든 리더의 필독서로 추천한다.(짧은 분량이다.) 사실 경영진은 흉금을 터놓고 의견을 주고받으며 건설적인 충돌을 마다하지 않을 정도의 신뢰가 있어야 한다. 그러나 대기업에서는 소위 사내 정치 때문에 그리 쉬운 일이 아니다. 그리고 성장 기업에서는 친분이 그것을 가로막는다. 경영진의 각 구성원은 다양성을 존중

해야 하며, 올바른 결정을 내리기 위해서라면 다른 사람에게 가혹한 진실을 기꺼이 드러내야 한다.

2. **회사의 전진을 위해 해당 분기에 달성해야 할 최고 과제에 모두 연계되어 있다.** 앞에서 언급했듯이, 기업의 성장은 한 번에 하나씩 중요한 단계를 밟고 데이터를 확인한 다음, 그에 따라 조정하는 과정이다. 분기 목표를 세워 90일마다 절실한 목표를 가지고 달려가느냐, 그저 매일 똑같은 방식으로 운영을 반복하느냐의 차이다. 분기 목표가 있으면 모든 사람이 함께 축하하거나 위로하고, 그 과정에서 재미있는 경험을 공유할 수도 있다. 분기별 테마를 정하는 것의 위력이 여기에 있다. 나중에 자세히 설명한다.

3. **커뮤니케이션 주기가 확립되어 조직 전반에 정보가 신속하고 정확하게 전달된다.** 두 사람 이상이 서로 협력할 때 가장 중요한 것은 바로 의사소통이다.(결혼해본 분은 잘 알 것이다.) 이때 핵심은 일일, 주간, 월간, 분기, 그리고 연간 회의 주기를 수립하고 이를 적절히 운영하는 것이다. 이것은 모든 사람이 엄청난 시간을 절약하는 방법이다. 언뜻 우리의 상식과 정반대로 들릴 수도 있다. 각 회의에서 논의하는 구체적인 의제에 관해서는 4부 〈실행 스케일업〉에서 자세히 다룰 것이다.

4. **조직의 모든 영역에 목표 달성을 책임지는 사람이 정해져 있다.** 의사소통이 가장 큰 과제라면, 기업이 성장함에 따라 책임 소재를 분명히 하는 것은 두 번째로 중요한 일이다. 이것은 조직 전체에 걸쳐 수직적(직무별), 수평적(프로세스별)으로 분명히 정해져야 한다. 조직이 사업부 단위로 나뉘면 문제는 더욱 복잡해진다.

5. **장애물 및 기회를 파악하기 위해 지속적으로 직원 의견을 수집한다.** 사업의 지침으로 삼아야 하는 주간별 정성 데이터의 핵심 요소는 직원에게서만 얻을 수 있다. 그중에서도 영업 부문이나 일선 직원의 목소리가 가장 중요하다. 그들은 기업 활동의 최전선에 있는 사람이다. 고위급 리더는 공식적으로 매주 한 명의 직원과 대화하며 이런 질문을 던져보는 것이 좋다. "회사가 시작, 중단, 혹은 계속할 일은 무엇인가?" 여기서 "중단"해야 하는 일에 특히 더 귀를 기울여야 한다. 지속적인 동기를 부여하기 위해서는 이런 방해물을 즉각 제거해야 한다.

6. **고객 피드백 데이터의 보고 및 분석이 재무 데이터만큼 빈번하고 정확하다.** 사업의 지침으로 삼아야 할 주간별 정성 데이터의 두 번째 핵심 요소는 고객에게서만 얻어야 한다. 고위급 리더가 고객에게 공식적인 질문을 던질 때는 특정 상품이나 서비스를 좋아하는지를 판단하기보다는 경쟁사를 비롯한 시장 정보 수집에 더 중점을 두어야 한다.

7. **조직 내에 핵심가치 및 목적이 "실현되고 있다."** 이것은 사내의 모든 인적자원 시스템, 즉 고용, 피드백, 보상 및 인정, 핸드북 등의 지침이 되는 몇 가지 규칙(핵심가치)을 마련함으로써 구현된다. 목적("사명"보다 더 나은 말이다)은 여러분이 수행하는 모든 일의 "이유"를 제공해준다.(즉 우리 회사는 세상에 어떤 차이를 선사할 것인가?)

8. **직원은 다음과 같은 회사 전략의 핵심 요소를 정확히 설명할 수 있다.** 모든 직원이 기업의 전략과 일치하는 행동을 하는 것은 기업을 경영하는 사람이라면 누구나 바라는 것이다. 그러기 위해서는 직원들이 10~25년에 걸친 회사의 목표인 BHAG를 알고 이해해야 한다. 회사의 핵심고객이 누구인지, 모두가 지켜야 하는 3가지 브랜드 약속과 회사가 하는 일도 알아야 한다. 그리고 언제 누가 묻더라도 곧바로 설명할 수 있어야 한다.(엘리베이터 스피치)

9. **전 직원이 하루 혹은 일주일간의 성과를 정량적으로 대답할 수 있다.**(OPSP 제7열) 모든 직원과 팀이 이번 주의 우선순위와 KPI를 분명히 알고 있는가? 그리고 그들이 이번 주에 달성한 성과도 알고 있는가? 사람들은 점수를 알고 싶어 한다. 그래서 비디오 게임, 스포츠, 모금 행사, 경쟁 등에 매력을 느끼는 것이다.

10. **회사의 계획과 성과가 전 직원에게 공개되어 있다.** 우리는 스포츠를 연상시키는 것에 열광하며, 그쪽 업계의 개념을 차용하는 것을 강력 추천한다. 서론에서 모든 사람이 볼 수 있는 레드벌룬의 거대한 성과표를 소개한 것도 바로 그 때문이다. 이를 적극적으로 활용하는 성장 기업의 사례와 사진을 앞으로도 소개할 것이다.

현금

핵심 질문: 기업의 성장을 뒷받침하는 현금이 꾸준히 공급되고 있는가? 특히 그것이 기업 내부에서 창출된다면 더할 나위 없다.

성장에는 현금이 많이 필요하다. 기업 세계에서 이것은 만유인력의 법칙과 같다. CEO와 경영진의 애간장을 태우는 가장 큰일도 바로 현금 부족이다. 짐 콜린스와 모튼 한센의 베스트셀러 《위대한 기업의 선택》에 따르면, 성공하는 기업은 동종 업계 평균에 비해 약 3~10배 정도의 현금 자산을 보유하고 있으며, 이것은 그들이 사업을 시작할 때부터 그랬다고 한다. (이것은 짐 콜린스가 성장 기업을 직접 거론한 첫 책으로, 여러분에게도 일독을 권한다.)

그러나 성장 기업의 리더 중에는 공급자, 고객, 직원(보너스 계획을 생각해보라), 그리고 은행과 투자자와 협상할 때 현금보다는 매출과 이익에 더 관심을 기울이는 경우가 많다. 월간 재무제표를 받아봐도 현금흐름은 아예 존재하지 않거나 눈여겨보지 않을 때가 많다.

이 문제를 빠르게 해결하는 방법은 지난 24시간 동안 회사에 들어오고 나간 현금흐름과 향후 30~90일 후의 전망을 CFO로부터 매일 상세히 보고받는 것이다. 이렇게 하면 현금을 가장 중시하는 사고방식을 익히고, 기업의 현금흐름에 정통할 수 있다.

현금전환주기CCC, Cash Conversion Cycle를 아는 것도 매우 중요하다. 이것은 임대료와 유지비, 급여, 재고, 마케팅 등의 비용을 쓴 다음 우리 회사의 사업모델을 통해 그만큼의 자금이 다시 회사에 들어오는 데 걸리는 시간을 나타내는 전문용어다. CCC 계산법을 익히려면 닐 처칠과 존 멀린스가 쓴 〈당신의 회사는 얼마나 빠른 성장을 감당할 수 있는가?How Fast Can Your Company Afford to Grow?〉라는 《하버드비즈니스리뷰》 기사를 읽어보기를 추천한다.

도구는 다음과 같다.

현금가속화전략CASh, Cash Acceleration Strategy: CCC를 4개의 요소로 나눈 다음 회사

의 현금흐름을 증대하는 방법을 브레인스토밍으로 찾아낸다. 우리 고객사 중에는 이 도구를 사용하여 현금흐름을 2배로 증대한 곳이 많다. 중간관리자들은 이 도구를 통해 조직 전체의 현금흐름에 대한 이해를 강화하고, 전 직원이 CCC 개선에 긍정적으로 기여할 수 있음을 보여줄 수 있다.

   이 도구를 사용하는 목적은 기업 세계의 만유인력 제1법칙을 거스르는, 더 빨리 성장할수록 더 많은 현금을 창출하는 사업모델을 개발하는 데 있다. 여기에는 예금액을 늘리고, 수금 속도를 올리며, 판매와 배송 주기를 단축하는 등의 방법이 동원된다. 그리하여 성장에 필요한 자금을 자체 조달할 수 있는 기업을 만드는 것이다.

   1의 위력power of one: 관리자가 기업의 현금과 수익을 개선하기 위해 쓸 수 있는 7가지 주요 재무 수단은 다음과 같다.

1. **가격**: 상품 및 서비스의 가격을 올릴 수 있다.
2. **수량**: 같은 가격에 더 많은 단위를 팔 수 있다.
3. **매출원가 또는 직접비**: 원자재비와 인건비를 줄일 수 있다.
4. **간접비**: 간접비도 줄일 수 있다.
5. **매출채권**: 매출채권 회수 기간을 단축할 수 있다.
6. **재고 및 재공품 보유량**: 보유 재고를 줄일 수 있다.
7. **매입채무**: 채무 지불 기간은 늘릴 수 있다.

이 도구를 사용하면 이상의 7가지 수단별로 1%나 하루를 단축, 혹은 증대하는 데 따르는 이익을 계산할 수 있다.

02

장벽

리더십, 인프라, 마케팅

THE BARRIERS

EXECUTIVE SUMMARY 조직의 성장에는 반드시 진화와 혁명이 따른다. 이런 변화는 직원과 고객, 상품군, 지역이 추가됨에 따라 복잡성이 증가하기 때문에 나타난다. 기업의 성장에 성공적으로 대처하기 위해서는 3가지 요건이 필요하다. 역량 있는 리더를 다수 확보하고, 인프라를 확충하며, 효과적인 마케팅 부서를 갖춰야 한다. 이런 요건을 갖추지 못하면 성장의 장벽을 만나게 된다. 조직이 성공적으로 성장하는 데는 예측, 위임, 반복에 적성을 갖춘 리더가 필요하다.

나는 이 작은 배로
항구에 머무는 데 지쳤다
큰 배가 있는 곳으로 나가고 싶다
큰 배가 항해하는 먼 바다로!
내 솜씨가 아무리 보잘것없다 할지라도
폭풍이 대양을 넘실댄다 할지라도
격렬한 싸움터로 나가는 편이 낫다
안온한 바닷가에서 빠져 죽는 것보단
- 데이지 라인하트

CEO 앨런 루디는 환멸을 느꼈다. "회사가 커질수록 돈도 많이 벌고 재미있어야 하지 않을까?" 오하이오주에 본사를 둔 의약용품 통신판매 회사 익스프레스메드의 창립자인 루디는 이렇게 회상했다. "나는 화가 났습니다. 10년 만에 처음으로 아버지와 우리 3형제가 주말 스키 여행을 가기로 오래전부터 계획하고 있었는데, 결국 마지막 순간에 회사 일 때문에 못 가게 되었거든요."

설상가상 그해 3월 30일에 CFO가 루디에게 보고한 재무 수치에는 1분기 이익이 30만 달러라고 되어 있었지만, 이틀 후 다시 보고한 것은 35만 달러 손실이었다. 물론 지금은 이렇게 웃으며 말할 수 있다. "몇 시간 동안은 그 말이 만우절 농담인 줄 알았어요. 그 와중에도 즐겁게 생각하려고 애써보았지만, 결국 그것은 사실이었습니다." 여기에 직원들 사이의 갈등이 대미를 장식했다. 직원 일부가 주차장에서 주먹다짐을 벌였고, 그중 한 명이 근무 중에 들은 말 때문에 다른 직원의 자동차 타이어를 펑크내는 일이 일어났다. 끝없이 이어지는 돌발사건 때문에 루디는 결국 일주일에 80시간을 일해야 했다. 루디는 "스트레스가 커질 수밖에 없었습니다"라고 말했다. 당연한 일이었다.

그러나 이후 2년간 루디는 지금부터 설명할 장벽을 해결하면서 이런 흐름을 뒤바꿔놓았다. 그는 여러분이 이 책에서 배울 도구와 기법을 사용하여 7년 차를 맞이하던 그의 회사를 6500만 달러 규모의 업계 선도업체로 키워냈다. 그보다 더 중요한 것은 그가 말하듯이, "돈도 돈이지만 사업이 다시 재미있어졌다는 것"이었다. 마침내 그는 회사를 4000만 달러에 매각함으로써 창업, 성장, 매각이라는 사업 주기를 완성했다.

루디는 익스프레스메드를 성장시키면서 얻은 교훈을 바탕으로 또 다른 회사의 성장과 수익을 촉진하기 위해 투자 회사를 출범했다. 여러 기업을 육성하면서 리더십이 필요한 직책에 적합한 인재를 선발하는 일의 중요성이 더욱 커졌다. 루디는 "모두를 모아놓고 각자가 할 일을 말할 수 있는" 열정 있는 리더이므로, 각 회사의 모든 사람이 사업 성장을 돕는 것이 각자의 이해에 부합하도록 만들기 위해서는 먼저 "자신의 책임을 내려놓아야" 했다.

루디는 이런 리더십 및 위임과 관련된 어려움 외에 시장에서도 중요한 교훈을 얻었다. 그것은 올바른 전략을 수립해야 한다는 것이었다. 그는 이것을 사업상의 "쨍"하는 소리를 찾는 것이라고 표현했다.(취약한 전략이 플라스틱 컵끼리 부딪치는 소리라면, 정확한 전략은 유리잔이 부딪칠 때 나는 투명한 울림이다.) 전략이 잘못된 경우라면 실행이 아무리 훌륭한들 이룰 수 있는 것은 아무것도 없다. 루디는 이 점을 이해한 덕에 몇 차례 투자에서 멋진 성공을 거두었다. 퍼셉셔니스트가 대표적인 사례다.

퍼셉셔니스트의 "쨍"

퍼셉셔니스트는 상이한 업종의 60~70여 개 회사의 전화를 대신해서 받아주는 콜센터 업체였다. 루디는 오하이오주에 본사를 둔 이 회사의 성장 잠재력을 파악하기 위해 3개월 동안 고객을 찾아다녔다.(IBM의 전 CEO 루 거스너가 이와 유사한 "청취 투어 전략"을 구사한 적이 있다.) 퍼셉셔니스트의 어느 고객은 대략 분당 1달러에 달하는 월간 통화료를 내고도 전화가 연결되지 않는 경우가 잦다는 데 불만을 제기했다. 게다가 고객들은 단지 약속을 잡기 위해 거는 전화에도 요금을 내야 한다는 데 대해 점점 화를 내고 있었다. 어쩔 줄 몰라 하는 루디에게 고객들은 이렇게 소리쳤다. "분당 1달러씩 청구하지 마세요. 일정표를 떠맡아 예약을 대행해준다면 25달러를 기꺼이 낼 수 있어요!"

그 말에 아이디어가 번쩍 떠올랐다. 루디는 응답 서비스만 하는 사업부를 매각하고 고객 예약 서비스를 대행하는 방향으로 사업모델을 바꿨다. 동종 업계의 거의 모든 업체가 분당 요금을 책정해 일정 수익을 올리는 데 매달려 있는 동안, 루디는 예약 건당 수익에 목표를 집중했다. 이로써 퍼셉셔니스트는 분당 50센트에 불과한 요금으로 무장한 해외 업체들과의 경쟁에 허덕이던 상황을 반전시켰다. 새로운 청구 방식으로 배관업, 냉난방 및 공조업, 객실 청소업 등 예약 성사 여부가 중요한 몇몇 타깃 산업에 집중한 덕분에 이 회사는 분당 평균 5달러의 매출을 올리게 되었다. 업계 평균의 4배가 넘는 수익 규모였다.

그뿐만 아니라 복잡성도 감소했다. 루디는 이렇게 말한다. "직원 교육비용이 현저히 감소했습니다. 그동안 60여 곳에 달하는 업계의 용어를 익혀야 했지만, 이제는 업계가 단 몇 개로 줄었기 때문이죠. 과거에는 해당 업계를 아는 직원이 없어 새로운 고객사를 유치하지 못하는 경우가 허다했습니다." 그것은 실로 사업 확장을 가로막는 커다란 인적 장애 요소가 아닐 수 없었다.

마침내 루디는 회사 지분을 원 소유주에게 되팔았고, 지금은 썩 훌륭하게 운영되고 있다고 말한다. 그동안 그 회사에 대한 그의 투자 가치가 3배로 올랐다.

자신의 터전에서 성장하라

루디가 큰 성공을 거둔 기업 중에는 "자신의 터전에서 성장하라"는 옛 격언을 따른 경우가 많았다. 즉, 그 기업이 가장 잘 아는 사업과 시장을 고수한 것이다. 루디는 이 방법으로 새로운 산업에 진입할 때 겪는 학습 곡선을 단축하여, 기존에 쌓아놓은 인맥과 지식을 신사업의 인력과 전략, 실행, 현금 등의 측면에 더욱 잘 활용할 수 있다.(버네가《포천》에 기고한〈반복할 가치가 있는 사업들Businesses Worth Repeating〉이라는 기사를 보면 이와 관련하여 피자헛, 보스턴치킨. 셀레셜시즈닝스, 캘리포니아클로지츠 등의 창업자들이 밝힌 핵심 포인트를 알 수 있다.)

루디의 경우, 자신의 터전에서 성장한다는 말은 곧 의약용품 산업에 집중하는 것이었다. 노인들이 염가로 약품을 처방받도록 도와주는 약국 혜택 관리업체 멤버헬스의 소수 지분을 획득했을 때 회사 매출은 700만 달러 정도였다. 루디는 18명의 팀을 구성하여 멤버헬스의 창립자 척 홀버그를 코칭하면서 록펠러 습관을 실행하게 도왔다. 그 회사가 루디의 제안에 따라 실천한 첫 번째 습관은 전 직원이 실행에 집중하기 위해 매일 아침 7시 30분에 모임을 갖는 것이었다. 결국 루디는 회장의 역할을 맡았고, 홀버그는 CEO로 남았다. 회사 매출은 12억 달러로 급성장했으며, 두 사람은 이 회사를 나스닥 상장사인 유니버설아메리칸파이낸셜에 6억 3000만 달러에 매각했다. 현재 이 회사는 CVS라는 초대형 제약 판매회사의 사업부로 성장했다.

루디는 연쇄창업가이자 투자자로서, 적합한 **인재**를 적소에 배치하고 위임하는 일과 복잡성을 줄이고 업계 최고의 성과를 추진하는 집중 **전략**의 위력, 그리고 이들 기업이 매일 모임과 같은 습관을 통해 훈련된 **실행**을 추진하는 것 등이 얼마나 중요한지를 몸소 체험했다.(이미 눈치 챈 분도 있겠지만, 그 자신이 열렬한 팬이었다.) 그는 투자를 통해 막대한 돈을 벌었고, 그 과정을 즐겁게 만들기 위해 필요한 것이 무엇인지를 계속해서 배웠다.

성장의 역설 – 닻이냐, 순풍이냐

정박지를 벗어나 끊임없이 여정을 떠나는 루디 같은 사람에게는 성장 기업을 이끄는 일이 세상에서 가장 신나는 일임을 알 수 있다. 그리고 마침내 "대기업"의 반열에 올라 그 여정을 계속하는 일은 놀라운 성취감과 보람을 맛볼 기회가 될 수 있다.

> **해링턴의 대기업 체험**
>
> 레이시온은 2006년에 버추얼테크놀로지코퍼레이션VTC을 인수했다. 그리고 30일이 채 지나지 않아 VTC의 공동창업자이자 CEO인 잭 해링턴은 매출 7억 5000만 달러, 직원 2000명 규모에 이르는 지휘, 통제, 커뮤니케이션, 컴퓨터 및 정보를 담당하는 레이시온의 한 사업부(방산업계 용어로는 C4I로 부른다)를 맡아달라는 요청을 받았다. 그보다 훨씬 작은 3000만 달러 규모의 회사를 성장 중심적으로 경영하던 CEO에게 이 일은 너무나 벅찬 도전이 분명했다. 그는 당시를 이렇게 회상한다. "곧바로 버네에게 연락해서 '세상에, 제가 7억 5000만 달러짜리 사업을 맡았어요'라고 말했습니다. 그는 제가 필요한 모든 기술과 능력을 갖추고 있으니 분명히 해낼 수 있다고 말하더군요. 사실 창업한 기업을 빠르게 성장시키며 배운 것들을 대기업에서도 적용할 수 있는지 확인해보고 싶은 마음이 있었습니다. 즉각 록펠러 습관을 도입하여 아침 모임부터 시작했고, 한쪽짜리 전략계획OPSP을 통해 분기별 전략 회의를 개최했습니다. 정말 놀랍게도 조직의 일관성과 전략적 사고, 토론 수준이 향상되었습니다."
>
> 해링턴은 이후 더 큰 조직을 이끌 기회를 얻었다. 레이시온컴퍼니와 프랑스 회사 탈레스S.A.가 공동소유한 합작회사 탈레스레이시온시스템즈의 경영을 맡은 것이다. 그는 똑같은 습관과 회의 주기를 통해 프랑스와 미국 회사 사이에 더 큰 협력 문화를 창출했다고 말한다. 그뿐 아니라 회사의 전략 비전을 중심으로 하는 조직의 일관성이 크게 향상되었다. 과거 '분할 통치'에 의존하던 사업 운영 방식이 크게 바뀌었다. 그는 이렇게 말한다. "모든 사람이 인간적인 관계와 신뢰를 구축하고 있습니다. 사람들은 이제 단지 업무 논의를 위해서만 모이지 않습니다. 그들은 전략을 논의하고 시장에 관해 토론하며, 그 속에서 놀라운 통찰과 힘을 끌어냅니다."

그러나 아직도 많은 기업가에게 기업 성장이란 악몽과도 같은 것이 현실이다. 여러분은 직원을 고용하고, 고객을 확보하며, 확장을 추진할 때마다 기진맥진해지는가? 기업이 성장하면 규모의 경제가 실현되어야 한다고 생각하지만, 현실은 늘 오랜 시간을 일해야 하는가? 다른 사람은 모두 점점 더 무거운 닻을 내리고 있는데, 나 혼자 모래밭을 훑는 기분이 드는가? 원래 생각과는 분명히 다르다. 기업이 성장하면 일이 훨씬 더 쉬워져야 하는데, 어쩌다 이렇게 되었을까?

여러분은 지금 성장의 역설을 경험하고 있다. 성장의 역설이란 회사가 (그리고 여러분의 드림팀과 전망, 자원 등도) 커질수록 일이 점점 더 쉬워질 것으로 생각하지만, 사실은 그렇지 않은 현상을 말한다. 오히려 더 어렵고 복잡해질 뿐이다.

그러나 해링턴이 VTC를 3000만 달러 규모의 회사로 키우고, 이어서 직원 2000명의 성장하는 레이시온 사업부를 맡아 경영한 것을 보면 여러분이 이 책에서 배우는 기법이 실제 회사를 성장시키며, 성장 기업뿐 아니라 세계 최대 규모의 대기업에도 적용된다는 사실을 알 수 있다.

그렇다면 실제로 성장하는 기업은 소수에 불과하고 다른 많은 기업은 실패하는 이유는 무엇일까? 성장의 역설을 극복하는 방법은 무엇일까? 해링턴이 레이시온의 경험에 그대로 옮겨놓기 위해 VTC에서 터득해야 했던 것은 무엇일까?

한 마디로, 그는 복잡성 문제를 해결해야 했다. 여러분도 마찬가지다!

복잡성

여러분의 회사에 창립자와 냅킨 뒷면에 계획을 작성하는 직원밖에 없던 시절을 생각해보라. 이런 스타트업 상황에는 2가지 의사소통 경로(복잡성의 정도)가 존재하고, 인간관계를 맺어본 사람이라면 누구나 그것만으로도 충분히 어렵다는 것을 알고 있다.

여기에 한 사람이 늘어나면 의사소통 경로, 즉 복잡성의 정도는 2에서 6으로 3배나 증가한다. 4명이 되면 다시 그 4배인 24개의 경로가 형성된다.

팀의 인원이 3명에서 4명이 되면 성장률은 33%이지만 복잡성은 400%로

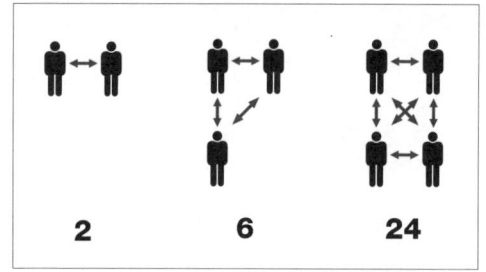

증가하게 된다. 복잡성은 계속해서 기하급수적으로 증가한다. 기업의 소유주들이 흔히 회사에 자기 자신과 단 하나의 서비스를 판매하는 직원 1명만 존재하던 시절을 그리워하는 이유가 바로 여기에 있다.

이런 복잡성은 기업의 성장을 방해하는 3가지 기본적인 장벽을 만든다.

1. **리더십**: 예측, 위임, 코칭 역량을 갖춘 리더를 조직 전체에 걸쳐 찾아내고 육성할 역량의 부재.
2. **확장가능 인프라**: 조직이 성장함에 따라 점점 복잡해지는 의사소통과 결정 과정을 감당할 시스템과 (물리적, 조직적) 구조의 결여.
3. **마케팅**: 새로운 관계(고객, 인재 등)를 기업에 끌어들이고 점증하는 경쟁 압력(그리고 줄어드는 이익률)에 대처할 효과적인 마케팅 부서의 성장 실패.

이런 장벽을 제거한다면 그동안 힘들게 끌던 닻이 어느 순간 순풍으로 변한다. 그리고 배는 예전 그 어느 때보다 더 빨리 나아간다. 기업의 규모가 커지면서 다음 단계로 발전

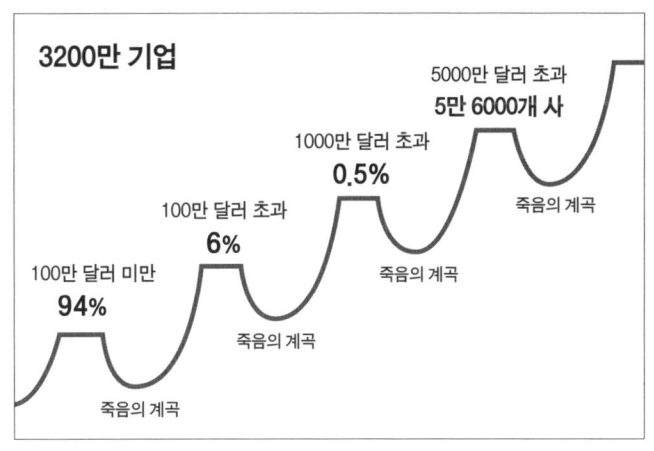

하는 데 필요한 인재와 시스템이 미비할 때 마주치는 이른바 성장 곡선상의 "죽음의 계곡"을 훨씬 더 쉽게 극복할 수 있다. 이것은 기업이 하나의 파도에서 다음 파도로 도약해야 함과 동시에, 자칫 실패하면 깊은 수렁에 빠지게 될 위험한 시기이다.(그림 참조)

미국에는 대략 3200만 개의 기업이 있고, 그중 81%는 다른 직원이 없는 1인 기업이다. 전체 기업 중 6%만이 100만 달러를 넘는 매출을 달성한다. 그중에서 약 10분의 1, 즉 전체 기업의 0.5% 정도만 매출 1000만 달러를 초과하며, 1억 달러를 초과하

는 기업은 겨우 5만 6000개에 불과하다. 최상위 500개의 상장 및 개인 회사는 매출이 60억 달러를 상회한다. 외국의 데이터를 봐도 이런 비율은 대략 비슷하다는 것을 알 수 있다.

언덕과 골짜기를 정의하는 것은 매출보다는 직원 수와 더 밀접한 관련이 있다. 앞에서 언급한 복잡도 공식을 이끄는 것이 바로 직원 수이기 때문이다. 직원 1인당 매출은 대략 중소기업이 10만 달러, 대기업은 약 50만 달러라고 볼 수 있다.(그렇다, 평균적으로 대기업의 경영 효율이 더 우수하다.) 한 사람이 리더십을 발휘할 수 있는 직원 수를 약 7~10명 사이라고 가정하면, 다음과 같은 자연적 집단을 생각할 수 있다.

1. 1~3명의 직원(대부분의 재택 사업)
2. 8~12명의 직원(리더 한 사람과 많은 조력자로 구성된 매우 효율적인 회사)
3. 40~70명의 직원(5~7명 정도의 경영진이 7~10개의 팀을 이끄는 조직으로, 여전히 리더는 전 직원의 이름을 안다.)
4. 350~500명의 직원(7명의 리더가 각각 중간관리자를 거느리며 7~10개 정도의 팀을 이끄는 매우 효율적인 회사)
5. 2500~3500명의 직원(7~10개보다는 훨씬 많은 팀으로 구성된다.)

이런 자연 집단 사이의 직원 수를 보유한 회사라면 어디나 어느 정도 고착된다는 느낌을 받는다. 이미 해결했다고 생각했던 문제가 다시금 불거지곤 한다. 리더는 "대단히 심각하지는 않지만, 그래도 충분히 큰 문제"를 겪게 된다. 예컨대 다음에는 복사기를 얼마나 큰 제품으로 마련해야 하는가와 같은 사소한 결정까지 포함해서 말이다.

조직은 이런 성장 경로를 밟으면서 일련의 예측할 수 있는 진화와 혁명을 겪게 된다. 이런 자연 주기에 관해서는 래리 그레이너 박사가 1972년 《하버드비즈니스리뷰》 7월호와 8월호에 기고한 〈조직 성장에 따른 진화와 혁명 Evolution and Revolution as Organizations Grow〉이라는 글에 더 상세한 설명이 나와 있다.(1998년 5월 개정)

스콧 타나스와 죽음의 계곡

2011년에 앨버타주에 본사를 둔 직원 2000명 이상의 금융회사 웨스턴파이낸셜그룹 WFG이 퀘벡주에 본사를 둔 데자르뎅그룹에 4억 4000만 달러에 인수되었다. WFG는 1996년에 상장한 이후 다시 개인기업으로 전환할 때까지 15년간 총 1038%의 주가 상승률을 기록했다. 창립자이자 부회장을 맡고 있는 스콧 타나스는 지금도 회사의 성장을 위해 힘쓰며, 성장에 대처하는 방법에 관한 자신의 통찰을 다른 기업가에게도 꾸준히 전하고 있다. 그는 이렇게 말한다. "버네는 기업이 성장하면서 죽음의 계곡을 만난다고 하는데, 큰 회사를 키워본 우리가 보기에 그 말은 사실입니다."

타나스는 지난 20년간 WFG에서 CEO로 재직하며 얻은 경험을 통해, 직원 2명으로 출발한 회사는 10명이 됐을 때 프로세스를 바꿔야 한다고 조언한다. 그렇지 않으면 "죽음의 계곡"을 맞이할 수밖에 없다고 말한다. 회사가 성장하면 리더를 도와 회사를 이끌어갈 관리자가 필요하다. 타나스는 이렇게 말한다. "사업을 혼자서만 운영할 수는 없고, 경영 방식도 바꿔야 하는데, 어떤 사람은 이 고비를 넘기지 못합니다." 직원이 25명을 넘어서면 또 다른 도전을 맞이하게 된다. 예를 들어 자금 관리를 맡아줄 사람을 고용해야 한다. 타나스는 직원 수가 100명쯤 되면 "간부회의 하나만으로는 감당할 수 없으므로 내부 커뮤니케이션 프로세스를 따로 마련해야 합니다"라고 말한다. 사내 정치도 벌어진다. 그는 강조한다. "자신이 남보다 더 많이 안다고 생각하는 직원이 있기 마련입니다. 성장의 각 단계에서 이런 다양한 도전이 닥쳐오므로 그때마다 변화가 필요합니다. 변화하지 않으면 결국 뒤처지거나 그 정도 규모에서 정체되고 맙니다."

타나스는 사업에서 얻은 경험을 캐나다의 경제 성장에 적용할 기회를 얻게 된다. 그는 캐나다 상원의원이 되어 여러 성장 사업에 투자자로 참여하게 되었다.

기업이 복잡성 문제에 대처하는 노력을 방해하는 리더십, 인프라, 마케팅 분야의 3가지 장벽은 루디와 해링턴, 그리고 타나스가 그들의 회사를 성장시키면서 극복했던 것들이었다. 지금부터 장벽을 하나하나 더 자세히 살펴보자.

리더십: 예측, 위임, 반복

경영진의 행동은 회사 전체에 영향을 미친다. 조직 내에서 발생하는 모든 어려움은 결국 경영진의 응집력과 그들의 예측, 위임, 반복 역량으로 귀결된다.

예측

리더가 시장과 경쟁자, 그리고 자기 조직보다 몇 년을 앞설 필요는 없다. 단지 몇 분 앞만 내다보면 된다. 중요한 것은 고객과 경쟁자, 직원들과 자주 소통하는 것이다.

이것은 회사의 규모가 작아 경영진(혹은 기업가 한 명)이 영업과 판매, 소프트웨어 프로그래밍, 그리고 상품과 서비스 배송 등을 모두 직접 담당할 때는 매우 쉬운 일이다. 그러나 사업의 규모가 커질수록 그렇게 하기가 점점 더 어려워진다. 리더들이 고객과 현장 직원과 점점 동떨어지면서 사업과 시장에 대한 감각이 무뎌지게 된다.

루디가 무려 석 달 동안이나 퍼셉셔니스트의 고객을 찾아다니며 자신의 투자 가치를 3배로 키워줄 새로운 사업모델을 찾아낸 것도 바로 이것 때문이었다. 10장 〈데이터〉에서 리더들이 시장의 "구석구석을 둘러보는" 능력을 향상할 수 있는 구체적인 업무 습관과 빅데이터의 위력을 이용하는 방법을 제시한다. 우리의 도구와 기법은 결국 경영진이 다른 일에 방해받지 않고 업무 시간의 80%를 시장과 직접 마주하는 일에 할애할 수 있게 해줄 것이다.

위임

다른 사람이 일을 잘할 수 있게 믿고 맡기는 것이야말로 성장하는 조직의 리더가 해야 할 가장 어려운 일일 것이다.

거의 모든 기업가는 혼자 일하는 편을 선호한다. 대다수 회사가 극소수의 직원으로만 구성된 이유도 바로 이 때문이다. 우리는 흔히, 기업 운영자들이 직원이나 고객만 상대하지 않으면 회사를 더 사랑할 것이라고 농담하곤 한다! 그들이 가장 사랑하는 것은 회사의 이상(꿈)이다.

직원 10명 규모로 회사가 성장하기 위해서는 창업자가 취약한 업무를 다른 사람에게 위임해야 한다. 그런데 50명 규모가 되려면 자신이 잘하는 분야를 위임할 줄 알아야 한다! 리더의 강점이 바로 조직의 약점이 되는 경우가 많다. 예컨대 창업자가 CEO와 주요 영업 업무를 겸하는 데 비해, 다른 직원은 큰 그림을 보는 데 관심이 없어 매출이 정체하는 경우다. 회사가 계속해서 성장하기를 원하는 리더라면 둘 중 하나를 다른 사람에게 위임해야 한다.

직원 수가 50명을 넘어가면 리더는 조직 전체에 가치와 열정, 그리고 사업 지식을 공유하는 또 다른 리더를 양성해야 한다. 그래야만 사업 성장에 필요한 수많은 활동과 업무를 위임할 인재를 확보할 수 있다.

수많은 MBA 프로그램 중에 위임을 다루는 과목이나 심지어 강좌 하나라도 제공하는 곳이 드물다. 그러나 위임이야말로 리더가 갖추어야 할 가장 중요한 기술이다. 리더 중에는 위임을 곧 포기라고 생각하는 사람이 많다. 포기는 공식적인 피드백 메커니즘도 없이 누군가에게 과업을 이양하는 것이다. 중요한 일이 아니라면 그래도 괜찮겠으나 모든 시스템에는 피드백 고리가 필요하다. 그렇지 않으면 결국 걷잡을 수 없는 상태가 되고 만다.

성공적인 위임은 적합한 사람이나 팀에게 업무를 위임했다고 가정해도 4가지 요소를 갖춰야 한다.

1. 개인과 팀이 달성해야 할 목표를 구체적으로 정한다.(우선순위 – 한쪽자리 전략계획 OPSP)
2. 진척 상황을 확인하는 측정 시스템을 만든다.(데이터 – 정성 및 정량 핵심성과지표 KPI)
3. 팀이나 개인에게 피드백을 제공한다.(회의 주기)
4. 적절한 시기에 인정과 보상을 제공한다.(우리는 기계가 아니라 사람을 상대하기 때문이다.)

록펠러 습관은 리더들이 올바로 위임하는 방법을 제공한다.

참고: 벌들은 리더가 한 마리뿐이다. 그런데 왜 기업에는 여러 명이어야 하는가? 어떤 기업들은 "리더가 없는" 조직을 실험적으로 운영하고 있다. 이런 회사에서는 사실상 모두가 리더로서 각자 자기 역할을 할 수 있다. 그러기 위해서는 전 직원이 CEO의 DNA(가치, 목적, 지식 등)를 공유할 정도의 엄청난 교육 및 개발이 필요하다. 이런 "민첩한 고성장기업agile scaleup"들에는 앞에서 언급한 몇몇 위임 활동을 수행하는 데 필요한 기술주도형 시스템도 틀림없이 갖춰져 있을 것이다. 이 주제에 관해 우리가 가장 선호하는 책은 론 로벳의 《충격적인 권한위임Outrageous Empowerment》이다. 록펠러 습관이 충분히 실행되면 마치 개미들이 우두머리 없이도 페로몬을 통해 의사소통을 주고받는 것처럼 탈중앙화 조직을 구현할 수 있다.

주의: 컴퓨터 기술이 아직 영화 〈2001 스페이스 오디세이〉에 등장하는 할HAL의 역량에 도달하지 못했으므로, 리더 없는 운영을 실험하는 조직이라고 해도 여전히 "챔피언" 등과 같은 유사 리더의 존재가 필요한 것이 현실이다.

반복

리더의 최종 역할은 "가장 중요한 일을 중요한 일로 지켜내는 것"이다. 즉, 조직에 메시지를 전달하고 모두가 같은 방향을 향하게 만드는 일이다. 《턴어라운드》의 저자 데이비드 마르케는 미 해군에서 꼴찌를 달리던 핵잠수함의 지휘를 맡아 단 1년 만에 1등으로 만들었다.(기존의 승조원 중 아무도 쫓아내지 않은 채 말이다!) 그의 함장실 문 뒤에는 그림이 한 점 걸려 있었다. 어떤 사람이 자기 개에게 계속해서 앉으라고 명령하다가 마침내 그 개가 앉자 "좋았어!"라고 외치는 그림이었다. 그 그림은 하나의 메시지를 끊임없이 상기시켰고, 조직이 마침내 거기에 반응한 것이었다.

반복에는 일관성이 포함되어 있다. 한번 시작하면 끝을 내라. 말한 것은 반드시 지켜야 한다. 말과 행동이 다르면 안 된다. 일관성은 반복에서 매우 중요한 측면이다.

반복의 위력에 관해서는 이 책에서 끊임없이 강조할 것이다. 특히 다음과 같은 내용을 중심으로 살펴본다.

1. **핵심가치:** 인적자원 시스템을 통해 매일 강화되며, 조직문화를 정의하는 몇 가지 규칙.

2. **핵심목적:** 전 직원이 사업에 한마음을 품게 해주는 리더의 정기적인 연설 내용.
3. **크고 대담하고 도전적인 목표**BHAG: 조직 전체에 걸쳐 모든 결정의 바탕이 되는 10~25년 단위의 목표.
4. **우선순위 및 테마:** 가장 중요한 일로 여기고 있는지 매일, 매주 반복 검토해야 하는 3~5년, 1년, 분기 단위의 우선순위.

리더가 해야 할 핵심 업무 중 하나는 메시지와 지표를 자주 전달하여 회사와 조직문화의 핵심특성을 강화하는 일이다.

확장 가능scalable 인프라

조직은 성장할수록 점점 더 복잡해진다. 그것은 어쩔 수 없는 자연의 힘이다. 아메바는 세포 하나로 필요한 일을 모두 할 수 있다.(재택 기업과 비슷하다.) 그러나 세포의 수가 늘어나면 조직에는 먹이 공급, 제거, 순환, 생식 등을 처리하는 하부 시스템이 생겨난다. 각 세포는 살아남기 위해 영양 공급원과 가까운 곳에 자리 잡고 표면적을 최대한 넓혀 에너지 흡수와 노폐물 제거에 유리한 조건을 확보한다. 세포가 그토록 커질 수 있는 이유도 바로 이 때문이다.

회사도 마찬가지다. 하부 시스템(세포)이 조직(유기체) 내의 다양한 직무와 지역, 사업 단위 등을 반영한다는 점이 다를 뿐이다. 이런 하부 시스템이 커지면 계속해서 분화하거나 혹은 너무 큰 나머지 배타성을 띠게 되어 거대한 관료조직에서 볼 수 있는 온갖 문제를 겪게 된다. 살아있는 세포가 영양분과 가까운 곳에 존재하듯이, 기업은 (지리, 상품군, 고객 세분화 등의 면에서) 고객과 가까이 있어야 한다. 이것은 기업이 조직을 구성하고 고객에게 책임지는 방식을 이끈다.

조직의 모든 일이 순조롭게 흘러가려면 확장 가능한 인프라가 필요하다.(혈액 공급 체계나 신경계와 비슷하다.) 직원이 2명이던 회사가 10명으로 성장하려면 전화 시스템을 개선하고 업무 공간을 확충해야 한다. 직원이 50명에 이르면 물론 공간과 전화도 필요하지만, 실제로 수익을 안겨주는 프로젝트, 고객, 상품이 무엇인지 정확히 파악하기 위해 갑자기 회계 시스템이 필요해진다. 50~350명까지 성장하는 단계에서는 정보 기술 체계의 수준을 한 단계 높이고 통합해야 한다. 규모가 더 커지면 조직을 다시 개조하여 모든 시스템을 하나의 종합적인 데이터베이스로 묶어내야 한다. 그렇지 않으면 단 한 명의 고객 주소만 바뀌어도 값비싼 대가를 치르는 실수가 연달아 일어나게 된다.

참고: 직원과 팀의 물리적 위치를 아무렇게나 정하면 안 된다. 같은 공간에 있을 때 최고의 효율을 발휘하는 직무들이 있기 마련이다. 이 주제는 2부 〈인력 스케일업〉에서 자세히 다룬다. 화장실과 휴게실, 회의실 등을 어디에 두느냐도 매우 중요한 문제다. 특히 회사가 커져서 한 건물의 두 층 이상을 써야 할 경우는 더욱 그렇다. 서로 다른 층에 근무하는 바람에 마주칠 일이 드물어지면 직원들 사이에 심각한 커뮤니케이션 문제가 발생한다. 다양한 사람과 부서의 접촉(우연한 만남)을 최대한 늘리는 것을 목표로 삼아야 한다.

조직 변화의 핵심 — 민첩한agile 조직 vs 전통 조직

조직 내에 혁명적인 변화가 일어나고 있다. 전통적인 하향식 조직도가 무너지고 좀 더 유연하고 민첩한 조직구조가 이를 대체한다. 원래 표준적인 조직도는 인간의 힘과 근육을 동원하여 거대한 성벽을 쌓고 전쟁에 나서는 데 도움이 되고자 고안된 것이므로, 이것이 마치 머리, 어깨, 팔, 다리, 손가락, 발가락 등으로 이루어진 인간의 골격 구조처럼 보이는 것은 결코 우연이 아니다. 인간의 골격은 꽤 효율적이고 효과적인 근육 기계다.

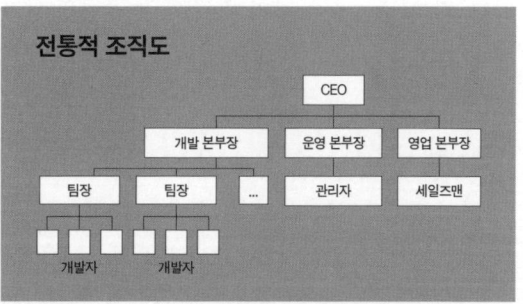

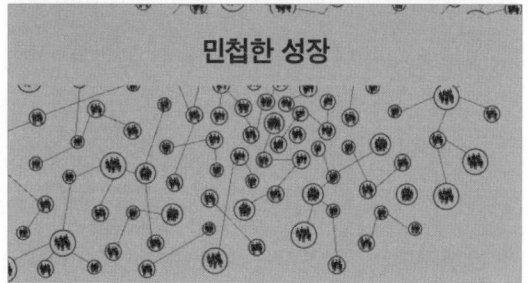

조직 구성의 대상이 근육에서 정

신(육체노동보다 정신노동을 더 많이 한다)으로 옮겨가면서 조직도에 문제가 생긴다. 이런 변화를 조직도가 제대로 반영하지 못한 것이다. 실제로 우리가 하는 일과 가장 가까운 모습으로 조직을 설계할 필요가 있다. 그것은 바로 점조직으로 구성된 두뇌와 닮은 모습이다. 마치 먹이(우리로 치면 고객이다!)를 찾기 위해 무리를 짓는 개미나 벌과 같다.

개미 집락은 아무리 규모가 커도 여러 관리 계층이 필요하지 않다. 그들은 단 2개의 단계만 있으면 된다. 즉, 여왕개미 1마리와 개미 3마리가 한 팀을 구성하는 수많은 개미 집단이다. 각 팀에는 날 때부터 리더 역량을 지닌 개미가 있어 다른 팀의 리더와 연락을 주고받으며 정보를 공유한다.

우리도 마찬가지다. 경영진, 팀장, 그리고 팀원만 있으면 된다. 이것이 바로 론 로벳의 《충격적인 권한위임》에 소개된, 3500명이 넘는 그의 민간 경호회사의 조직 구성 방식이다. 분야별, 구역별, 지역별 관리자는 필요 없다. 그 회사에는 특수부대처럼 조직된 민간 경호원 팀과 각 팀의 리더만 존재한다. 팀장들은 매월 한 번씩 모여 여러 팀의 지식을 서로 공유한다.

로벳의 책 외에도 이런 변화를 상세히 다룬 중요한 책이 2권 더 있다.

1. 《티밍Teeming》(2판), 탬신 울리 바커 지음
2. 《인간체제Humanocracy》, 게리 해멀·미셸 자니니 공저

해멀의 책은 이런 단계를 모두 벗어던진 기업 사례를 풍부하게 소개하고 있다. 중국의 백색가전 업체 하이얼도 그중 하나다. 네덜란드에 본사를 두고 전 세계에 1만 4000명의 간호사와 조무사를 둔 간병 서비스 회사 뷔르트조르흐는 아예 이런 단계를 만들지 않은 채 성장했다.

생체모방 전문가인 울리 바커의 책은 여기에서 한발 더 나아가 자신이 찾아낸 초유기체의 원리를 5가지로 정리한다. 유니콘 기업은 대부분 이 원리를 이용하여 다른 기업보다 훨씬 더 쉽고 빠르게 성장했다.

1. 집단 지성을 구축한다.
2. 집단적 창의성을 육성한다.

3. 분산된 리더십에 의존한다.
4. 상호호혜와 공유에 의존한다.
5. 재생적 성장을 이룩한다.

위에 소개한 3권의 책을 읽고 이 원리를 여러분의 조직이 성장하는 데 지침으로 삼기를 바란다.

마케팅

성장 과정에서 마주치는 가장 큰 업무 장벽은 영업과 별도로 마케팅 부서를 효과적으로 운영하는 것이다.(그다음이 회계라고 5부 〈현금 스케일업〉에서 설명했다.) 마케팅은 사업이 확장함에 따라 새로운 관계(고객, 인재, 자문, 투자자 등)를 맺고 증가하는 경쟁 압력(그리고 줄어드는 이익률)에 대처하는 일에 결정적인 역할을 한다. 이익률 저하를 방지하는 마케팅의 역할은 최적의 **고객**에게 팔아야 할 적합한 것이 **무엇인지**, 그리고 그것을 어떤 **가격**에 **어떻게** 파는 것이 최선인지를 결정하는 데 있다. 마케팅 전략이란 곧 전략 그 자체인 경우가 많으므로 이런 결정에는 주로 조직의 리더가 직접 개입한다.

이제는 고전이 된 《관계 마케팅 Relationship Marketing》의 저자 레지스 맥케나는 1980년대에 스티브 잡스와 앤디 그로브를 비롯한 실리콘밸리 기술기업의 스타 리더들에게 마케팅 방법론을 가르친 바 있다. 버네가 글로벌 기업가 조직을 결성하던 초기에 그 방향을 안내해준 것도 바로 맥케나와 그의 회사였다. 맥케나가 강조했던 점은 2가지였다. 첫째, 효과적인 마케팅의 핵심은 일주일에 한 시간을 마케팅 회의에 따로 할애해야 한다.(여러분은 어떤가?) 둘째, 기업의 성장을 도와줄 25명의 유력인사 명단(인간관계)을 작성한다.(기업의 규모가 크다면 250명도 좋다.) 그리고 매주 시간을 내서 그들과 인맥을 형성할 방법을 모색한다. 이들 인사에게 설득력 있는 비전을 전달하여(엘리베이터 스피치) 도움을 받는다.

종이에 적는 이름의 영향력이 클수록 회사를 더 크고 빠르게 성장시킬 수 있다. 버네는 위치타주립대학교 시절에 젊은 패기만 믿고 로널드 레이건 대통령, 스티브 잡스, 마이클 델, 그리고 《벤처》와 《Inc.》 매거진의 소유주 등을 25명 명단에 올리기도 했다. 결국 놀랍게도 이 명단을 중심으로 일주일에 한 시간씩 36개월간 꾸준히 공을 들인 결과, 대학생 창업가 협회는 "하룻밤 사이에" 글로벌 스타가 되어버렸다. 로스앤젤레스에서 잡스와 델을 비롯해 1100명이 넘는 기업가들이 참가하는 대규모 행사를 개최했고, 《벤처》와 《Inc.》이 이 단체를 위해 전면 광고를 기부해주었다. 더구나 레이건 대통령의 축하 전보까지 날아들었다. 그러니 모든 일을 하기 전에 가장 먼저 명단부터 작성해야 한다!

주간 마케팅 회의에서 다루어야 할 또 다른 중요한 의제는 필립 코틀러 박사가 강조하는 마케팅의 4P 요소, 즉 상품Product, 가격Price, 장소Place, 판촉Promotion이다. 이 넷 중에 가장 간과하기 쉽지만, 사실 여러분이 내릴 결정 중에 가장 중요한 것이 바로 가격이다. 우리는 사업의 비용 측면에 관해서는 오랜 시간을 들여 골몰한다. 다행히 가격 측면은 경험에서 우러난 추측이 가능하다. 이 분야의 기술 향상을 위해서는 가격론의 대가 헤르만 지몬의 《프라이싱》을 읽어보기를 추천한다. 그가 운영하는 지몬쿠처앤파트너스는 전 세계 최고의 가격컨설팅 업체이므로 여러분도 기회가 된다면 협력을 고려해 보는 것도 좋다.

오길비의 마케팅 4E도 공부해보기를 권한다. 세계 최대 광고회사인 그들은 마케팅의 4P를 새롭게 고쳐 만든 4E, 즉 경험Experience, 모든 장소Everyplace, 교환Exchange, 그리고 전파Evangelism를 온라인과 백서를 통해 발표했다. 매주 시간을 내서 4E를 사업에 더 잘 반영할 방법을 모색하기를 권한다.

마지막으로 추천할 책은 아델 레벨라의 《구매자 페르소나Buyer Personas》이다. 마케팅의 궁극적인 역할은 최적의 고객을 파악하고 유치하여 영업팀에게 분명한 잠재고객 명단과 영업에 도움이 되는 각종 정보를 알려주는 것이다. 그러지 않으면 영업팀(유통업자)은 손쉬운 영업 대상만 찾아다니느라 사업이 초점을 잃고 이익률은 크게 훼손되고 만다.

시장의 역학

더 큰 범위에서 보면 시장은 여러분을 똑똑하게도, 바보로도 만들 수 있다. 시장이 내 생각대로 움직이면 많은 실수가 감춰진다. 그러나 운이 나쁘면 모든 약점이 고스란히 드러난다. 지금까지 100개가 넘는 회사를 출범시킨 아이디어랩의 창립자 빌 그로스는 인력(팀), 전략(사업모델 및 아이디어), 그리고 현금(자금조달)을 포함한 기업 성장의 핵심 요소를 살펴봤다. 그가 내린 결론은 시장의 타이밍이 그 모두를 능가한다는 것이었다. 아무리 아이디어가 좋아도 너무 빠르거나 너무 늦으면 파도에 올라탈 수 없다.

사업을 성장시킬 때는 상식에 반하는 가혹한 시장 역학이 추가로 작용한다. 기업이 매출 100만 달러에서 1000만 달러 규모로 성장할 때, 경영진은 외부로 눈을 돌려 신사업을 축적하는 데 매달리는 경우가 많다. 그러나 이럴 때야말로 건전한 조직 습관과 확장 가능한 인프라 구축을 위해 내부에 더 비중을 두는 편이 장기적으로 더 큰 효과를 거두는 경우가 많다. 사업의 규모가 1000만 달러를 넘어서면서 조직이 복잡해지면 경영진이 (내부 갈등을 진화하기 위해) 시선을 내부로 돌리기 시작한다. 그러나 경영진은 이럴 때일수록 외부로 시선을 돌려 시장에 집중해야 한다.(루디의 표현을 빌자면 고객과의 대화를 통해서다.) 규모가 커질수록 경쟁 압력이 격화되기 때문이다.

재무지표와 관련해서 꼭 지켜야 할 중요한 순서도 있다. 창업 이후 매출이 100만 또는 200만 달러에 이를 때까지 사업을 끌어가는 원동력은 매출이다.(미친 듯이 팔아야 한다.) 이때 중요한 것은 내 서비스를 필요로 하는 시장이 있음을 증명하는 것이다. 많은 기업주는 현금이 가장 중요하다고 생각할 수 있지만, 이 시기의 창업가는 주로 가족이나 지인(혹은 바보들!)에게 의존하여 현금을 조달할 수밖에 없다.

현금에 집중해야 할 때는 100만 달러에서 1000만 달러를 향해 달려가는 기간이다. 성장에는 현금이 필요하다. 더구나 이때는 회사가 처음으로 10배의 규모로 뛰어오르는 시기이므로 현금 수요가 급증할 수밖에 없다. 게다가 조직이 발전하는 이 단계에서도 회사는 여전히 시장에서 자기만의 고유한 위치를 확보하려고 애써야 하며, 이런 실험(혹은 실수)에는 막대한 돈이 필요하다. 따라서 이 시기에는 사업의 현금 모델을 구상하는 데 집중해야 한다. 사업모델을 통해 내부에서 현금을 창출할 수 있는가, 성장을 지탱할 신용 한도는 충분한가, 그리고 충분한 자금을 지원해줄 투자자를 유치할 수 있는가?

조직이 매출 1000만 달러 규모를 넘어서면 내외부에 걸쳐 새로운 문제들이 표면화된다. 외부적으로는 조직의 인지도가 높아져서 경쟁자들이 우리를 자신들을 위협하는 대상으로 인식한다. 고객들은 우리 회사와의 거래 규모가 점점 커질수록 가격 인하를 요구한다. 그와 동시에 내부적인 복잡성도 증가함에 따라 매출보다 더 빠른 속도로 비용이 늘어난다. 이 모든 요인이 더해져 조직의 매출총이익을 압박한다. 매출총이익이 몇 포인트만 떨어져도 조직은 회계 시스템이나 교육, 훈련 등의 인프라에 투자할 추가 자금을 마련하는 데 어려움을 겪는다. 이런 비용은 조직이 2500만 달러 규모를 넘어서면서 눈덩이처럼 불어나 더욱 값비싼 실수를 만든다.

이익 감소를 방지하려면 계속해서 시장에 뚜렷한 가치를 제안할 수 있어야 한다. 그러면서도 내부 프로세스를 끊임없이 간소화, 자동화하여 비용을 절감해야 한다. 성장의 이 단계에서 외적, 내적 과제를 동시에 달성하는 조직은 매출총이익이 증가하여 인프라, 교육, 마케팅, R&D 등에 필요한 추가 자금을 마련할 수 있다.

매출이 5000만 달러 정도에 이른 조직은 그간 충분한 경험을 쌓았고 시장에서의 입지도 충분히 견고해졌으므로 미래 수익성을 어느 정도 정확하게 예측할 수 있을 것이다. 그렇다고 조직이 성장하는 내내 이익이 중요하지 않은 적이 한 번이라도 있다는 말이 아니다. 단지 이 단계에서 조직이 예측 가능한 이익을 창출하는 것이 더 중요해진다는 뜻이다. 이 시기에는 단 몇 %의 이익률 변화에 수백만 달러가 달려 있기 때문이다.

이제 기업의 리더가 수행해야 할 주요 직무를 한마디로 정의할 수 있게 되었다. 그것은 바로, 예측 불가능한 시장과 세상에서 예측할 수 있는 매출 및 이익 구조를 구축하는 것이다. 존 콜린스와 모튼 한셴이《위대한 기업의 선택》이라는 책의 3장〈20마일 행진〉에서 소개하듯이, 매년 착실히 성장하는 기업은 매출과 이익이 널뛰듯이 바뀌는 회사보다 훨씬 더 큰 성과를 낸다.

승리의 전리품은 온갖 궂은 날씨와 폭풍 속에서도 매일 꾸준한 페이스를 유지하는 이에게 돌아간다. 나아가 효과적인 프로세스가 주도하는 이 예측 가능성이야말로 조직이 최고의 인재를 유치 및 유지하고, 고객의 필요를 충족하는 상품과 서비스를 만들며,

나아가 막대한 부를 창출하는 핵심 요인이다.

요컨대 기업을 성장시키는 일은 경영진이 성장에 따르는 변화와 혁명을 헤쳐가는 역동적인 과정이다. 어린이의 성장 단계가 그렇듯이, 기업의 성장에도 피할 수 없는 도전이 다가옴을 예측할 수 있다. 기업이 이런 도전에 대처하려면 조직 전체에 걸쳐 리더십 팀의 역량을 증진하고, 성장과 더불어 증가하는 복잡성을 관리할 확장 가능한 인프라를 구축하며, 사업에 영향을 미치는 시장 역학에서 우위를 유지해야 한다.

이를 위해 리더는 4가지 결정 사항, 즉 인력, 전략, 실행, 현금을 책임져야 한다. 이 4가지는 루디와 그의 팀이 가장 최근에 시작한 사업을 성장시키면서 끊임없이 마주쳤던 것이기도 하다. 이 책의 나머지 부분은 이 4가지 결정을 중심으로 구성되어, 성장을 주도하는 결정적인 판단에 필요한 도구와 기법, 모범 사례 등을 제시한다.

Part2
인력 스케일업

People

서론

핵심 질문: 이해관계자, 즉 직원, 고객, 주주들이 충분히 만족하며, 사업에 적극 참여하고 있는가? 또 여러분은 언제든 그들을 "다시 맞아들일" 용의가 있는가?

기업의 리더는 투자자, 공급업자, 고객, 파트너, 자문 등 회사 안팎의 뛰어난 인력(A급 인재)은 물론, 가정에서도 훌륭한 지원 네트워크가 필요하다. 사업에서는 이 모든 사람들이 결정적 역할을 한다. 그렇다면 창업한 기업을 성장시키는 과정에서 회사의 인력 측면이나 개인적인 삶에서 인간관계에 변화를 줄 필요가 있다는 것을 어떻게 알 수 있을까? 이를 위해 던져봐야 할 2가지 질문이 있다.

1. 나는 지금 행복한가? 절망의 순간에도 평정을 잃지 않는 수도승이 되라는 말이 아니다. 이것은 매우 간단한 질문이다. 출근길이 즐거운가? 아니면 비즈니스 파트너와 도저히 해결할 수 없는 문제를 안고 있는가? 특정 임원이 맡은 일을 제대로 완수하지 않는가? 다른 모든 구성원에게 실망을 안겨주는 팀원이 있는가? 특정 고객이 회사 매출에서 차지하는 비중이 지나치게 큰가? 공급업체가 상품을 제대로 납품하지 않는가? 어떤 투자자나 은행 때문에 삶이 피폐해지고 있는가? 가족이나 친구와 문제가 있는가?

2. 지금 아는 지식에 비춰볼 때, 나는 과연 모든 사람을 기꺼이 다시 맞아들일 것인가? 이것은 위 질문과 연결되는 내용으로, 직원뿐만 아니라 기존 고객, 공급업체, 기타 사업의 이해관계자를 포함하는 질문이다. 잔인한 진실을 마주하고 변화를 시도해야 하는 고통스런 질문임이 틀림없다. 특히 회사의 규모가 창업 초기 인간관계의 범위를 넘어 훌쩍 성장했을 때 이 질문에 답하기가 훨씬 어려워진다.

이런 관계 문제를 정면으로 직시하지 않으면 계속해서 감정 에너지가 소진되어 전략, 실행, 현금 등에 시간을 쓸 수 없게 된다. 4가지 결정 모델에서 인력을 가장 먼저 다루는 이유도 바로 이 때문이다.

행동: 감정을 소모하는 인간관계가 있는가? 논쟁 상황을 해결해야 한다면 조셉 그레니와 케리 패터슨의 《결정적 순간의 대화》를 읽어보기를 권한다.

개관

3장 〈리더〉에서는 개인적 관계에 관한 목표를 생각하는 데 도움이 될 3가지 한쪽짜리 인력 도구, 기업이 직무와 사업 단위를 통해 책임져야 할 구체적인 사항, 그리고 조직 내 여러 가지 프로세스와 관련된 책임 등을 설명한다. 이런 내용은 여러분이 사업 및 개인적 삶에서 마주치는 사람과 관련된 과제를 인식하고 우선순위를 정하는 데 도움이 된다.

4장 〈팀〉에서는 인재 유치와 고용, 코칭 기법을 제시한다. 이 장에서는 인력 채용에서 마케팅 기능이 대단히 중요하며, 톱그레이딩 방법론을 사용하여 사업 성장에 꼭 필요한 A급 인재를 인터뷰하고 선발해야 한다는 점을 강조한다.

5장 〈핵심〉에서는 인력과 전략에 관한 결정을 서로 연결하고 조직의 핵심, 즉 가치, 목적, 경쟁력을 진단한다. 강력한 핵심은 효과적인 전략의 기초다. 각 요소를 찾는 구체적인 방법론을 제시하고, 이런 핵심을 활용하여 인적자원 시스템 전반에 강력한 조직문화를 추진함으로써 조직이 성장함에 따라 문화가 정체되는 것을 방지하는 법을 설명한다. 문화가 취약하면 어떤 전략도 말을 듣지 않는다.

2부에서 살펴볼 3가지 한쪽짜리 인력 도구는 다음과 같다.

1. **한쪽짜리 개인계획**OPPP: 사람들에게 개인적인 삶을 계획할 수 있는 프레임워크를 제공한다.
2. **직무책임표**FACe: 사업의 성장에 책임지는 사람이 누구인지를 분명히 밝힌다.
3. **프로세스책임표**PACe: 사업이 원활히 운영되도록 하는 프로세스와 책임자를 밝힌다.

 참고: FACe와 PACe에 있는 e는 사업을 성장시키기 위해 리더가 지녀야 할 에너지energy와 기업가정신entrepreneurial spirit의 첫 글자를 나타낸다.

2부 〈인력 스케일업〉을 공동 집필하고 책의 나머지 부분에 대해서도 계속 협력해준 바르셀로나의 독일인 기술 기업가이자 파트너인 제바스티안 로스에게 특별히 감사드린다.

모두가, 누군가, 아무나 그리고 아무도
이것은 모든 이, 누군가, 아무나 그리고 아무도 아닌 사람에 관한 이야기다.
해야 할 중요한 일이 있었고, 누군가 그 일을 해야 한다는 것을 모두가 알고 있었다.
아무나 그 일을 할 수 있었으나, 아무도 하지 않았다.
그것은 모두가 할 일이었다고 누군가 화를 냈다.
누군가 그것을 하리라고 모두가 생각했지만, 모두가 하지 않을 줄은 아무도 몰랐다.
결국 아무나 할 수 있었던 일을 아무도 하지 않은 데 대해 모두는 누군가를 비난했다.
- 찰스 오스굿의 〈책임에 관한 시〉를 익명의 저자가 축약한 내용

03

THE LEADERS

리더
기업의 FACe와 PACe

EXECUTIVE SUMMARY 경영학의 대가 피터 드러커는 "병목은 항상 병의 맨 위에 있다"라고 말했다. 기업 내의 어려운 과제도 보통 리더를 겨냥하는 경우가 많다. 따라서 이 장은 경영진을 집중적으로 다룬다. 리더들이 개인적인 목표를 분명히 하는 데 도움이 되는 3가지 도구를 제시하고, 경영진의 책임, KPI, 성과를 정의한 다음, 회사를 끌어가는 4~9개의 프로세스를 설명한다. 아울러 기업을 직무, 상품 서비스 라인, 부서별로 올바로 구분하는 데 도움이 될 내용을 조직 이론에서 간추려 본다.

 힌트: 가능한 한 모든 사람을 각자의 고객과 가까이 배치하라!

샤인로이어스Shine Lawyers의 공동창업자인 스티븐 로체와 사이먼 모리슨은 회사가 성장을 이어가려면 자신들이 성장에 집중하는 동안 일상 업무를 주도할 차세대 리더를 육성해야 한다는 점을 절감했다. 그들은 조디 와일리와 리사 플린을 고위급 법무 경영자로 승진시키는 한편, 직원 수 700명에 호주 전역에 40여 개 지사를 거느린 이 법률회사가 다음 단계로 성장할 수 있도록 임원진을 새롭게 구성했다.

이 회사는 록펠러 습관의 전사적인 도입을 결정함으로써 법률회사로서는 세계 최초로 IPO에 성공한 3개 회사 중 하나가 되었고, 조직도의 변화에 한층 더 박차를 가했다. 모리슨은 사장 겸 CEO가 되었고, 로체는 현재 컨설팅에 집중하는 한편으로 샤인로이어스의 목적을 홍보하는 책을 2권 집필했다. 그들은 또 IPO 관련 핵심 경력을 보유한 새 이사회 멤버를 유치했다.

모리슨은 이렇게 말한다. "우리는 이제 젊고 유능한 인재를 중심으로 사업을 새로운 차원으로 키워갈 훌륭한 팀을 구성했습니다."

회사가 성장하면서 내려야 할 가장 어려운 결정은 조직 내에서 사람들이 맡을 새로운 역할에 관한 것이며, 특히 경영진에 관한 결정이 그렇다. 회사가 초기 리더들의 역량을 뛰어넘어 성장을 구가할 때는 충성도, 자아의식, 그리고 개인적 친분 등의 요소로 인해 이런 결정이 더욱 어려워진다.

이 장에서는 성장 기업의 경영진 내에 존재하는 역학관계와 사업 성장에 필요한 직무와 프로세스를 살펴본다. 그전에 우선 조직 설계의 주요 요소를 빠르게 훑어보자.

조직: 성장하는 유기체

마치 광대들이 폴크스바겐 1대에 꽉꽉 들어찬 것처럼 스타트업 팀이 좁은 사무실에 옹기종기 모여 있던 시절을 기억하는가? 이제 회사는 직원이 150명이나 1500명 규모로 성장하여 팀을 나누고 분명한 책임을 부여하는 법을 알기가 너무나 어려워졌다. 더욱 심각한 것은 고객과 직원들조차 조직을 파악하는 데 혼란을 겪고 있다는 점이다.

자연계에서 이런 문제를 해결하는 힌트를 얻을 수 있다. 인체가 단 몇 개의 특화된 세포가 아니라 수십억 개의 세포로 구성된 데는 그럴 만한 이유가 있다. 세포 하나만으로는 그토록 크게 성장해 건강을 유지할 수 없다. 세포는 일정한 크기가 되면 외부막이 영양분을 흡수하고 노폐물을 배출하여 세포를 유지하기에 충분한 표면적을 갖지 못하게 된다. 그렇게 되면 세포는 내부에서부터 서서히 죽어간다.(거대 관료조직과 같다!)

다시 말해 세포는 반드시 나뉘어야 한다는 뜻이다. 회사도 마찬가지다. 나뉘지 않으면 건강한 기능을 발휘할 수 없다. 세포가 혈액 공급원에서 멀리 떨어지면 안 되듯이, 어떤 팀도 시장에서 너무 멀리 떨어지면 안 되고, 너무 커서 통제가 힘들거나 움직임이 둔할 정도가 되지 않아야 한다.(아마존에는 피자 두 판이라는 원칙이 있다. 어떤 팀도 피자 두 판으로 한 끼 식사가 부족할 정도로 커지면 안 된다는 규칙이다.)

이것은 효과적인 조직구조를 뒷받침하는 기본 원칙이다. 거대한 팀은 프로젝트, 상품군, 고객 세분화, 지리적 위치 등을 기준으로 작게 나누어야 한다. 기본 원리는 조직 내의 모든 사람이 작은 팀에 속해야 하고, 최대한 각자의 고객과 가까이 있어야 한다는 것이다. 이것이 바로 회사가 표면적을 넓혀 시장과 상호작용하는 직원 수를 최대한으로 늘리는 방법이다.

조직 내의 각 세포에는 뚜렷한 책임자가 있어야 한다. 그 사람이 꼭 모든 결정을 내리는 상사일 필요는 없다. 책임과 의무, 권한의 차이를 설명하는 것이 중요하다.

책임, 의무, 그리고 권한

이 비즈니스 용어들은 말은 다르지만, 아무렇게나 혼용되는 경우가 많다. 우리는 다음과 같이 정의한다.

1. **책임:** 이것은 "책임질 능력"이 있는 한 사람(진척 상황을 관리하고 구체적으로 정의된 과업, 팀, 직무, 부서 내에 문제가 발생할 때 발언권을 지닌 사람)에게만 물어야 할 일이다. 사람들이 리더가 없는 팀이라는 말을 자주 하는 이유도 바로 이 때문이다. 그러나 누군가는 여전히 책임을 져야 한다.
2. **규칙:** 책임지는 사람이 1명보다 많다는 것은 아무도 책임지지 않는다는 말과 같다. 그리고 바로 이럴 때 모든 일이 잘못되기 시작한다.
3. **의무:** 이것은 팀을 적극적으로 돕기 위해 "행동할 능력"이 있는 사람이라면 누구에게나 해당하는 말이다. 특정 프로세스나 문제에 관여하는 모든 사람이 여기에 포함된다.
4. **권한:** 최종 결정권을 지닌 사람이나 팀에게 부여되는 것이다.

예를 들어, 스케일링업社의 CFO는 현금에 대해 **책임**이 있다. 그녀는 말 그대로 매일 현금을 '셰어' 우리 팀에 보고한다. 아울러 재무와 관련해 지금이나 올해 중에 문제가 발생할 여지를 감지한 경우 그 사실을 팀에 알려 경고할 책임도 그녀에게 있다. 그런가 하면 현금에 대한 **권한**은 주요 지출과 투자를 승인하는 CEO인 버네에게 있다. 그리고 회사의 전 직원은 현금을 현명하게 사용하고 거래와 계약을 통해 현금을 소모하는 것이 아니라 창출함으로써 스케일링업社가 계속해서 성장하도록 노력할 **의무**를 진다.

그러나 사람들이 흔히 "책임을 지려면 권한도 충분히 지녀야 하지 않나요?"라고 말하지만, 책임과 권한이 반드시 비례해야 하는 것은 아니다. 물론 일선 직원들에게는 권한이 부여되어야 한다. 리츠칼튼 호텔은 고객의 불편 신고를 접수한 직원이라면 누구나 그 불편의 '주인'이 된다.(책임) 따라서 접수 담당자, 벨보이, 객실 청소원 등의 일선 직원이라면 2000달러 한도 내에서 고객의 불만을 처리할 권한을 갖는다. 관리자는 추가 승인 없이도 5000달러까지 지출할 수 있다. 근무 첫해에 250~300시간의 교육을 받는 것으로 이런 권한을 얻을 수 있다.

조직에서 중간 및 고위 관리직까지는 이런 책임과 권한의 균형이 유지된다. 그러나 그 이상 직위에 오르는 사람은 실제로 자신이 통제할 수 없는 일에 대한 책임도 점점 더 커지는 것을 알게 된다. 그래서 최고경영자가 되면 조직에서 일상 업무의 범위를 넘어 벌어지는 잘못된 일은 무엇이나 자신의 책임(주로 법적인 책임이다)으로 돌아오는 현실을 맞닥뜨린다. 리더들이 커뮤니케이션, 설득, 교육, 비전 수립 등의 스킬을 이용하여 책임과 권한 사이의 점점 더 벌어지는 간격을 메우기 위해 큰돈을 쓰기를 마다하지 않는 이유도 바로 여기에 있다.

조직 전체에 걸쳐 책임 소재를 뚜렷이 밝히는 것은 매우 중요한 일이다. 이를 위해 우리는 여러분이 인간관계 목표를 검토하는 데 도움이 될 3가지 한쪽짜리 인력 도구를 제시하고, 기업의 직무와 사업 단위별로 구체적인 책임을 부여하며, 조직 내에 다양한 프로세스 책임을 기술한다. 이런 내용을 익혀두면 조직의 다음 성장 단계에서 집중해야 할 인력에 관한 문제점을 파악하고 우선순위를 매기는 데 도움이 될 것이다.

한쪽짜리 개인계획 OPPP, One-Page Personal Plan

배를 소유하면서 가장 좋은 순간은 배를 사는 날과 파는 날이라는 우스갯소리가 있다. 우리 인생에도 그와 비슷한 시기가 있다. 바로 태어난 날과 세상을 뜨는 날이다. 바쁜 경영자에게 사생활이란 주의하지 않으면 자칫 항구에 정박해둔 채 까맣게 잊은 배(혹은 차고에 세워둔 자동차!)와 같은 신세가 되어버릴 수도 있다. 그러므로 우리는 개

인력: 한쪽짜리 개인계획 (OPPP)

SCALING UP A GAZELLES COMPANY

이름: _____   날짜: _____

		관계	성취	의례	자산
신뢰	10-25년 (열망)				
가족	1년 (활동)				
지인	90일 (실행방안)	시작	시작	시작	시작
건강		종료	종료	종료	종료
재정					

인적 우선순위를 수립하고 이를 직업적인 목표와 일치시키는 일이 너무도 중요하다고 믿는다.

번창하는 회사를 만드는 데 4가지 결정 사항이 있듯이(인력, 전략, 실행, 현금), 개인적 삶에도 이와 비슷한 영역이 존재한다. 그것은 관계, 성취, 의례, 그리고 자산이다. 우리는 기업의 리더라면 누구나 OPPP를 작성하기를 권장한다. (이 책에서 설명하는 모든 한 쪽짜리 도구와 마찬가지로, 전체 크기의 사본을 scalingup.com 사이트에서 다운로드할 수 있다.)

OPPP를 작성하기 위해 우선 맨 위에 이름과 날짜를 적는다. 그다음 OPPP의 4개 열을 하나하나 작성한다.

1열 - 관계Relationship

인생에서 가장 중요한 것은 결국 친구나 가족과 깊은 관계를 맺고 그 과정에서 많은 사람을 돕는 것이라고 할 수 있다. 이것이 바로 진정한 부의 척도다. 그렇다면 금전적 자산은 여러분의 관계를 풍성하게 해주는 원천인 셈이다. 코너 오클리어리의 《아름다운 부자 척피니》를 읽어보면 자신의 자산을 사용하여 수백만 명을 도운 기업가의 감명 깊은 이야기를 만나볼 수 있다.(아울러 이 책을 통해 글로벌 기업의 성장에 관한 팁도 얻을 수 있다.)

참고: OPPP 맨 왼쪽의 신뢰Faith, 가족Family, 지인Friend, 건강Fitness, 재정Finance, 이 5F 목록은 제임스 한스버거가 작성한 것이다. 그는 수십 년간 자산 상담가로 활동하면서 인생의 황혼기에 다다른 사람에게 가장 중요한 것이 바로 이 5F이며, 그것도 자신이 제시한 순서대로라는 사실을 깨달았다. 따라서 OPPP를 작성하면서 우선순위를 정하는 데 큰 도움이 된다.

제1열의 맨 위에서부터 여러분이 오래도록(10~25년까지) 관계를 지속하고 싶은 사람들의 명단을 핵심 그룹별로 작성하라. 기업을 운영하다 보면 직원과 고객을 도울 수 있는 엄청난 기회가 존재한다. 따라서 이 명단에 그들도 한 범주로 포함하는 것이 좋다. 사생활에서 중요한 관계에는 물론 가족과 친구가 포함될 것이다.

아울러 자신이 속한 다양한 공동체를 열거한다. 스포츠팀 소유주이자 벤처투자자, 영화제작자, 자선사업가인 그리스계 미국인 테드 레온시스는 《행복 수업》이라는 책에서, 적극적으로 활동하는 다양한 공동체의 수가 행복과 밀접한 관련이 있다고 말한다.

다음 단계는 열거한 그룹을 살펴보면서 앞으로 12개월, 그리고 지금부터 90일 동안 관심을 집중해야 할 핵심적인 관계를 선택하는 것이다. 버네는 1년 동안 그의 여섯 살짜리 아들 퀸과 깊은 관계를 맺는 데 집중했다. 그리고 3개월은 건강이 안 좋았던 그의 누이와 보냈다.

한편 개인적으로든 직업적으로든 삶의 숭고한 목표를 달성하는 데 방해되거나 심지어 매우 해로운 사람도 있을 것이다. 이 양식에는 지혜롭게 관계를 마무리해야 하는 관계를 기록할 공간도 있다.

2열 - 성취 Achievements

회사의 성장 과정에서 중요한 이정표에 도달한 뒤에도 세상에 진정한 변화를 가져오지 못했다고 느끼는 CEO들이 많다. OPPP의 성취 항목은 더욱 의미 있는 삶을 향하는 길을 마련해준다. 금전적인 목표를 넘어서서 일을 통해 세상에 영향을 미치는 진정한 방법을 생각하고(아마도 다른 사람의 멘토가 되거나 비영리단체를 설립하는 것 등일 것이다) 이와 관련된 핵심 분야에서 달성할 목표를 세워보라.

여러분이 개인적 삶에서 이루고자 하는 목표는 이 핵심 인물들과 함께 진정한 변화를 만들어내는 것이다. 결혼을 예로 들자면 여느 사람처럼 그저 결혼생활을 유지하는 것이 아니라 더없이 행복한 가정을 꾸리는 것이다. 버네가 이 책을 쓰는 동안 즐겁게 우선순위를 둔 것 중 하나는 자녀들의 학교생활에 관해 5개년 전략계획을 추진하기로 결심한 것이었다.

가장 중요한 것은 관계 열에 이름을 적은 사람들과의 관계에서 단기, 중기, 장기적 성취를 얻는 데 집중하는 것이다. 그러기 위해서는 가장 중요한 인간관계에서 멀어지게 만드는 성취를 추구하지 않는 결단도 필요하다.

3열 - 의례 Rituals

일상생활에서 꾸준한 루틴을 세우는 것은 더 큰 목표를 성취하는 데 도움이 된다. 의례란 예컨대 매주 어느 날 저녁은 배우자와의 데이트나, 자녀와 함께 보내는 시간으로 비워놓는 것을 말한다. 멀리 떨어져 사는 가족이 있다면 2년마다 한 번씩 모이는 것을 정례화하는 방법도 있다.

인생의 큰 목표를 달성하는 데 든든한 뒷받침이 되어주는 사람과 정기적인 만남을 이어갈 수도 있다. 정기적으로 같이 운동하는 친구를 만들 수도 있고, 가까운 친구와 함께 시간을 보낼 수도 있다. 마음이 통하는 리더들끼리 비즈니스 포럼을 여는 방법도 있고, 비슷한 연배의 코치(매일 나의 책임을 환기하는 친구이자 최고의 경영 코치 마셜 골드스미스가 추천하는 방법이다)를 두는 것도 좋다.

핵심은 이런 의례를 가능한 한 주간 및 연간 일정에 포함하는 것이다. 그렇게 하지 않으면 여러분이 잘 알고 사랑하는 사람과 깊은 관계를 맺을 기회를 놓친 채 또 한 해가(그러다가 어느새 10년이) 흘러가고 만다.

관계를 끝내야 할 파괴적인 사람들이 있는 것처럼, 그만두어야 할 나쁜 습관과 행동도 있을 것이다. 특히 주변 사람에게 피해를 주는 습관이라면 더욱 그래야 한다.

4열 - 자산 Wealth

자산 그 자체를 목적으로 볼 것이 아니라(어떤 현명한 스승이 버네에게 "모든 자산은 부채가 된다!"고 말해준 적이 있다) 개인적인 계획의 나머지 부분을 뒷받침하는 자원으로 여겨야 한다. 은퇴 자금을 얼마나 모으고 싶은지도 중요하지만, 향후 수십 년 동안 여러분에게 중요한 대의와 공동체를 위해 기부할 자금에 대한 목표를 세워두는 것이 좋다. 가족과 친구를 위한 활동, 예컨대 향후 12개월 동안 결코 잊지 못할 추억을 만드는 데 필요한 목표 자금을 정하라. 아울러 향후 수개월 동안 부를 창출하는 자산이나 현금이 나가는 부채 등도 고려해야 한다.

요컨대 얼마나 많은 자산을 쌓을 것이냐가 아니라, 나를 통해 얼마나 많은 자금이 다른 사람에게 흘러갈 것이냐에 집중하는 태도가 필요하다. 이런 태도는 더 많은 자산을 끌어들인다. 호혜라는 자연의 법칙이 그렇다. 린 트위스트가 쓴《돈 걱정 없이 행복하게 꿈을 이루는 법》이라는 영감 어린 책이 이 개념을 자세히 설명하고 있다.

OPPP가 여러분의 삶에 유용한 계획 도구가 되기를 바란다. 이제 다시 기업으로 관심을 돌려보자.

직무책임표 FACe, Function Accountability Chart

두 번째 한쪽짜리 인력 도구인 FACe는 조직의 최상위 직급에 최적의 인재를 배치하는 데 도움이 된다.("적합한 인재가 올바른 일을 제대로 하게 한다.")

조직이란 한 마디로 기업의 최고위층에서 일어나는 일을 증폭하는 장치다. 우리 코칭 파트너들이 어떤 조직과 협력할 때 가장 먼저 직원 설문조사를 해보는 이유도 바로 이 때문이다. 조사 결과 IT 부서 사람들이 마케팅에 불만이 있는 것으로 드러난다면 최고위층에 있는 그 두 부서의 리더 사이에 문제가 있을 가능성이 크다.

이 도표에는 모든 회사가 갖춰야 하는 공통 직무가 나열되어 있다. 스타트업에도 이런 직무가 모두 존재한다. 다만 창업자가 그 모든 일을 할 뿐이다! 따라서 사업을 성장시킬 때는 이 도표의 어떤 직무를 먼저 위임할 것인가를 고민해야 한다.

샤인로이어스의 모리슨과 로체가 사업이 성장함에 따라 끊임없이 새로운 리더를 승진시키고 채용했던 것처럼, 여러분도 FACe 도구에 열거된 직무를 다음 2가지 테스트를 통과한(아울러 조직문화에 맞는) 리더들에게 위임해야 한다.

1. 따로 관리하지 않아도 된다.
2. 팀 전체를 놀라게 하는 통찰과 성과를 꾸준히 선보인다.

FACe에 따르면 각 직무에 대해 1~2가지의 핵심성과지표 KPI를 정해야 한다. KPI는 직무별 리더가 매일 달성해야 하는 정량적 활동이다. 도표의 맨 마지막 열에는 각 직무(수익, 매출총이익, 이익, 현금 등의 책임 주체를 가리킨다)에서 기대되는 성과가 나와 있다. 이런 성과는 보통 재무제표상의 항목으로 표현되는 경우가 많다.

이 한쪽짜리 책임 도구를 모두 작성하면 리더들 가운데 인력과 성과 사이에 간극이 있는 곳이 어디인지 진단할 수 있다.

일반적으로 이런 기능별 직책에는 언제든지 직원을 승진시키거나 교체할 수 있다. 그러나 외부의 누군가를 유치해 고위 리더급 직책에 앉혀야 할 경우는 최소한 6개월이나 9개월의 주기를 지켜야 한다. 적합한 인력을 물색하고, 그 사람이 그 자리에 친숙해지고, 또 조직의 DNA를 익히기까지는 최소한 그 정도 시간이 필요하기 때문이다. 거꾸로 새로운 간부에게도 그 정도의 시간이 주어져야 급여에 걸맞은 긍정적인 영향을 조직에 미칠 수 있다.

이제 또 다른 리더를 유치할 여력이 생긴다. 그러나 고위급 리더 역할을 외부 인력에 맡기는 일은 좀 더 시간을 들이는 것을 규칙으로 삼아야 한다. 단, 예외가 있다면 벤처 투자를 받거나 1년에 100% 이상 성장해서 단기간에 3, 4명의 핵심 경영진을 영입해야 하는 경우다.

주의: 리더의 장점이 곧 조직의 약점이 되는 경우가 많다.(예컨대 창업자가 마케팅에 강한 경우, 그 기업은 특히 마케팅 기능에 약점을 보일 수 있다.) 왜 그럴까? 리더가 너무 심하게 집착한 나머지 주변 사람들의 노력을 억누르기 때문이다. 아니면 리더가 "세부 업무를 지켜볼" 수 있다고 생각해서 조직에 정말 필요한 실력자를 데려오기보다는 아직 충분한 경험도 없는 사람에게 해당 직무의 감독권을 넘겨줄 수도 있다. 리더는 오히려 정반대로 해야 한다. 자신이 강점을 보이는 분야에 오히려 더 뛰어난 역량을 지닌 사람을 데려와서 조직이 정체에 빠지지 않도록 해야 한다.

FACe 도구 양식을 작성할 때는 다음의 지침을 읽기 바란다. 조직의 최고위층에서 곧바로 변화해야 할 부분을 알려주는 내용이 많다.

FACe 작성하기

1단계

1열은 모든 기업들이 지원해야 하는 직무를 열거하며, 여러분 회사에만 있는 직무를 기록하는 항목도 있다. 별도 사업부를 표시할 공간도 있다. 직책(CEO, COO 등)을 따

인력: 직무책임표 (FACe)

1. 각 직무에 대한 책임자 지정
2. 직무별 나열된 대상에 대해 표 하단의 4가지 질문 진행
3. 각 직무를 위한 핵심성과지표 나열
4. 손익계산서, 재무상태표 및 현금흐름표 등 재무제표 각 항목에 담당자 지정
   이후, 각 직무에 대한 적절한 결과 도출

직무	① 책임자	③ 선행지표 (핵심성과지표)	④ 성과 (손익계산서 또는 재무상태표 항목)
회사 대표			
마케팅			
연구개발 및 기술혁신			
영업			
운영			
재무			
감사			
정보기술			
인사			
인재개발 / 교육			
고객 지원			
사업부 책임자			
• _____			
• _____			
• _____			
• _____			

② 확인사항: 1. 단일 직무에 2인 이상인가? 2. 1인 다중 직책인가? 3. 공석인가? 4. 재고용할 것인가?

로 표시하지 않는다는 점에 주목하라. 해야 할 직무에 집중한다는 개념이다.

1. 먼저 경영진의 모든 멤버가 1열의 각 항목에 직무나 사업부의 책임자라고 생각하는 사람의 이름을 적는다. 해당 직무를 외부 인력에 맡기는 것도 괜찮다.(예를 들어 CFO나 마케팅 컨설턴트를 외부에서 초빙하는 등이다.) 외부 회사에 맡기는 경우, 계약을 맺을 회사의 책임자 이름을 쓰면 된다.
2. 여러분이 속한 산업이나 기업만의 독특한 직무를 기록할 칸도 있다.(예컨대 최고기술책임자나 품질관리책임자 등이다.) 여러 사업부의 이름을 기록하는 공간도 있다. 스케일링업社는 여기에 코칭, 온라인, 소셜 정책, 기술 부서 등을 기록한다.

참고: 1열 아래쪽에 있는 사업부의 경우, 공식적인 사업부가 없더라도 고객 그룹, 상품군, 지역별로 별도의 팀을 조직할 수 있다. 이것을 준 사업부라고 생각해도 된다.

3. 경영진들 간에 의견이 일치하는지 목록을 서로 비교한다. 일치하지 않는 경우가 많다. 심지어 회사의 대표가 누군지에 관해서도 그렇다!

2단계

경영진이 각 직무의 책임자가 누군지에 대해 의견 일치를 보았다면, 이제는 양식 아래쪽에 요약된 4가지 질문을 생각해본다.

1. 하나의 직무에 책임자가 2명 이상인가? 창업자가 영업 책임을 다른 임원과 분담했거나, 전문 서비스회사의 파트너들 전부를 "회사 대표"란 옆에 기록해 두었을 수도 있다. 그러나 책임자는 단 한 사람이어야 한다. 그렇지 않으면 혼란이 발생한다. 한 칸에 2명 이상의 이름이 기록되지 않도록 주의해야 한다.
2. 다른 사람에 비해 유독 더 많이 등장하는 이름이 있는가? 성장 기업의 경우 여러 직책을 동시에 수행하는 리더가 있을 수도 있지만, 경영진의 특정 리더가 다른 모든 사람에 비해 3~4배의 직무를 수행한다면, 그 리더는 오래 살지 못하거나(다소 과장해서) 그 많은 직무 중 어느 하나를 소홀히 할 가능성이 매우 크다. 이것은 또

하나의 경고 상황이다.

> **펄리 풀러턴의 FACe**
>
> 온타리오의 컨설팅회사 펄리 풀러턴의 공동창업자 제임스 펄리와 마크 풀러턴은 FACe를 작성하자마자 곧바로 문제가 생겼다. 회의실에 모인 사람은 모두 6명이었는데 모든 항목에 3명의 이름만 기록된 것이었다. 펄리는 이렇게 말한다. "전 직원이 모든 일을 우리에게만 들고 오는 것이 문제였습니다. 아무리 새로운 인력을 채용해도 최종 책임은 결국 우리 몫이 되고 말았습니다."
>
> 비록 오랜 시간이 필요했지만, 지금은 펄리와 풀러턴을 포함해 모든 사람이 누가 해당 직무의 책임자인지 정확히 알고 있다. 펄리의 말이다. "우리는 각자의 개성을 바탕으로 어떤 직무가 누구의 몫인지 분명히 알게 되었습니다. 마크는 열정적으로 일을 추진하는 스타일이므로 COO를 맡았습니다. 저는 (대표로서) 전략에 집중하고 비전을 수립하는 역할을 맡고 있습니다."

3. 이름이 기록되지 않은 항목이 있는가? 이것은 누군가가 "마케팅은 누가 책임자인가요?"라고 물었더니 "우리 모두죠!"라는 대답이 돌아올 때 발생하는 현상이다. "우리 모두"라는 말은 사실 "그 누구도 아니다"라는 의미다. 그래서 칸을 비워놓게 되는 것이다. 그렇다고 누군가를 새롭게 고용해야 한다는 말이 아니다. 예컨대 고객 지원 항목을 작성하는데, 7~8명 정도의 담당자가 다양한 고객 그룹을 보살피고 있다고 해보자. 이 정도면 이 직무의 책임자를 파악했다고 생각할 수도 있을 것이다. 그러나 책임 규명이란 한 사람이 최종 결정권을 지닌다는 뜻이다. 따라서 그 7~8명에게 업무를 지시하고 보고받는 한 사람이 전체적인 책임을 진다. 그러나 그 리더가 고객 만족과 후속 조치 수준을 확인하는 활동을 적극적으로 하지 않는다면 이 직무의 성과는 기대를 밑돌 것이다. 이런 경우는 추가 인원을 고용할 것이 아니라 고객 서비스 담당자 중 한 사람을 선택해서 전체 책임을 지게 하고, 담당자들이 6개월마다 한 번씩 이 직책을 교대로 맡게 하면 된다. 다시 말하지만, 이들 중

누가 다른 사람의 상사가 된다는 뜻이 아니다. 책임자란 고객 서비스 상황을 확인하고, 고객 만족 피드백을 모아 매주 경영진에게 보고하며, 문제가 생기면 경고하는 역할을 한다는 뜻이다.

4. 각 항목에 이름이 오른 사람에 대해 만족하는가? 리더가 과업을 제대로 완수하지 않으면 변화가 필요할 수도 있다. 그 리더가 맡은 직책이 적절하지 않거나 너무 많은 직무를 한꺼번에 수행하고 있을지 모른다. 분명히 성과에 문제가 있을 것이다. 재능은 있는 사람인데 조직문화에 잘 맞지 않을 수도 있다.("대기업"의 간부를 성장 기업에 데려왔을 때 이런 일이 종종 발생한다.)

> **델의 공란**
>
> 아무리 큰 기업이라도 조직도에 공란이 전혀 없이 모두 채워지는 회사는 없다. 마이클 델은 2007년 1월에 델 컴퓨터에 복귀한 후, 케빈 롤린스 휘하에 20명이 넘는 경영진이 있는데도 CMO가 공석으로 남아있었다는 사실에 한탄을 금치 못했다. 고객지원 부서의 책임자가 없다는 사실만 봐도 델의 고객 서비스에 얼마나 큰 문제가 있는지 알 수 있었다. 델은 곧바로 오라클에서 마크 자비스를 영입해 CMO 자리에 앉혔고, 제조 부문을 책임지던 딕 헌터를 고객 서비스 부서 책임자로 배치했다. 이 조치를 계기로 델은 호전세로 돌아섰고, 마이클은 2013년에 회사를 비상장 기업으로 전환했다가, 2018년에 다시 상장에 성공했다.

 행동: 이 4가지 질문에 대해 의견을 나눈 뒤 경영진에서 눈에 띄는 빈 곳이 어디인지 판단한다.

주의: CEO는 이런 판단을 회피하려는 성향을 보이는데, 자신과 가까운 친구들인 경영진이 관련된 문제이기 때문이다. 매우 민감한 주제임을 우리도 알지만, 조직이 성장하기 위해서는 반드시 짚고 넘어가야 한다. 한 가지 대안으로는 창업 초기 멤버 중 일부가 신상품이나 신사업 출범을 돕는 방법이 있다. 그들은 스타트업 상황이나 소규모 팀에서 일하는 것을 더 편안하게 여기는 경우가 많다. 더구나 점점 더 중요하고 복잡해지는 직무를 내려놓는 것을 홀가분하게 여길 수도 있다. 정말 그런지 아닌지 이런 민감한 대화를 나눠보기 전까지는 알 수 없는 일이다.

3단계

세 번째 열에는 열거된 직무 각각에 대해 1~3개 정도의 KPI를 정의한다. 이것은 특정 리더의 일간, 주간 활동을 측정하여 우수한 성과를 유도하는 선행 지표로 작용한다. (KPILibrary.com를 방문하면 여러분의 산업이나 직무에 적합한 KPI를 선택하는 데 도움이 된다.) KPI를 공부하려면 버나드 마의 《KPI의 모든 것》을 참조하라.

주의: 가장 흔한 실수는 특정 직무에 기재된 사람들의 일간, 주간별 행동을 단순히 KPI로 나열하는 것이다. KPI를 정할 때는 백지 상태에서 다시 고민해야 한다. (상징적으로나 실질적으로나) "책임자" 열에 열거된 이름을 모두 검토한 다음, 회사의 사업모델과 일치하는 직무에 대해 KPI를 정해야 한다. 그리고 해당 직무를 담당하는 경우 그런 KPI를 달성할 업무 기술과 성향을 지닌 인물인지 고려한다. 이 대목에서 불일치가 발견된다면 잠재적으로 문제를 안고 있는 셈이다.

> **"회사 대표"의 KPI**
>
> 회사 대표의 가장 중요한 KPI는 무엇일까? 비전이라고 답할 사람이 많겠지만, 그것을 어떻게 측정할 수 있단 말인가? 투자수익률이나 이익처럼 좀 더 구체적인 지표를 제시하는 사람도 있다. 그러나 이런 성과는 FACe 도구의 마지막 열에 등장하는 편이 더 어울린다. 선행 지표를 정하는 목적은 성과와 직결되는 구체적인 행동을 측정하는 데 있음을 다시 한번 강조한다. 회사 대표의 KPI란, FACe의 모든 항목 중에 제대로 수행되는 것의 비율이라고 하는 게 정확할 것이다.(즉, 대표가 해야 할 일은 적합한 사람이 올바른 업무를 제대로 하게 만드는 것이다.) 이 점을 깨달은 창업가나 CEO 중에는 자신보다 더 적합한 사람에게 대표직을 맡기고 자기는 R&D나 마케팅, 또는 고객 지원에 집중하는 사람도 많다. 직책과 직무를 분리하는 것이 중요하다고 우리가 강조하는 이유가 바로 여기에 있다.

전 세계적 품질혁명을 주도했던 고 에드워드 데밍은 리더의 근본적 역할이 예측이라고 생각했다. 적절한 KPI와 충분한 시장 정보는 경영자가 격동하는 시장에서 예측 가능한 미래를 찾아내는 데 도움이 된다.

행동: FACe의 세 번째 열에 각 직무와 사업부에 대해 1~2개의 KPI를 적어넣어라.

4단계

FACe의 네 번째 열을 작성하기 위해 최근의 상세 손익계산서P&L와 재무상태표B/S를 뽑아 상품군별로 책임자를 지정한다. 그리고 앞에서 직무별 책임자에 대해 제기했던 것과 똑같은 질문을 검토한다.(FACe 도구의 맨 아래에 요약되어 있다.)

1. 하나의 항목(매출 등)에 책임자가 2명 이상인가?
2. 다른 사람에 비해 유독 더 많이 등장하는 이름이 있는가?
3. 이름이 기록되지 않은 항목이 있는가?(예: 통신 비용을 확인하는 사람이 있는가?)
4. 각 항목에 이름이 오른 사람에 대해 만족하는가?

여기서도 책임과 권한을 혼동하면 안 된다. 스케일링업社의 현금 책임자의 경우를 떠올려 보라. 또 직무에서와 마찬가지로 경영진의 각 멤버가 업무를 골고루 분담하여 한 항목당 최종 책임자는 한 명씩이 되도록 해야 한다.

SRC홀딩스의 창립자이자 CEO이며 이제는 고전이 된 《드림 컴퍼니》의 저자 잭 스택은 1400년대 후반에 프란치스코 수도사들이 최초의 회계문서를 만들면서 중요한 열, 즉 '누가'를 빠뜨렸다고 주장했다. 손익계산서와 재무상태표를 매우 자세하게 검토할 때는 항목별 책임자를 반드시 명시해야 한다. 중간관리자나 하위 관리자라고 해도 말이다.

이런 연습은 우리가 여러 기업에서 권장했던 가장 중요한 책임에 관한 논의로 이어졌다. 전체 매출의 최종 책임자는 누구인가? 치열한 가격 할인 경쟁 속에서 누가 매출총이익을 지켜내는가? 통신 비용을 확인하는 사람이 있기는 한가? 공식적인 조직도에 현혹된 사람에게는(우리는 아니다. 성장하는 기업에서는 조직도를 출력하는 순간 이미 옛날 문서가 되는 경우가 허다하다) 손익계산서를 시계방향으로 90도씩 돌려 경영진의 각 멤버가 가장 큰 항목들을 하나씩 맡도록 해보라.(CFO는 왼쪽의 이익을 책임지고, COO

는 중간에 있는 매출총이익의 책임자이며, 본부장은 오른쪽의 매출을 책임지는 식이다.) 다음으로 팀장들은 다음 항목을 책임지고, 직원들은 마지막 세부 항목의 책임자가 된다. 윤번으로 돌린 손익계산서의 맨 위에 회사 대표의 자리를 마련하면 성과의 관점에서 유용한 책임표가 완성된다.

행동: 이것은 CFO나 회계 업무를 책임지는 사람에게 훌륭한 연습이 된다. 재무제표를 철저히 검토하여 각 항목에 대한 책임자를 지정하라. 그다음에는 FACe에 열거된 직무별로 가장 중요한 항목을 선택해 "성과" 열의 해답으로 바꾼다.

참고: 모든 조직은 어느 시점이 되면 회사의 모든 주요 직무에 대해 상세한 직무기술서를 작성한다. 이것은 엄청난 프로젝트다. 우리는 직무기술서를 별로 좋아하지 않는다. 대신 다음 장에서 설명할 톱그레이딩의 직무성과표Job Scorecard를 선호한다.

짐 콜린스는 《위대한 기업은 다 어디로 갔을까》라는 책에서, 자신이 여러 경영진을 컨설팅하면서 얻은 중요한 통찰을 이야기한다. 그는 처음 만난 경영진에게 자기소개를 부탁했을 때, 그럭저럭 좋은 회사의 간부들은 자신의 직책을 말하는 데 비해, 크고 대단한 회사에서 일하는 임원들은 자신의 책임을 매우 정량적으로 표현하는 경향이 있음을 관찰했다. "저는 이 회사에서 매출 증대를 책임지고 있습니다."

단 하나의 책임 포인트와 적절한 KPI 및 성과로 표현되는 간결한 FACe는 짐 콜린스가 위대한 기업의 리더들에서 관찰한 특징과 일맥상통한다.

전략가와 지휘자 또는 선각자와 총괄책임자

이제는 고인이 된 스티브 잡스와 팀 쿡은 1인자와 2인자(CEO와 대표 및 COO), 또는 전략가와 지휘자의 완벽한 팀플레이를 보여준 사례다.

혹자는 이런 조합을 선각자와 총괄책임자라는 말로 표현하기도 한다. 물론 어떤 CEO도 자신을 선각자라고 칭하지는 않을 것이다. 실제로 그렇게 말하는 사람이 있다면 기괴하거나 자기중심적인 사람, 또는 그 둘 다라고 볼 수 있을 것이다. 비전 수립은 물론 중요한 일이지만, 그것은 하버드대학교의 마이클 포터 교수가 CEO의 가장 중요한 책무로 제시한 것, 즉 전략 수립의 일부에 지나지 않는다. 전략이란 훨씬 더 넓은 개념이며, 최고 리더가 수행해야 하는 훨씬 더 전체적인 역할을 나타낸다.

"총괄책임자", 즉 integrator를 구글에서 검색하면 집적회로의 이미지가 나온다. 결국 사물을 통합하고 사람들을 조율하는 것이 총괄책임자의 역할이라는 뜻이다. 지휘자가 교향악단을 어떻게 지휘하는지 생각해보자. 존중과 보살핌, 경의의 태도를 볼 수 있다. 악단을 강압적으로 이끌지 않는다. 모든 연주자의 재능과 개성을 존중하고 악기들을 조합하여 살아있는 음악을 만들어낸다.

벤저민 잰더의 "음악은 리더십에 소중한 교훈을 준다"라는 영상을 검색해보라. 보스턴 필하모닉오케스트라의 유명 음악 감독인 잰더는 수십 년간 세계 곳곳의 리더들에게 리더십을 가르쳤다. 잰더는 "교향악"이란 모든 목소리가 들리게 하는 것이라고 정의한다.

이 비유에 따르면 베토벤은 음악을 작곡하는 사람이므로 전략가가 될 것이다. 잰더는 총괄책임자다. 그는 A급 연주자들이 지닌 재능을 충분히 끌어내 곡에 생명을 불어넣는다. 그는 리듬을 정하고, 팀원들을 코치하며, 이 모든 요소를 한데 섞어 아름다운 작품을 일궈낸다.

언어는 중요하다. 사물이나 사람을 어떻게 지칭하느냐 하는 것은 매우 중요한 일이다. 조직 내의 어떤 일이나 누구에 대해서도 부정확하거나 부적절한 딱지를 함부로 붙이지 않도록 조심해야 한다.

조직구조 — 직무를 넘어서

조직의 첫 번째 자연적 분화는 직무를 중심으로 일어난다. 기업의 직원이 50명 이상이 되면 조직은 프로젝트, 상품군, 산업 분야, 지리적 위치 등을 중심으로 팀의 재편에 착수해야 한다. 흔히 매트릭스 조직이라고 하는 형태가 시작되는 시점이다.(그림 참조)

새로운 사업 단위의 출현에 대한 압력의 근원은 주로 고객이다. 고객들은 누구에게 연락해야 도움을 받을 수 있는지 모르겠다고 하소연한다. 어렵사리 누군가와 연락이 닿아도 돌아오는 것은 발뺌뿐이다. 고객은 수많은 사업부에서 비롯된 의사소통의 붕괴 현상에 질리는 경우가 허다하다. 내부적으로도 직원들은 누구의 지시를 받아야 하는지조차 모른다.

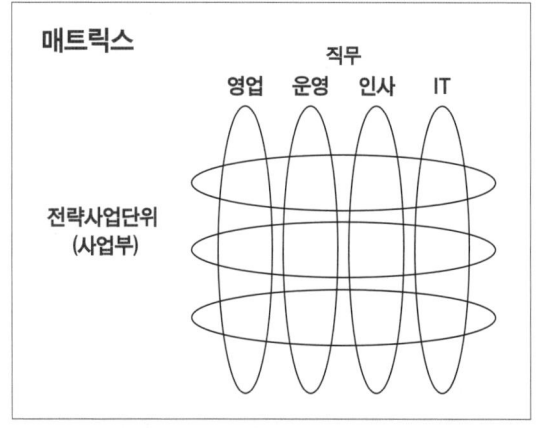

책임 소재를 명확하게 하지 않으면 생산성과 혁신의 속도가 느려지고, 여러 사업부들이 공유하는 직무의 중앙집중과 탈중앙화만 반복하다가 많은 시간을 낭비하게 된다.

이런 조직 변화를 추진하려면 사업을 운영하는 데 익숙해진 직무/부서별 수장들이 적응해야 한다. 그들은 사업부의 리더들에게 '상사'처럼 굴 것이 아니라 코치와 자문 역할을 해야 한다. 반대로 사업부의 수장들은 독립적인 CEO처럼 조직을 이끌어야 한다. 나약한 "예스맨"들이 사업부를 이끌어선 안 될 노릇 아닌가.

이런 변화는 전통적인 직무/부서별 리더로서는 매우 어려운 일이다. 특히 창업 초기부터 함께해온 사람이라면 더욱 그렇다. 일방적인 의사결정에 익숙한 많은 이들은 조직 외부에서 많은 모범 사례를 수집하는 데 시간을 할애하고 배운 것을 사업부 리더들과 공유하면서 의사소통 방식을 지시형에서 설득형으로 바꿔야 할 것이다. 아울러 직무/부서별 리더들의 결정은 단순히 그들의 지위 때문에 무조건 받아들이는 것이 아니라 설득과 이해를 통해 존중을 얻어내야 한다.

이런 변화의 필요성으로 인해 원래 직무/부서별 리더가 사업부를 이끄는 것이 가장 이상적인 경우가 많다.(신규 진출 국가의 지사장이 되거나 새로운 상품군의 출시를 주도하는 식으로) 그래야 직접적인 운영 통제권을 유지할 수 있기 때문이다. 그런 경우 새로운 직무/부서별 책임자로는 (영업, 마케팅, HR 등) 특정 영역의 전문가를 영입하여, 사업부 리더들과 보다 협력적으로 일하도록 한다.

매트릭스 조직의 상사는 누구인가?

매트릭스 조직은 직원들에게도 새로운 도전이다. 상사가 여럿으로 늘어난 것처럼 느껴지기 때문이다. 직원들은 복수의 사업부에 속할 수 있고, 여기에 직무/부서별 책임자마저 자신의 일거수일투족을 감시한다고 느끼게 된다.

핵심은 어떤 직원의 연봉이나 승진을 결정하는 사람이 누구인지 명확히 하는 것이다. 그런 결정을 직무/부서별 책임자에게만 맡겨두는 것은 실수다. 톰이라는 직원이 여러 상품군에 대해 마케팅 지원을 하는 상황을 생각해보자. 회사의 마케팅 부서 책임자는 자신을 톰의 교육자 또는 코치로 인식하고 톰의 성과가 부서 책임자 혼자만의 생각이 아니라 그가 속한 사업부 책임자의 피드백에 따라 평가받는다는 사실을 분명히 말해줘야 한다. 이런 방식을 통해 톰은 사업부를 최우선으로 여기고 일할 수 있다.

매트릭스 조직의 운영은 꽤 까다로운 일이므로 전문가의 안내를 참고해야 한다.(우리가 도움이 될 수 있다.) 그렇지 않으면 회사는 간접비 할당과 책임 소재, 그리고 중앙집중 구조와 탈중앙화 구조 사이에서 끝없는 논쟁을 벌이느라 시간을 허비할 위험이 있다.

책임을 분명히 하면 결정이 옳았는지를 곧 알게 된다. 고객이 만족하고, 조직 내의 모든 사람은 고객 서비스에 대한 자신의 역할을 분명히 알게 될 것이다. 고객에게서 부정적 피드백이 들어온다면(혹은 "세포"에 이상이 있다는 내부 신호가 감지되면) 조직구조 문제를 다시 검토할 때라고 생각하면 된다.

회사는 항상 변화하는 환경에서 생존해야 하는 살아있는 유기체라는 사실을 명심하라. 번영하기 위해서는 적응력을 갖춰야 한다. 찰스 다윈의 적자생존은 틀렸다. 가장 적합한 자가 아니라 가장 적응력이 뛰어난 자가 살아남는다.

프로세스책임표 PACe, Process Accountability Chart

세 번째 한쪽짜리 인력 도구, 즉 프로세스책임표는 사업을 끌어가는 4~9개 정도의 프로세스별 책임자를 열거하고, 사업의 원활한 운영을 위해 각 프로세스를 어떻게 측정할지를 밝힌다.

프로세스의 예는 다음과 같다. 상품 개발과 출시, 구매 유도 및 판매 마감, 신규 직원의 유치, 채용 및 교육, 청구 및 수금 등이다. 이런 프로세스는 거의 모두 다양한 직무에 걸쳐 진행되므로, 조직이 성장할수록 더욱 복잡해지는 여러 활동을 조정해야 한다.

이런 프로세스의 간소화를 위해 우리는 여러 회사에 제조기업뿐만 아니라 서비스 사업에도 적용되는 도요타의 린 원칙을 도입할 것을 강력히 추천한다.(에릭 리스가 자신의 책 제목을 '린 스타트업'이라고 지은 것은 결코 우연이 아니다.)

린 방식을 통한 프로세스 설계는 고객 가치를 창출하지 않는 활동에 낭비되는 시간을 제거하는 데 초점을 맞춘다. 리서치데이터디자인RDD의 존 스테이플턴은 린 방식을 도입한 결과, 단 일주일 만에 콜센터의 생산성이 28%나 개선된 것을 발견했다. 프로비던트시큐리티의 마이크 재거는 린 방식을 처음 도입한 후 IT 비용을 6만 달러나 절감했다. 수상 경력을 자랑하는 프랜차이즈 업체 너스넥스트도어의 공동 창립자 켄 심은 2008년에 본사 직원을 전혀 충원하지 않은 채 사업 규모를 100% 성장시켰다.

우리는 린 방식에 큰 기대를 걸고 있어 어떤 산업 분야든 이 방법을 전적으로 받아들이는 첫 번째 회사가 그 업계를 석권할 것으로 확신한다. 린 방식이 너무나 복잡하고 값비싼 식스 시그마와 동의어라고 생각하는 분이 있다면 걱정하지 않아도 된다. 린 방식은 비록 사고방식을 바꾸기는 어렵지만, 몇 가지 간단한 도구만으로 극적인 개선을 이뤄낸다.

다음은 앞에서 언급한 중견기업의 리더들이 자사 프로세스에 린 방식을 도입한 4가지 구체적인 사례다. 이어서 PACe 한쪽짜리 도구를 사용한 구체적인 방법론을 살펴본다.

린의 위력

존 스테이플턴(직원 500명의 시장조사 기업 RDD의 설립자. 이 회사는 《INC.》 500 명단에 세 차례나 올랐다)은 우리가 린 방식을 중견 서비스 기업을 위한 강력한 도구로 바라보게 된 첫 번째 CEO였다. 그는 이 방식을 적용하여 대성공을 거두었고, 그의 회사는 린 원칙을 혁신적으로 실행한 공로로 노스웨스트 신고상Shingo Prize을 받았다.

린 방식이 자사에 적합한지 아직 확신하지 못하는 사람들을 향해 스테이플턴은 이렇게 강조한다. "제가 콜센터 사업에 린 방식을 적용하여 시간당 10달러를 받는 직원들이 지속적인 개선 프로그램에 참여한 결과, 단 일주일 만에 생산성이 28%나 개선된 것을 확인했습니다."

린 방식의 핵심은 객관적인 모델링과 생산성 측정, 그리고 간단한 시각 시스템을 통해 값비싼 실수를 제거하는 데 있다. 스테이플턴의 경우, 그의 팀은 색상 부호가 적용된 설문 양식을 사용하여 프로젝트마다 적절한 설문 대상자 수를 확보할 수 있었다.

제프 부스는 자신의 계획을 돕도록 린연구소에서 짐 워맥의 초창기 파트너였던 가이 파슨스를 영입했다. 부스는 또 자신의 팀을 비롯한 여러 사람에게 린의 적용 방식을 설명하기 위해 파슨스와 5분짜리 인터뷰 영상을 제작하기도 했다. (scalingup.com 사이트를 방문하면 이 영상을 찾아볼 수 있다.)

낭비 제거

캐나다 밴쿠버 지역의 보안 서비스회사 프로비던트시큐리티의 CEO 마이크 재거는 이렇게 설명한다. "린 방식은 회사 내에서 일어나는 일 중에 고객이 비용을 내기 원치 않는 것이라면 어떤 것도 낭비로 봅니다. 그래서 우리가 가장 먼저 한 일은 모든 비용을 2개의 열로 나눈 것이었습니다. 고객에게 부가가치를 제공하는 비용과 그렇지 않은 것으로 말이지요."

재거는 이어서 말한다. "예를 들어 우리 회사는 사업 모니터링을 위해 IT에 막대한 금액을 투자합니다. 그것은 고객에게 부가가치를 창출합니다. 그러나 고객들은 우리 이메일의 호스트가 누구인지는 관심 없습니다. 결국 우리는 정기적으로 서버를 업그레이드 교체하던 관행을 포기하고 전사적으로 지메일을 사용하기로 했습니다."

린 방식을 도입한 첫해에 하드웨어, 소프트웨어, 관리 및 지원 분야를 합해 6만 달러에 가까운 금액을 절감했다. 재거는 린 방식에 대해 이렇게 말한다. "우리는 이제 사업을 전혀 다른 방식으로 바라보는 또 하나의 훌륭한 도구를 확보했습니다."

시간이 남는 청구 담당자

켄 심은 너스넥스트도어가 린 방식을 도입한 첫해에 이룩한 극적인 성과의 목록 일부를 보내왔다. 거기에는 본사 직원이 8명 적은 채로 이듬해 회사가 100% 성장했다는 내용이 포함되어 있었다. 그것은 순 생산성 면에서 엄청난 증가 수치였다.

> **참고:** 심은 자연 감소에 따라 8명이 줄어들었다고 강조했다. "우리가 린 방식을 명분 삼아 내보내는 사람은 1명도 없을 것입니다. 그렇게 한다면 린은 운동으로서의 수명이 다할 것입니다. 어떤 운동이든 자신의 일자리를 잃어가면서까지 실행할 사람은 없습니다."

흥미로운 사례를 소개한다. 너스넥스트도어의 급여 및 청구 담당자 노린은 린 방식을 도입하기 전까지는 야근과 주말 근무에 시달렸다. 1년 후 그녀는 2배로 늘어난 급여 처리 업무를 절반의 시간에 끝낼 수 있었다. 그녀가 한 모임에서 자신이 이룩한 성취의 결과로 할 일이 없어졌다고 말하자, 경영진은 회사의 다른 모든 이들에게 린 운동을 추진하는 모범과 보상의 의미로 잠시 휴가를 내라고 제안했다. 너스넥스트도어는 이제 프랜차이즈 파트너들에게 이런 린 기법을 교육하여 그들이 하루 종일 급여 처리에 매달리는 대신 사업의 성장에 매진할 수 있도록 한다.

파슨스도 린 방식은 인력이 아니라 낭비를 줄이는 것이라고 역설한다. 쓸데없는 일을 줄여서 번 시간과 에너지를 고객 지원과 영업, 사업 성장에 투입하는 것이다.

너스넥스트도어는 린 방식을 실행한 결과 인원을 보강하지 않고도 콜센터의 업무 처리량을 2배로 늘렸고, 프랜차이즈 파트너의 수수료는 줄였다. 프로세스 단계를 줄여서 프랜차이즈 파트너의 업무 흐름을 개선하고 수익을 증대했다. 재고 수준을 거의 0에 가깝게 줄임으로써 프랜차이즈 파트너들이 훨씬 적은 자본으로도 사업을 시작하고 운영할 수 있게 했다. 신규 프랜차이즈 파트너를 모집하는 프로세스도 간소화했다.

심은 이렇게 말한다. "과거에는 프랜차이즈 파트너를 분기당 1명 늘리기도 쉽지 않았습니다. 지금은 매달 2명씩 늘어나고 있고, 마음만 먹으면 5명까지도 가능합니다! 무엇보다 우리와 프랜차이즈 파트너들이 이 지독한 불황 속에서도 번창할 수 있었던 것은 린 방식을 도입한 덕분이었습니다."

PACe 작성하기

1단계

경영진을 한자리에 불러 모아(조직의 하위 단계에 있는 팀 리더들도 참석시키는 편이 좋다) 사업을 추진하는 핵심 프로세스를 4~9개 정도로 간추린다. 그중 몇 가지 프로세스는 회사마다 비슷비슷한 것도 있겠지만, 여러분의 회사나 업계만의 고유한 프로세스도 있을 것이다. 우리 경험에 따르면 이 도표는 대략 90분 정도면 작성을 마칠 수 있다.

소프트웨어를 무료로 안전하게 다운로드하는 분야에서 세계에서 가장 앞서가는 바르셀로나의 웹 포털사 소프토닉은 자사의 프로세스를 다음의 7가지로 정리했다.

- 채용
- 상품 개발
- 판매 수금
- 혁신
- 인력 개발
- 고객 만족
- 콘텐츠 제작 및 발표

 행동: 4~9개 사이의 핵심 프로세스를 조직 내에서 토의 및 합의하라.

2단계

다음으로는 각 프로세스에 대해 책임자를 선정한다. 이것은 처음에 생각했던 것보다 어려운 일이 될 수 있다. 프로세스가 여러 부서에 걸쳐 있어 그들 사이에 영역 싸움이 벌어지는 경우가 많기 때문이다. 이런 경우에는 어떤 사람에게 프로세스 책임을 맡긴다고 해서 그가 해당 프로세스에 관여하는 모든 사람의 상사가 되는 것도 아니고 그의 의사결정 권한이 꼭 커지는 것도 아님을 모든 사람에게 주지하는 것이 중요하다. 그가 하는 일은 해당 프로세스를 감시하고, 어떤 문제가 생기면 관련 팀에 그 사실을 알려주

인력: 프로세스책임표 (PACe)

1. 해당 사업을 추진하는 4-9개의 프로세스 기재
2. 프로세스별 특정 책임자 지정
3. 프로세스별 핵심성과지표 나열 (더 좋게, 더 빠르게, 더 값싸게)

책임자	프로세스 명	핵심성과지표 (더 좋게, 더 빠르게, 더 값싸게)

며, 그 프로세스를 보완 혹은 개선하는 회의를 정기적으로 개최하는 것이다. 물론 그가 여러 직무를 두루 경험한 사람이라면 가장 좋을 것이다.

모든 프로세스 리더의 보고를 받는 사람은 주로 COO 역할을 하는 사람이다. 일반적으로 운영 책임을 맡은 사람들은 시스템에 집중하는 성향을 보인다. 이 자리에는 프로세스 전반을 관리하고 개선하는 데 열정을 지닌 사람이 좋다. 린 방식을 경험한 사람이라면 금상첨화일 것이다.

 행동: 파악한 각 핵심 프로세스에 대해 조직 내에서 책임자를 정하라. 그들은 각 프로세스에 관한 사항을 운영책임자에게 보고할 책임이 있다.

3단계

각 프로세스를 관리할 몇 가지 KPI를 파악한다. FACe와 마찬가지로 PACe에도 프로세스의 건전성을 나타내는 지표(시간, 비용, 품질 등)가 필요하다.

여러 프로세스에 가장 중요한 KPI는 시간이다. 이것은 날짜(납기)가 될 수도, (생산)시간이 될 수도 있다. 이것은 거의 모든 산업에 공통적으로 적용된다. 상품이든 서비스든, 고객은 더 좋은 품질의 것을 더 빨리, 더 싸게 공급받기를 원하기 때문이다. 물론 시간이 유일한 KPI는 아니지만, 사업과 고객 만족의 효율을 달성하는 원동력이자, 프로세스를 설계하고 간소화하는 린 방식의 핵심 척도이다.

 행동: 각 프로세스의 속도, 품질, 비용을 측정하는 KPI를 1~3가지 정도 열거한다.

조직의 PACe를 개선하는 데 도움이 되는 몇 가지 자원을 아래에 나타내었다.

프로세스 맵핑

PACe 작성을 마쳤다면 특정 프로세스에 관련된 모든 직무/부서의 인원을 한데 모은다. 가능하다면 해당 프로세스의 영향을 받는 고객도 몇 명 초청한다. 각 직무/부서를 나타내는 색상별 포스트잇 참고지를 사용하여 기존 프로세스 흐름의 각 단계와 결정

포인트를 배치한다. 그런 다음 객관적인 시각으로 프로세스를 간소화하고 불필요한 단계와 장애물을 제거한다.

예를 들어 고객용 이메일 확인이나 주문추적시스템을 포함, 종이 한 장이(물리적이든, 전자적이든) 웹사이트에서 이메일함까지, 또는 창고의 주문처리 데스크까지 어떻게 흘러가는지 생각해보자. 이 간단한 프로세스에 얼마나 많은 단계를 거치고 사람이 필요한지 알면 깜짝 놀랄 것이다.

그 프로세스의 중요한 단계나 결정 포인트에 대해 구체적인 KPI를 정하여 프로세스를 연속적으로 관리할 수 있게 하라. 기업의 프로세스를 파악하고 기록할 때 좋은 점은 그것이 신입사원이든 기존 직원이든 궤도를 벗어난 사람들에게 훌륭한 업무 매뉴얼을 제공한다는 데 있다.

분기별 프로세스 계획의 일환으로 하나의 프로세스를 90일마다 한 번씩 다시 검토하고 진단하는 것이 중요하다. 프로세스는 마치 옷장이나 창고처럼 주기적으로 정리하지 않으면 금세 헝클어진다. 프로세스는 4~9개 정도이므로 하나하나를 대략 12~24개월마다 한 번씩 진단하면 큰 이상 없이 회사를 원활히 운영할 수 있다.

행동: 각각의 핵심 프로세스와 관련된 사람들을 소집해 해당 프로세스의 단계와 결정 포인트를 열거, 토론, 결정한다.

참고: PACe 항목에서 언급했듯이, 우리는 회사의 프로세스를 맵핑하고 개선하는 데 린 방식의 도구를 사용하기를 강력히 추천한다. 폴 애커스의 "2초 린₂ Second Lean"이라는 유튜브 영상, 특히 "린 데스크Lean Desk"를 수립하는 법을 찾아보라.

> **분업을 줄여야 할 때**
>
> 산업 시대에 들어와 우리의 생활양식이 가정을 벗어나 공장에서 물건을 생산하는 데 적합한 형태(수십 명의 사람이 하나의 프로세스나 서류에 관여하는 방식)로 바뀌면서 "분업"이라는 개념이 정착했다. 우리는 아무 생각 없이 똑같은 동작을 몇 년이나 반복

하는 삶을 살아왔다.

시간이 흐르면서 분업은 기업을 성장시키는 모든 측면으로 확대되었다. 기술의 출현과 함께 이러한 것의 상당 부분에 변화가 찾아왔다. 요컨대 가능한 한 적은 인원으로 전체 프로세스를 운영하는 법을 고민하기 시작했다. 사람 손을 적게 거칠수록 프로세스가 느려지거나 실수가 발생할 가능성이 줄어들기 때문이다.

오토바이 제조기업 할리데이비슨은 약 10년 전에 1제곱킬로미터 넓이에 걸친 총 41개의 건물을 허물고 그 자리에 최신식 시설을 건설할 때 이런 변화를 받아들였다. 표준화된 조립 라인을 따라 오토바이 프레임이 천천히 이동하는 대신, 이제는 5~6명으로 구성된 각 팀이 모든 오토바이를 고객 맞춤형으로 하나하나 조립한다.(모두 1200여 종에 이른다.) 공장의 62개 직종은 5개로, 정규직 급여를 받는 직원은 절반으로 줄었다. 지금은 일선 직원이 매일 프로세스 개선을 주도한다.

이런 방법은 제조업뿐만 아니라 서비스 직종에도 똑같이 필요하다. 주택담보대출 1건을 성사하기까지 수십 명의 사람이 관여하는 현실은 누구에게나 답답하고 많은 시간이 소모되는 경험이다. 각종 회계 처리나 고객 서비스 프로세스도 사정은 마찬가지다. 자동화와 교차 교육을 통해 좀 더 적은 인원으로 전체 프로세스를 처리할 수 있다면 일이 훨씬 재밌고 쉬워질 것이다. 여러분의 회사에서는 이 방식을 어디에 적용할 수 있는지 살펴보라.

체크리스트

프로세스 파악과 맵핑이 완료되었다면 이제 체크리스트를 통해 일상업무에 적용해야 한다. 체크리스트는 4~9개에 달하는 프로세스의 핵심 부분을 확인하여 일이 제대로 진행되게 하는 데 매우 중요한 역할을 한다. 아툴 가완디 박사는 《체크! 체크리스트》라는 책에서, 간단한 수술 체크리스트를 작성하는 것이 수술 성공률을 높이는 결정적인 요인이라는 자신의 연구 결과를 소개한다. 가완디는 자신이 발견한 내용을 이렇게 밝힌다. "(체크리스트는) 기억을 떠올리고 프로세스에 필요한 최소한의 단계를 뚜렷이 정하는 데 도움이 된다. 체크리스트 덕분에 이 병원 한 곳에서만 43건의 감염과 8명의 사망 위험을 예방했고, 200만 달러의 비용을 절감했다. (체크리스트는) 일종의 인지적인 틀을 제공한다. 모든 사람의 마음속 의식의 흐름을 포착하여 기억과 주의력, 철저함 등의 결함을 드러낸다. 나는 지금도 체크리스트를 통해 우리가 놓친 것이 없는지 확인하지 않고는 수술을 단 일주일도 못 해낸다."

한 분기에 애플 스토어를 찾는 고객 수는 1년 동안 디즈니의 주요 테마파크 4곳을 방문하는 관람객보다 많다. 애플은 어떻게 이런 성과를 올릴 수 있을까? 하나의 이유는 그들이 환상적인 고객 서비스를 제공한다고 알려져 있다는 점이다. 《월스트리트저널》의 한 기사에 따르면 애플에는 간단하고 기억하기 쉬운 서비스 교육 단계의 첫 글자를 딴 APPLE이라는 체크리스트가 있다고 한다.

1. 고객을 친밀하고 따뜻하게 대하라. Approach
2. 정중한 태도로 고객의 모든 필요를 살피라. Probe
3. 고객이 집에 가져갈 수 있는 해결책을 제시하라. Present
4. 어떤 문제나 걱정거리에도 귀 기울이고 해결하라. Listen
5. 마지막에는 애정이 담긴 작별 인사를 건네고 다시 방문해달라고 요청하라. End

체크리스트의 위력에 관해서는 "실행"에 관한 부분에서 다시 한번 다룰 것이다. 여러분의 회사에 문제들이 자주 일어난다면, 간단한 체크리스트만으로도 도움이 될 것이다.

결론은 다음과 같다. 인력을 통한 강점은 올바른 일을 제대로 하는 올바른 리더십에서 온다. 올바른 시스템과 프로세스는 이 인력을 뒷받침하여 기업의 원활한 업무 흐름을 유지한다. 올바른 FACe와 올바른 PACe를 모두 갖춘다면 여러분은 위대한 회사를 실현할 핵심 인력과 프로세스를 확보한 것이다.

04

팀
유치, 채용, 코칭

THE TEAM

EXECUTIVE SUMMARY 조직의 모든 단계에 A급 인재를 유치하고 채용하는 일은 정확한 고객을 찾는 일만큼이나 중요하다. 이를 위해서는 탄탄한 직원 추천 프로그램과 마케팅 부서의 적극적인 지원이 필요하고, 인터뷰와 선발 과정에 톱그레이딩 방법론을 적용해야 한다. 이 장에서 설명하는 이 3가지 요소를 활용하면 회사는 방대한 지원자 군을 확보하고 그중에서 (회사의 차별화 전략과 기업문화에 적합한) '남다른' 인력을 선발하여 스케일업을 추진할 수 있다.

팀원을 채용했다면 이제 뛰어난 관리자 또는 코치를 통해 그들의 만족과 참여를 끌어내야 한다. 이 장에서는 뛰어난 관리자와 그들이 직원을 교육할 때 활용하는 습관을 가려내는 5가지 주요 활동을 파악한다. 우리는 "관리자"보다는 이 역할을 더 정확히 설명하는 "코치"라는 단어를 사용할 것을 제안한다. 나아가 교육과 코칭에 대한 투자가 (R&D나 설비 투자에 비해) 사업에 최고의 보상으로 돌아온다는 뚜렷한 증거를 제시한다.

참고: 《톱그레이딩》에 따르면 잘못된 채용으로 인한 비용은 해당 인력의 연봉보다 15배나 더 크다고 한다. 따라서 채용과 선발 프로세스를 제대로 확립하는 것이 중요하다.

스콧 내시는 경영하던 맘스 오거닉마켓에 CFO가 필요해지자, 채용 담당자에게 전국을 뒤져 잡화점 업계 사정이 그리 좋지 못하다는 것을 잘 아는 재무 전문가를 찾아 달라고 부탁했다. 내시는 22살이던 1987년에 메릴랜드주의 어머니 집 창고에서 가정 배달 및 통신판매 회사로 맘스를 설립했다. 맘스는 환경을 보호하고 복원한다는 설립 목적을 핵심으로 하는 고유의 기업문화를 지니고 있다. 현재 총 22개 매장과 1000명이 넘는 직원이 일하는 맘스는 그들의 핵심가치를 지키기 위해서라면 뻔히 보이는 판매 기회도 아낌없이 포기한다. 예컨대 이 회사의 매장은 플라스틱 물병을 사용하지 않는다. 따라서 맘스는 회사의 목적과 정신을 기꺼이 수용하면서도 "생존"에 필요한 금전적 상충점을 절묘하게 찾아낼 수 있는 뛰어난 CFO를 채용한다는 어려운 과제를 눈앞에 두고 있었다.

1997년에 아일랜드 골웨이에서 시티빈이라는 회사를 설립한 진 브라운도 비슷한 어려움을 안고 있었다. 그는 자신이 모는 쓰레기차의 뒤에서 일할 사람을 뽑고 유지해야 했다. 그의 사업이 딜로이트 컨설팅으로부터 4년 연속 아일랜드의 최우수 경영 회사로 선정되어 딜로이트가 수여하는 금상을 받았음에도, CEO 브라운은 여전히 쓰레기 캔을 던져줄 직원을 유치하고 붙잡아 두는 데 어려움을 겪고 있었다. 아침 일찍 일어나 더럽고 고된 일을 해야 하는 직업이었기 때문이다.

지금부터 내시와 브라운을 비롯한 많은 리더가 이토록 찾기 힘든 인재들을 어떻게 유치하고 채용했는지를 살펴보자.

의지, 가치, 성과, 스킬

회사의 각 직책에 맞는 최고의 A급 인재는 다음의 4가지 기준에 따라 채용해야 한다.(순서도 그대로 지켜야 한다!)

1. **의지**: 남보다 뛰어나고자 하는 열망과 용기, 인내, 학습, 혁신을 실천하는 태도.
2. **가치**: 조직문화에 대한 적합성, 즉 회사의 핵심가치와 부합하는지 검증.
3. **성과**: 결국에는 우리가 정한 KPI와 성과를 달성해야 한다.
4. **스킬**: 가장 덜 중요한 요소다. 모든 업무 스킬은 5년마다 새롭게 바뀌기 때문이다.

이것은 주주들에게 오랫동안 배당금을 안겨줄 내적 계기와 힘을 구축하는 일이다. 적합한 인재를 채용하면 위대한 인생이 시작되고, 사람을 잘못 뽑으면 삶이 피곤해진다.

이 4가지 기준을 바탕으로 직무성과표(표준화된 직무기술서가 아니다)를 작성하라. 직무성과표는 그 사람이 직무에 대해 품은 목적, 그 일의 성과에 대한 열망, 그리고 그것을 실행하는 데 필요한 (기술적, 문화적) 역량 등을 기술한다. 이것은 브래드와 제프 스마트가 함께 A급 인재를 채용하기 위해 만든 톱그레이딩 방법론에 포함되는 내용이다. 우리는 이것이 현존하는 최고의 인터뷰 및 선발 방법이라고 생각한다. 리더들이 지원자와 대화해 보고 "괜찮은 느낌"이 들거나 일반적인 행동 기반 면접이나 테스트를 통해 적합한 인재를 채용할 확률이 25~60% 사이라면, 이 방법의 성공률은 90%에 이른다는 것이 이미 검증되었다. 잘못된 채용에 따른 비용을 생각하면 이 프로세스를 제대로 도입하는 것이 얼마나 중요한지 알 수 있다.

스마트에 따르면 A급 인재란 채용 가능한 상위 10%의 우수 인재 중에서 우리 회사만의 특수한 제안을 기꺼이 받아들이는 사람을 말한다. 이 정의를 다시 한번 읽어보라. 이 말은 곧 우리 회사의 사업모델로 지탱할 수 있는 한도 이상의 급여를 그에게 제공할 필요가 없다는 뜻이다. 사실 우리는 우리가 필요한 직무에 열정을 품고, 우리가 제안하는 보상 패키지를 기꺼이 수락하는 가장 많은 수의 가장 유능한 인재군을 공략해야 한다.(즉 맥도널드도 골드만삭스에 버금가는 A급 인재를 고용할 수 있다는 말이다.) 그리고 이런 지원자 그룹에서 최고의 인재를 선발할 도구를 가지고 있어야 한다. 직무성과표는 이를 위한 출발점이다.

직무성과표의 중심 요소 중 하나는 향후 1년에서 3년 동안 이번 채용을 통해 달성할 측정할 수 있는 구체적인 성과다. 직무기술서는 사람들이 할 일(영업직원 교육, 고객 관계 구축 등)을 열거할 뿐이지만, 직무성과표는 그런 활동을 통해 달성할 성과(매출 800만 달러, S&P 500에 속하는 신규 고객사 7개 유치, 쓰레기 수거 서비스를 제공하는 고객의 계약 갱신율 100% 등이다)가 명

직무성과표 예시

Position: Inside Sales Representative
Location: Chicago, IL

Mission:
The core mission of the Inside Sales Representative is to increase revenue from new and existing customers. Inside Sales Representatives will be expected to make cold calls in addition to following up on leads from marketing activities. Customer contact is mainly via telephone and e-mail. Inside Sales Representatives sell advertisements in a specialized medical trade publication and sponsorships for an annual conference.

Accountabilities

	Metric	Rating (A, B, C)	Comments
Generate revenue	• $15,000 monthly within 3 months • $40,000 monthly within 12 months		
Average sale size	$4,000+ within 12 months		
Customer volume	• Closes sales with at least 4 customers monthly within 3 months • Closes sales with at least 10 customers monthly within 12 months		
Activity (tracked by completion of daily activity sheets)	• 50 cold calls per day • 5 scheduled sales presentation phone appointments per day • At least 10 proposals sent per week		
Documentation	Completes all necessary documentation on time		

Key Competencies
- Integrity
- Results-Oriented
- Excellence
- Customer Focus
- Resourcefulness
- Listening
- Energy/Drive
- Work Ethic
- Goal Setting

시된다. 직무기술서와 톱그레이딩이 제공하는 직무성과표 사이의 결정적인 차이라고 할 수 있다. 직무기술서를 작성하느라 시간을 낭비하지 말기 바란다.

성과를 구체적으로 명시하면 지원자들이 실제로 그런 성과를 달성할 역량을 지니고 있는지 직접 평가할 수 있다. 여러분은 최고위직을 염두에 두고 인터뷰하는 상대가 현재 2000만 달러인 매출액을 향후 3년 동안 3500만 달러로 증대할 수 있는지 정말 알 수 있는가? 그런 결론을 뒷받침할 만한 이력을 그는 과연 지니고 있는가?(이 주제에 관해 블루와이어미디어가 운영하는 블로그를 찾아 읽어보면 직무성과표를 작성하는 데 실질적인 통찰을 얻을 수 있다.)

또 하나 중요한 요소는 조직의 문화와 전략에 부합하는 지원자의 역량이다. 리더들은 특정 후보가 학습과 성장 여력을 갖추고 있는 한 구체적인 업무 스킬보다는 오히려 이런 측면의 적합성이 더 중요하다는 것을 오랜 경험으로 알고 있다.(물론 조직문화에 맞는 가치관과 업무 스킬을 고루 갖춘 사람을 찾을 수만 있다면 더할 나위 없다.) 거의 모든 직무 요건이 급격히 변화하므로, 어쨌든 끊임없이 새로운 업무 스킬을 익혀야 하는 세상이다. 한편으로 문화는 마치 면역 시스템과 같아서 아무리 능력이 뛰어난 사람이라도 조직의 규범, 즉 핵심가치와 맞지 않는다면 자연스럽게 퇴출될 것이다.

사람을 채용할 때는 문화적으로 적합한지 여부뿐만 아니라 조직의 브랜드 약속과 전략을 뒷받침하는 활동을 실천할 수 있는지 확인하는 것도 매우 중요하다.(6장 〈전략의 7 스트라타〉 참조) 시티빈이 찾는 쓰레기 수거직원은 자사의 고객 서비스 약속을 실천할 역량을 갖춰야 한다. 사우스웨스트 항공은 "풍부한 재미"라는 브랜드 약속을 이행할 승무원이 필요하다.

직무성과표의 이런 중심 요소들(성과와 역량)은 모집과 인터뷰, 선발로 이어지는 프로세스의 원동력이다.

최고의 신입사원

《유능한 관리자》를 쓴 마커스 버킹엄과 커트 코프만의 비유에 따르면 좋은 관리자는 체커 게임을, 뛰어난 관리자는 체스 게임을 한다고 한다. 체커 게임은 모든 말이 바라보는 방향이 똑같은 데 비해, 체스 게임은 저마다 달리 움직이므로 게임을 할 때마다 발휘하는 힘이 달라진다.

사업의 인적 측면을 성장시킬 때는 하루빨리 체스 게임으로 전환하는 것이 무엇보다 중요하다. 유명한 TV 액션 드라마 〈A 특공대〉를 생각해보면 된다. 사회의 밑바닥을 전전하던 오합지졸들이 각자의 개성과 독특한 재능을 발휘하며 한데 모여 선한 편을 위해 행동한다는 줄거리 말이다!

여러분도 야심 찬 목표를 달성하려면 최고의 전문가들(체스 말)로 팀을 구성해야 한다. 우리가 경험한 바에 따르면 다재다능한 제너럴리스트(체커 말)의 학습 곡선은 오늘과 같이 빠르고 복잡한 환경에 비춰보면 너무 길고 가파르다. 그래서 우리는 리더들에게 "외골수", 즉 특정 분야에만 뛰어난 재능을 보이는 대신 다른 분야에는 변변치 않은 사람을 찾아보라고 권한다. 제프 스마트가 지적하듯이, "가정의에게 심장절개수술을 맡길 수는 없는 노릇"이다. 팀은 다양한 재능을 갖춰야 하겠지만, 팀원 모두가 그럴 필요는 없다. 리더들은 이 점을 미처 깨닫지 못하고 있는 것이 분명하다. "기분 좋은" 인터뷰 방식의 실패율이 그토록 높은 것만 봐도 알 수 있다. 우리는 주로 나와 비슷한 사람을 뽑는 경우가 많다. 그 결과 회사는 성장을 위한 유익한 토론과 혁신, 차별화에 꼭 필요한 다양한 재능과 배경, 성격을 갖추기는커녕 모두 똑같은 사람들만 모이게 된다.

대니얼 케이블은 여기서 한발 더 나아가 완전히 특이한 사람들을 채용하라고 제안한다. 《체인지 투 체인지》의 저자인 그는 이렇게 말한다. "기업의 경쟁 우위를 확보하는 데 소중하고 차별화된 성과를 창출하는 사람이 필요하다면 평범한 인력으로는 불가능하다." 따라서 회사가 차별화 전략을 구사하고자 한다면 경쟁사와 똑같은 인재를 위한 채용과 보상, HR 시스템으로는 경쟁력을 얻을 수 없다.

참고: 회사를 시장에서 차별화하려면 "남다른" 문화와 "남다른" 전략이 필요하다. 조직문화를 뒷받침하는 핵심가치를 파악하고 업계를 지배하는 전략의 요소를 창출하는 일이 중요한 이유가 여기에 있다.(3부 〈전략 스케일업〉에서 이 둘을 달성하는 방법을 자세히 소개한다.) 이런 가치와 전략적 특징을 바탕으로 앞에서 설명한 직무성과표를 작성하고, 이를 통해 채용해야 할 "남다른" 사람이 누구인지 알아볼 수 있다.

인재의 1차 원천

A급 인재의 채용에 관한 제프 스마트의 방대한 연구에 따르면 인재를 찾는 가장 좋은 원천은 기존 직원들의 추천이다. 고위급 리더는 여기에서 제외되므로, 이 경우는 리더의 폭넓은 인맥을 동원하거나 헤드헌팅 업체의 도움을 받아야 할 것이다.

직원 추천을 활성화하는 비결은 인재 유치에 따른 상당한 보너스를 제공하는 것이다. 대부분의 중견기업에서 흔히 보이는 500달러가 아니라 5000달러 정도의 파격적인 보너스를 제공할 필요가 있다. 추천한 인원이 채용으로 이어지면 보너스의 10%, 해당 직원이 6개월 근무하면 추가로 40%, 1년(또는 2년)을 근속하면 나머지 50%를 지급하는 방식을 추천한다.

인재 확보가 성장에 가장 큰 장애라면 CEO는 A급 인재 채용을 우선순위에 두어야 한다. 오른쪽 사진에서 보듯, 하와이의 프로서비스라는 회사에서는 실제로 CEO 벤 고드시가 지원자를 유치하는 여러 팀 중 하나를 이끈다. 이 성과표를  봐도 알 수 있듯이 채용 보너스는 이 회사의 인재 추천 유도 전략의 핵심이다.

인재 유치는 (게릴라) 마케팅의 역할

인재를 찾는 최고의 원천은 추천이다. 그러나 이것만으로는 충분한 수의 지원자를 빨리 확보하지 못할 수도 있다. 따라서 조직문화에 맞는 전문가 중에 지원자 풀을 확보할 현명한 방법이 필요하다. A급 인재를 채용할 확률을 높이려면 한 직책(일선 직원이든 간부급이든)당 최소한 20명의 지원자를 확보해야 한다는 연구 결과가 있다. 안타깝게도 많은 리더가 성장에서 오는 스트레스로 인해 눈에 보이는 사람은 무조건 채용하고 보는 경향이 있다. "숨은 쉬는구먼, 그럼 합격!" 이런 식이다.

기업의 성장에 마케팅이 중요한 역할을 하는 이유가 바로 여기에 있다. 마케팅 팀은 잠재 고객을 유치하는 것 못지않게 잠재 직원의 유치 흐름을 꾸준히 유지하는 데도 적극 관여해야 한다. 그러나 안타깝게도 이런 측면에서 성공을 거두는 조직은 거의 없는 게 현실이다. 그들은 완벽한 지원자가 하늘에서 떨어지는 줄 안다. 최고의 지원자는 다른 어딘가에서 일하고 있을 가능성이 크므로 우리 회사를 고려할 만한 이유가 있어야 한다. 게다가 성장 기업에는 항상 예산이 빠듯하므로 우리가 원하는 "남다른" 인재를 유치하려면 현명한 마케팅 전략이 필요하다.

구글이 초창기에 선보인 인재 유치 캠페인은 고전적 사례다. 그들은 회사는 전혀 언급도 하지 않은 채 복잡한 수학 수수께끼만 간단히 적힌 광고판을 하나 세워놓았다. 낚시는 물고기가 있는 곳에서 하라는 격언대로 광고 위치는 야후 본사 바로 옆이었다. 기술자들은 도대체 누가 저런 광고를 내걸었는지 궁금해 미칠 지경이었다. 광고판 하나로 수백만 달러짜리 홍보 효과를 거의 공짜로 일으킨 셈이었다. 이 광고판은 결국 수만 명의 잠재 직원에게 노출되었다.

이 수수께끼의 실제 해법이 여러 웹사이트에 실린 데 이어 풀어야 할 또 다른 방정식이 등장했다. 구글이 마침내 광고를 내건 당사자라고 밝혔다. "우리는 구글을 설립하면서, 원하는 것을 찾아다니는 것보다 그 대상이 나를 찾게 하는 편이 더 쉽다는 사실을 깨달았습니다. 우리는 세계 최고의 엔지니어를 찾습니다. 그것은 바로 여러분입니다."

이런 게릴라 마케팅 기법은 어떤 회사라도 사용할 수 있다. 호주의 소프트웨어 기업 아틀라시안은 다음과 같은 문구를 큼지막하게 써 붙인 현란한 버스로 유럽 15개국을 순회한 결과 15명의 개발자를 채용할 수 있었다. "유럽아, 너희 기술자를 훔치러 우리가 왔다." 특이한 버스가 돌아다닌다는 대대적인 뉴스가 결국 무료 홍보 효과를 낸 것이었다. 미시간주의 인재 파견 회사 임플로이먼트 그룹은 지역 언론사를 초대해서 다양한 록밴드를 주제로 하는 회사의 분기 모임을 취재하게 했다. 그 후 이 회사에 관한 재미있는 기사가 몇 건 나갔고, 결국 뜻하지 않았던 우수 인재들의 이력서가 쇄도했다. 조직의 문화에 부합하고 독창성만 갖춘다면 어떤 방식으로든 쉽게 눈에 띌 수 있다.

맘스의 낚싯줄 던지기

맘스 오거닉마켓의 CEO 내시는 이상적인 CFO 후보를 찾기 위해 구인란이나 지역 《워싱턴포스트》에 광고를 싣는 것이 아니라 자사의 목적에 가장 관심이 있는 사람이 찾을 만한 곳에 낚싯줄을 던지는 방법을 택했다. 그는 친환경 뉴스 사이트 Treehugger.com에 CFO 모집 광고를 냈다. 그 광고는 맘스의 문화에 어울리는 재무 전문가라면 충분히 매력을 느낄 만한 질문이었다. '골리앗 대신 다윗과 함께 일하고 싶으십니까?', '몸은 공인회계사지만 마음은 기업가입니까?', '청바지 차림으로 일하는 곳에 오시지 않겠습니까?' 등이었다. (광고 전문은 scalingup.com에서 찾아볼 수 있다.)

효과가 있었다! 이 회사의 목적을 분명히 이해하고 존중하는 훌륭한 지원자들의 이력서가 일주일 만에 무려 40통이나 맘스 앞으로 도착했다. 마침내 내시는 꼭 필요한 재능을 갖추었을 뿐 아니라 회사의 친환경 가치에 공감하는 켈리 몰러를 채용했다. 이후 13년 동안 그녀는 이 수익성 좋은 회사가 홀푸드 같은 거대 기업들의 틈바구니에서 연 매출 2억 3000만 달러(2019년 기준) 규모로 성장하는 과정에 일익을 담당했다.

맘스는 고객이 산 물건을 봉투에 담아주는 사람부터 간부직에 이르는 다양한 직책에서도 비슷한 방식으로 지원자를 유치했다. 예를 들어 이 회사의 "채용" 페이지에 올라온 최근 광고는 다음과 같다.

> 여러분은,
> 전기 자동차에 진지한 관심이 있습니다.
> 상사와도 기꺼이 토론할 수 있습니다.
> 남 탓할 시간에 해결 방법을 고민합니다.
> 10대 시절부터 자기 물건은 자기 돈 주고 샀습니다.
> 쓰레기통에서 재활용품을 골라냅니다.
>
> 우리는,
> 환경 보호와 복원을 위해 노력합니다.
> 진짜 음식을 좋아합니다.

실수를 두려워하지 않습니다.

여러분의 경력보다 지능과 가치를 더 중시합니다.

이런 광고 덕분에 회사는 인재 유치와 보유에 들어가는 시간과 돈을 아낄 수 있었다. 내시는 이렇게 말한다. "10여 년 전에 우리가 이런 시도를 하지 않았을 때는 직원의 채용과 퇴사가 너무 빈번했습니다." 그는 당시에 만났던 지원자들이 "원하는 것은 급여였습니다. 맘스는 그들에게 더 좋은 곳으로 이직하는 발판이었을 뿐"이라고 말한다. 그러나 그는 맘스가 핵심가치에 맞춰 채용 전략을 재편한 이후로는 "이직률이 급감했습니다. 사람을 찾기도, 채용하기도 훨씬 쉬워진 것 같습니다"라면서, 그 광고는 "우리가 기업문화와 가치에 높은 우선순위를 둔다는 것을 보여준 사례입니다"라고 말한다.

5장 〈핵심〉에서 직원 이직률 문제를 성공적으로 해결한 사례로 소개할 애플트리앤서즈는 콜센터에 인원이 1명 필요할 때마다 평균 500~600건의 지원서를 접수하는 것이 보통이다. 이것만 봐도 얼마나 일하기 좋은 직장인지 알 수 있다. 오스틴을 기반으로 사업을 펼치는 랙스페이스호스팅은 오랫동안 록펠러 습관을 익혀온 회사다. 그들은 2013년에 569명을 모집했을 때 총 5만 2000건의 지원서를 접수하여 앞에서 권고한 20배를 훌쩍 넘기는 수치를 기록했다. 물론 이것도 그들의 뛰어난 평판 덕분이었다. 랙스페이스는 《포천》이 발표한 일하기 좋은 100대 직장에 다섯 차례나 선정되었다.

 참고: 하버드 역사상 최저를 기록한 2022년 신입생 합격률이 3.19%였다는 점을 생각하면, 랙스페이스에 채용되기가 아이비리그 대학에 들어가기보다 더 어려운 셈이다!

중소도시에 있어도 일하기 좋은 직장 리스트에 올랐다는 사실은 분명히 지원자가 몰릴 만한 매력적인 회사라는 뜻이다. CEO가 집필하는 책(강력히 추천한다), 지역 비즈니스 저널에 정기적으로 기고하는 칼럼, 인기 블로그, 그리고 링크드인 인플루언서 항목의 꾸준한 포스팅 활동 등은 훌륭한 인재 유치 (및 마케팅) 수단이자 업계의 이목을 끄는 방법임이 틀림없다.

시티빈의 진 브라운 역시 이것과 비슷한 직장상을 수상하며 지역사회의 주목을 한

몸에 받았음에도, 여전히 쓰레기 수거차 뒤에 타고 일할 적임자를 유치하기 위해 창의력을 발휘해야 했다. 《낯선 것으로의 변화 Change to Strange》의 저자 댄 케이블이 런던 경영대학원의 젊은 경영자협회에서 행한 강연을 듣던 브라운은 이런 의문이 들었다.

1. 경쟁사와 똑같은 채용과 교육 방식을 사용하면서 어떻게 우리 직원들이 특별하고 차별화될 것을 기대할 수 있을까?
2. 우리가 생각하는 이상적인 직원의 특징을 경쟁사들이 할 수 없는, 또는 하지 않는 방식으로 기술하는 방법은 없을까?

브라운이 서비스를 통해 자신의 쓰레기 수거 회사를 차별화하기는 쉬운 일이 아니었다. 서비스 경험을 좌우하는 요소는 바로 트럭 뒤에 매달려 일하는 사람들이었기 때문이다. 그러나 대니얼의 강연을 듣고 난 직후 뭔가 "특이한" 일이 발생했다. 게리 마노그라는 청년이 트럭 뒤에서 일하는 자리에 지원했는데, 그 이유가 첫째, 그는 이 일을 매일 운동하면서 돈도 벌 수 있는 기회라고 생각했고, 둘째, 일찍 출근해서 일찍 퇴근하는 것이 자신의 생활양식에 맞기 때문이었다. 게리는 장차 격투기 세계 챔피언을 꿈꾸는 실력 있는 킥복싱 선수였다. 그는 매일 최대한 많은 시간을 훈련해야 했다. 2013년 12월, 게리는 마침내 슈퍼웰터급 킥복싱 세계 챔피언이 되었다. 《골웨이 애드버타이저》에 실린 시합 전 인터뷰에는 다음과 같은 내용이 있었다.

> 마노그는 이번에 처음으로 7라운드 경기를 치른다. 그는 이 시합을 위해 매일 아침 8킬로미터를 달리고 저녁에는 체육관에서 운동했으며, 그 사이에는 시티빈이라는 회사에서 일했다. 그는 이렇게 말한다. '쓰레기통을 비우며 뛰어다닌 것도 제게는 훌륭한 운동이었습니다.'

이를 계기로 시티빈은 직장이 없고 운동을 열심히 하는 젊은이를 겨냥한 채용 광고를 기획했다. "어차피 매일 하는 운동, 돈 벌면서 하지 않으시겠습니까?" 회사는 지역의 체육관을 중심으로 광고를 진행했고, 나머지는 입소문에 맡겼다. 이 광고를 보는 젊은이들은 일자리를 찾기 위해 이력서를 돌리는 사람들과는 시각이 달랐다.

맘스와 시티빈이 그랬듯이, 많은 성장 기업은 자사의 목표를 달성하기 위해 적합한 인재를 버스에 태워야 한다는 사실을 깨닫고 있다. 그러나 많은 업계의 경우, 그런 적합한 인재는 그냥 버스 정류장에서 기다리고 있지 않다. 구인 광고란에 광고만 싣는다고 그들을 찾을 수 있는 것도 아니다. 내시와 브라운을 비롯한 여러 리더들이 그랬듯이, 그들을 찾는 비결은 우리 회사의 핵심가치와 목적을 반영하는 채용 전략을 수립하고 나만의 마케팅 스킬을 동원하여 적합한 인재 풀을 공략하는 데 있다.

인재를 찾는 나만의 "낚시 구멍"

마이클 델은 창업 초기에 코닥에서 해고된 직원들을 많이 고용했고, 나중에는 공장을 운영할 간부직에 MIT 슬로언 경영대학원 출신의 엔지니어를 채용했다. 이 둘은 그가 인재를 찾는 "낚시 구멍"이었던 셈이다. 여러분은 그런 낚시 구멍을 마련해 두었는가?

동종업계 사람을 채용하는 것만은 되도록 피해야 한다. 그것은 경쟁사에게 침입을 당하는 것과 같다. 이 말은 신규 직원을 교육하기 전에 우선 그들이 알고 있던 상식을 깨는 일부터 해야 한다는 의미이다. 게다가 동종업계 인력을 데려오면 기존의 연봉보다 더 많이 줘야 하는 경우가 많다.

카펫 유통업을 하던 고객사 한 곳은 최고의 세일즈맨을 영입하기 위해, 비슷하지만 똑같지는 않은 신발 유통업계로 눈을 돌렸다. 그들의 소매 판매 기술을 고스란히 살리면서도 카펫 판매 방식에 대한 편견은 배제하기 위해서였다. 더구나 그들은 신발에 비해 카펫은 2배 정도 더 팔 수 있는 잠재력을 지니고 있었으므로, 더할 나위 없는 채용 대상이었다.

또 다른 고객은 모교 운동부가 별도의 학생 취업 상담실을 운영하고 있다는 사실을 알았다. 채용의 첫째 요건이 "의지"라는 점을 생각하면, 운동부 학생들은 이미 학습 의지와 팀워크, 그리고 역경에 대한 인내를 다 갖춘 후보들이었다.

특정 원천으로부터의 채용이 성공을 거두기 시작하면 그 직원이 같은 곳에서 또 다른 사람을 유치할 수 있어 악순환보다는 선순환이 형성될 가능성이 크다.

톱그레이딩 인터뷰

자격을 갖춘 지원자를 다수 유치하여 A급 인재를 찾아낼 가능성이 커졌다면 인원을 20명에서 10명으로, 다음에는 3명으로 줄인 다음, 마지막에는 직무성과표를 150% 달성할 최고의 후보를 가려내는 확실한 평가 과정이 필요하다.

맘스의 온라인 입사지원서는 지원자의 가치관을 이해하기 위해 "어떤 회사를 존경합니까?"와 같은 질문을 던진다. 내시는 이렇게 말한다. "그런 질문을 통해 그들이 무엇을 중시하는지 알 수 있습니다." 그들은 또 지원자들이 맘스에 관심을 보인 이유를 물어보기도 한다. "어떤 이들은 우리가 속한 업계가 호황을 누리기 때문에 맘스에서 일하고 싶다고 말합니다. 그들이 원하는 것은 직업 안정성과 돈인 셈이지요. 물론 그게 잘못된 생각은 아니지만, 우리의 가치와는 아무런 상관이 없습니다."

이런 사전 선별 질문과 우리가 추천하는 다양한 온라인 테스트(예컨대 어세스시스템스의 채용 전에 실시하는 다양한 테스트 질문이나 OMG의 영업 진단 등이 있다)는 방대한 명단을 최종 5~10명 사이로 추리는 데 큰 도움이 된다.

이제 인터뷰를 할 때가 되었다. 앞에서 언급했듯이, 우리가 추천하는 프로세스는 톱그레이딩이다. 제프 스마트와 랜디 스트리트가 쓴 《누구를 어떻게 뽑을 것인가?》를 보면 전체 프로세스가 잘 정리되어 있다. 더 구체적인 내용을 배우고 싶다면 브래드포드 스마트의 책 《톱그레이딩》을 읽어보면 된다.

톱그레이딩 방법론은 우선 PSSS(PreScreen Snapshot)라는 서비스 소프트웨어로 시작한다. 모든 지원자에게 이 온라인 도구를 제시하여 최근 2가지 직업에 대해 10분 동안 자세히 설명해달라고 할 수 있다. 그러면 PSSS는 지원자의 "스냅숏"을 보여주므로 그중에 누구를 인터뷰할지 선택할 수 있다. 오토메이션X의 인적자원 책임자 니샤 무어는 이렇게 말한다. "저는 공석 인원을 채용할 때마다 PSSS를 사용하여 약 16시간 정도를 절약하고도 훨씬 더 나은 지원자를 선발할 수 있습니다."

다음으로, 톱그레이딩은 여러분이 확보한 10명의 지원자를 다시 3명으로 추릴 수 있는 선별 인터뷰를 제공한다. 이 인터뷰는 5개의 강력한 선별 인터뷰 질문으로 구성된다. 인원을 채용하려는 어떤 직책에도 적용할 수 있으며, 약 30~45분 정도 전화나 짧은 면담을 하면 된다.

최적의 후보가 3명으로 추려졌다면 이제 통시적 심층 구조 인터뷰를 할 차례다. 즉 3~4시간에 걸쳐 지원자의 경력 전체를 철저하게 인터뷰함으로써 그들이 우리 회사에 와서도 똑같은 행동과 성과를 보여줄 수 있는지 검증하는 것이다. 인력을 채용할 때 미래에 보여줄 성과를 가늠하는 가장 좋은 지표는 과거의 성과라는 점을 명심하라.

인터뷰를 이렇게 오래 진행하면 다음의 장점이 있다.

1. A급 인재는 채용 프로세스가 까다로운 것을 좋아하지, 너무 쉬우면 오히려 미심쩍어 한다.
2. 지원자가 "프로"라면 몇 시간 동안 체면이나 차리고 있지는 않을 것이다.
3. 한편, 처음부터 긴장한 사람은 시간이 좀 지나야 긴장을 풀고 마음을 열 것이다.
4. 그 외에도, 제대로 된 사람을 채용하지 않아 수천 시간 골머리를 썩이는 것에 비하면 지금 3~4시간 투자하는 것은 아무것도 아니다.

 참고: 3~4시간의 인터뷰는 중간급 이상의 간부직을 채용할 때 적합한 방식이다. 신입사원이나 경력이 짧은 지원자는 1~2시간 정도가 적당하다.

톱그레이딩은 원래 GE에서 고위 간부를 채용하기 위해 고안된 것이지만, 모든 수준의 직책에 다 적용할 수 있다. 롱아일랜드에 본사를 둔 직원 25명의 케이블 시공회사 스피드와이어는 무조건 A급 인재만 채용하기 위해 톱그레이딩을 도입한 후 1년 만에 325명(대부분 기술직이었다) 규모로 성장했다. 스피드와이어(현재는 매스테크로 사명을 변경했다)의 설립자 케빈 도넬리는 이런 성과에 감동할 수밖에 없었다. 그는 이렇게 말한다. "그 덕분에 믿을 수 없는 수준의 인재를 채용할 수 있었습니다. 톱그레이딩이 아니었으면 도저히 불가능한 일이었지요."

맘스에서는 내시가 CFO로 대성공한 켈리 몰러 같은 주요 직책의 지원자를 상대로 3~4시간 동안 직접 톱그레이딩 방식으로 인터뷰하고, 다른 관리자들은 좀 더 축약된 방식으로 그 이하 직급의 직원을 인터뷰한다. 내시는 이것이 "지금껏 만나본 것 중 가장 효과적인 방법"이라고 말한다. 이 회사는 톱그레이딩이 제시하는 대로 지원자의 전체 경력을 철저히 검토하기 위해 그들이 이전 직장에서 모시던 상사들 이름의 철자까지 일일이 질문한다. 사실을 있는 그대로 확인하려는 회사의 진지한 태도를 보여주는 것이다. 그다음에는 보통 "그 아무개라는 분은 여러분에 대해 어떻게 말할까요?"라는 질문이 이어진다. 내시는 이것을 "진실의 묘약"이라고 한다.(이 과정을 톱그레이딩 방법론에서는 평판조회 압박Threat of Reference Check이라고 한다. 효과는 확실하다!) 아울러 면접관은 지원자에게 까다로운 상사나 자신에게 상처를 안기는 말을 한 사람에게는 어떻게 대처했는지도 물어본다. 내시는 이런 질문이 "허심탄회한 충고를 잘 받아들이는 사람을 찾기 위해서"라고 말한다.

문화 적합성 검증

앞에서 이미 강조했듯이, 맘스는 회사의 가치에 맞게 인터뷰 방식을 새롭게 만들었다. 내시는 10대 시절부터 자신이 쓸 돈을 직접 벌어본 사람은 다재다능한 성향을 보인다고 생각한다. 그래서 인터뷰에는 이런 질문도 포함된다. "10대 시절에 돈을 어디에 썼습니까, 그 돈은 주로 어디에서 났습니까?(장차 맘스에 지원할 사람이 있다면, 부모님이 매주 100달러씩 용돈을 주셨다고 말해서는 면접자의 관심을 끌 수 없을 것이다.)" 면접관은 또 이런 질문도 던진다. "사람들과 종교와 정치를 주제로 대화하는 편입니까? 최근에 열정적인 토론을 해본 적은 언제입니까? 누구와 했습니까? 어떤 내용이었나요? 그래서 어떻게 되었습니까?" 내시는 말한다. "마지막 질문에 대한 답이 만약 '그 사람을 다시는 존중하지 않게 되었습니다'라면, 우리는 그가 다양한 의견에 열린 태도를 지닌 사람은 아니라는 것을 아는 거지요."

인터뷰를 통해 문화 적합성을 확인하는 방법은 여러 가지가 있다. 사우스웨스트 항공은 면접팀 전원의 폭소를 끌어낼 수 없는 사람은 이 항공사에 적합하지 않다고 생각한다. 커머스뱅크는 인터뷰 순서를 기다리면서 미소를 짓는 사람을 1차로 선별한다. 온라인 의류 소매업체 자포스는 최고경영자급을 채용할 때도 항상 경영지원팀이 인터뷰와 검증 과정에 참가한다. 하위 직급 직원들이 인터뷰에 참석하는 것을 달갑지 않게 여기는 지원자는 아마도 자포스의 핵심가치인 겸손함이 부족할 가능성이 크다.

잠재 직원의 시범 근무

항상 가능한 것은 아니지만, 최적의 인재를 선발하는 가장 좋은 방법은 지원자에게 몇 주간 실제로 일할 기회를 줘보는 것이다. 특히 일선직 지원자들은 임시직으로 시작해서 정규직으로 전환하는 회사를 좋아한다. 지원자가 이른바 시범 근무를 해볼 수 있기 때문이다. 임원급 지원자에게는 야간에 컨설팅 개념으로 우선 일해볼 의향이 있는지 물어볼 수 있다. 구글 창립자들은 에릭 슈미트를 이사회 의장으로 지명하고 4개월 뒤에 CEO 자리에 앉혔다.

 자포스는 직책에 상관없이 신규 채용자 전원을 4주간 고객 지원 콜센터에서 다양한 업무가 포함된 교육 프로그램을 이수하게 한다. 자포스는 이 수습 기간에 신입 직원들이 그만두면 (그달 급여 외에) 3000달러를 제공한다고 약속함으로써 진정으로 자포스에서 일할 의향이 있는 사람만 남게 한다. 나중에 자포스를 인수한 아마존도 물류센터 직원을 대상으로 이와 유사한 퇴사 보상 제도를 도입했다. 입사 첫해의 경우 이 금액은 2000달러다. 이듬해부터는 매년 1000달러씩 늘어나고 최대한도는 5000달러이다. 아마존의 전 CEO 제프 베이조스는 2014년에 주주에게 보낸 서한에서 이 개념을 "직원들에게 자신이 진정으로 원하는 것이 무엇인지 생각해볼 기회를 주기 위해서 도입했습니다. 장기적으로 보면 직원들이 원치 않는 직장에서 일하는 상황은 그 사람에게나 회사에게나 바람직하지 않기 때문입니다"라고 설명했다.

 지금부터는 내시와 브라운을 비롯한 여러 리더가 이런 인재를 유지하고 육성하기 위해 사용하는 리더십과 인적자원 시스템에 대해 살펴본다.

한 가지 질문으로 직원의 참여를 끌어내라

많은 사람이 입사했다가 관리자 때문에 떠난다. 따라서 팀의 화합과 참여도를 높이려면 무엇보다 뛰어난 관리자와 코치의 역할이 중요하다. 공짜 점심이나 요가 클래스는 나중 문제다! 갤럽에 따르면, "직원 참여도를 결정하는 요인 중 최소한 70%는 관리자에게 있다." 뛰어난 관리자와 코치는 타고나는 것이 아니라 끊임없이 자신과 직원들의 업무 스킬을 발전시키는 사람이다.

기업의 직원이 100명을 넘어서서 모든 사람이 전 직원의 이름을 알 수 없을 정도가 되면 경영진이 역량 있는 팀장과 코치 그룹을 형성하는 일이 매우 중요해진다. 책의 서두에 언급했듯이, 충분한 역량을 갖춘 리더 그룹의 부재는 기업의 성장을 가로막는 3대 장벽 중의 하나다.

그렇다면 뛰어난 관리자와 코치는 팀의 화합과 참여를 유지하기 위해 무슨 일을 해야 할까? 구글은 이 질문의 해답을 얻기 위해 "인력 분석팀"이 이끄는 데이터 분석 역량을 이용해 기술적 과제를 대할 때와 같은 수준의 엄밀성을 인력 관련 결정에도 적용했다. 그 결과, 성공하는 리더의 가장 결정적인 요소는 (뛰어난 기술 지식이 아니라) 일대일 코칭을 꾸준히 실천하는 것이었음이 데이터를 통해 증명되었다.

이것은 직원들이 "행정가 같은" 관리자를 좋아하지 않는다는 갤럽 조사와도 일맥상통한다. 우리가 기술(정렬 및 성과표)을 제안하는 이유가 여기에 있다. 직원들이 원하는 것은 코칭이다. 그래서 갤럽의 CEO 짐 클리프턴은 지나치게 단순화될 위험을 무릅쓰고 전 직원에게 **"여러분의 목표는 무엇이고 그것을 달성하는 데 장벽이 되는 것은 무엇입니까?"** 라는 한 가지 질문을 매주 한 번쯤 생각해보자고 제안했다. 이 두 질문 모두 코칭과 배움의 순간을 마련해준다. 첫째, 회사의 목표와 일치하는 이번 주의 목표(혹은 과제)는 무엇인가? 둘째, 그들은 그 목표의 달성을 방해하는 최근의 장벽을 어떻게 헤쳐갈 수 있는가?

11장 〈회의〉에서 다루게 될 매일의 장벽이 그토록 위력을 발휘하는 이유가 바로 여기에 있다. 사실 모든 직원은 매일 이것과 똑같은 질문을 마주한다! 며칠만 지나면 그들의 팀 리더는 우선순위와 "교착" 현상의 패턴을 발견하고, 이것은 1~2주마다 한 번씩 코칭에 필요한 대화 소재가 된다.

좀 더 구체적으로 말하면, 뛰어난 관리자는 "직속 지원자"(직속 부하보다 더 나은 표현이다)들과 함께 성공적인 관리자 또는 코치가 수행하는 5가지 주요 활동을 주제로 코칭 시간을 가져야 한다. 중요도의 역순으로 제시하면 다음과 같다.

5. 인원은 적게 뽑고, 급여는 많이 주어라.
4. 직원들에게 인정과 감사를 표해라.
3. 기대치를 분명히 정하고 직원에게 명확한 시선을 제시하라.
2. 사기를 꺾지 말라, 들볶지 말라.
1. 각자의 강점을 발휘하도록 도우라.

이제 이 5가지를 하나하나 살펴보자.

5. 인원은 적게 뽑고, 급여는 많이 주어라

대니얼 핑크는 베스트셀러 《드라이브》에서 보상의 동기부여 효과가 생각보다 크지 않은 이유를 설명한다. 외적 동기부여 수단(당근과 채찍)은 그동안 과대평가되었고, 고학력 우뇌 지식 근로자가 점점 더 필요해지는 세상에서 그 효과가 떨어졌다. 가치 있는 목적을 추구하는 회사에서 일할 수 있다면 몇몇 특전도 기꺼이 마다할 수 있다는 사람이 늘어나고 있다. 이것이 바로 변화의 본질이다.

그렇다면 보상은 전혀 쓸모없다는 말일까? 물론 그렇지는 않다! 경쟁력을 갖추지 못한 회사는 최고의 인재를 유치하고 유지하기가 어려워진다. 맘스는 조직의 모든 단계에서 우수한 인재를 발견하면 업계 평균보다 높은 급여를 제공한다. 예를 들어 이 책을 쓰는 현재 기준으로 맘스의 시간당 최저 임금은 15달러로, 이 회사가 있는 메릴랜드주의 12.5달러보다 더 많다.

높은 임금을 지급할 수 있는(고위 간부가 아니라 일선 직원의 경우다) 비결은 매출 대비 인건비 총액이 낮다는 데 있다. 기업은 당연히 경쟁력을 유지해야 하고, 최고의 기업은 1명의 뛰어난 인재가 괜찮은 직원 3명을 대체할 수 있다는 것을 알고 있다. 그들은 엄격한 선발을 통해(톱그레이딩) 애초에 최고의 인재를 확보하여 시장 평균을 웃도는 급여를 제공한다. 그런 다음 교육과 개발에 많은 돈을 투자하여 생산성 향상을 꾀한다.

《포천》이 선정하는 가장 일하기 좋은 직장에 14년 연속으로 이름을 올린(그리고 지금도 계속되고 있다!) 보관 용기 소매업체 컨테이너스토어를 살펴보자. 이 회사는 설립 때부터 "하나는 셋과 같다"는 원칙을 지켜왔다. 1명의 뛰어난 인재가 기업의 생산성에 미치는 효과는 3명의 괜찮은 사람과 같다는 뜻이다. 회사의 웹사이트에는 이런 문구가 있다. "우리는 고객에게 뛰어난 서비스를 제공한다는 브랜드 약속을 지키기 위해 잠재 직원을 인터뷰할 때부터 매우 까다로운 선발 기준을 적용합니다." 그 결과 텍사스에 본사를 둔 이 체인 소매업체는 전체 지원자 중에서 단 3%만 채용하고 있다. 그리고 이 회사는 영업직원에게 동종업계 평균 대비 50%에서 100% 높은 연봉을 지급하고, 입사 첫해 정규직원에게 총 263시간의 교육 기회를 제공한다. 동종업계 평균은 7시간에 지나지 않는다. 공동창업자들은 이 혁신적인 개념의 소매업체를 시작할 때 다음과 같은 말을 했다. "어리석은 사람들을 저임금으로 많이 고용하는 것이 나을까요, 높은 연봉을 주더라도 똑똑한 인재를 적게 데리고 있는 것이 더 좋을까요?"

코스트코가 직원들에게 주는 시간당 임금은 샘스클럽에 비해 약 70%나 더 많지만, 매출 1달러당 인원수는 40%나 더 적다. 더구나 채용 1년 후 이직률은 샘스클럽이 21%인데 코스트코는 6%에 불과하므로 채용, 교육, 개발 등에 들어가는 비용이 훨씬 더 적다. 대체로 낮은 임금과 교육비를 경쟁 수단으로 삼기는 매우 어려우며, 결코 오래가는 방법이 아니다.

이런 원리는 저임금 일자리에만 국한되지 않는다. 골드만삭스가 직원들에게 제공하는 평균 보수는 경쟁사보다 거의 2배나 많지만, 단위 매출당 직원수는 절반에도 못 미치므로 직원 1인당 수익은 무려 3배에 달한다. 적은 인원을 고용해서 임금을 더 많이 주면 생산성이 오른다는 사실을 보여주는 또 하나의 사례다.

보상 구조(가변적이냐, 고정적이냐)는 조직의 문화에 맞아야 한다. 노드스트롬처럼 강인한 개인주의를 강조하는 문화라면 직원들 사이의 내부 경쟁을 통해 높은 수수료와 보너스를 제공하는 보상 시스템이 어울린다. 컨테이너스토어처럼 팀워크와 고객 서비스를 중시한다면 매장 직원들에게 커미션을 주기보다는 시간당 임금만 높게 책정하는 것이 더 타당할 것이다. 자사의 핵심가치와 사업모델, 브랜드 약속을 모두 검토하여 그에 맞는 보상 계획을 설계해야 한다. 다른 회사의 시스템이 좋다고 해서 무작정 따라 하면 안 된다.

마지막으로, 뛰어난 관리자와 코치는 성과를 내는 데 결정적인 역할을 하는 핵심 인재를 붙잡아 두기 위해서라면 무슨 일이든 해야 한다. 필요하다면 그들에게만 맞춤형 보상 패키지를 제공할 수도 있다. 그 사람이 기본급은 낮추는 대신 성과급을 더 많이 받고 싶다면 그렇게 해주면 된다. 더 많은 휴가를 원한다면 그것도 들어주어야 한다. "공평한" 것이 꼭 "똑같다"는 뜻은 아니다. 최고의 인재를 만족시키기 위해서라면 보상 패키지를 창의적이고 유연하게 운영할 필요가 있다.

임금은 가장 큰 비용의 하나이므로 회사가 경쟁에서 차별화를 달성하려면 위의 사례들처럼(6장 〈전략의 7 스트라타〉에서 소개할 아웃백스테이크하우스의 "숨은 요인"도 좋은 사례다) 이를 전략적으로 운영해야 한다. 외부에 보상 비교 조사를 의뢰하여 다른 회사와 똑같은 임금 제도를 채택한다는 것은 결국 다른 회사와 똑같이 되겠다는 것과 다를 바 없다.

참고: 버네 하니시와 세바스찬 로스의 《스케일업은 돈이 된다 Scaling Up Compensation》를 읽어보면 보상 계획을 수립하는 데 훨씬 더 많은 참고가 된다. 100쪽이 조금 넘는 분량에 중견기업의 보상 계획과 관련된 수십 가지의 실제 사례가 실려 있어 빨리 훑어보기에 좋다. 올바른 보상 시스템의 목표는 "제대로, 눈에 띄지 않게"가 되어야 한다.

4. 직원들에게 인정과 감사를 표해라

미국 심리학의 아버지라 일컫는 윌리엄 제임스는 "인간의 가장 깊은 본성은 남에게 인정받고자 하는 욕구다"라고 말했다. 내가 하는 일에 아무도 관심과 인정을 보이지 않는데 동기부여를 얻고 뛰어난 성과를 올리는 것은 불가능하다.

사람들이 직장생활에 만족하고 성과를 올리기 위해서는 관리자 및 코치와 긍정적인 상호작용(인정, 칭찬)을 부정적인 상호작용(견책, 비판)보다 최소한 3배는 경험해야 한다는 연구 결과가 있다.(결혼생활에서는 이 비율이 5대 1로 올라간다!) 그러므로 매일 사람들에게 감사하는 습관을 들여야 한다. 팀원들에게 보내는 이메일도 되도록 너그럽고 상냥한 말씨를 쓰라.

사람들은 인정받고 싶어 한다. 공적 또는 사적으로, 물질적 또는 비물질적으로, 동료 또는 상사로부터 등등 다양한 방식으로 인정받고 싶어 한다. 뛰어난 관리자나 코치는 다양한 방식을 시도하며 반응을 지켜보다가 각각의 사람에게 가장 효과적인 촉매제가 무엇인지 알아낸다. 맘스 오거닉마켓의 관리자들은 때때로 직원들의 우수한 성과를 공개적으로 인정하기도 하지만, CEO 스콧 내시가 파악한 바에 따르면 일대일 면담을 통한 피드백이 가장 효과적이라고 한다.

인정과 칭찬의 문화를 창조하는 방법에 관해서는 칩 콘리의 훌륭한 책《매슬로에게 경영을 묻다》의 5장을 참조하기를 추천한다.

3. 기대치를 분명히 정하고 직원에게 시선을 제공하라

뛰어난 관리자와 코치들은 직원들이 하는 일이 회사의 큰 목표에 어떻게 공헌하는지 설명함으로써 개인의 우선순위를 기업의 우선순위와 일치시킬 수 있도록 해준다. 《드림 컴퍼니》의 저자 잭 스택은 이것을 "시선"이라고 한다. 이것은 직원의 참여와 목적의식을 고취하는 매우 중요한 개념이다. 여러분의 직원은 그들이 하는 일이 회사의 목적과 전략, 브랜드 약속 등을 달성하는 데 어떤 도움이 되는지 설명할 수 있는가?

사람들이 자신의 역할과 공헌을 이해하고 나면, 뛰어난 관리자와 코치는 조직의 성과에 관해 분명하고 일관된 기대치를 설정한다. 그들은 구체적인 방법이 아니라 성과만 정함으로써 직원들이 목표를 달성하는 방법을 자율적으로 찾을 수 있게 해준다. 사람들은 자신에게 맞는 방법을 스스로 찾아내고 적용할 자유를 굉장히 중요하게 생각한다. 대니얼 핑크가《드라이브》에서 설명하듯이, 자율권은 인간의 동기를 부여하는 가장 중요한 3가지 요소 중 하나다.

직원들이 달성할 정확하고 측정 가능한 목표를 정의하는 데 애를 먹는 관리자나 코치가 많다. 이 책의 3부 〈전략 스케일업〉과 4부 〈실행 스케일업〉에 소개된 스케일링업 컨설팅의 실행 계획 방법이나 한쪽짜리 전략계획OPSP이 도움이 될 것이다. 특히 OPSP의 7열에서 분기별 달성 목표를 정의할 수 있다.

- **KPI**: 직원들이 얼마나 생산적인 하루나 한 주를 보냈는지를 객관적으로 알려주는 2~3가지의 KPI. 내시에 따르면 맘스는 관리자에게 KPI를 알려주고(예컨대 매장의 어떤 부문에 부과된 매출 목표) 이렇게 말한다고 한다. "이것이 목표입니다. 달성하

는 방법은 여러분이 직접 알아내도 되고 다른 사람의 도움을 받아도 됩니다." 그리고 내시는 이렇게 덧붙인다. "KPI를 달성하지 못하면, 곧바로 그들과 함께 앉아서 계획을 수립합니다."

- **우선순위:** 중점 수치Critical Number 달성과 KPI 향상을 위해 다음 분기에 할 일.
- **중점 수치:** 해당 분기에 개인이나 팀이 해결해야 할 주요 병목.

이런 개별 성과를 OPSP의 맥락에서 정의하는 것은 회사의 전략과 장단기 목표와 일치시키는 가장 중요한 방법이다.

2. 사기를 꺾지 말라, 들볶지 말라

최고의 관리자와 코치는 어떻게 직원들의 동기를 부여할까보다는 그들의 사기를 꺾지 않기 위해 더 노력한다. 그들은 쓸데없는 재촉이 팀의 성과를 방해하지 않도록 예방하는 것이 자신의 역할이라고 생각한다. 그런 사기 저하 요인은 주로 사람이나 프로세스와 관련된 경우가 많다.

스티브 잡스는 재능 있는 직원들의 사기를 꺾는 대표적인 행위로 멍청이들을 참고 견디는 것을 꼽았다. A급 직원들에게는 그들의 발목을 잡고 에너지를 앗아가는 B급이나 C급 직원들과 함께 일해야 하는 것만큼 힘 빠지는 일이 없다. 그런 의미에서 넷플릭스의 전 최고인사책임자 패티 맥코드는 최근 《하버드비즈니스리뷰》에 기고한 글에서 이렇게 말했다. "직원들에게 줄 수 있는 최고의 선물(테이블 축구장이나 무료 초밥보다 나은 특전)은 A급 직원만 고용해서 그들과 함께 일하게 해주는 것이다. 뛰어난 동료보다 나은 것은 없다."

조직 내에 해결해야 할 인적 문제 중에는 고객을 "자르는" 것도 포함된다. 직원을 함부로 대하고 사업에 방해만 되는 비정상적인 고객이야말로 에너지를 소진시키는 주요인이다. 그런 고객을 과감히 정리한 관리자나 코치는 내부적으로 엄청난 존경을 받게 된다. 금전적으로 조금 손해가 나더라도 팀의 사기와 생산성이 오르는 것으로 금방 만회가 된다.

프로세스 측면에서 귀사의 직원들은 과업을 완수하는 데 필요한 적절한 도구와 자원을 가지고 있는가? 팀을 절망에 빠뜨리는 답답한 정책과 절차가 존재하는가? 직원들이 프로세스를 새롭게 설계하거나 기존 프로세스를 간소화하는 것을 돕고자 린 방식 전문가를 초빙해야 하는가? 불필요한 지연으로 그들이 엉뚱한 방향으로 나아갈 가능성이 있는가? 효과적인 관리자와 코치란 결국 조직이 일을 더 쉽게 하는 방법을 찾는 데 몰두하는 사람이다.

록펠러 습관을 모범적으로 실천하는 클리블랜드의 디지털마케팅 에이전시 패덤은 이런 섬김의 리더십을 강화하기 위해 어떤 관리자의 팀을 "직속 부하"(그들이 그 관리자의 부하다)라는 말 대신 "직속 지원자"(그 관리자가 그들을 지원한다)라고 부르기 시작했다. 이 용어가 더욱 확산하길 바란다.

1. 각자의 강점을 발휘하도록 도와주어라

뛰어난 관리자(코치)와 그저 괜찮은 수준의 관리자(코치)의 가장 큰 차이는 결국 직원들 각자의 강점을 발휘하도록 돕는다는 데 있다. 이 말이 무슨 뜻인지 이해하려면 강점의 구성요소를 정확히 알아야 한다. 강점이란 단지 내가 잘하는 일이 아니다. 말 그대로 그것이 나에게 힘과 에너지를 줄 수 있어야 비로소 강점이라고 부를 수 있다.(시티빈이 운동광들을 고용해 쓰레기차 뒤의 수거 일을 맡기는 것을 보라!) 거꾸로 말하면 내가 아무리 잘하는 일이 있더라도 그것이 내 삶의 에너지를 고갈시킨다면 약점인 셈이다.

따라서 뛰어난 관리자나 코치가 해야 할 가장 중요한 일은 직원들에게 시간을 두고 업무를 재검토하고 정리함으로써 힘이 나는 일에 더 집중하고 힘 빠지는 일은 줄이도록 해주는 것이다. 힘 빠지는 일이란 누구에게나 있기 마련이지만, 이런 일을 최소화하는 데 능숙한 회사는 결국 조직에 활기가 넘치게 된다.

앞에서 언급한 체스와 체커의 비유로 돌아가면, 한때 유명한 체스 챔피언이었던 보비 피셔는 이렇게 말했다. "체스 게임에서 이기는 비결은 모든 말의 강점을 최대한 이용하여 최적의 타이밍에 움직이는 법을 아는 데 있다."

텍사스에 본사가 있는 인적자원관리 소프트웨어 회사 어콰이어(피플플루언트의 자회사)의 CEO 루이스 멜버른은 경영의 대가 마커스 버킹엄의 강점을 본받았다. 그녀는 이 회사의 급성장세를 감당하기 위해 프로그래머를 더 많이 고용하기보다는(찾기도 매우 힘들었다) 기존의 프로그래머들이 더 행복하고 활력이 넘치도록 하는 데 집중했다.

버킹엄은 이를 위해 몇 주에 걸쳐 각자 좋아하는 일과 싫어하는 일을 모두 적어보라고 제안한다. 멜버른이 한 일도 바로 이것이었다. 그녀는 프로그래머들에게 자신의 에너지를 빼앗고 그들이 지닌 가장 중요한 강점, 즉 프로그래밍에 집중할 수 없게 하는 일이 뭔지 정기적으로 검토하도록 했다. 그녀는 아무도 할 필요가 없는 그 일들을 모아 새로운 직책에 필요한 직무성과표를 작성한다. 다른 사람들이 싫어하는 일을 맡아 수행할 새로운 체스 말을 채워 넣는 것이다. 그 결과 프로그래머들의 만족도와 생산성, 충성도는 향상되었다.

지원을 요청하는 부서가 나올 때마다 똑같은 인력을 더 많이 투입할 것이 아니라 버킹엄의 방식을 시도해보는 것이 어떨까? 또, "좋아하는 일과 싫어하는 일"을 작성하기 전에 먼저 갤럽이 제공하는 온라인 강점 진단 도구gallupstrengthscenter.com를 팀에 제공하기를 권한다. 별로 비싸지도 않다. 해보면 의미심장한 보고서가 나오는데, 이를 대화의 시작점으로 삼을 수 있고, 팀원들이 각자의 강점을 이해하는 데도 도움이 된다.

직원들이 자신의 강점을 찾아 그에 집중할 수 있게 해주는 것이야말로 우리가 제안하는 가장 강력한 인력 관리 도구다. 여기에 직원들의 사기를 꺾지 않는 노력을 병행해야 한다. 강점 기반의 관리 방식을 수용하면 직원들의 성취감과 만족도, 참여도가 향상되어 개인과 조직의 에너지와 성과가 한 차원 높아질 것이다.

중요: 먼저 자신부터 실천하는 것을 잊지 말라. 내 힘을 앗아가는 일을 제거하거나 위임하라. 버네의 경우 파워포인트 작성이 그런 일이었는데, 다행히 그 일을 좋아하는 사람을 찾았다. 이에 그치지 않고 스케일링업社 계열사의 운영을 맡길 여러 CEO를 만나 파트너십을 맺었다. 그 덕분에 자신이 정말 힘을 얻는 가르치는 일에 더 시간을 할애할 수 있었다.

여러분은 관리자인가, 리더인가?

괜찮은 관리자에게 자기 팀이 어떠냐고 물어보면 아마 열심히 일하고, 책임감 있고,

재미있다는 등의 일반론적인 답이 나올 것이다. 같은 질문을 뛰어난 관리자에게 던지면 그들은 팀원을 일일이 거명하며 각자의 개성과 강점, 업적을 구체적으로 설명한다. 지난 장에서 언급했던 "A 특공대"가 다시 한번 생각나는 대목이다.

각 팀의 차이점을 이해하는 데 어려움을 겪는 사람은 아마도 관리자라기보다는 리더에 가까울 것이다. 관리가 차이점에 대한 것이라면, 리딩은 동일성에 더 비중을 둔다. 뛰어난 관리자나 코치는 사람들의 차이점을 찾아내고 그것을 활용한다. 위대한 리더는 공통점을 발견하여 더 나은 미래를 향한 공통의 비전을 구축하고, 그것을 뒷받침할 사람을 규합한다.(마커스 버킹엄의 《강점이 미래다》라는 책에 관리와 리딩의 차이가 잘 설명되어 있다.)

어떤 회사든 직원이 50명이 될 때까지는 카리스마형 리더를 감당할 수 있다. 그러나 100명 정도가 되면 위에서 설명한 5가지 습관을 적용할 수 있는 관리자 또는 코치 팀을 구성해야 한다. 사업을 성장시키려면 선견지명을 갖춘 리더와 훌륭한 관리자가 모두 필요하다.

인재 양성

아일랜드 골웨이에 있는 시티빈의 창립자이자 CEO인 진 브라운은 2010년에 경영진 교육에 상당한 금액을 투자하기로 결정했다. 이 회사는 "쓰레기 대학"이라는 사내 교육기관을 설립했다. 이곳에서는 정규 학기에 맞춰 매년 9월부터 5월까지 2주에 3시간의 교육 프로그램이 제공된다. 쓰레기 대학은 매년 경영진이 주로 토의하는 주제를 중점으로 다룬다. 2020년부터 2030년까지 10년간은 시티빈의 전 직원이 생애에 걸쳐 달성할 교육 목표를 지원하는 데 초점을 맞추고 있다.

맘스 오거닉마켓에서는 경영진 교육 외에도 생산직 관리자들이 매년 4~5권의 책을 함께 읽는다. 최근에는 리즈 와이즈먼의 《멀티플라이어》, 패트릭 렌시오니의 《팀워크의 부활》 등의 책을 읽었다. 그 외에도 관련 분야의 특정 지식을 흡수하기 위해 읽는 책이 있다. 대표적인 예로 마리아 로데일의 《유기농 선언》을 들 수 있다. 워싱턴에 본사를 둔 이 회사의 교육 책임자 존 크로프트는 이렇게 말한다. "우리는 유기농 산업에 관한 책을 많이 읽습니다."

기업의 경쟁력과 직원의 충성도를 유지하려면 교육과 코칭을 통해 직원의 성장에 힘써야 한다. 그리고 이런 사람에 대한 투자야말로 기업이 경쟁사를 이기는 가장 크고 유일한 예측 변수라는 사실이《굿 컴퍼니》의 공동 저자이자 GE의 전 CEO 로리 바시의 철저한 연구를 통해 밝혀졌다. 나 역시 동의하지 않을 수 없다. 그는 GE의 유명한 사내 경영대학인 크로톤빌의 투자수익률은 "무한하다"라고 단언했다.

첫 출근날, 첫인상을 제대로 안겨주자

직원들을 성장시키고 바로잡을 수 있는 가장 큰 기회는 입사해서 근무를 시작하는 시기다. 특히 첫 몇 주간은 그들이 다른 사람과 유대감을 형성하고 회사의 DNA를 각인하는 특별한 기회가 된다. 그럼에도 이런 소중한 기회를 제대로 이용하는 회사는 드물다. 오히려 그들은 근무를 막 시작한 며칠 동안 구직했다기보다는 구속된 듯한 느낌을 받는다. 책상도, 컴퓨터도, 전화기도 없고, 새 상사는 출장 중이며, 처음 시작한 일이라고는 2주 동안 별로 열의도 없는 선배의 뒤만 졸졸 따라다니는 것뿐이다.

유명한 세일즈 코치인인 잭 데일리는 "파티는 사람들이 떠날 때가 아니라 맞이할 때 열어주어야 한다"라고 말한다. 호주 시드니를 근거로 하는 소프트웨어 기업 아틀라시안은 직책과 상관없이 모든 신입사원에게 입사를 축하하는 의미로 첫 출근 바로 전 주말에 스파 휴양지에 보내준다. 배우자나 초청객도 1명까지 동행할 수 있어 새로운 직원뿐 아니라 그 배우자까지도 아틀라시안의 열렬한 팬이 된다.

새로 들어오는 사람의 의자 위에 풍선을 매달아 놓거나(애플트리앤서즈는 모든 콜센터 직원에게 고급 의자를 제공한다), 친필 환영 카드를 둘 수도 있고, 점심시간에 축하 케이크를 선사할 수도 있다. 잭 데일리는 새 직원을 채용할 때마다 첫날 근무를 마치고 귀가하는 시간에 맞춰 그의 집이나 배우자에게 선물 바구니를 보낸다. 첫 출근은 그저 서류 업무만 하는 게 아니라 축하받을 일이다. 새 직원이 가능한 한 많은 기존 직원과 감정적 교류를 싹틔우는 기회가 되어야 한다.

공식 오리엔테이션

신입사원을 제대로 육성하려면(조직문화를 교육하려면) 공식 오리엔테이션 과정을 구성해야 한다. 교육 과정은 실제 업무를 중심으로 구성하면서도 회사의 가치와 목적을 강조할 때 효과가 가장 크다. 자포스의 4주간 오리엔테이션에서는 모든 신입사원이 콜센터에서 전화 응대 업무를 해야 한다. 그것은 라스베이거스의 이 온라인 의류회사가 고객 서비스를 맨 밑바닥부터 몸에 익히도록 하는 방법이다.

보스턴에 본사를 둔 글로벌 서비스 회사 사피엔트에는 너무나 훌륭한 오리엔테이션 과정이 있다. 공동설립자 스튜어트 무어가 창립 초기부터 운영해온 이 과정은, 초등학교 2학년 교사 출신의 어떤 직원이 5일짜리 훈련 캠프 형식으로 고안한 것이었다. 직원 수가 70명을 넘은 어느 날, 그녀는 무어를 찾아가 기업문화에 균열이 생기고 있다고 경고했다.(어떤 회사든 인원이 그 정도 되면 흔히 일어나는 현상이다.) 그녀는 불평 많고 아무도 맡고 싶지 않은 내부 프로젝트를 일주일간 모든 신입사원이 수행하는 내용으로 훈련 캠프를 짰다.(신입사원이 들어오니 좋다!) 그들은 이런 일을 하면서 매일 한 가지씩 핵심가치를 몸에 익혔고, 그 주가 끝나갈 때쯤에는 모든 프로젝트에 접근하는 사피엔트만의 문화와 전략을 현실적으로 이해하게 되었다.

급성장하던 이 회사의 각 팀은 그전부터 자기 분야에 당장 인력을 보강해야 한다고 아우성쳤다. 그런데 그들은 이 훈련 캠프를 이수한 신입사원들이 곧바로 현장에 투입될 수 있을 정도로 준비가 되었다는 것을 알게 되었다. 오리엔테이션 과정이 없었을 때는 그들을 어느 정도 양성할 때까지 6개월이나 답답하게 지내야 했었다. 모든 사람이 이 훈련 과정을 열렬히 환영했고, 그러는 동안 사피엔트는 2500명 규모로 성장했다.

250명의 직원이 근무하는 휴스턴의 온라인 창문 블라인드 소매업체 블라인드닷컴의 오리엔테이션에는 물건 찾기 게임이 포함된다. 신입사원들을 환영하며 그들이 회사와 문화에 던지는 질문에 대답하기 위해 마련한 프로그램이다. 그런 다음 창립자이자 CEO인 제이 스타인펠드는 이 회사가 1996년에 첫 사무실을 열었던 휴스턴의 황폐한 골목길로 신입사원들을 차에 태우고 직접 운전해서 데려간다. 그리고 그곳에서 회사의 역사와 핵심가치를 소개한다.(이 회사는 2014년 1월에 홈디포에 인수되었다.) 고위 경영진이 신입사원의 합류에 직접 관여하는 일은 너무나 중요하다.

하버드대학교 프랜시스 프라이 교수와 조직 전문가 앤 모리스가 전략에 관해 쓴 혁신적 저서 《비범한 서비스Uncommon Service》에서 말하듯이, 신입사원을 조직에 합류시키는 과정은 마치 알을 깨고 나온 새를 각인시키는 것과 비슷하다. 이 단계에서 사람들은 매우 긍정적이고, 수용적이며, 높은 학습 의지를 갖추고 있다. 그들은 보이는 것이 무엇이든 깊은 애착을 느낀다. 그러므로 막 알을 깨고 나온 이들에게 보여줄 입문 프로그램은 아주 세심한 주의를 기울여 마련해야 한다. 회사 정책이 담긴 200쪽짜리 서류철을 그들의 책상에 무심코 던지는 행동은 결코 바람직하지 않을 것이다.

모든 성장 기업은 교육 기업이다

폴란드에 본사를 둔 암레스트 홀딩스의 공동창업자이자 회장 헨리 맥거번은 창립 20주년 행사에서, 이 레스토랑 지주회사가 브로츠와프에 피자헛 1호점을 낸 이래 동유럽과 러시아, 미국, 중국에 지점을 둔 직원 1만 8000명 이상의 회사로 성장한 과정을 돌아봤다. 그는 "우리는 레스토랑 회사가 아니라 교육 기업에 더 가깝다!"라고 말했다.

전문직 종사자라면 누구나 이 사실을 알고 있다. 감사하게도 민간 조종사는 연간 60시간, 의사들은 45~60시간씩 계속 교육받아야 하고, 앰뷸런스나 트럭 운전사도 매년 12시간 이상의 과정을 이수해야 한다. 그러나 회사를 운영하는 경영자들은 단 1시간도 교육받을 필요가 없다. 우리는 이런 현실을 바꾸고자 한다. 우리 스케일링업 컨설팅 인증 코치들은 매년 45시간의 전문 교육을 이수해야만 자격을 유지할 수 있다. 자사 CFO의 감시를 받는 우리의 앞서가는 고객들은 조직의 모든 단계에 일정 시간 이상의 지속적인 교육 의무를 부과하기 시작했다.(우리는 우선 일선 직원은 12시간, 팀장급은 24시간, 고위 경영진의 경우는 60시간으로 시작하기를 권고한다.)

교육에 그 많은 돈을 투자해봤자 결국 직원은 다른 회사로 이직할까 봐 걱정되는가? 교육과 개발이 직원의 충성도를 증진한다는 것은 연구로 분명히 입증된다. 그와 상관없이, 그렇다면 대안이라도 있는가? 설마 직원들이 꼭 해야 할 일에 최고의 교육을 받지 않기를 바라는가?

그렇다면 교육에 얼마나 많은 돈을 써야 하는 것일까? 물론 회사 사정에 따라 다르겠지만, 급여 지급 총액의 2~3% 정도를 훌륭한 기준이라고 볼 수 있다. 투자 대상은 고위 리더, 중간관리자, 아니면 일선 직원 중 누구일까? 모든 사람이 교육 대상이지만, 특히 중간관리자에 먼저 집중하는 것이 좋다. 거의 모든 성장 기업에서, 중간관리자가 하는 일이 가장 힘들고 직원의 참여도와 유지에 결정적 역할을 하면서도 그것을 위한 준비는 가장 취약한 게 현실이다.

온라인 학습

암레스트나 시티빈 같은 우리의 오랜 고객들도 온라인 교육의 이점을 활용하고 있다. 맘스 오거닉마켓의 경영진은 직업적, 개인적 개발에 도움이 되는 주제의 웹캐스트를 함께 시청하는 모임을 자주 연다. 그리고 6주나 8주마다 한 번씩 여는 운영 및 기타 회의에서도 그런 영상을 보여준다. 존 크로프트 교육 담당 이사는 이렇게 말한다. "회의 중에 학습 행사를 여는 것은 이미 계획된 일입니다."

크로프트에 따르면 이 회사는 45~75분 정도의 온라인 세미나를 단체로 시청한 다음, 지역 총괄 매니저가 30~60분 정도 "후속 대화"를 주관한다. 2014년 3월에 열린 한 회의에서는 생산 분야의 관리자와 관리자를 지망하는 직원들이 함께 모여 scalingup.com에서 주문형으로 방영되는 맬컴 글래드웰의 《아웃라이어》 영상 세미나를 시청했다.

크로프트는 이렇게 설명한다. "기본적으로 우리는 이런 신규 리더들에게 개인과 회사, 그리고 회사 내의 각 부문이 어떻게 성장할 것인가에 대해 다양한 생각을 보여주고자 이런 프로그램을 운영합니다."

맘스는 직원들이 배운 것을 업무에 적용하기를 적극 권장한다. 하나의 토의가 끝날 때마다 직원들은 이런 질문을 받는다. "이번 토의를 통해 앞으로 전념해야겠다고 생각한 내용을 하나만 꼽아본다면 무엇인가요?" 아주 최근에 맘스는 이 프로그램을 시간제 근로자도 받을 수 있도록 적용 범위를 확대했다. 일요일 밤 일부 매장은 시간제 근로자들을 대상으로 숀 아처의 《행복의 특권》에 관한 온라인 영상을 상영했다.

"스콧은 더 많은 직원에게 이런 기회를 제공하는 방안을 열정적으로 고민하고 있습니다." 크로프트의 말이다. 시간제 근로자를 대상으로 이 프로그램을 추진해온 그는 그 토론이 "과거 제가 진행했던 여느 토론과 (비록 더 낫거나, 열정적이거나, 활력이 넘치지는 않더라도) 거의 같은 수준이었습니다"라고 말한다.

《행복의 특권》 영상은 학습 기회를 제공하는 것은 물론, 회사의 가치를 강화하는 데도 도움이 되었다. 크로프트는 이렇게 말한다. "우리는 회사의 전 직원이 하나가 되는 데 깊은 관심을 기울입니다. 우리는 직장생활을 포함한 인생의 행복과 함께, 삶의 다른 모든 측면에 대해서도 깊이 고민합니다. 우리가 바라는 것은 물론 모든 사람이 《행복의 특권》을 삶에 적용하는 법을 깨닫는 것이지만, 사실은 훨씬 더 큰 의미가 있습니다. 바로 다른 사람에게 미치는 파급 효과입니다."

이 섹션의 앞부분에서 언급했듯이, 맘스는 또 직원들이 전문 분야 독서를 위한 시간을 마련하도록 강력히 권장하고 있으며, 경영진이 읽고 토론할 수 있는 흥미로운 책을 찾기 위해 별도의 검토 위원회까지 구성했다. 또 크로프트는 관리자들에게 실천 사항을 계획할 수 있는 양식을 나눠주고 맘스의 전 직원이 꼭 알아야 할 핵심 사항을 5가지로 요약하게 하여 직원들이 책에서 실질적인 지식을 얻을 수 있도록 한다.

회사는 일부 도서에 대해 팀원 중 한 명에게 특정 장에 관해 공식적으로 발표하도록 하기도 한다. 크로프트는 이렇게 말한다. "《멀티플라이어》의 경우, 우리는 리즈가 책에서 제안한 내용을 실제로 수행하기도 했습니다. 관리자들은 그 책에서 많은 것을 얻었고, 그 과정도 배운 것을 확고히 하는 데 실제로 도움이 되었다고 생각합니다."

크로프트 팀에서 큰 반향을 일으킨 대표적인 책으로는 브라이언 소우자의 《주간 코칭 대화The Weekly Coaching Conversation》를 꼽을 수 있다.

크로프트는 이렇게 말한다. "관리자들은 그 책은 물론, 그것을 놓고 사람들과 나누는 대화를 대단히 좋아합니다."

열정적인 피드백을 불러왔던 또 한 권의 책은 페이스북의 셰릴 샌드버그가 쓴 《린인》이었다. 크로프트가 약 2시간으로 예상했던 경영진 토론이 4시간으로 늘어나는 바람에 맘스의 이 인적자원 책임자는 회사를 더욱 가족적으로 만들 수 있는 아이디어를 받아 적기에 여념이 없을 지경이었다. 그 결과, CFO 켈리 몰러는 이런 계획을 실행에 옮길 위원회를 구성하기로 결정했다. 크로프트는 말한다. "앞으로 회사 정책과 절차를 꼼꼼히 살펴볼 예정입니다."

한편, 크로프트는 일선 매장의 남녀 직원 모두를 대상으로 《린 인》에 관한 토론회를 또 마련했다. 그는 "성별을 초월해서 모두가 그런 대화를 나눌 필요가 있다고 생각합니다"라고 말한다.

학습 효과는 분명히 나타나고 있다. 맘스는 교육 개발에 많이 투자하지 않는 것으로 알려진 산업에서 업계 평균 수익의 4배를 달성하며 빠른 성장을 계속하고 있다.

코칭을 통한 직원 성장

구글의 인력 분석팀이 발견한 바에 따르면 일대일 코칭은 직원 참여도와 관련된 가장 중요한 요소다. 다시 말하지만, 이것이 바로 우리가 "관리자" 대신 "코치"(영업 관리자 대신 세일즈 코치 등)라는 용어를 사용하자고 조용히 역설해온 이유다.

코칭을 이해하는 가장 좋은 틀은 켄 블랜처드와 폴 허시의 "상황대응 리더십" 개념에서 찾을 수 있다. 리더들은 이 개념을 통해 코칭을 받는 사람의 역량과 자신감에 따라 지시와 지원을 적절히 배분하는 방법을 이해할 수 있다.

관리자와 코치는 이 모델을 근거로 직원들에게 제공하는 지시와 지원의 필요성을 단계별로 줄여가다가 업무를 완전히 위임할 수 있는 단계까지의 개발 과정을 진행할 수 있다. 각 단계에서 선택한 스타일은 당면한 업무를 기반으로 해야 한다. 구체적인 방법을 지시해야 하는 업무도 있지만, 약간의 격려만 필요하거나 아무것도 필요 없는 업무도 있다. 켄 블랜처드와 퍼트리샤 지가미, 드레아 지가미의 《플렉서블》이라는 짧은 경영 우화를 읽어보면 이런 강력한 코칭 프레임워크에 대해 더 많은 통찰을 얻을 수 있다.

또 하나의 핵심적인 자료는 마이클 번게이 스태니어의 획기적인 책 《좋은 리더가 되고 싶습니까?》이다. 각 팀의 모든 리더가 이 두 권의 짧은 책을 숙지하고, 갤럽이 제시한 "목표와 그것을 달성하는 데 가장 큰 장벽은 무엇인가"라는 질문에 집중한다면 조직의 참여도가 극적으로 향상될 것이다.

이상을 염두에 두고, 한 마디 호소로 이 장을 마치고자 한다. 직원들은 당신이 소비하는 자원이 아니다. 따라서 우선 부서명부터 다시 검토할 필요가 있다. 인적자원이 아니다. 여러분의 기업문화에 적합한 범위 내에서 인재개발, 인적관계, 직원지원, 인적경험부 등 다르게 바꿔볼 것을 제안한다.

인력을 다루는 2부의 마지막 장에서는 조직의 모든 인력 시스템에 가장 중심이 되는 "핵심"에 대해 살펴보기로 한다.

05 핵심

가치, 목적, 역량

THE CORE

EXECUTIVE SUMMARY 어떤 종목이든 운동선수로 성공한 사람들은 강한 코어, 즉 핵심의 중요성을 안다. 성장 기업도 마찬가지로 강력한 조직문화를 유지하기 위해 핵심이 필요하다. 이 장에서는 사업을 확장할 때 핵심가치와 목적 및 역량의 실제적인 역할을 살펴본다. 핵심이 단지 벽에 걸어두는 목록 이상이 되도록 하는 방법을 명확하게 설명한다. 애플트리앤서즈의 사례 연구를 통해 그들이 인사 시스템에 핵심을 반영하는 8가지 방법을 개략적으로 설명한다.

존 라틀리프는 회사의 핵심, 즉 가치, 목적, 그리고 역량을 분명하게 표현하고 소통하는 것의 중요성을 알고 있다. 라틀리프는 델라웨어에 본사를 둔 직원 650명 규모의 응대 서비스 및 콜센터 기업인 애플트리앤서즈의 창립자이자 전 CEO이다. 그는 24개의 회사를 인수하여 이 회사를 설립했고(이후 스테리사이클 커뮤니케이션솔루션스에 매각했다), 현재 보유하고 있는 지점 수도 대략 그 수와 비슷하다. 라틀리프를 비롯한 경영진은 수천 마일이나 떨어진 각 지점의 위치 외에도, 갑자기 새로운 경영진을 맞이한 직원들의 우려를 새로운 문화에 통합해야 하는 과제를 안고 있었다. 이 장의 마지막에서는 애플트리가 핵심과 문화를 강력하게 유지하기 위해 사용한 방법을 살펴볼 것이다.

성공한 운동선수들은 코어를 강하게 단련하여 전체적인 안정성과 힘, 통제력을 확보한다. 성장 기업도 마찬가지이다. 핵심이 강하지 못한 조직은 성장 과정에서 마주치는 문화적 도전과 집중력 상실, 직원 이탈, 정신적 해이 등에서 오는 불안정에 빠질 위험이 있다. 마치 고속도로에서 속도를 내다가 바퀴가 빠지는 것과 같은 상황이다. 강한 코어가 강한 허리 근육과 사근, 복근 등으로 뒷받침되듯이, 조직의 중심에도 그에 해당하는 3가지 근육이 존재한다. 그것이 바로 가치관, 목적, 그리고 역량이다.

이 핵심은 우리가 제안하는 4가지 의사결정 모델에서 인력과 전략의 연결고리에 해당한다. 회사가 50~70명 사이의 직원 규모(고위 리더들이 모든 사람의 이름을 외지 못하고 "문화적 변화"를 겪기 시작하는 시기)를 넘어서면 핵심을 기호화하고 명확하게 표현하여 계속 강화하는 노력이 중요해진다.

회사의 이 3가지 기본 속성은 OPSP의 왼쪽에 자리하며 공교롭게도 코어(그림에서 네모 박스 처리된 부분)를 나타내는 문자 "C"를 구성한다. 이것은 조직의 심장과 영혼에 해당한다.

이제 핵심의 각 요소가 결정되는 방법과 그 각각을 이용하여 기업의 초점과 문화를 강화하는 실질적인 해법을 살펴보자.

핵심가치

하팀 타브지는 3100만 달러 수준의 규모인 베리폰을 11년 만에 6억 달러 규모로 성장시키면서 전 세계 신용카드 거래 시장을 장악했다. 그는 베리폰 문화의 핵심가치를 요약한 9쪽짜리 작은 "파란책"을 자신이 생각하는 리더십의 핵심 도구로 소개한다. 이 책은 8개의 언어로 번역되었다. 타브지는 CEO로 취임하자마자 당시까지 베리폰의 성공을 이끌어온 원칙들을 추려내 이 책을 만들었고, "이후 11년간은 사실상 똑같은 일을 반복한 과정이었다"라고 말한다. 그는 베스트바이의 회장으로(2015년에 은퇴했고, 위베르 졸리가 그의 뒤를 이었다) 회사의 회생을 이끌었고, 2013년에는 창업주 리처드

슐즈를 다시 명예회장으로 맞이했다. 이것만 봐도 그가 얼마나 설립 초기부터 이어온 회사의 4가지 핵심가치를 유지하려고 노력했는지 알 수 있다.

핵심가치는 회사의 문화와 성격을 정의하는 규칙이자 경계이며, 회사의 모든 구성원의 행동과 의사결정에 최종적인 판단 근거가 된다. 특히 최고경영자들이 솔선수범하여 가치와 일치하는 행동과 결정을 보여주는 것이 중요하다.

회사 전체에 가치가 충분히 스며들면 경영진은 일상의 여러 문제에 일희일비하지 않고 중심을 잡을 수 있다. 그래서 "뭔가를 상사에게 승인을 요청해야겠다는 생각이 들 때는 핵심가치를 돌아보라!"라고 당당히 말할 정도가 되어야 한다. 조직이 이 정도 수준에 이르면 리더는 중요한 임무도 직원에게 믿고 맡길 수 있다. 직원들이 어떤 의사결정이나 도덕적 딜레마에 마주치더라도 충분히 올바른 결정을 내릴 것이라고 믿을 수 있기 때문이다.

육아에도 비슷한 가치와 경계가 똑같이 작용한다. 성공의 비결은 규칙을 정하고 스스로 수없이 반복하여 자녀들이 직접 그런 상황에 마주칠 때쯤에는 가정의 가치로 스며들어 있기를 바라는 것뿐이다.

조직의 성격

여러분 회사의 핵심가치는 무엇인가? 앞서 3장 〈리더〉에서 살펴봤듯이, 회사는 뚜렷한 개성을 가진 살아 숨 쉬는 유기체로서, 가치관을 통해 개성을 표현한다.

회사가 아직 유년기에 머물던 시절을 생각해보라. 창립 5년이 되지 않았을 때는 가치가 형성되는 시기다. 회사를 시작하면서 세웠던 가치가 완전히 형성되기까지는 몇 년이 걸린다. 5세 때의 성격이 더 뚜렷하게 다듬어진 것이 50세 때의 모습인 것과 같이, 회사의 성격도 시간이 흐르면서 점점 성숙한다고 볼 수 있다. 우리의 행동, 열망, 지식, 직업 및 관심사는 바뀔 수 있지만 기본 성격은 바뀌지 않는다.

기업의 기본 성격(가치)을 바꾸려는 시도는 조직을 끊임없이 치료하려는 것과 같다. 부모가 자녀에 대해 이렇게 한다고 생각해보라.(변화 경영을 설파하는 대가들에게 큰돈을 주고 컨설팅을 받아도 번번이 실패하는 이유가 무엇이겠는가?) 보스턴에 본사를 둔 글로벌 서비스 회사인 사피엔트의 공동설립자인 스튜어트 무어는 그의 가장 큰 실수가 큰 인수를 거치며 회사의 5가지 핵심가치를 수정한 것이라고 말한다. 그는 그 후 사피엔트가 직면한 도전의 원인이 바로 그 변화에 있었다고 인정한다. 그는 회사가 초기의 가치를 다시 회복하고서야 문제를 해결할 수 있었다고 말했다.

이것은 합병이라는 단어가 비즈니스 용어에서 사라져야 하는 이유를 말해준다. 그런 것은 없다. 단지 인수가 있을 뿐이다. 애플트리에서 라틀리프가 그랬던 것처럼, 인수를 통해 성공적으로 성장하는 소수의 회사는 인수된 기업의 직원들을 인수한 기업의 기존 문화에 빠르게 통합하는 프로세스를 가지고 있다.(나중에 더 자세히 설명한다.)

그런 프로세스를 만들려면 기업이 우선 자사의 가치를 비롯한 핵심을 정확하게 찾아내고 정의해야 한다.

정확한 용어 찾기

기업은 직원 대상의 설문조사와 끊임없는 회의를 통해 자사의 가치를 파악하는 데 수만 달러의 돈과 수개월의 시간을 들일 수 있지만, 그 결과는 기존 문화의 고유성을 제대로 담아내지 못하는 평범하고 진부한 목록(정직성, 성실성, 팀워크, 고객 서비스 등)에 그치는 경우가 허다하다.

핵심가치를 가려내는 것은 "탐험" 과정이지 그저 있으면 좋은, 희망 사항 목록을 작성하는 일이 아니다. 우리 코칭 파트너들은 마치 고대 문화유적을 조사하는 고고학자들과 비슷한 접근 방식을 동원하여 각 회사가 그들의 사내 문화에서 이런 유물을 식별하고 가치의 출발점을 정할 수 있도록 도와준다.

주의: 이런 출발점을 찾아냈다고 곧바로 그것을 돌에 새기는 오류는 삼가야 한다. 초창기 고객 중 하나가 그랬다.(그 회사의 CEO는 실제로 이런 조사 작업이 끝나고 일주일 뒤에 전 직원의 책상에 가치를 새겨 넣은 작은 돌조각을 올려두었다.) 가치를 찾아냈다고 생각하더라도 다음 몇 분기 계획에 반영할 검증 기간이 최소한 1년 정도는 필요하다. 경영진에게 "우리 회사의 가치가 이런 것이라는 사례가 많습니까?"라고 물어봐야 한다. 만약 그렇다면 그것이 핵심가치일 가능성이 크다. 그렇지 않다면 단지 희망 사항 목록에 불과하거나 상당히 약해진 핵심가치일 것이다. 버네가 이끄는 경영진이 스케일링업사에서 유사한

활동을 통해 찾아낸 가치 중 하나는 핵심이 아니었고, 또 하나는 우리가 잃어버렸다는 것을 알게 되었으며, 나머지 몇 개는 실제로 우리가 사용하는 언어와 일치하도록 고쳐 쓴 다음에야 "가치"가 될 수 있었다.

성장 기업의 핵심가치가 어떤 것인지 감을 잡을 수 있도록 스케일링업 컨설팅의 사례를 다음에 제시한다.

1. 고객을 황홀하게 한다.
2. 지적 창의력을 존중한다.
3. 모두가 기업가다.
4. 말하는 것을 실천한다.
5. 끊임없이 투명성을 추구한다.

또 다른 예로는 《하버드비즈니스리뷰》에 실린 짐 콜린스와 제리 포라스의 〈기업의 비전 구축Building Your Company's Vision〉이라는 기사를 들 수 있다. 모든 가치는 하나의 단어가 아니라 문장으로 표현된다는 점을 알 수 있다. 게다가 그런 가치들이 모두 좋은 느낌을 주는 것도 아니다. 디즈니의 핵심가치 중 하나는 "디즈니의 마법을 보존하고 통제한다"는 것인데, 이것은 바로 지금까지 경험해본 것 중 가장 통제적인 문화 중 하나를 정확히 기술한 것이다. 가치는 좋은 것도 나쁜 것도 아니다. 그저 가치일 뿐이다! 핵심은 그것을 어떻게 정확히 표현하느냐다.

이런 가치를 조직 전체에 전달하기 위해 "아틀라시안의 핵심가치Atlassian's core values"를 검색하면 이 회사의 5가지 핵심가치를 자세히 설명하는 페이지로 갈 수 있다. 영상 서두에 있는 직원들이 그 가치들을 하나하나 설명하는 장면이 인상적이다. 영상 아래에는 단어가 아닌 문장으로 표현된 가치 목록과 해당 문장의 더 깊은 의미를 설명하는 단락이 고유한 시각 기호와 함께 고정되어 나타난다. 이 첫 화면이 직원 채용 과정의 일부라는 점에 주목할 필요가 있다.

호주의 가장 큰 직불카드회사 이지페이는 이를 한 단계 더 발전시켜 각각의 핵심가치마다 아바타를 부여하고 이를 설명하는 영상을 만들었다. 아바타는 분기별 테마, 회사 상황실 벽, 문서 등 어디에서나 눈에 띈다.

핵심가치를 제대로 찾아내기 위해 도움이 필요하다면 알려주기 바란다. 애써 조사한 목록이 잘못된 것이라면 조직에 혼란을 주고 끊임없는 치료가 뒤따르게 된다!

핵심목적

핵심가치가 조직의 영혼이라면, 핵심목적(혹은 "사명"이라고도 한다)은 심장에 해당한다. 목적은 시대를 초월하여 "왜?"라는 질문에 대답한다. 우리가 하는 일은 왜 중요하고, 우리는 세상에 어떤 변화를 만들고 있는가? 우리가 곁에 없다면 고객이나 세상이 우리를 아쉬워할 이유는 무엇일까?

돈을 버는 것을 넘어서는 진정한 목적이 없다면(OPSP에는 이 목표를 담을 공간이 많다), 직원들은 다른 대상에 열정과 에너지를 쏟아 부을 것이다. 사람들의 머리가 아니라 가슴을 사로잡고 거기에 불을 붙일 때, 그들은 40%나 더 많은 재량을 발휘한다는 연구 결과가 있다.

강력한 목적은 주로 하나의 단어나 개념으로 표현된다.

1. **3M**: 생활에 적용되는 과학
2. **디즈니**: 행복
3. **월마트**: 로빈후드

스타벅스의 독특한 전통도 직장과 집 사이의 탈출구(제3의 장소)라는 개념에 바탕을 둔 것이다.

버네의 자녀들이 다녔던 국제학교는 여느 학교들처럼 다소 길고 지루한 문장에 만족하기보다는 목적이라는 질문을 두고 깊이 고민하던 중 **참여**라는 개념과 마주쳤다. 그것은 학생, 교사, 학부모, 지역사회가 깊이 참여하는(느끼고 볼 수 있는) 평생 학습 환경을 조성한다는 의미였다. 그리고 이런 목적을 만들어낼 정도의 열정은 학교의 나머지 전략계획을 추진하기에 충분한 것이었다.

이런 중심 단어나 아이디어는 한두 개의 문장으로 확장되지만, 그 중심에 하나의 단어나 개념이 자리할 때 가장 쉽게 기억되고 실천된다. 이 목적을 파악하려면 어떤 팀을 한자리에 모아 "우리가 하는 일은 무엇인가?"라는 질문을 던져본다.("우리는 학교입니다", "우리는 값비싼 커피를 판매합니다", 또는 "우리는 CRM 시스템을 운영합니다" 등과 같은 대답이 나올 것이다.) 그런 다음 "왜?"라고 집요하게 물어본다.('5가지 이유'라는 기법이다.) 그것이 중요한 이유는 무엇인가, 우리는 어떤 차이를 만들 수 있는가 등의 질문에 해당한다. "세상을 구한다" 수준의 근본적인 형태가 될 때까지 계속 질문한 다음 한 걸음 뒤로 물러선다.

스케일링업社로 말하자면, 우리는 스케일업들, 즉 고성장 기업들을 지원하는 교육 및 코칭, 기술 회사다. 이 일이 왜 중요한가? 기업의 성장은 지역과 세계 경제의 일자리를 창출하고 혁신을 추진하는 원동력이기 때문이다. 우리가 글로벌 500대 기업을 상대로 컨설팅하면 더 많은 (그리고 더 쉽게) 돈을 벌 수 있고, 실제로 그들 중 몇몇이 우리의 도구를 사용하는 것도 사실이지만, 그것은 우리의 가슴이 가리키는 방향이 아니다. 우리의 목적은 "고성장 기업들을 뒷받침하여 세상을 변화시키는 것"이다. 고성장 기업들은 알려지지 않은 영웅들로서, 세상의 가장 중요한 과제 중 일부에 대해 해결책을 만들어내는 존재다. 우리는 이런 회사의 모든 이들에게 힘을 실어줌으로써 세상에 힘을 실어준다. 힘을 실어준다는 것은 우리 고유의 언어이자 목적이다. 우리는 그 일에 열정을 느낀다.

앞에서 언급한 《하버드비즈니스리뷰》 기사인 〈기업의 비전 구축〉에도 유명 기업의 목적이 몇 가지 나와 있다. 피터 디아맨디스의 〈커다란 변화를 불러오는 목적Massively Transformative Purpose〉도 참조하기 바란다.

주의: 거의 모든 팀은 목적을 정해보라고 하면 브랜드 약속을 이야기한다.(브랜드 약속은 전략 부분에서 다룬다.) 5가지 이유에 대해 직원 채용 회사라면 "고객이 최고의 인재를 고용하고 그 과정에서 귀중한 시간을 절약할 수 있도록 돕는다"라는 결론을 내릴 수 있다. 이것은 최고의 인재와 시간 절약이라는 2가지 브랜드 약속을 정확히 표현한 것이 될 수 있다. 그러나 목적이란 단순히 제품이나 서비스의 특성을 설명하는 것 이상으로 중요한 것이다. 미시간주에 본사를 둔 직원 채용 회사인 임파워

먼트 그룹의 경우, 그들의 더 깊은 목적은 "사람들이 성공할 수 있도록 돕는 것"이다.

이 하나의 개념에서 CEO가 끊임없이 반복하는 "웅변"이 나와야 하며, 이를 통해 "우리가 하는 일을 왜 하는지"를 전 직원이 상기하고 큰 그림을 그릴 수 있어야 한다. 스타벅스의 CEO 하워드 슐츠가 글로벌 데이 교육을 위해 매장을 닫았던 이유는 더 훌륭한 라떼를 만들기보다는 모든 사람이 회사의 진정한 목적을 다시 중심에 놓고 생각해보자는 것이었다. 그 목적은 사람들이 힘겨운 하루를 보낸 뒤 들러서 형편이 되는 한 사치를 누릴 수 있는 제3의 장소가 되는 것이다. 스타벅스는 편안히 앉아 쉴 수 있는 장소를 제공한다는 점에서 과거의 동네 호프집이 했던 것과 비슷한 역할을 한다.

사명, 비전, 가치

"사명, 비전, 가치"는 전략계획을 멋지게 표현하는 또 다른 별명이 될 가능성이 크다. 그러나 우리는 이 용어를 좀 다르게 정의한다. 다음과 같다.

사명: 우리는 이것보다 좀 더 진심이 담긴 "목적"이라는 용어를 선호한다. "사명 또는 임무$_{Mission}$"는 군대 용어에 가깝고 일반적으로 지속 시간이 좀 더 짧은 것을 의미한다.(예: 저 유명한 TV 및 영화 시리즈 〈미션 임파서블〉에 나오는 단기간의 도전 과제가 여기에 해당한다.)

비전: 이것은 우리가 한쪽짜리 전략계획$_{OPSP}$에서 핵심가치와 분기별 테마 사이에 일어나는 모든 일을 가리킬 때 사용하는 용어다. 비전 선언문이 필요하다고 생각한다면, OPSP에서 구절들(크고 대담하고 도전적인 목표$_{BHAG}$, 브랜드 약속 등)을 발췌하여 오래지 않아 아무도 기억하지 못할 문장을 만들면 된다.(비꼬는 어투로 말해서 유감이지만, 우리는 비전 선언문을 별로 좋아하지 않는다.) 그것보다는 비전의 이런 요소들을 따로 떼어 사람들의 뇌리에 남겨두는 편이 비전을 더 쉽게 기억하는 방법이다. 7장 〈한쪽짜리 전략계획〉에서 비전 요약 도구를 설명하면서 조직이 비전을 쉽게 기억하는 방법을 알려줄 것이다.

가치: 이 용어에 대해서는 이견이 없다.

사명이든 목적이든, 선호하는 용어를 한번 선택하면 이를 일관되게 사용해야 한다.

핵심역량

기업의 고유한 강점을 이해하는 것은 매우 중요한 일이다. 게리 해멀과 고 C. K. 프라할라드는 이것을 《하버드비즈니스리뷰》1990년 5월호에 실린 〈기업의 핵심역량The Core Competence of the Corporation〉이라는 기사에서 처음으로 핵심역량The Core Competencies이라는 이름을 붙였다. 온라인에서 사본을 구입하여 전략사고팀에 읽게 한 다음, 회사의 핵심역량에 관해 토의하고 이를 결정한다.(6장 〈전략의 7 스트라타〉에서 이 중요한 회의의 주기에 대해 자세히 설명한다.)

프라할라드와 해멀에 따르면 핵심역량에는 3가지 특징이 있다.

1. 경쟁자들이 쉽게 모방할 수 없다.
2. 많은 상품과 시장에 적용할 수 있다.
3. 최종 고객이 경험하는 혜택과 상품 및 서비스에 대한 고객 가치에 공헌해야 한다.

핵심역량을 너무 좁게 정의하면 안 된다. 1945년에 설립된, 파리에 본사를 둔 빅BIC社를 예로 들어보자. 이 회사는 일회용 빅 볼펜으로 유명하다. 빅이 단순히 저렴한 볼펜을 만드는 것을 핵심역량으로 보았다면, 오늘날 20억 달러짜리 회사가 될 수 없었을 것이다. 빅은 자사의 강점을 "일회용 플라스틱 제품이라면 무엇이든 만드는 것"이라고 더 정확하게 기술한다.

기업이 애초에 할 수 없는 일, 즉 핵심 약점을 파악하는 것도 그에 못지않게 중요하다. 3M은 원래부터 소비자에게 직접 판매에 성공한 적이 없었으므로 유통 파트너와 효과적으로 협력하는 핵심 강점을 발전시켰다. 결국 그들은 시장에 직접 유통해야만 하는 특정 제품 라인은 스스로 처분했다.

나중에 "전략"을 주제로 한 3부에서 살펴보겠지만, 조직의 핵심역량은 우리가 추구해야 할 제품과 서비스를 결정하는 데 한계를 규정한다. 또한 이 역량은 회사의 시장 차별화 방안을 결정하는 데 도움이 된다. 가치와 목적, 역량을 기술하고 나면, 그것을 바탕으로 집중하고 몰두하는 팀을 구성할 수 있다.

핵심에 활력을 불어넣어라

애플트리앤서즈가 자사 콜센터의 일선 직원들의 이직 문제를 해결하기로 한 것은 2008년 4분기를 대비하며 마련한 외부 회의에서였다. 연장근무 수당을 받는nonexempt 직원들의 이직률은 3%에 불과했지만, 전화 상담원들의 이직률은 110%였다. 창업자인 라틀리프는 "우리가 제대로 처우한 그룹도 있었지만, 그렇지 못한 그룹도 분명히 있었다"라고 인정했다.

라틀리프는 그때까지 회사가 13건의 인수를 진행하는 과정에 응집력 있는 문화를 만들기가 어려웠다는 것을 잘 알고 있었다. 그리고 이런 응집력 부족이 이직의 주요 원인이라는 점도 알았다. 하지만 안타깝게도 그는 자신과 경영진이 일선 직원들의 관심사와 동떨어져 있는 것이 문제를 악화하는 요인이라는 점을 깨닫지 못했다.

"드림 온" 캠페인

그가 일선 직원들의 삶에 대해 얼마나 무지했었는지는 회사의 운영책임자 리사 필립스가 애플트리가 직원들에게 메이크어위시재단 같은 존재가 되려면 어떻게 해야 할까라는 질문을 던졌을 때 명확히 드러났다. 그녀의 질문은 애플트리의 핵심가치인 "서로를 돌아보라"와 일맥상통한 것이었다.

소수의 직원에게 아이디어를 구체화하도록 한 후, 회사는 인트라넷과 포스터 광고를 통해 드림 온, 즉 꿈을 현실로 만드는 캠페인을 시작했다. 회사는 직원들에게 개인 생활에서 경험하고 싶은 딱 한 가지 일에 대해 회사에 요청하라고 안내했다. 제한 사항은 없었다. 제출된 요청은 비밀 위원회가 검토하기로 했다.

반응이 조금씩 흘러나오면서 라틀리프는 일선 직원들이 직면한 일상 현실에 점점 충격받기 시작했다. 그는 이렇게 말했다. "충격적이었습니다. 우리는 직원들이 겪는 어려움과 그럴 수밖에 없는 상황을 깊이 이해하기 시작했습니다."

건강 문제로 고생하는 직원과 노부모를 돌보는 문제와 씨름하는 직원이 적지 않았고, 직장 밖에서의 삶이 직원들의 업무 처리 능력에 영향을 미치고 있었다. 애플트리에 입사하기 전의 실직 기간 때문에 재정적인 문제를 겪는 직원들은 이를 만회하기 위해 몇천 달러가 필요한 상황이었다. 차만 한 대 있으면 출퇴근이 좀 더 편해지겠다고 답한 직원도 17명이나 되었다.

라틀리프는 이렇게 말한다. "우리 직원들의 이직 사유가 고작 버스 노선의 변경이나 이전 고용주가 근무 시간을 조정하는 바람에 대중교통 일정과 맞지 않아서였다는 사실에 놀라지 않을 수 없었습니다."

그중에는 가슴 아픈 사연도 있었다. 회사는 직원들이 그런 사정을 개선할 수 있도록 이 프로그램을 통해 보조금을 비롯한 지원책을 마련하기로 했다. 한 직원은 배우자가 실직한 뒤 남편과 아이와 함께 자동차에서 생활하고 있었다. 회사는 그 가족이 집을 임차해 보증금을 낼 수 있도록 도와준 데 이어 새집에 하루빨리 정착할 수 있도록 가구와 상품권도 제공했다.

라틀리프는 이렇게 말한다. "그 일은 원래 비공개로 진행할 생각이었는데 그 직원이 많은 사람에게 알리는 바람에 곧 인트라넷에 정보가 올라왔습니다. 이후 요청 제출 건수가 극적으로 증가했지요."

시간이 지나면서 애플트리앤서즈는 아메리칸 익스프레스 포인트를 사용해 한 부부에게 신혼여행을 보내주었고, 크리스마스에 엄마가 비행기를 타고 해군에서 근무하는 딸을 보러 가도록 해줬고, 장애가 있는 딸과 가족 휴가를 가고 싶어한 직원의 꿈을 이뤄줬다.

라틀리프는 "CEO들은 흔히 자기에게는 당연한 것이 다른 사람에게는 꿈도 못 꾸는 것임을, 그리고 그들이 생각지도 않았던 기회를 얼마든지 만들어 줄 수 있다는 사실을 알지 못합니다"라고 말한다.

콜센터가 주로 정보화 시대의 노동착취 현장처럼 돌아가는 현실에서 이 프로그램은 이직률에 지대한 영향을 미쳤다. 라틀리프와 경영진이 드림 온 캠페인을 시작한 지 얼마 되지 않아 이직률은 20%로 떨어졌다. 이 캠페인에는 비용이 들었지만 이직 비용 감소 측면에서 1년이 채 안 되어 투자 대비 20배의 수익을 냈다.

"직원들이 회사를 공동체로 여기고 대의를 발견함으로써 전반적인 소속감이 형성된 것은 제가 본 가장 큰 변화였습니다. 저 역시 우리 그룹 전체와 더 유대감을 느꼈고, 회사도 사람들에게 훨씬 더 인간적인 모습이 되었습니다."

라틀리프가 기업을 성장시키고 9년이 채 안 되어 총 24개의 회사를 인수하는 과정에서 그의 경영진은 7가지 핵심가치를 뚜렷이 정하게 되었다.

1. 정직하게 행동한다.
2. 고객처럼 생각한다.
3. 신나고 재미있게 일한다.
4. 신속하되 서두르지 않는다.(전설적인 농구 코치 존 우든의 말이다.)
5. 직원이 중요하다.
6. 작은 디테일은 너무나 큰일이다.
7. 서로를 돌본다.

아울러 그들은 회사의 목적을 "고객과 직원을 한 명씩 한 명씩 만나 그들의 삶을 향상시킨다"는 것으로 분명하게 정했다. 여기서 핵심 단어는 "만남"이다. 애플트리는 한 해에 2500만 건의 고객 전화를 처리하며 고객, 직원, 관리자 사이에 수백만 건의 만남이 일어난다. 라틀리프는 경영진이 그 모든 사람을 위해 그런 만남을 의식적으로 향상할 수도, 줄일 수도 있다는 것을 깨닫기를 원했다.

라틀리프는 이렇게 말한다. "목적은 실제로 공통의 언어를 만들었습니다. 성장 기업은 여러 가지 일을 잘 해냅니다. 그러나 잘못된 일을 너무 많이 한다면 오히려 최악의 결과를 초래할 것입니다. 일상의 경험에서 핵심가치와 목적을 명확히 표현할 수 있다면, 올바른 일을 많이 해내는 데 큰 도움이 됩니다."

애플트리는 기업을 인수할 때마다 첫날부터 해당 기업의 직원들에게 이러한 가치와 목적을 심어주는 훌륭한 프로세스를 수립했다. 그 프로세스의 기본 개념은 관리자가 조언을 해줄 수 없을 때도 피인수 기업 직원과 기존 직원들의 의사결정을 도와줄 기준을 마련한다는 것이었다.

라틀리프가 말했다. "새로운 직원들을 빠르게 우리 문화에 끌어들이겠다는 애플트리의 전략은 우리의 주요 핵심역량 중 하나였습니다. 그 효과는 실제로 즉각적인 수익성으로 증명되었습니다. 신규 직원들의 참여도를 즉시 개선했더니 기업이 영업활동을 통해 벌어들인 현금창출 능력을 나타내는 수익성 지표인 상각전영업이익EBITDA이 10포인트 증가한 것을 확인했습니다." 그들의 참여도는 경영진을 비롯한 애플트리의 전 직원이 분명한 가치와 목적을 실천하고 있는 회사를 경험했기 때문에 나온 것이었다.

> **델의 충격 흡수 장치**
>
> 마이클 델은 회사 직원이 50명이 되자 이 성장 사업의 인적 측면을 관리하고 자신과 조직 전체 사이에서 충격을 흡수하는 역할을 할 사람이 필요하다는 것을 깨달았다. 그래서 영입한 인물이 모토로라 대학 출신의 바버라 크라이스먼이었다. 그녀는 델이 4만 명 규모로 성장할 때까지 마이클을 돕고 회사를 떠났다. 현재 그녀는 덴버대학교 경영대학에서 부학장으로 재직 중이다.
>
> 인사 부서는 대개 성장 기업에서 가장 마지막에 완성되는 직무인 경우가 많다. 많은 경우 인사 업무는 창업 CEO가 고객과 시장에 집중할 수 있도록 보좌진에게 "직원 만족 분야는 당신이 책임지세요"라고 지시하면서 시작되곤 한다. 이후 부서가 커지면서 여러 가지 목록이 무질서하게 조직에 스며든다. 채용 기준, 직원들에게 배포할 보상 목록, 핸드북을 작성할 주제 목록 등이 그런 예다. 웹에서 일반 양식을 다운로드한 다음 '모두 찾아 바꾸기' 기능을 실행해서 회사 이름을 삽입하는 사람도 있다. 이런 인사 업무의 난맥상이 바로 바로 잡아야 할 대상이다.

회사의 가치와 목적을 벽에 걸어두거나 비닐 코팅된 카드에 인쇄해서 직원들에게 나눠준다고 리더의 역할이 끝나는 것이 아니다. 사람과 관련된 모든 시스템과 프로세스를 가치와 목적에 맞게 정렬하는 것이 리더의 역할이다.

이제 이런 목록을 회사의 문화에 일상적으로 적용하는 8가지 방법을 살펴보자.

스토리텔링

훌륭한 스토리는 모든 사람이 좋아한다. 그래서 뛰어난 리더는 우화와 스토리텔링으로 메시지를 전한다. 핵심가치는 그 자체로는 이해하기 힘들 수도 있지만, 스토리를 사용하면 쉽게 설명할 수 있다. 가치를 가장 잘 표현할 수 있는 과거의 "전설"과 현재의 스토리를 찾아내라.

라틀리프와 경영진은 애플트리의 핵심가치가 담긴 훌륭한 스토리를 수집하기 위해 분기별로 "핵심가치 명예의 전당" 행사를 열기로 했다. 직원들에게 핵심가치를 실천하는 동료를 찾아 이야기를 서면으로 제출해달라고 부탁했다. 라틀리프는 이렇게 말한다. "사실 이야기의 주인공보다 그것을 찾아내 쓰는 사람의 보람이 더 컸을 것입니다."

핵심가치의 의미를 인사 부서가 하는 것보다 더 잘 전달하는 극적인 이야기도 드물지 않았다. "서로를 돌본다"는 가치를 생생하게 보여주는 이야기가 있다. 어느 날 새벽 3시, 한 직원이 부모집 위층에 사는 한 여성의 전화를 받았는데, 그녀의 부모는 애플트리앤서즈의 고객사인 재난 복구 회사를 운영하는 사람이었다.

전화를 건 사람은 "제가 위층에 있는데요, 아버지 좀 불러 주시겠어요? 정말 중요한 일이에요"라고 말하고는 전화를 끊었다. 그 직원은 이것을 충분히 장난전화로 취급할 수도 있었지만, 그렇게 하지 않고 전화를 건 사람의 아버지와 연락을 취했다. 그녀의 아버지가 위층으로 올라갔고, 심장마비가 온 딸을 발견했다.(그녀는 지금 무사하다.)

이 이야기는 애플트리의 분기별 공모전 수상작 중 하나로, 서로를 돌보는 가치가 어떻게 회사의 벽을 뛰어넘을 수 있는지를 보여주었다.

라틀리프의 지휘 아래 애플트리는 점차 다큐멘터리 영상제작자까지 고용하면서 직원들이 만든 방대한 콘텐츠 모음집을 구축했다. 직원들은 영상제작자의 도움으로 각각의 핵심가치에 대해 90초 분량의 영상을 하나씩 만들었다. 라틀리프는 "그것은 여느 기업이 만든 흔한 마케팅 영상이 아닙니다"라고 말했다.

아울러 그 영상제작자가 만든 회사의 분기별 테마(9장 〈우선순위〉에서 더 자세히 다룬다)에 관한 익살스러운 영상은 회사의 가치를 다른 방식으로 전달하는 데 큰 도움이 되었다.(핵심가치를 꼭 지루하게 전달하라는 법은 그 어디에도 없다!) 2010년에는 여러 지점의 직원들이 "사랑의 여름"이라는 테마를 중심으로 장기 자랑을 하는 유머 영상을 만들어 유튜브에 올리기도 했다. 힘들었던 한 분기가 끝난 후 직원들이 휴식을 취하도록 배려하는 차원에서 기획한 영상이었다.

채용과 선발

지원자를 인터뷰하는 질문과 평가 기준도 핵심가치에 따라 정해야 한다.(팀을 다룬 4장에서 자세히 설명했다.) 그리고 지원자가 각 핵심가치를 인식하는 수준을 평가한다. 결국 우리의 목표는 조직문화에 부합하는 인재를 뽑는 데 있다. 이것은 다른 기업을 인수할 때 어떤 직원과 함께 할 것이냐를 정할 때도 마찬가지다.

핵심가치를 중심으로 채용 프로세스를 수립하라. 애플트리의 온라인 입사지원서 양식에는 지원자에게 핵심가치를 설명해보라는 칸이 있다. 그리고 인터뷰할 때 왜 그 가치에 공감했는지 더 자세히 설명해달라는 질문을 던진다. 면접관은 사람들이 핵심가치를 이야기할 때 그것이 진심인지 아닌지를 충분히 알 수 있다. "짐짓 관심이 있는 체하거나 아예 관심이 없는 사람은 우리 문화에 적합하지 않다고 판단합니다." 라틀리프의 말이다.

이런 채용 방식은 이직률을 낮춘다. 라틀리프는 또 말한다. "근무도 시작하기 전에 우리 문화에 열광하는 사람을 선발하면 채용의 효과가 놀랄 정도로 높아집니다."

합류 프로세스

성장 기업 중에는 신입사원을 위한 적절한 합류 프로세스를 갖추지 못한 곳이 많다. 사람들이 모두 너무 바빠 그럴 여력이 없는 데다, 신입사원들은 첫날부터 곧바로 업무에 투입되어야 한다는 정서도 있는 것 같다. 그러나 적절한 합류 과정은 신입사원에게 환영받는다는 느낌을 주어 그들을 더 빨리 문화에 통합시킨다. 핵심은 가치와 목적을 중심으로 안내 과정을 설계하는 것이다.(우리는 "오리엔테이션orientation"보다는 "합류onboarding"라는 용어를 선호한다. 그저 프린터나 화장실이 어디에 있는지 안내하는 것보다 더 많은 것을 뜻하는 말이다.)

애플트리가 새로운 기업을 인수할 때마다 한 일도 바로 이것이다. 새로 인수한 회사의 직원들이 애플트리의 직원으로 전환한 첫날, 다른 지점의 직원들이 동료를 환영하기 위해 온다. 애플트리는 직원들이 만든 스토리와 영상을 보여주며 회사의 가치와 목적을 소개한다.

라틀리프는 말한다. "우리가 던지는 메시지는 '이런 문화를 개인 생활에까지 받아들일 필요는 없지만, 여러분이 만약 우리가 직장에서 꾸린 가족의 일원이 되고자 한다면, 우리 모두가 일하면서 따르기로 동의한 가치는 이런 것이다. 이것이 우리가 공유하는 언어이자 서로에 대한 약속이다'라는 것입니다."

애플트리가 인사부를 직원경험부로 바꿔 부르는 것에 주목할 필요가 있다. 라틀리프는 "인사부의 가장 중요한 목표는 직원 경험을 개선하는 것이었고, 우리도 그들이 그 일에 집중하기를 원했습니다"라고 말한다.

합류 프로세스의 더 자세한 내용은 3장 〈리더〉를 참조하기 바란다.

성과 평가와 안내서

핵심가치는 성과 평가 시스템과 연동하는 틀을 제공해야 한다. 창의성을 조금만 발휘하면 모든 성과 지수를 핵심가치와 연결할 수 있다. 나아가 직원 안내서의 각 항목도 핵심가치를 중심으로 구성할 수 있다.

라틀리프를 비롯한 애플트리의 경영진은 단순히 기분만 좋으라고 핵심가치를 배우는 것이 아님을 분명히 했다. 직원들의 성과는 핵심가치를 얼마나 실천으로 옮겼는지에 따라 평가되었다. 예를 들어 직원들은 고객처럼 생각하는 정도에 따라 점수가 매겨졌.

라틀리프는 말한다. "직원들과 성과에 관해 대화할 때는 언제나 핵심가치를 근거로 삼는 편이 훨씬 더 쉽습니다."

그는 이어서 회색지대를 제거하여 성과의 어떤 측면이 더 중요한지를 놓고 팀장과 팀원이 옥신각신하는 시간을 줄이면 평가 과정의 생산성을 높일 수 있다고 덧붙였다.

라틀리프는 "양측이 사전에 게임의 규칙에 동의하면 직원들과 성과에 대해 논의하기가 훨씬 쉬워집니다"라고 말한다.

팀장들이 건설적인 피드백을 제공하기도 쉬워졌다. 라틀리프는 "마감 시간이 촉박해서 실수했다는 변명은 더 이상 나오지 않았습니다. '신속하되 서두르지 않는다'는 핵심가치가 있기 때문입니다"라고 말했다.

인정과 보상

핵심가치를 중심으로 인정과 보상의 범주를 정한다. 보상이나 인정을 통해 가치를 강조할 때마다 기업의 새로운 스토리와 전설이 하나하나 축적될 것이다.

애플트리는 직원들이 제출한 7가지 가치 스토리를 바탕으로 분기별 핵심가치 명예의 전당 수상자를 선정했다. 각 수상자는 해당 핵심가치가 각인된 티셔츠를 받았다.

뉴스레터

핵심가치에 이미 훌륭한 단어와 문구가 있는데 왜 기억하기 쉬운 뉴스레터 제목을 만들려고 애를 쓰는가? 주제별로 핵심가치를 하나씩 강조하고 사람들이 핵심가치를 구현하여 회사 발전에 기여한 이야기(그렇다, 이야기가 많이 필요하다)를 포함하면 된다. 여기에 생일과 기념일 목록을 추가하면 유용한 뉴스레터가 된다.

만약 회사에 뉴스레터가 없다면 창의력을 발휘하라. 애플트리는 직원들이 제출한 동료들의 핵심가치 이야기 중 최고의 작품을 골라 회사 웹사이트에 게재하여 확산했다. 또, 창립 시절에 얽힌 7개의 이야기가 인쇄된 명패를 모든 사무실의 벽에 걸었다. 그리고 직원들이 핵심가치가 더 잘 표현된 새로운 이야기를 찾아낼 때마다 웹사이트와 액자를 업데이트했다.

테마

기업 개선 노력에도 핵심가치를 반영하라. 직물제조업체 밀리켄은 자사의 6가지 핵심가치 중 하나를 골라 분기별 테마로 삼고 이 테마를 중심으로 기업 개선 활동에 매진해 달라고 전 직원에게 요청한다. 전 세계 리츠칼튼 체인은 이를 또 다른 형태로 극대화하여 매일 한 가지 "규칙"만 강조한다. 어떤 방법을 사용하든, 핵심가치를 끊임없이 반복하여 그것이 가장 먼저 생각나게 만들어야 한다.

일상에서의 강화(가장 중요한 단계)

팀장들이 매일 같이 의사결정을 통해 회사의 가치와 목적을 강화하는 데 집중하는 것이야말로 8가지 루틴 중에서 가장 중요하다.

라틀리프는 회사의 핵심가치에 따라 행동해야 할 사람이 일선 직원들만이 아니라는 사실을 분명히 했다. 경영진은 신사업에 관한 결정과 기존 고객과의 지속적인 협력에 관해서도 그들의 가치를 공개적으로 적용했다.

라틀리프는 "우리의 핵심가치 중 하나는 '직원이 중요하다'는 것입니다. 만약 직원들에게 폭력을 행사하는 고객이 있다면 그들과 대화를 나눌 것이고, 그래도 그런 행위가 지속된다면 우리는 그 고객을 퇴출할 것입니다"라고 말했다.

이 회사의 "정직하게 행동한다"라는 핵심가치는 새로운 고객을 조사하는 데도 반영되었다. 라틀리프는 말한다. "우리는 정직하지 못한 회사를 거절한 경우가 많습니다. 자신들이 잘못 응대해서 화난 고객들로부터 우리를 방패막이로 이용하려는 회사도 많습니다. 난처한 처지에 빠지고 홍보에 문제가 생기니 우리에게 화난 고객들의 전화를 떠넘기려는 것이었습니다. 고객들이 화난 이유가 그 회사의 정직하지 못한 행동 때문이었다고 판단되면 우리는 거절하곤 했습니다."

라틀리프는 핵심가치가 마케팅 활동이 되어서는 안 된다고 말한다. 그는 애플트리에서는 "핵심가치를 하루 종일, 매일 이야기합니다. 그것은 우리 DNA의 일부입니다"라고 말한다.

여러분의 핵심가치는 애플트리와 다르겠지만, 그것은 회사의 일상에 언제나 존재하는 것이어야 한다.

당근과 채찍 — 가치 및 목적과 관련지어라

리더들이 가진 도구는 결국 당근과 채찍이다. 제발 채찍보다 당근을 더 많이 사용하기 바란다. 그렇지 않으면 "분노 관리"라는 과목을 또 들어야 한다!

누군가를 칭찬하거나 질책할 때는 반드시 핵심가치나 목적과 관련지어야 한다. "웹사이트의 새로운 채팅 창이 정말 마음에 드는 이유는 그것이 바로 '고객을 황홀하게 하는 데' 도움이 되기 때문입니다"라거나, "내가 화를 내는 까닭은 우리가 그토록 강조해 온 '지적 창의력을 존중하라는 것'에 반하기 때문입니다"라는 식이다.

우리는 경영자와 CEO가 핵심가치를 아무리 반복해도 우스꽝스러운 꼴이 되지 않

> 는다는 사실을 확인했다. 단, 그것이 적절하고 직원들에게 의미가 있어야 하며 실제 상황과 관련되어야 한다. 결정을 내릴 때는 그것을 가치와 관련지어라. 고객과 문제가 발생했을 때는 그 상황을 회사의 가치라는 이상에 비춰보라. 사소해 보이는 이런 행동이 조직에 핵심가치를 실현하는 데 지금까지 설명한 어떤 전략보다도 더 큰 도움이 될 것이다.

결과?

이런 눈에 보이지 않는 것들이 정말 효과가 있을까, 아니면 모든 사람의 기분만 좋게 할 뿐, 결국 혼란만 가중하는 컨설팅 속임수는 아닐까? 앞서 언급했듯이, 라틀리프와 애플트리앤서즈의 경영진은 업계 평균이 200%인 직원 이직률을 20% 미만으로 낮출 수 있었다. 그리고 업계 평균 4%인 이익률을 현실에서 21%로 늘렸다. 그리고 회사를 매각할 때가 되자, 그들은 업계 평균인 매출액 대비 3배 가격에 비해 훨씬 더 높은 14배를 부를 수 있었다. 그러므로 핵심을 올바르게 설정하고 이를 사업에 적용하는 것은 일하기 좋은 직장을 만든다는 것 외에 비즈니스 면에서도 큰 의미가 있는 셈이다.

3부에서는 핵심이 전략 수립에도 기초적인 역할을 한다는 것을 설명한다.

Part3
전략 스케일업

Strategy

서론

? 핵심 질문: 회사의 전략을 간단하게 설명할 수 있는가? 그리고 그 전략은 수익과 매출총이익의 지속적인 성장을 담보하는가?

피자가 30분 이내에 배달되지 않으면 돈을 받지 않겠다. 이 단순한 전략이 도미노피자의 창립자 톰 모나한을 억만장자로 만들었다.(현재 그는 자신의 부를 모두 나눠주고 있다.) 반세기가 지나 도미노피자는 품질에 더 집중하기 위해 전략을 조정하여 배달 시간을 약간 늘렸다. 그 결과 다시 성장세로 돌아서서 이런 변화를 시작한 지 단 36개월 만에 주가가 3배로 증가했다.

브랜드 약속을 달성하는 강력한 핵심 문화를 바탕으로 명확하고 차별화된 전략을 수립하는 것은 성장을 원하는 기업 누구나 갖춰야 할 가장 중요한 요소다.

그렇다면 우리의 전략이 과연 업계를 압도하고 경쟁자를 물리칠 수 있는지 어떻게 알 수 있을까? 최고 수준의 수익과 매출총이익 증가를 지속할 수 있는가(12장 〈현금〉에서 설명하겠지만, 이것이야말로 진정한 최고 수준이 되어야 한다)가 재무 측면의 2가지 주요 지표다. 고객들이 몰려오고, 아는 사람들을 모두 데려오는 것보다 더 중요한 문제다! 결국, 킬러 전략이 없는 한 우리 제품과 서비스가 시장에서 범용화될수록 회사는 지속적인 가격 압박에 직면하게 된다.

우리에게 전략이 있는지 알아보는 또 다른 방법은 없을까? 혹시 우리는 "예"라고 말하기보다 "아니오"라고 대답하는 경우가 20배나 더 많지는 않은가? 점점 더 많이 다가오는 기회를 거절할 수도 있고, 우리의 사업모델과 맞지 않는 고객에게도 "아니오"라고 말하며, 우리와 협력하고자 하는 이들 20명 중 19명은 돌려보내는지도 모른다.(마케팅을 통해 지원자가 끊임없이 몰려들기 때문이다!) 물론 처음에는 모든 사람과 모든 일에 대해 "예"라고 말해야 한다. 그러나 "예"는 우리가 "아니오"라고 말할 여력이 생길 때까지만 해야 한다.(이 문장을 다시 읽어보라.) 훌륭한 전략이 있는 사람은 "예"라고 답할 때와 "아니오"라고 말할 때가 언제인지 안다. 그리고 더 중요한 대답은 바로 후자다.

시장이 끊임없이 변화하기 때문에 심층 전략을 수립하는 일은 시간이 많이 든다. 프로이센의 위대한 장군 클라우제비츠의 말을 빌리면, 전략은 다음번 적을 만날 때까지만(혹은 경쟁자가 결정을 내릴 때까지만) 유효하다. 그러므로 경영진은 매일매일 맞닥뜨리는 불을 끄는 일에서 벗어나 매주 전략을 고민해야 한다. 4부 〈실행 스케일업〉에서 제시하는 도구와 습관을 사용하면 이 작업을 할 여력을 마련할 수 있다.

최고의 전략가들은 흔히 체스의 그랜드마스터에 비견되는 경우가 많다. 그들은 단순한 마스터나 초보자들보다 더 많은 수를 내다본다는 오해가 있다. 하지만 그렇지 않다. 그들의 장점은 상대방이 방금 둔 수에 대응할 수를 남보다 10배 더 많이 가지고 있다는 데 있다. 그러므로 수백 개의 회사를 위해 전략을 수립해본 멘토와 조언자, 컨설턴트에게 도움을 받는 것이 중요하다. 그들의 주머니에는 더 많은 "다음 수"가 있다.

시장을 지배하는 비결

버네의 멘토인 헤르만 지몬은 성장하는 비상장 기업에 매우 중요한 《히든 챔피언 글로벌 원정대》라는 책을 썼다. 그는 틈새 시장을 공략하는 전 세계 수천 개의 중견기업을 연구한 이 책에서 7가지 교훈을 가려내 "히든 챔피언 1. 독일 회사들로부터 배우는 혁신의 지혜"라는 글로 요약했다. 이 글은 경쟁자를 물리치는 7가지 핵심 공식을 설명하므로, 이것을 살펴보는 데 7분 정도는 충분히 투자할 가치가 있다.

이외에도 살림 이스마일의 획기적인 저서 《기하급수 시대가 온다》는 실리콘밸리의 유니콘기업(평가 가치가 10억 달러에 달하는 스타트업)이 사용하는 것과 같은 성장 전략을 통해 조직을 10배로 키우고 싶은 사람이라면 꼭 읽어야 할 책이다. (ScaleUpU.com 사이트를 방문하면 이스마일이 제공하는 온라인 강좌를 한눈에 살펴볼 수 있다.)

개관

6장 〈전략의 7 스트라타〉에서는 업계 지배 계획을 수립하기 위한 프레임워크를 살펴본다. 마이클 포터, 짐 콜린스, 프랜시스 프라이, 밥 블룸 등이 제시하는 유명한 전략 구성요소들을 하나의 프레임워크로 통합한다. 함께 제공되는 한쪽짜리 7 스트라타 전략 워크시트는 한쪽짜리 전략계획OPSP 작성을 위한 전략적 사고와 회사의 브랜드 약속, 크고 대담하고 도전적인 목표BHAG 및 기타 구성요소를 결정하는 데 도움이 된다.

7장 〈한쪽짜리 전략계획〉에서는 전략계획을 작성하기 위해 표준 SWOT(강점, 약점, 기회, 위협) 분석을 한 단계 강화한 형태인 SWT(강점, 약점, 트렌드) 도구를 새롭게 소개한다. OPSP와 새로운 한쪽짜리 비전 요약을 통해 전략계획을 시각적으로 더 즐겁고 간단하게 전달하는 방법을 설명한다.

8장 〈계획 프로세스〉에서는 분기별 또는 연간 계획 수립을 준비하는 12가지 주요 단계를 설명하고, 외부 회의 후 후속 조치에서 다룰 주제와 권장 사항을 제시한다. 이 장에는 완성된 한쪽짜리 전략계획 샘플도 하나 포함되어 있다.

3부에서는 다음 4가지의 한쪽짜리 전략 도구를 다룬다.

1. **전략의 7 스트라타:** 몇 가지 중요한 전략 요소를 하나의 통합 계획으로 수렴하는 프레임워크
2. **비전 요약:** 회사의 비전을 직원, 고객, 주주 등과 쉽게 공유할 수 있는 단순화된 OPSP
3. **OPSP:** 핵심가치와 분기별 테마 사이에 존재하는 모든 것을 망라하여 회사 비전을 보여주는 한쪽짜리 워크시트
4. **SWT:** SWOT 분석을 한 단계 강화한 새로운 전략계획 수립 도구

전략: 7 스트라타 (Strata)

조직명:

소유 문구 (마음점유율 Mindshare):

활동무대 및 브랜드 약속:

누가 / 어디서 (주 고객)	무엇을 (제품 및 서비스)	브랜드 약속	핵심성과지표

브랜드 약속 보장 (촉매 매커니즘):

한 문장 전략 (수익의 열쇠):

차별화된 활동 (3~5 방법):

숨은 요인 (10~100배를 달성하는 근본 우위):

X 당 이익 (경제적 동력):

BHAG* (10년~25년 목표):

*BHAG는 짐 콜린스 및 제리 포라스의 등록된 상표임.

06

전략의 7 스트라타

업계를 지배하는 프레임워크

THE 7 STRATA OF STRATEGY

EXECUTIVE SUMMARY 강력한 업계 지배 전략이 없다면 향후 몇 년간 시장에서 창출할 추진력은 미미할 것이다. 이 과제를 해결하기 위해 우리는 가장 널리 알려진 몇 가지 전략 개념을 전략의 7 스트라타(계층)라는 하나의 포괄적인 프레임워크로 통합했다. 7 스트라타는 브랜드 전체를 정의하고 전략사고팀이 특정 시장에서 경쟁자를 물리치고 차별화를 유지하는 방법을 제공한다. 조직이 각 계층에 대한 이해를 강화하는 데 도움이 되는 자료가 있다. 이는 힘든 작업이므로 CEO는 짐 콜린스가 "자문회"라고 부른 전략사고팀을 구성하는 것이 좋다.

미시간주 트래버스시티에 자리한 해거티는 클래식 자동차 및 선박 보험 분야의 세계적인 선두 주자로, 해당 분야의 모든 경쟁자를 합친 것보다 더 큰 결합 매출을 확보하며 업계를 계속해서 지배하고 있다. 2021년에 6억 7400만 달러 규모로 성장하고 2023년까지 10억 달러를 향해 나아가는 이 회사는 당분간 성장이 둔화될 것으로 보이지 않는다. 왜 그럴까? 전략 덕분이다!

제대로 된 전략을 세우면 최고 수준의 매출 증가와 엄청난 이익은 힘들지 않게 달성할 수 있다. 그런 빠르고 지속 가능한 성장을 경험해본 사람이라면 이 장을 건너뛰어도 좋다.(정말이다!) 이미 통하는 전략을 손댈 필요는 없다. 유일한 어려움이 있다면 해거티가 그랬듯이, HP의 데이브 패커드가 말했던 "굶주림보다 소화불량으로 죽는 기업이 더 많다"는 경고에 귀를 기울이는 것이리라.

너무 많은 사업에 파묻혀 있지 않은 기업의 리더라면 계속 읽어보기 바란다. 효과적인 전략이 없다면, 여러분은 앞으로 몇 년 동안 막대한 비용을 치르고도 최적에 못 미치는 계획을 실행하느라 고생해야 한다. 게다가 탐욕스런 경쟁자들이 뛰어들어 여러분이 속한 업계를 삼킬 위험도 항시 존재한다.

우리는 해거티를 사례 연구 삼아(다른 많은 사례와 함께), 그들이 업계를 지배하는 데 사용했던 한쪽짜리 7 전략 스트라타를 여러분이 사용할 수 있도록 소개할 것이다. 전략의 7 스트라타는 경쟁사와 차별화된 강력한 전략을 수립하기 위한 종합적인 프레임워크이며, 시장의 틈새를 장악하는 일종의 장벽을 구축하는 데 도움이 된다.

한쪽짜리 전략계획OPSP에 익숙한 분이라면 7 스트라타 프레임워크를 "종이의 뒷면"이라고 생각하면 된다. 이것은 활동무대(시장, 고객, 판매하는 상품 및 서비스), 브랜드 약속, 단위 당 이익, 크고 대담하고 도전적인 목표BHAG 등에 대한 세부 정보를 상세 분석하는 워크시트이며, OPSP의 2열과 3열에 강조되어 있다.

기본적인 개념은 7 스트라타 워크시트를 통해 일련의 전략적 질문에 대답하고 그중 일부를 OPSP의 적절한 공간에 배치하는 것이다. 이런 질문은 핵심적인 전략적 결정에 도움이 될 것이다. OPSP에 7 스트라타의 모든 답변을 담을 공간이 없는 이유는 무엇일까? 그중에는 기밀로 유지해야 할 것도 있고, 또 어떤 것은 OPSP에 요약된 몇 가지 결정의 이면에 숨은 세부 사항에 관한 것이기 때문이다.

우리는 의사 결정의 7 스트라타 하나하나를 통해 전략의 특정 측면을 더 깊이 파고들 수 있는 **핵심 자원**을 제공한다. 대부분의 경우 이 책 전체가 스트라타에 관한 내용이지만, 적절한 자원이 있다면 그 사실을 언급할 것이다. 팀을 나누어 경영진의 각 멤버가 추천 도서나 기사를 읽고 팀 전체를 대상으로 설명하는 방법을 강력히 추천한다. 전략은 경영진이 온전한 시간을 내어 고민해야 하는 일이다. 급한 일상 업무는 가능한 한 중간관리자에게 맡기는 편이 좋다.

참고: 이 작업이 쉬웠다면 모든 회사가 킬러 전략을 보유했을 것이다. 해답을 모두 알고 있다고 생각하는 CEO라면 이 과정이 매우 불편할 수 있다. 결국 CEO의 가장 중요한 일은 기업의 전략을 세우고 추진하는 것이다. 그러면서도 한편으로는 수많은 고객과 조언자, 팀원들과 많은 학습과 대화 시간을 가져야 하는 매우 까다롭고 창조적인 과정이다. 순차적인 과정에 따라 정답을 찾으려는 공학적 사고에 익숙한 사람에게는 특히 어려울 수 있다. 사업이란 그런 식으로 되지 않는다.

우리가 안내하는 모든 방법 중에 이것이야말로 "프로세스를 신뢰해야" 하는 일이다. 인내하면서 끈질기게 찾다 보면(천재적인 연쇄창업가 웨인 후이젠가조차 오토네이션의 전략을 성공시킬 비결을 찾기까지 오랜 세월이 필요했다) 기적이 일어날 것이다.

전략사고팀 — 자문회

〈개관〉에서 언급했듯이 전략계획은 전략적 사고와 실행 계획이라는 두 가지 활동(및 팀)으로 나누어 생각해보면 도움이 된다. 7 스트라타 프레임워크는 기업의 전략적 사고라는 주제에 지침을 제공하는 핵심 도구 중 하나이다. 마케팅의 4P는 또 하나의 지침이 되는 프레임워크다. 우리가 보기에 마케팅 전략은 곧 전략 그 자체다. 4P에 관한 최근 이론을 검토하기 위해서는 인터넷에서 광고사 오길비앤매더의 마케팅 4E를 검색하여 마케팅 회의와 전략적 사고 의제에 추가하면 된다.

전략사고팀을 정하는 것은 7 스트라타를 작성하고 마케팅의 4P 또는 4E를 검토하기 위한 첫 번째 단계다. 3~5명 이내로 팀을 구성하여 매주 1시간 정도 스트라타를 비롯해 전략적으로 중요한 문제를 논의한다. 전략적 사고 주기를 매 분기 혹은 1년에 한 번으로 정하는 것은 충분치 않다. 이 일은 반복이 전부라 해도 과언이 아니다. 몇 가지 결정을 내리고 검증한 후 다음 주에는 다시 자리에 앉아 논의해야 하는 지루한 과정이다. 전략을 적절하고 신선하게 유지하기 위해서는 매주 이런 회의를 계속해야 한다.

짐 콜린스는 이 팀을 '자문회'라고 부른다. 콜린스의 《좋은 기업을 넘어 위대한 기업으로》에는 경영 도서 분야에서 가장 중요한 제안으로 꼽을 수 있는 이 자문회를 구성하는 데 필요한 11가지 지침이 나와 있다. 거기에는 이 자문회에 합류할 사람에 대한 권고사항도 포함되어 있다. 경영진의 주요 구성원 외에 전략 수립에 중요한 역할을 할 특정 산업이나 영역의 전문가를 포함할 수도 있다.

자문회가 스스로 과업을 달성할 수는 없다. 자문위원은 매주 고객이나 직원들과 대화를 나누고 경쟁사를 주시하며 전략적 사고의 연료가 될 통찰력과 아이디어를 얻어야 한다. 사람들은 스티브 잡스 같은 천재들은 가부좌를 하고 앉아 주문을 외며 신의 계시라도 받는 줄 안다. 그러나 잡스는 오히려 오후 내내 고객의 관심사에 직접 관여했고, 이것 때문에 경영진이 발을 동동 구른 적이 한두 번이 아니다. 게다가 그는 전략과 마케팅의 연계를 강조하면서 수요일 오후 3시간 동안 개최되는 회의에서 단 한 가지 직무, 즉 마케팅만 담당했다.

짐 콜린스는 자문회를 여는 이유는 공감대를 형성하기 위해서가 아니라고 강조한다. 그 팀의 구성원이 할 일은 CEO에게 조언을 해주는 것이다. 나아가 그들은 회사가 앞으로 헤쳐가야 할 힘난한 길을 안내하기 위해 그곳에 있다. 그래서 전략 전문가 게리 해멀은 이 그룹을 "헤드라이트 팀"이라고 부른다. 요컨대 그들은 CEO가 회사의 성장 속도보다 더 멀리 내다보고 회사가 옆길로 새지 않게 하도록 도와주어야 한다.

결국 전략적 결정은 필요하고, 그 결정은 CEO가 해야 할 일이다. 그러나 CEO가 길을 찾기 위해서는 여러 사람이 모여야 한다. 그리고 그들은 시장을 자주 살펴야 한다.

전략의 제왕

전략의 7 스트라타 프레임워크를 창안한 것은 《포천》의 전 편집장이자 하버드비즈니스 출판사 편집장인 월터 키켈 3세가 쓴 《전략의 제왕》에서 영감을 받았다. 이 책은 50년이라는 비교적 짧은 역사를 지닌 기업 전략과 이 분야의 선구자였던 네 사람에 관한 이야기를 연대순으로 기록하고 있다. 이 책은 보스턴컨설팅그룹, 베인앤컴퍼니, 맥킨지앤컴퍼니, 포터컨설팅 등이 사용하는 프레임워크를 전략에 관심이 있는 리더들이 읽기 쉽게 하나의 패키지에 담은 귀중한 자료라고 할 수 있다.

우리가 책을 읽으면서 충격을 받았던 것은 그런 모델들이 너무나 복잡하다는 점이었다. 그런 것들은 글로벌 대기업을 위해 만들어진 것이었다. 그러면서도 OPSP를 작성하는 데 필요한 각 사의 시장(또는 활동무대)과 몇몇 브랜드 약속에 관해서는 간단한 정의만 언급하는 정도로 너무 단순하게 기술되어 있었다.

중견기업들을 위해 전략의 중요한 여러 측면을 통합하는 무언가가 필요했고, 그래서 전략의 7 스트라타 프레임워크가 탄생했다. 우리는 3년 동안 여러 기업과 함께 이 전략을 테스트했고, 이 구조를 통해 해거티와 같은 기업이 업계를 지배하는 데 사용했던, 바로 그런 전략을 만들 수 있다는 것을 발견했다. 그 순간, 우리는 조직의 성장을 도울 수 있는 강력하고도 단순한 도구가 존재한다는 것을 알게 되었다.

다시 말하지만, 7 스트라타와 OPSP의 관계는 OPSP에 따라 작성한 전략계획에서 "전략적 사고"만 따로 떼어낸 것이 7 스트라타라고 생각하면 된다. (7 스트라타의 각 계층을 살펴보는 동안 scalingup.com 사이트에서 한쪽짜리 워크시트를 다운로드한 후 나란히 따라오는 편이 좋다.) 7 스트라타는 다음과 같다.

1. 시장에서 자신의 것으로 소유한 단어(소비자 인지도)
2. 활동무대와 브랜드 약속
3. 브랜드 약속 보장(촉매 작용)
4. 한 문장 전략(돈 버는 비결)
5. 차별화된 활동(3~5가지 방법)
6. 숨은 요인(10~100배를 달성하는 근본 우위)
7. 단위 이익(경제적 동력)과 BHAG(10~25년의 장기 목표)

참고: 거의 모든 전략 프레임에는 어떤 형태로든 경쟁환경 분석이 포함된다. 7 스트라타를 검토할 때도 각 계층의 경쟁환경을 고려하는 편이 좋다. 다른 업계에서 매우 존경받는 기업에 대해서도 같은 분석을 해보면 좋다. 시장, 경쟁, 전략 차별화 측면에서 또 다른 시각의 통찰을 얻을 수 있다.

스트라타 1: 시장에서 자신의 것으로 소유한 단어(소비자 인지도)

핵심 자료: 검색엔진(구글, 빙 등)

그 누구도 시장에서 "자동차"라는 단어를 소유할 수 없지만, 볼보는 "안전"이라는 단어를 자기 것으로 만들었다. 한편, BMW는 "운전 경험"이라는 두 단어로부터 자동차의 디자인과 마케팅에 관한 모든 결정을 끌어냈다. 물론 BMW도 고급스럽고 성능이 뛰어난 차량으로 유명하지만, 이 회사를 다른 고급 대형차와 차별화하는 것은 운전 경험에 대한 집착이다.

운이 좋다면, 페이스북처럼 회사 이름이 바로 시장에서 통용되는 단어가 된다. 회사 이름이 우리가 하는 일을 명확하게 설명하고 "지하굴착 안전trench safety"처럼 마음속 시장에서 우리 것으로 만들려는 단어를 나타낼 수도 있다. 기업가정신을 발휘하여 새로운 틈새시장에 이름을 붙인다면 기본적으로 그것을 소유했다고 할 수 있다. 1996년에 데리어스 비코프가 생수 사업에서 한 일이 바로 이것이었다. "병에 든 생수bottled water"라는 이름은 아무도 소유할 수 없었지만, 그는 약간의 비타민과 미네랄을 추가하여 25년 만에 최초의 새로운 음료 카테고리인 "강화수enhanced water"를 만들었다. 소비자들은 이 용어를 알지 못했지만, 비코프의 글라소 브랜드는 이 업계의 큰손들로부터 주목을 받았다. 약 10년 후 코카콜라가 이 회사를 41억 달러에 사들였다.

스냅챗의 개발자들은 이런 아이디어들을 결합하여 채팅의 새로운 카테고리를 만들었고, 영리하게도 현재 소비자의 마음속에 그들의 것이 된 두 단어 Snap과 Chat을 따서 회사 이름을 지었다. 2011년 9월에 설립된 그 회사의 현재 가치는 수십억 달러에 달한다.

유명 브랜드(그리고 우리 경쟁사)를 떠올리고 그들의 것이 된 단어가 무엇인지 생각해보면 재미있고 유용한 연습이 된다. 브랜딩이란 결국 그것이 지역이든, 산업 분야든, 세계든, 우리 회사가 노리는 시장에서 소비자의 마음속 틈새 공간을 소유하는 것이다. 경쟁자를 흔들고 싶다면 구글이 야후를 상대로 했던 것처럼, 그 단어를 훔쳐서 소비자가 선택하는 "검색" 엔진이 되면 된다.

차이의 브랜드화: 뒤에 스트라타 5에서 살펴보겠지만, 진정한 차별화는 사업을 "실행"하는 방식에서 구현된다. 즉, 업계의 다른 모든 이들과 다른 방식으로 제품과 서비스를 제공하는 방식이 바로 차별화다. 차이를 브랜드화하는 한 가지 방법은 나만의 고유한 접근 방식에 이름을 붙이는 것이다.

바르셀로나에 본사를 둔 검색엔진 마케팅SEM 회사인 가우스앤노이만G&N은 여느 SEM 회사와 달리 월스트리트에서 주식 거래에 사용되는 "퀀트"를 사용한다. 이 기법은 물리학자들과 박사과정 수학자들이 검색엔진 결과를 최적화하는 데 사용하는 것이기도 하다. 더구나 다른 SEM 회사들이 주로 5천~1만 개의 키워드를 사용하는 데 비해, 이 방법은 100만 개 이상의 키워드를 최적화한다. G&N은 이런 차별화된 방식으로 전통적인 SEM 방식을 사용하는 회사보다 훨씬 더 큰 수익을 창출하며 세계에서 가장 유명한 고객들을 다수 확보할 수 있었다.

G&N은 한 걸음 더 나아가 이 방식을 마스크MASK 마케팅이라고 브랜드화했다. 마스크는 "Massive Array of Structured Keywords"의 머리글자로, SEM의 새로운 카테고리를 나타낸다. G&N은 처음부터 자신의 소유인 카테고리를 만들어 냈고, 따라서 이 카테고리는 G&N과 관련된 업계 용어가 되었다. 데리어스 비코프가 "강화수"를 소유하듯이, 고객들은 이제 다른 사람에게 "우리는 SEM에 마스크 마케팅을 적용합니다"라고 말한다. 우리 방식에 이름을 붙이면 만족한 고객이 쉽게 그 단어를 퍼뜨릴 수 있다.

사모펀드 회사인 리버사이드도 이것과 비슷한 일을 했다. 리버사이드는 중소기업의 시장가치 증대를 지원하는 자사의 접근법에 이름을 붙였다. 브랜드화한 것이다. 리버사이드는 인수 기업의 가치를 개선하기 위해 강화하는 8가지 속성의 첫 글자를 따서 스파클(SPARCLE, 마지막 글자가 K가 아니라 C다)이라는 약자를 만들었다.

이런 브랜딩 덕분에 잠재고객은 리버사이드와 G&N을 쉽게 알아볼 수 있다. 그들이 회사 이름은 기억하지 못할 수도 있지만 "마스크를 사용하는 SEM 회사" 또는 "스파클 방식을 구사하는 사모펀드 회사"를 검색할 것이다. 그것도 K가 아니라 정확히 C로 바꿔서 말이다.

검색엔진을 지배하라

모든 고객(기업, 소비자, 정부)의 87%는 제품이나 서비스를 구매할 때 인터넷 검색을 통해 선택지를 검토하므로 우리는 이 온라인 검색엔진을 장악해야 한다. 여기서 핵심은 중요한 단어, 즉 사람들이 제품과 서비스를 검색할 때 떠올리고 사용하는 단어를 자기 것으로 만드는 것이다.

이런 검색엔진은 자사나 경쟁사가 특정 단어 집합을 자기 것으로 만들 수 있을지를 판단하는 유용한 도구다. 고객의 마음속에서 우리 것으로 만들 단어나 문구를 검색하고, 우리 회사가 얼마나 높은 순위를 차지하는지(또는 경쟁자들이 우리보다 낮은 순위를 차지하는지) 잠시 살펴보라. 그런 다음, 구글 애드워즈 키워드 플래너로 가서 누군가가 그 목표 단어나 문구를 얼마나 검색했는지 확인하라. 무엇보다 이 도구는 어떤 연관 단어가 검색되는지, 그리고 지역적, 세계적으로 어느 정도의 빈도로 검색되는지를 보여준다. 따라서 우리가 지배하고자 선택한 단어를 좀 더 정교하게 다듬는 데 도움이 된다.

이 도구를 사용하면 얼마나 많은 광고주가 구글 애드워즈 프로그램에서 특정 용어를 얻으려 노력하는지 알 수 있다. 또 경쟁률이 낮은지, 중간인지, 높은지도 알 수 있어 해당 검색어를 자기 것으로 만들기가 얼마나 어려운지 대략 가늠할 수 있다.

유료 광고를 사용하든, "유기적" 검색엔진 최적화 기법을 사용하든 가장 인기 있는 용어를 찾으려는 것은 광고주라면 누구나 지닌 본능일 것이다. 하지만 우리가 제공하는 특정 제품이나 서비스를 잠재적 고객에게 알리려면 사용 빈도가 약간 낮으면서도 여전히 인기 있는 용어를 선택하는 편이 더 나을지도 모른다.

이제 베스트셀러 《마케팅과 PR의 새 규칙The New Rules of Marketing & PR》의 한 페이지를 읽어보자. 저자 데이비드 미어맨 스콧은 이 책에서 "자신이 출판한 책이 곧 자신이다"라고 단언한다. 작가와 영상제작자를 고용하여 사례 연구, 백서, 영상을 만들어 잠재고객이 검색엔진과 미디어를 통해 자연스럽게 접하면서 우리 것으로 만들고 싶은 단어를 익히도록 하라. 구글이 유튜브를 인수한 뒤로는 영상과 이미지가 텍스트를 압도하는 게 현실이다.

예를 들어 G&N은 여러 마스크 마케팅을 서로 비교하는 백서를 작성하여 SEM의 성과를 개선하고자 하는 이들에게 널리 배포하고 있다. 리버사이드의 실무진은 스파클 과정에 관한 기사를 발표하여 인수 후보 기업의 관심을 끌어왔다.

해거티는 유익하고 흥미로운 정보가 담긴 《해거티》라는 잡지를 발간하면서 "자동차를 좋아하는 사람을 위해"라는 꼬리표를 달아두었다. 더구나 그들은 〈해거티 가격 안내서〉라는 클래식 자동차의 가격에 관한 가장 권위 있는 안내서를 만들었다. 두 간행물은 해거티가 클래식 자동차 업계의 전문가라는 브랜드를 구축하고(따라서 그 단어를 가지고) 클래식 자동차 소유자끼리 소통하는 데 큰 도움이 된다.

콘텐츠를 사용하여 수익을 창출하는 방법에 대해서는 조 풀리지의 뛰어난 통찰이 담긴 《에픽 콘텐츠 마케팅》이 자세히 설명하고 있다.

7 스트라타 중 단 하나에만 집중한다면, 이 첫 번째 스트라타가 수익을 견인하는 가장 중요한 요인이다. 나머지는 틈새시장을 방어하고 실행을 단순화하며 매출을 막대한 수익으로 전환하는 역할을 한다.

참고: 개인 브랜드도 한두 개 단어를 자기 것으로 만들 수 있다.(예를 들어 팀 페리스는 "4시간"이라는 용어를 자기 것으로 가지고 있다.) 만약 링크드인에 가입했다면, 버네가 작성한 "경력의 성공이 한 단어에 달려있다는 것을 알고 있습니까?"라는 제목의 포스팅을 읽어보기 바란다.

검색엔진을 지배하는 것이 전부는 아니다. 가장 안전한 자동차를 만드는 회사 또는 "강화수의 제왕"이라는 정체성이 이미 고객의 마음속에 잘 자리 잡고 있어서 검색량이 눈에 띄게 달라지지 않을 수도 있다. 중요한 것은 틈새시장을 골라 우리가 원하는 핵심고객의 마음속에서 그 단어를 자기 것으로 만드는(또는 창조하는) 것이다.

스트라타 2: 활동무대와 브랜드 약속

핵심 자료: 로버트 블룸 · 데이브 콘티 공저 《내부 우위 The Inside Advantage》, 릭 캐시 · 데이브 칼훈 공저 《성공하는 회사 How Companies Win》

스트라타 2에서 내려야 할 핵심적인 결정 사항은 다음 4가지다.

1. 핵심고객은 **누구 혹은 어디**인가?
2. 우리가 파는 것은 **무엇**인가?
3. 3가지 **브랜드 약속**은 무엇인가?
4. 그 약속을 달성하기 위해 어떤 방법을 사용하는가?(우리는 이것을 약속이행지표 Kept Promise Indicator라고 한다. 핵심성과지표를 뜻하는 **KPI**에 빗댄 것이다.)

누구, 혹은 어디: 블룸과 콘티는《내부우위》에서 기업은 알짜배기 고객, 즉 오랫동안 우리 회사에 큰 이익을 안겨줄 고객이 누구인지, 혹은 어디에 있는지를 분명히 파악해야 한다고 강조한다. 다시 말해 고객을 그저 인구통계학적으로만 정의하지 말라는 것이다. 네슬레의 "주시주스"는 원래 어린이가 마시는 또 하나의 달콤한 음료로 분류되었으나, 블룸이 이끄는 컨설팅 팀은 이 **누구**를 "어린 자녀에게 영양가 높은 음식을 먹이려는 엄마"로 재정의했다. 어떤 병원 기업의 핵심고객은 바로 간호사였다. 그 회사는 세계적인 간호사 부족 현상 때문에 이른바 순회 간호사를 병원에 배치하고 있었다. 블룸과 콘티의《내부우위》는 핵심고객을 구체적으로 정의하는 데 큰 도움이 될 것이다.

《성공하는 회사》의 저자 캐시와 칼훈은 여기서 더 나아가, 어떤 산업에서나 전체 고객의 10%를 넘지 않으면서도 막대한 이익을 안겨주는 틈새시장, 즉 이익 풀이 있다고 말한다. 반려견 사료 산업을 예로 들면, 캐시의 컨설팅 팀은 주인과 개의 관계(개의 체구가 아니라)에 기초하여 시장을 세분화한 결과, "사료를 대량으로 사용하는 퍼포먼스 퓨얼러performance fueler"라는 주인 그룹이 있음을 발견했다. 즉, 개를 데리고 자전거, 하이킹, 조깅, 달리기 등을 즐기는 사람들이다. 비록 그들은 전체 견주의 7%에 불과하지만, 개 사료 시장에서는 수익의 25% 이상을 차지하는 집단이다. 우리가 속한 산업에서도 이런 틈새시장을 찾아 고도로 집중된 제품이나 서비스를 제공함으로써 이 시장을 우리 것으로 만들어야 한다.

일단 그들이 누구인지 구체적으로 알고 나면, 어디서 찾을 수 있는지는 훨씬 더 쉽게 알 수 있다. 해당 지역의 주요 산책 코스를 조사하거나 유명한 뉴스 사이트나 블로그를 통해 수소문하는 식으로 말이다.

해거티의 핵심고객은 클래식 자동차나 보트를 소유한 모든 사람이었고 해거티는 업계에서 가장 영향력 있는 출판물을 소유하고 있었으니 이미 시장의 주요 유통 채널을 지배하고 있는 셈이었다. 최근 해거티는 마니아층의 관심이 좀 더 최신 차량(80년대부터 현재까지)으로 확대되는 기류에도 대응하고 있다. 신형 콜벳과 포르셰 등은 현재 그들이 선보인 특별 멤버십 프로그램에 잘 어울리는 차종이다. 이로써 해거티의 잠재 시장은 약 2900만 대 규모로 크게 확대되었다. 이 확장된 시장에서 해거티가 확보한 비율은 6%에 불과하지만, 위의 개 사료 시장과 마찬가지로 이 시장에서 해거티가 차지하는 이익의 비율은 20%나 된다.

무엇: 블룸과 콘티는 기업이 자사가 무엇을 파는지를 설명할 때 가장 흔히 저지르는 실수는 혜택과 특징에 초점을 맞추는 것이라고 한다. 모든 판매는 감정에 호소하는 것이다. 먼저 가슴이 움직여야 하며("IBM을 샀다고 해고당한 사람은 아무도 없다"), 머릿속에서 논리적으로 정당화되는 것은 그다음이다. 기성 브랜드가 신규 시장 진입자의 제품을 구매하는 데 두려움을 지닌 사람들의 마음을 이용하는 것도 바로 이 때문이다.

블룸과 콘티의 책에 사례로 등장하는 서밋비즈니스미디어(지금은 서밋프로페셔널네트워크로 바꾸었다)는 "금융 분야에 정통한 전문가들에게 권위 있는 정보와 데이터 및 분석에 꼭 필요한 원천"을 제공한다. 이 회사의 마케팅 개념은 첫째, 시장에서 대체할 수 없는 존재가 되며, 둘째, 고객의 비즈니스 수요뿐만 아니라 그들이 금융 분야의 권위 있는 정보를 늘 접하고 있다고 느끼는 감정적 수요에 대응한다는 것이다.

캐시와 칼훈은 이 무엇은 100%의 솔루션을 제공해야 한다고 덧붙인다. 여러 기업의 리더들은 뭔가 멋진 물건에 쉽게 정신을 빼앗긴다. 너무 빨리 다른 제품군이나 유통 채널, 틈새시장만 찾아다니다가 기존 제품으로 고객의 수요를 완벽하게 충족하는 방안을 놓치고 만다.

독일의 상업용 식기세척기 제조업체인 윈터할터 가스트로놈은 대형 레스토랑 및 호텔체인 판매 시장을 지배하고 있다. 이런 기업들은 연중무휴로 운영되는 데다 여기서 사용되는 식기는 청결해야 하는 것만이 아니라 보기에도 깨끗해야 한다. 윈터할터는 이 틈새시장에 맞춰 고객에게 수질 조절 장치, 특수 세제, 나아가 세계 규모의 신속 수리 서비스를 제공하는 것이 포함된 완벽한 솔루션을 설계했다.

브랜드 약속: 클래식 자동차 소유자도 당연히 보험이 필요하지만, 그들은 전통적인 자동차 보험 회사를 비롯해 다양한 선택권을 가지고 있다. 그런데 왜 그들은 굳이 경쟁사 대신 해거티를 선택하는 것일까? 분명히 어떤 중요한 이유가 있을 것이다. 우리는 이런 요인을 브랜드 약속이라고 부른다. 거의 모든 회사는 3가지 주요 브랜드 약속을 제시하며, 그중에서도 가장 중요한 약속이 있는 것이 보통이다.

해거티의 3대 브랜드 약속 중 첫 번째는 "모든 자동차 애호가를 존중한다"이며, 이것은 순고객추천지수NPS, Net Promoter Score로 측정된다. 두 번째는 신규 및 보유 회원 수로 표현되는 "매번 유익하고 즐거운 서비스", 마지막으로는 100% 만족도로 측정되는 "합리적인 가격으로 경험하는 프리미엄 제품 및 서비스"이다. 여기서 중요한 것은 회사의 브랜드 약속을 정량적으로 정의함으로써 이것을 측정하고 추적할 수 있다는 것이다.

주의: 브랜드 약속을 그저 "품질", "가치", "서비스" 같은 뻔한 말로 표현하면 안 된다. 그런 표현은 너무 모호하다. 브랜드 약속의 정의는 우리가 대하는 고객 그룹에 따라 달라진다. 맥도널드는 부모들이 가치가 크다고 여기는 서비스를 제공한다. 부모들은 토요일 정오에 길게 줄 서지 않고도 아이들과 함께 식사할 수 있고, 아이들이 실내 놀이터에서 노는 동안 몇 분이라도 편하게 보낼 수 있는 장소를 원한다. 그러나 맥도널드는 데이트 하러 저녁에 갈 장소로는 큰 가치가 없다. 맥도널드는 속도와

일관성, 그리고 아이들을 위한 재미를 측정 가능한 3가지 브랜드(가치) 약속으로 정의했다. 이 점을 명확히 한 후 그 약속을 지킨 것이야말로(그리고 이런 KPI의 달성 여부를 매일 프랜차이즈 점주들에게 알려준 것까지) 그들이 오늘날 가장 존경받는 기업으로 올라설 수 있었던 원동력이었다.

올바른 브랜드 약속이 무엇인지 늘 분명히 알 수 있는 것은 아니다. 호주에서 가장 급성장하는 회사인 레드벌룬의 창립자 나오미 심슨은 꽃이나 초콜릿이 아니라 열기구 타기와 같은 체험을 선물로 주고자 하는 고객들에게 어떤 약속을 제공해야 하는지를 정확히 알았다. 그녀가 제공한 약속은 1만 개 이상의 체험 중 하나를 선택할 수 있는 간편한 웹사이트와 눈에 띄는 패키지 상품 및 브랜딩(온통 빨간색뿐인 곳에서 티파니블루가 보인다고 생각해보라), 그리고 현장 지원 등이었다.

심슨은 한 친구와 고객이 그녀의 웹사이트에서 정보를 찾지만 실제로 체험을 구매하는 곳은 다른 공급업체라고 말하는 것을 듣고 중요한 사실을 깨달았다. 다른 고객도 그럴 수 있겠다는 생각이 들었다. 그들은 레드벌룬이 웹사이트, 패키지 상품, 그리고 현장 지원에 들어가는 비용을 충당하기 위해 마진을 붙일 것이라고 생각할 것이다. 그녀는 기업을 성장시키기 위해 고객들이 레드벌룬에서 구매한 체험상품 가격을 고객들이 공급업체에서 직접 구매한 체험상품 가격보다 높게 받지 않겠으며, 이를 어길 경우 수수료의 100%를 환불하겠다고 약속했다. 레드벌룬은 이 가격 보장 정책을 회사명에 어울리게 "100% 만족 보장"이라고 부른다.

약속이행지표: 약속은 지키지 않으면 아무 소용이 없다. 고객이 떠나고 소문은 오히려 나빠진다. 따라서 약속이 지켜지는지 매일 측정하는 방법을 아는 것이 중요하다. 레드벌룬의 심슨은 약 1만 건의 경험에 대한 가격을 계속 확인하는 팀을 만들어 고객이 다른 공급업체에게서 똑같은 경험을 더 저렴하게 구매하는 일이 없도록 했다. 이것은 쉬운 일이 아니다. 공급업체가 제트보트와 같은 경험에 매기는 가격은 연료비나 보험료 등의 변동으로 인해 끊임없이 변하기 때문이다.

클라우드 기반 호스팅 업체인 랙스페이스는 브랜드 약속을 약속이행지표로 관리하는 법을 터득한 또 하나의 회사다. 샌안토니오에 본사를 둔 이 회사는 "광적인 지원"이라는 약속을 중심으로 브랜드를 구축했다. 이 문구는 웹사이트 한가운데에 "광적인 지원: 1400명 이상의 훈련된 클라우드 전문가들이 도울 준비가 되었습니다"라고 등장한다.

회사는 이 브랜드 약속이 지켜졌는지를 3가지 방법으로 측정한다. 첫째, 고객 사이트의 가동 시간을 측정한다. 랙스페이스는 고객사의 사이트가 혹시라도 다운되면 그 시간만큼 현금으로 보상한다. 문제가 발생하여 고객이 전화하면 전화벨이 3번 울리기 전에 응답한다. 랙스페이스가 콜센터에 설치해 둔 경고등은 전화벨 소리가 4번을 넘어가는 순간 울리기 시작한다. 그러면 전화는 한층 더 위급한 문제를 해결할 능력이 있는 2단계 전문가에게 자동으로 넘어간다. 고객이 원하는 것도 바로 그것이다. 랙스페이스는 다음의 3가지에 대해 매순간 강박적으로 성과를 측정한다. 즉, 가동 시간이 유지되는지, 전화벨이 3번 이내로 울릴 때까지 응답하는지, 전화 연결이 부족하지 않은지 등이다. 이 데이터는 회사의 모든 부서에 실시간으로 전송된다. 이것이 바로 랙스페이스가 빈손으로 시작해서 10여 년 만에 시가총액 60억 달러 이상으로 성장한 비결이다.

마찬가지로 해거티의 경영진도 다양한 약속이행지표를 통해 전 직원이 회사의 브랜드 약속을 지키고 있는지 확인한다. 앞서 언급했듯 해거티는 NPS를 사용하여 전반적인 즐거움(그저 만족한 정도가 아니라)의 정도를 측정한다. 더구나 해거티의 보험 가격은 일반적인 보험 시장의 평균 가격보다 40% 낮다. 해거티는 보험 상품의 모든 기능을 고려할 때 "반값에 두 배의 가치"를 제공한다는 말을 자주 듣는다.

스트라타 3: 브랜드 약속 보장(촉매 작용)

 핵심 자료: 짐 콜린스의 《하버드비즈니스리뷰》 기사 〈목표를 성과로 전환하기: 촉매 작용의 위력Turning Goals Into Results〉

약속을 위반하면 손해가 커야 한다. 그렇지 않으면 누구나 쉽게 그 순간만 모면하면 된다고 생각할 것이다. 우리가 브랜드 약속 보장이라고 부르는 것을 콜린스는 "촉매 작용"이라고 지칭하는 이유가 거기에 있다. 레드벌룬은 고객이 다른 곳에서 자사의 체험

상품을 더 싸게 누릴 수 있다면 레드벌룬 상품권 가격의 100%를 환불하겠다고 약속함으로써 회사의 각 팀이 가격 약속을 지키기 위해 열과 성을 기울이도록 했다.

브랜드 약속 보장은 고객이 안심하고 우리 상품을 구매할 수 있게 해준다. 오라클은 초창기에 기업용 소프트웨어를 자사의 데이터베이스 소프트웨어에서 구동하면 경쟁사 제품을 쓸 때보다 가동 속도가 2배 더 빠를 것이며(《포천》뒷면의 전면 광고에서), 그렇지 않으면 고객에게 100만 달러를 보상하겠다고 약속했다. 오늘날, 오라클은 자사의 엑사데이터 서버에 대해 똑같은 약속을 내걸었다. 단, 이번에는 보상금이 1000만 달러로 올랐다.

전문 서비스 기업은 "일부 지급" 방식을 채택할 수 있다. 즉, 고객이 서비스에 문제가 있다고 생각하는 만큼 비용을 덜 받는 것이다. 이 조항을 근거로 실제로 비용 삭감을 요구하는 고객은 극히 드물겠지만, 이런 보증이 있다는 것만으로도 고객은 서비스 기업과 안심하고 거래할 수 있고 어떤 문제가 있을 때 스스럼없이 말할 수 있다.

실제 시장을 통해 접할 수 있듯이, 짐 콜린스의 《하버드비즈니스리뷰》 기사를 읽어보면 다른 회사들이 약속을 보장하기 위해 어떻게 하고 있는지 다양한 사례를 접할 수 있다.

해거티가 보기에 클래식 자동차 소유자들의 가장 큰 걱정거리는 자기 자동차의 진정한 가치가 보험 보장액에 제대로 반영되어 있을까 하는 점이었다. 해거티는 말 그대로 클래식 자동차의 최종 가격을 안내하는 책자를 작성했으므로 "보장 가치"라는 약속을 제공하는 회사인 셈이다. "우리는 업계 최고의 도구를 사용하여 고객이 소유한 클래식 자동차의 진정한 가치를 결정하고, 그 가치가 포함된, 모두가 동의하는 보험을 제공합니다."

스트라타 4: 한 문장 전략(수익의 열쇠)

 핵심 자료: 프랜시스 프라이, 앤 모리스 공저 《비범한 서비스》

여러분은 악역을 기꺼이 감당할 수 있는가? 막대한 잠재고객층을 과감히 버려도 좋은가, 혹은 그들이 기분 나빠도 어쩔 수 없다고 생각하는가? 하버드 경영대학 전략 분야에서 최고 권위자인 프랜시스 프라이 교수와 리더십 컨소시엄의 창립자 앤 모리스에 따르면 이것이 바로 높은 수익을 달성하는 성공적인 회사들이 하는 일이다.

지금까지 살펴본 3가지 스트라타, 즉 소비자 인지도를 확보하는 것, 약속을 제시하고 지키는 것, 그리고 보장으로 이를 뒷받침하는 것 등을 달성하는 데는 돈이 많이 든다. 설상가상으로 끊임없이 증가하는 고객의 요구에 대응하려 애쓰다 보면 "만능 상품에 서비스까지 추가하는" 과도한 경쟁으로 내몰리는 바람에 회사의 이익률을 점점 더 갉아먹게 된다.

전략을 한 문장으로 정의하는 일이 중요한 이유가 여기에 있다. 이 문장은 우리 사업 모델에서 수익성을 견인하며, 고객의 여러 열망 중에서 우리가 어떤 것을 충족하며, 어떤 것은 무시할지 선택하는 핵심 비결이 된다.

"조립식 가구"를 바탕으로 한 이케아의 사업모델을 살펴보자. 이케아는 부피가 큰 가구를 배송하거나 보관할 필요가 없으므로 경쟁사보다 가격이 상당히 저렴하며, 따라서 엄청난 가격 우위(이 회사의 가장 중요한 브랜드 약속이다)를 가진다. 여기에 디자인 감각과 세계 최고의 스웨덴식 미트볼이 더해져 탄생한 그들의 3가지 브랜드 약속은 사람들이 이케아를 싫어하는 수만 가지 이유를 앞지르게 된다!

이케아는 시장 점유율이 6.8%에 불과하지만, 세계에서 가장 크고 수익성이 높은 가구 체인의 지위를 자랑한다. 참고로 이케아는 사실상 고령층이 모든 자산을 소유하고 있다는 점을 고려하여 2017년에 태스크래빗사를 인수하여 사람들이 쉽게 가구를 구매하고 조립할 수 있도록 했다.

애플이 한 문장으로 정의한 "폐쇄 시스템" 전략은 그들이 달성한 놀라운 수익성의 원천이다. 이 전략은 개방형 구조를 채택한 구글과 마이크로소프트가 돌이킬 수 없는 수준으로 올라선 이상 그들을 차단하는 강력한 전략이기도 하다. 다시 말하지만, 세계적으로 보면 애플 제품으로 바꿀 만한 가치를 찾지 못하는 소비자가 압도적으로 많지만, 그 사실이 세계에서 가장 가치 있는 회사라는 애플의 위상을 위협하지는 않는다.

프라이와 모리스가 말하는 요점은, 위대한 브랜드는 모든 사람을 기쁘게 하려고 하지 않는다는 것이다. 그들은 광적인 소수 고객 집단의 요구 또는 욕구를 충족시키는 일에 1등이 되는 데 집중하고, 나머지는 모두 과감히 포기한다. 그러는 사이에 경쟁자들은 모든 사람에게 모든 일을 최고로 해주려다 아무것도 아닌 일을 가장 잘하는 선수가 되고, 결국 업계에서 그만저만한 회사가 되고 만다.

우리는 해거티의 한 문장 전략을 소개했지만, 여러분은 이것을 회사의 전략적 비밀로 유지해야 한다. 다시 말하지만, 적어도 사업 초창기에는 핵심적인 수익 비결을 떠벌리고 다니면 안 된다.

《비범한 서비스》는 고수익을 올리는 옳은 방법을 위해 기꺼이 "악역"을 자처하고 몇 가지 브랜드 약속을 지키는 데 집중하여 "위대한" 회사가 된 수많은 사례를 제시한다. 93%의 고객을 과감히 포기하는 대신, 우리 회사를 광적으로 좋아하고 그것을 위해 다른 것을 기꺼이 포기하는 7%의 시장에 초점을 맞추기 위해선 진정한 용기가 필요하다.

스트라타 5: 차별화된 활동 (3~5가지 방법)

 핵심 자료: 1996년 《하버드비즈니스리뷰》에 실린 마이클 포터의 저 유명한 기사 〈전략이란 무엇인가?What Is Strategy?〉

한 문장 전략의 근간은 우리가 경쟁자와 다른 방식으로 사업을 수행하는 일련의 구체적인 행동 방식이다. 하버드 경영대학의 유명한 전략 전문가 마이클 포터는 이것이 진정한 차별화가 이루어지고 사업모델이 드러나는 기업의 "행동" 수준에서 일어나는 일이라고 한다.

참고: "차별화"라는 용어가 사용된 것은 이번이 처음이다. 경쟁자들도 같은 단어를 자기 것으로 만들려고 노력할 수 있고, 같은 브랜드 약속을 제시할 수 있으며, 같은 보장을 제공할 수 있다. 그러나 차별화는 여러분이 그 약속을 어떻게 전달하는가에서 드러난다. 케빈 다음의 《로어!Roar!》라는 책에 소개된 비즈니스 우화에 귀 기울여보자. "진정한 차별화는 경쟁자가 큰 노력과 비용 없이는 도저히 할 수 없거나 하지 않는 일로 정의된다. 이를 달성하는 데는 오랜 세월이 필요하다. 차별화를 값싸고, 쉽고, 빠르게 달성할 수 있다면 경쟁 우위를 거의 또는 전혀 누릴 수 없기 때문이다."

다시 말하지만, 이런 일은 포터가 《하버드비즈니스리뷰》 기사에서 소개한 사우스웨스트 항공의 사례에서 알 수 있듯이 기업의 행동 수준에서 일어난다. 사우스웨스트 항공은 경쟁사들이 따라 하기 어려운 몇 가지 차별화된 행동을 선보인다. 이 항공사는 좌석을 예약할 수 없고, 운항하는 항공기는 딱 한 종류뿐이며(수리 부품의 종수를 줄이고 조종사를 좀 더 쉽게 교체할 수 있다), 착륙 비용을 아끼기 위해 저렴한 공항을 활용하고, 대도시 거점 노선 대신 지점간 운항 노선을 선호하며, 이 모든 부정적 요소에도 불구하고 고객의 선택을 받기 위해 기발한 탑승 문화를 개발한다.

　사우스웨스트 항공은 가격 면에서도 차별화를 달성했다. 그들은 항공 업계 최초로 노선 변경, 수하물 비용, 숨은 수수료 등을 모두 없앴다. 그리고 차별성을 강조하기 위해 "투명성"이라는 하위 브랜드를 만들기까지 했다.

　이런 행동이 장벽으로 작용하는 이유는, 유럽의 모방 항공사 라이언에어를 제외한

다른 모든 항공사가 이미 여러 기종의 항공기에 투자했고, 사전 예약 좌석을 제공하며(고객에게 이미 제공하는 것을 되돌리기는 어렵다), 값비싼 거점 노선에 묶여 있고, 직원들이 힘들게 일하는 문화가 정착되어 있기 때문이다!

여기서 핵심은 경쟁사가 도저히 따라할 수 없는 방식으로 상품과 서비스를 제공하는 것이다. 이런 행동은 사우스웨스트 항공의 "이륙"이라는 한 문장 전략(이 값비싼 금속 덩어리가 공중에 뜨기만 하면 수익을 창출한다)에서 비롯되었으며, 이를 통해 높은 수익성을 달성하고 있다는 점에 주목할 필요가 있다.

전략: 7 스트라타 (Strata)			조직명:	
소유 문구 (마음점유율Mindshare):				
활동무대 및 브랜드 약속:				
누가 / 어디서 (주 고객)	무엇을 (제품 및 서비스)		브랜드 약속	핵심성과지표
브랜드 약속 보장 (측매 메커니즘):				
한 문장 전략 (수익의 열쇠):				
차별화된 활동 (3~5 방법):				
숨은 요인 (10~100배를 달성하는 근본 우위):				
X 당 이익 (경제적 동력):			BHAG* (10년~25년 목표):	

*BHAG는 짐 콜린스 및 제리 포라스의 등록된 상표임.

전략의 7 스트라타의 각 계층은 다음 계층의 기반으로서 그것을 강화한다.

해거티의 경우, 그들은 업계의 전문가로서 그에 걸맞은 제품과 서비스를 고안했다. 예컨대 그들은 긴급출동 상황에서 고객의 자동차가 혹시라도 손상되지 않도록 후크 견인 방식 트럭 대신 반드시 평상형 트럭을 사용한다. 그들은 청구 처리 절차도 보험 가입 차량에 어울리는 방식으로 고안했다. 일반 보험사에 전화를 걸어 1920년대산 자동차의 앞 유리에 금이 갔다고 말한다고 생각해보라. 그들은 무엇을 어찌해야 할지(부품을 어디서 구할지, 가격을 어떻게 책정할지 등)도 모를 것이다. 하지만 해거티는 이런 전화를 언제나 능숙하게 처리해 낸다. 마지막으로, 사소한 것처럼 보일 수 있지만 해거티는 고객을 회원이라고 부르며, 간행물이나 여러 행동을 통해 클래식 자동차 소유자들이 모이는 클럽의 분위기를 연출해왔다.

포터의 기사와 《비범한 서비스》를 함께 읽고, 업계의 일반적인 관행과는 다르지만, 수익성을 높이고 경쟁자를 차단할 수 있는, 우리만의 행동을 정의하라. 물론 한두 가지 행동으로 달성하기가 쉬운 일은 아니지만, 그것이 바로 차별화의 원천이다. 실행하라!

결국 포터의 요점은 이것이다. "기업은 차별화를 달성하고 이를 유지할 수 있어야만 경쟁자들을 능가할 수 있다."

스트라타 6: 숨은 요인(10~100배를 달성하는 근본 우위)

 핵심 자료: 《포천》에 실린 버네의 기사 〈숨은 요인 The X-Factor〉

해거티는 왜 자사 전략의 구체적인 내용을 우리가 공유할 수 있도록 허락했을까? 그것은 바로 그들이 숨은 요인, 즉 경쟁사 대비 10~100배의 경쟁 우위를 가지고 있기 때문이다. 대개 고객의 눈에 보이지 않는 이런 장점은 앞에서 설명한 전략적 행동을 뒷받침하고, 경쟁자들이 해거티를 모방할 엄두도 내지 못하도록 한다. 나아가 이런 장점은 업계 내에 뚜렷하게 존재하는 거대한 병목을 해결한다.

그런 우위 요소를 한번 점유하면 해거티가 수년간 달성해 온 급속한 성장을 우리도 지속할 수 있다.

버네가 《포천》 기사에서 자세히 설명했듯이, 크리스 설리번이 아웃백스테이크하우스 체인을 설립하고 초기에 성공적으로 운영할 수 있었던 것도 바로 이 숨은 요인에 집중했기 때문이었다. 요식업계에서 폭넓은 경험을 쌓은 그는 대형 식당 체인들이 음식의 질과 서비스의 일관성을 유지하기가 매우 어렵다는 것을 알고 있었다. 그러나 그 이유는 무엇일까? 그는 이런 의문을 계속 파고들면서 매장 총지배인의 평균 재직 기간이 6개월에 불과하기 때문이라는 결론을 내렸다. 게다가 업계에서는 이런 현상을 "요식업은 원래 그런 것"으로 인식하고 있었다. 좋은 관리자는 이리저리 옮겨 다니며 나쁜 관리자들이 밀려난 자리를 차지하고, 뛰어난 관리자는 결국 대형 체인을 떠나 자기 식당을 차린다.

설리번과 그의 팀은 관리자의 이직 문제를 업계의 가장 큰 병목으로 판단하고 다음과 같은 핵심 질문을 던졌다. 만약 한 명의 관리자를 같은 식당에 5~10년 동안 붙잡아둘 수 있다면 어떻게 될까? 그렇게만 된다면 업계의 기존 상황보다 10~20배 향상된 성과를 올릴 수 있다.

설리번이 구상한 계획의 핵심은 남다른 보상 계획("차별화된 행동"을 생각하라)에 있었다. 그들은 관리자를 지망하는 젊은이들에게 아웃백 매장에 2만 5000달러를 "투자"하라고 요구했다. 이렇게 생각해보자. 자녀가 집에 돌아오더니 식당에서 일자리를 얻었다고 말한다.("뭐, 대학에서 4년 동안 힘들게 공부해 놓고 스테이크 식당에서 일한다고?") 여러분은 먼저 의심쩍다고 생각한 다음, 가장 중요한 질문을 던질 것이다. "그래, 보수는 얼마나 되는데?" 자녀의 대답이 가관이다. 그 일자리를 얻기 위해 오히려 돈을 내야 한다는 것이다!

설리번이 개척한 사업 방식은 이랬다. 신규 관리자는 2만 5000달러를 투자한 다음 5년 동안 재직하기로 약속한다. 아웃백은 처음 3년 동안 그들의 식당 운영 역량을 키워주면서 경쟁력 있는 임금을 지급한다. 그들은 마지막 2년을 일하면서 자기 식당을 운영할 실력을 갖추게 된다. 만약 그들이 5년째를 맞이하여 특정한 성과를 달성하면 10만 달러(투자의 4배에 해당하는 수익)를 보너스로 얻고, 그 돈을 다시 아웃백에 4년 동안 투자하게 된다. 만약 그들이 같은 매장에 5년 더 근무하겠다고 결정하면 10만 달러를 일시금으로 받고, 50만 달러 상당의 주식을 다음 5년에 걸쳐 받을 수 있다.

회사는 이 계획을 통해 수많은 젊은이를 20대에 백만장자가 되게 해주었다. 관리자의 90%가 같은 매장에서 5년간 재직했고, 80%는 10년 이상 머물렀다. 무엇보다 아웃백의 이론이 옳았음이 증명되었다. 관리자가 오래 근무하면서 제품과 서비스의 일관성이 확보되자 아웃백은 설리번이 CEO에서 물러나기 전까지 미국에서 세 번째로 크고, 수익성이 가장 큰 식당 체인이 되었다.

그러면 숨은 요인을 어떻게 파악할 수 있을까? 우선 이렇게 질문해 본다. 내가 속한 업계에서 가장 싫어하고 견딜 수 없는 것은 무엇인가? 회사의 발전을 가로막는 병목은 무엇인가? 그것은 엄청난 비용이나 시간적 요인이 될 수도 있다. 문제는 내가 그 상황에 너무 가까이 있어 여느 사람처럼 우리 업계는 다 그렇다고만 여길 뿐 실제 문제를 보지 못한다는 것이다.

숨은 요인의 원천을 알기 위해서는 최근 마련했던 거래 협력 회의나 참가했던 산업전시회 및 회의의 제목을 10개 정도 모아 보면 어느 정도 단서를 파악할 수 있다. 이런 자료를 엑셀 스프레드시트에 넣고 지난 10년 동안 업계가 마주해 온 과제에 공통된 패턴이 있는지 확인해 보라. 이런 장애물에 집중하여 10~100배의 우위를 달성할 요인을 파악하면 경쟁에서 유리한 고지를 점할 수 있다.

이런 원칙을 실행에 옮기기 위해 굳이 아웃백 규모의 사업을 운영할 필요도 없다. 잔디관리 회사 해피론즈의 설립자 바렛 에르섹은 업계에서 상식으로 여겨온 3주 정도의 판매 프로세스를 3분으로 단축했다. 그는 최신 디지털 기술과 국세청 지도 데이터를 이용해 소비자와 통화하는 동안 잔디 면적을 추정하여 견적을 곧바로 제공한다. 따라서 영업 사원이 잠재고객의 집을 방문해 수작업으로 측정하고 견적서를 작성한 다음 약속을 잡을 필요가 없어졌다. 그러니 업계 최대 기업 서비스마스터가 1천만 달러 규모의 해피론즈를 인수한 것도 전혀 놀라운 일이 아니었다. 에르섹은 새로 시작한 유기농 비료 제조 및 유통회사 홀가닉스에서 숨은 요인을 또 찾아냈다. 그러나 그는 자신의 한 문장 전략과 함께 이것을 비밀에 부치고 있다.

해거티의 숨은 요인은 여전히 비밀이다. 그러나 버네의 《포천》 기사를 읽어보면 이 외에도 숨은 요인의 다양한 사례를 찾아볼 수 있다. 기사를 읽고 전략사고팀과 함께 10배의 우위를 달성할 방법을 놓고 브레인스토밍을 시작하라.

스트라타 7: X당 이익(경제적 동력)과 BHAG(10~25년의 장기 목표)

 핵심 자료: 짐 콜린스의 《좋은 기업을 넘어 위대한 기업으로》에 포함된 고슴도치 개념

마지막으로 결정해야 할 2가지는 짐 콜린스가 "X당 이익"이라고 부르는 너무나 중요한 KPI와 콜린스와 제리 포라스가 《성공하는 기업들의 8가지 습관》에서 소개한 10~25년 사이에 달성할 측정 가능한 목표, 즉 BHAG다. 이 두 가지 결정을 바탕으로 콜린스가 《좋은 기업에서 위대한 기업으로》에서 "고슴도치 개념"이라고 일컫는 전략 프레임워크가 완성된다.

X당 이익 지표는 사업의 경제적 동력을 나타내며, 리더들이 사업의 진행 상황을 광적으로 확인하기 위한 가장 중요한 KPI이기도 하다. 분자는 이익, 수익, 매출총이익, 파일럿 생산, 배달구역 등 어떤 지표도 될 수 있지만, 분모는 회사의 고유한 사업 성장 방법을 나타내는 값으로 고정된다. 이것은 다시 한 문장 전략과 연결된다.(이것을 중심으로 모든 것이 연결된다.) 거의 모든 항공사가 운항 마일당 이익 또는 좌석당 이익에 초점을 맞추고 있지만, 사우스웨스트 항공은 항공기 1대당 이익을 극대화하는 데 집중하며 이것은 "이륙"이라는 한 문장 전략과 일치한다.

2장에 소개된 앨런 루디의 이야기에서 보았듯이, 그는 콜센터 사업에도 이것과 비슷한 방식으로 접근했다. 다른 회사들이 모두 분당 매출과 분당 이익에 초점을 맞추는 동안, 그는 사업을 다른 시각으로 바라보고 예약 건당 이익을 극대화하는 데 집중했다.

그 결과, 업계 평균의 분당 매출이 1.25달러인 것과 달리 그의 회사만 업계 최고 수준인 5달러에 달했다. 우리 스케일링업社사는 원래 컨설팅 건당 이익을 중시했는데, 전 세계 150개 도시에서 150개의 성장 기업을 지원하는 지금은 앞으로 2만 개의 성장 기업을 고객으로 유치한다는 목표 아래 도시당 이익에 관심을 기울이고 있다.

BHAG

10~25년에 걸친 회사의 장기 목표를 정하는 리더들이 늘어남에 따라, 회사의 기본 전략과 동떨어진 무의미한 숫자나 그저 희망 사항에 불과한 문장이 넘쳐나고 있다.

마이크로소프트의 BHAG

"30년 전에 폴 앨런과 제가 마이크로소프트를 설립했을 때 우리에게는 소프트웨어에 대한 큰 꿈이 있었습니다. 우리는 소프트웨어를 통해 세상에 큰 영향을 미치기를 꿈꿨습니다. 우리는 집집마다 책상 위에 컴퓨터가 한 대씩 놓이는 미래를 이야기했습니다. 그 꿈이 현실이 되고 많은 이들이 감동하는 장면을 지켜본 것은 정말 놀라운 일이었습니다. 우리가 처음 아이디어를 떠올릴 때만 해도 지금처럼 놀랍고 중요한 회사가 되리라고는 상상도 못했습니다."
― 2006년 6월 15일 워싱턴주 레드먼드에서의 기자회견에서 빌 게이츠가 향후 자선사업에 전념하며 마이크로소프트에서는 비상근으로 일하겠다고 발표하면서

콜린스는 BHAG야말로 고슴도치 개념의 중심이며, 이것은 전략의 모든 요소와 완벽히 일치해야 한다고 말했다. 우리가 BHAG를 일곱 번째이자 마지막 스트라타로 꼽은 이유도 바로 여기에 있다. 아울러 우리는 BHAG를 측정하는 가장 좋은 단위는 X당 이익에서 등장하는 X라는 사실을 발견했다.

참고: BHAG와 X는 측정 단위가 서로 같아야 한다. 이것이 핵심이다. 사우스웨스트 항공은 항공기 한 대당 이익에 초점을 맞추므로, 그들의 장기 목표가 항공기 운항 대수로 표현되는 것은 당연한 일이었다. X당 이익과 BHAG는 밀접하게 관련되어야 한다.

곧이어 7장 〈한쪽짜리 전략계획〉에서 설명하겠지만, BHAG는 회사의 목적과도 일치해야 한다. 레드벌룬은 회사의 매출 건수가 7500건에 불과하던 2005년에, 향후 10년 안에 200만 개의 체험을 판매하겠다는 공격적인 BHAG를 세웠다. 창립자이자 CEO인 심슨은 호주의 선물 문화를 완전히 바꾸려면(물건이 아니라 체험을 원하는 사람들의 욕구를 만족시킨다) 레드벌룬이 전체 호주 인구의 10%에게 감동을 주어야 한다고 추정했다. 당시 호주 인구는 2000만 명이었으므로 대략 200만 개의 체험을 판매한다는 것이 목표였다. 그러니 레드벌룬이 경험당 이익을 주요 KPI로 정한 것은 너무나 당연한 일이었다. 결국 레드벌룬은 200만 개 판매 목표를 2년 앞서(2013년) 달성했고, 1부 도입부에서 소개했듯이 2030년까지는 1초마다 한 건씩 판매하는 것을 목표로 삼고 있다. 해거티의 BHAG는 2017년에 170만 명이었던 회원을 2025년까지 600만 명으로 확대하며, 그에 걸맞은 회원당 이익을 가장 중요한 KPI로 삼고 있다. 이에 상응하는 이익/회원이 KPI에 가장 큰 영향을 미친다. 2가지 최종적인 전략 결정이 서로 완벽하게 일치한다.

7 스트라타 요약

해거티의 전략을 문장으로 기술하면 간단하지만, 그것을 실행하기는 결코 쉬운 일이 아니다. 만약 여러분에게 클래식 자동차(또는 최고급 호화 자동차)가 있어 자동차 보험이 필요하다면, 검색엔진을 통해 쉽게 보험사를 찾을 수 있다. 더구나 40%나 저렴한 비용과 즐거운 고객 서비스, 그리고 모든 질문과 요청에 24시간 이내로 응답하는 등의 매력적인 가치를 제안하는 회사도 얼마든지 찾을 수 있다. 그러나 클래식 자동차를 소유한 사람들은 빈티지 자동차의 앞 유리 교체 비용을 비롯한 자신들의 질문이 신차 소유자의 그것보다 훨씬 더 대답하기가 어렵다는 것을 안다.

더구나 그들은 해거티의 보험 적용 범위가 부족할지도 모른다는 걱정을 하지 않는다. 해거티는 "가치 보장"이라는 약속을 바탕으로 그들에게 업계 최고 수준의 도구를 사용하여 "여러분이 소유한 클래식 자동차의 진정한 가치를 알려주고, 그에 걸맞다고 양측이 동의하는 보험을 제공할 것"을 보장한다.

해거티는 우리가 그들의 전략을 공개적으로 밝히는 것을 전혀 개의치 않는다. 왜냐하면 그들은 이미 오랜 세월에 걸쳐 10배 이상의 우위를 안겨주는 숨은 요인을 구축했고, 이것은 전략의 나머지 모두를 모방한 경쟁자도 도저히 따라 할 수 없기 때문이다. 이것이 바로 해거티의 경영진이 자동차 보험 업계에서 가장 수익성 높은 부문을 지배하면서도 현재 170만 명인 회원 수를 향후 몇 년 내에 600만 명으로 성장시킬 방법을 분명히 알고 있는 이유다. 해거티는 이런 집중 전략을 구사한 결과 2021년에 한 기업인수목적회사를 통해 주식을 공개하여 30억 달러라는 초기 시가총액을 달성했다. 물론 지배권은 여전히 가족들이 행사하고 있다.

7 스트라타의 특성을 모두 파악하면 엄청난 성과를 거둘 수 있다. 우리가 제공하는 모든 도구를 이용해서 여러분이 실행하고 유지할 수 있는 것을 결정하라. 전략사고팀을 구성하여 추천 도서나 기사를 읽게 한 다음, 여러분의 이론을 검증하고 완벽하게 다듬는 과정을 시작하라. 매출과 이익이 큰 폭으로 증가하고 이 추세가 계속되면 올바른 궤도에 올라섰다는 것을 알게 될 것이다.

물론 매우 어려운 작업이다. 전략사고팀이 처음에는 갈 길을 잃고 당황할 수도 있지만, 프로세스를 믿어야 한다. 매주 만나 아이디어를 나누고 토론하다 보면 해답이 눈에 보인다.

다음 장에서는 7 스트라타에서 이루어지는 몇 가지 결정을 OPSP와 통합하여 회사 전체에 체계적인 지침을 제공하는 한쪽짜리 비전을 수립하는 과정을 소개한다.

07 한쪽짜리 전략계획

THE ONE-PAGE STRATEGIC PLAN

전략계획에 필요한 도구

EXECUTIVE SUMMARY 회사가 크고 빠르게 성장할수록 모든 이가 한마음이 되기는 어렵다. 물론 문제는 한마음이 될 공통된 가치를 마련하기가 어렵다는 것이다. 아니, 오히려 회사의 비전, 가치, 전략, 목표 및 우선순위를 설명하는 것처럼 보이는 수십 가지의 가짜 가치가 각종 보고서와 이메일의 형태로 어지럽게 널려 있는 것이 현실이다. 이런 메시지들은 회사의 정체성, 역할, 그리고 이를 달성하는 방법에 관해 불분명하거나 심지어 모순되는 진술로 혼란을 초래하기도 한다. 이 장에서는 10여 년 전에 처음 소개되어 전 세계 8만 개 이상의 회사에서 사용되며 발전되어온 한쪽짜리 전략계획$_{OPSP}$을 소개한다. 이것은 여러분의 비전을 실행 중심으로 한쪽으로 간추릴 수 있는 간단하고 강력한 도구다. 그 외에도 전통적인 SWOT 분석을 보강하여 만든 SWT는 OPSP 작성에 도움이 되며, 비전을 간단하게 전달할 수 있는 비전 요약도 소개한다.

    미시간주에서 6개의 내구재 회사를 거느린 JSJ코퍼레이션이 성장하는 데는 OPSP가 큰 역할을 해왔다. 전 세계에 총 2700명의 직원을 두고 2019년에 창립 100주년을 맞이한 이 가족 기업은 2006년부터 OPSP를 사용하기 시작했다.

    JSJ의 CEO 넬슨 제이콥슨은 OPSP에 대해 들은 뒤 회사의 조직 개발 책임자를 이틀간의 "록펠러 습관" 워크숍에 보냈다. 경영진은 그 도구를 사용해본 지역 기업의 리더들로부터 이 도구가 그들의 사업 성장과 성과 관리에 어떤 도움이 됐는지를 배우기도 했다.

    창업 가족의 3세대인 제이콥슨은 이렇게 말한다. "저는 2000년부터 JSJ의 COO를 맡아왔습니다. 우리는 9·11 이후 불황을 겪으며 완전히 다른 회사가 됐습니다. 저는 2005년에 CEO가 되면서 회사의 응집력을 강화하는 도구를 찾았습니다. 그러다 만난

OPSP는 바로 사업의 성과를 확인하고 끌어올리는 방법이었습니다."

모두가 한마음이 되어라

제이콥슨은 OPSP가 JSJ의 화합과 성장에 큰 도움이 된다고 확신하고 7명의 경영진에게 이 도구를 소개했다. "저는 회사의 구심점을 마련할 무언가를 찾고 있었습니다." 그의 회상이다.

JSJ의 6개 회사는 사업 분야가 모두 다르므로 각 회사가 별도의 OPSP를 수립하고 개선한다. 그리고 이 6개의 OPSP는 JSJ가 수립하는 전사 계획에 반영된다. 계획 수립 일정은 다음과 같다. 각 회사는 보통 10월에 열리는 전사 연례 운영 계획 모임에 맞춰 자체 계획을 수립한다. 그 후 몇 개월에 걸쳐 6개 회사의 계획이 모두 완성되면 이를 바탕으로 JSJ가 계획을 더 구체화한다. JSJ의 계획은 다시 2월 이사회에서 최종 확정된다.

제이콥슨은 OPSP가 경영진이 가장 어려운 결정을 내리는 데 도움이 되었다고 말한다. 그것은 캘리포니아의 한 석판인쇄 회사의 매각 여부를 결정하는 문제였다. "OPSP는 우리가 보유하기에 적합한 회사가 어떤 것인지 판단하는 데 도움이 되었습니다. 그 회사는 아니었습니다." 다행히 모회사는 적시에 그 회사를 매각했다. 제이콥슨은 이렇게 말한다. "우리는 그 자금을 나머지 사업의 성장에 투자했습니다."

JSJ의 노력에는 헌신이 필요했지만, 그 결과 측정 가능한 큰 성과가 있었다. 그 회사는 OPSP를 통해 내린 결정의 직접적인 결과로 새로운 기술을 개발했고, 새로운 제품군을 출시했으며, 지리적으로도 확장했다. 제이콥슨의 말이다. "우리는 창업 이래 꾸준히 이익과 성장률을 키워왔습니다. OPSP는 이에 더해 조직의 일관성과 책임감, 실행 등을 개선했습니다."

이 장에서는 JSJ를 비롯한 수만 개의 기업들이 어떻게 이 OPSP를 활용하여 조직 전반에 참여와 일관성, 집중을 이끌었는지를 자세히 살펴본다. 그 전에 먼저 OPSP의 단순화된 형태인 비전 요약을 소개한다. 기업들은 먼저 이것부터 사용하여 전략계획 수립 방법을 익힌 뒤 좀 더 포괄적인 OPSP 단계로 나아갈 수 있다.

전략: 비전 요약

SCALING UP A GAZELLES COMPANY

핵심 가치	목적	브랜드 약속

BHAG

전략적		우선 과제
3~5년	1년	분기별

이름: _____

성명:	목표	분기별 개인 우선과제	마감일
1		1	
	중점 #: 인재 또는 대차대조표 ■ ■ ■ 양호와 경고 사이 ■	2	
2		3	
	중점 #: 프로세스 또는 손익계산서 ■ ■ ■ 양호와 경고 사이 ■	4	
3		5	

■ 최고 ■ 양호 ■ 경고

*BHAG는 짐 콜린스 및 제리 포라스의 등록된 상표임.

비전 요약

비전 요약은 록펠러 습관을 막 도입하기 시작한 기업이나 50인 이하 기업에 적합한 단순화된 OPSP 프레임워크다. OPSP의 자세한 내용이 모두 필요한 대기업의 경우, 비전 요약은 직원, 고객, 투자자를 비롯한 폭넓은 이해관계자에게 회사 비전의 핵심을 한 페이지로 알려주는 도구가 될 수 있다.(scalingup.com 사이트를 방문하면 오른쪽 상단에서 비전 요약 사본을 다운로드할 수 있다. 여러분의 회사에 대해 다음의 목록을 작성해보라.)

1. 핵심가치
2. 목적
3. 브랜드 약속
4. 크고 대담하고 도전적인 목표BHAG

비전 요약의 전략 요소에 관해서는 앞의 2부 〈인력 스케일업〉과 3부 〈전략 스케일업〉에서 자세히 설명했다. 이것은 전 직원이 이해하고 숙지해야 할 회사 비전의 주요 구성요소이며, 신규 직원의 교육 자료로도 유용하게 쓸 수 있다.

  이 구성요소 아래에는 전략적 우선순위를 나열하는 자리가 있다. 첫째 열에는 OPSP에서 도출한 3~5년 동안의 중점 추진 사항 및 역량을 기록한다. 이들은 주요 중기 우선순위들이며, 나중에 더 자세히 설명한다.

  가운데 열에는 올해의 1순위 목표와 이를 달성하는 데 필요한 주요 계획을 나열한다. 마지막 열에는 이번 분기의 1순위 목표와 이를 달성하기 위해 해결해야 할 "과제"를 나열한다. 이런 우선순위를 설정하는 방법은 9장 〈우선순위〉에서 더 자세히 설명한다.

  이런 전략 요소와 우선순위는 회사의 비전을 간략하게 보여준다. 그 아래에는 직원 개개인이나 팀 차원의 하부 계획을 위한 자리가 있다. 그곳에는 회사의 비전에 부합하고 이를 지원하는 KPI, 우선순위, 분기별 중점 수치 등을 기록하면 된다. 이런 항목은 OPSP의 마지막 열을 작성하면서 결정된 것으로, 이 장의 뒷부분에서 자세히 설명한다.

  각 팀의 구성원들이 이 비전 요약을 각자의 책상이나 사무실에 게시해 두고 조직의 전략계획과 이를 위해 자신이 할 역할을 늘 상기하는 것이 좋다.

OPSP

많은 사람이 꿈을 꾼다. 그러나 비전은 계획, 즉 OPSP를 갖춘 꿈이다.

비전을 구체화하려면 누가, 무엇을, 언제, 어디서, 어떻게, 왜, 그리고 가장 어려운 "해야 하는가, 말아야 하는가?"라는 7가지 기본 질문에 답해야 한다. 이 질문은 OPSP의 7개 열을 구성한다. 전략계획과 관련된 여러 용어가 혼란스러울 때는 이 7개의 간단한 질문에 비춰 생각하면 된다.

전략계획 용어는 쉽게 이해할 수 없을 때가 많다. 우리는 비전, 목적, 가치, 우선순위 등의 용어를 통일하여 업계가 공통된 언어를 사용하도록 애쓰고 있다. 나아가 OPSP를 통해 짐 콜린스, 게리 해멀, 잭 스택, 스티븐 코비와 같은 사상가들의 다양한 비전 프레임워크를 통합하기 위해 노력한다.

이 도구는 수평과 수직으로 정렬되어 있어 전략 비전을 구성하는 논리적 틀을 제공함으로써 전체를 구성하는 데 필요한 모든 조각을 갖출 수 있다. OPSP의 물리적 구조 자체가 우선순위와 단순성을 강제한다. 쓸 공간이 많지 않으므로 간결해야 한다.

이 양식을 거대한 십자말풀이나 스도쿠 퍼즐로 생각하면서 작성하는 것이 좋다. 먼저 무엇을 할 수 있는지 생각하면, 나머지를 결정하는 데 도움이 된다.(예컨대 목적과 브랜드 약속은 BHAG와 삼각관계를 이룬다.) 우리의 모토는 "우선 시작한 다음 바로잡는다"이다. 탁월난 계획을 너무 늦게 세우는 것보다 괜찮은 계획을 지금 세우는 편이 더 낫다.

OPSP에는 또 하나의 중요한 디자인 요소가 있다. 짐 콜린스는 영속적인 기업의 운영 방식이 이른바 "핵심을 보존하고 진보를 촉진하는" 이중 구조임을 깨달았다. 이런 이중성은 OPSP에 내장되어 있다. 맨 앞 3개의 열은 시간이 지나도 변하지 않는 핵심에 해당한다. 오른쪽으로 갈수록 계획의 균형은 시장의 트렌드와 기회, 도전 등에 대응하기 위해 더욱 역동적으로 변화한다.

요약하면, 조직이 OPSP 프로세스를 통해 얻을 수 있는 것은 다음과 같다.

1. 기업의 비전을 자세히 설명하는 **프레임워크**
2. 그 비전을 표현할 수 있는 공통 **언어**

3. 최신의 추세를 파악하는 완벽한 **루틴**

OPSP를 시작하기 위해선 우선 다양한 언어로 제공되는 문서를 다운로드해야 한다. (scalingup.com에 접속하라.) 양식을 출력한 뒤 첫 번째 페이지를 두 번째 페이지 왼쪽에 배치한다. 이렇게 하면 A3 용지 크기의 문서를 계속 한 장씩 볼 수 있다. 이 장을 읽을 때 종이 문서를 출력해두면 도움이 될 것이다. 다음 장 〈계획 프로세스〉의 마지막 부분에는 완성된 샘플을 수록해놓았다.

참고: OPSP는 내부용이다. 이것은 마케팅 메시지용이 아니라 조직이 전략계획의 기술적 측면을 정확히 이해할 수 있도록 만든 것이다. 그러나 계획을 수립한 다음에는 외부 마케팅 에이전시나 광고 대행사에 의뢰하여 회사의 비전을 직원과 고객, 이해관계자 등에 전달하는 외부 메시지를 작성하는 일이 더 신속하고 저렴해진다.

OPSP 경험: 홀가닉스, 마킷포스, 타운파크

펜실베이니아의 천연잔디 관리 회사 홀가닉스의 공동 설립자인 바렛 에르섹은 17세에 첫 회사를 세운 이래 20년 동안 5개의 회사를 설립했다. 그는 OPSP와 이 방법론의 다른 전략적 습관이 사업을 성장시키기 위해 해야 할 일을 보여주는 청사진이라고 말한다. "저는 20대 시절부터 뒷주머니에 수표책을 넣고 사업을 운영했는데, 이제서야 인생에서 처음으로 누군가로부터 안내 책자를 받았습니다."

호주의 도소매 물류 회사인 마킷포스의 설립자 앨런 히긴스에게 OPSP란 "자동 의사결정 장치"이다. 최고 관여 책임자이기도 한 그는 이렇게 말한다. "우리는 중요한 결정을 내려야 할 때 이 도구를 다시 참조하여 전략을 제대로 따르고 있는지 확인합니다. 만약 벗어났다면 우리는 기회를 과감히 포기할지 진지하게 논의합니다."

메릴랜드에 있는 직원 1만 5000명의 서비스 기업 타운파크의 설립자 제리 사우스는 OPSP가 이 회사의 가장 가치 있는 도구라고 말한다. "이 도구를 통해 우리는 사업을 전략적으로 생각하며, 큰 결정을 작은 조각으로 나눠 하나씩 해결할 수 있습니다. 아울러 사업에서 가장 중요한 것이 무엇인지도 분명히 알 수 있지요."

이제 OPSP의 7개 열을 하나씩 살펴보자.

1열(해야 할 일과 하지 말아야 할 일): 핵심가치에 비춰 해야 할 일인지 여부를 결정하는 규칙을 나열한다.

2열(왜): 회사가 세상(또는 주변)에 미치고자 하는 영향을 표현하고, 모든 사람이 노력하는 의미를 제시한다. 이를 위해서는 다음과 같은 두 가지 주요 결정이 필요하다.

- **목적(종종 "사명"으로 불림)**: 사업에 방향을 제시하고 모두가 열망하는 북극성 같은 존재
- **BHAG**: 기업이 향후 10~25년 안에 달성할 수 있는 측정 가능한 목적의 일부

3열(어디로): 향후 3~5년 내 회사가 어디로 향하는지를 정의한다. 여기에는 회사가 활동하고자 하는 무대(예: 고객, 지리, 제품/서비스 혼합 측면)와 해당 고객에 대한 측정 가능한 브랜드 약속이 포함된다. 또 회사가 갖춰야 할 주요 역량과 핵심 동력을 기술한다.

4열(무엇을): 향후 12개월 동안 달성할 성과를 기술한다. 이것은 측정 가능한 1순위 목표(중점 수치)와 "과제"로 표현된다.(OPSP 4열 "목표" 설명 참조)

5열(어떻게): 향후 90일간의 측정 가능한 "다음 단계" 1순위와 "과제"를 중심으로 회사가 비전을 어떻게 달성할 것인지를 설명한다.

6열(결승선과 재미): 분기별, 혹은 연도별 1순위 목표와 관련된 테마, 축하, 보상을 기술한다. 테마 축하 행사는 모든 사람이 결승선을 통과했음을 기념하고 이를 즐길 기회가 된다.

7열(누가): OPSP의 다양한 측면의 책임자가 누군지 밝히고, 개인이나 팀의 KPI, 과제, 중점 수치 등을 자세히 설명한다. 마지막 열에 해당하는 시간 프레임은 언제라는 질문에 대답한다.

OPSP 작성

일관성과 명확성은 OPSP의 맨 위에 자리한 조직명에서 시작된다. 조직은 고객과 직원(전화를 받는 담당자 포함)이 기억하고 부를 수 있는 이름을 중심으로 정렬되어야 한다. 페더럴 익스프레스는 누구나 자신을 페덱스라고 부른다는 것을 알고 공식 회사명

전략: 한쪽짜리 전략계획 (OPSP)

조직명: _____

인력/사람 (평판 촉진):

직원
1. _____
2. _____
3. _____

고객
1. _____
2. _____
3. _____

주주
1. _____
2. _____
3. _____

핵심 가치/신념 (해야 할 일/하지 말아야 할 일)	목적 (왜)	목표 (3~5년) (어디로)	목표 (1년) (무엇을)
		미래 날짜 / 매출 / 이익 / 시가총액/현금	연말 / 매출 / 이익 / 시가총액 / 매출총이익 / 현금 / 매출채권 일수 / 재고보유 기간 / 인당 매출
		활동무대	
	실행방안 인생 가치, 목적, BHAG	**핵심 동력/역량** 3~5년 우선과제	**핵심 이니셔티브** 1년 우선과제
	1. ___ 2. ___ 3. ___ 4. ___ 5. ___	1. ___ 2. ___ 3. ___ 4. ___ 5. ___	1. ___ 2. ___ 3. ___ 4. ___ 5. ___
	X당 이익	브랜드 약속 KPI	중점 #: 인력 또는 재무상태표 ■ ■ ■ 양호와 경고 사이
	BHAG®	브랜드 약속	중점 #: 프로세스 또는 손익계산서 ■ ■ ■ 양호와 경고 사이

강점/핵심 역량:
1. _____
2. _____
3. _____

약점:
1. _____
2. _____
3. _____

*BHAG는 짐 콜린스 및 제리 포라스의 등록된 상표임.

이름: _____   날짜: _____

프로세스 (생산성 촉진):

생산/구매
1. _____
2. _____
3. _____

판매
1. _____
2. _____
3. _____

기록 관리
1. _____
2. _____
3. _____

실행방안 (분기)
(어떻게)

분기 #	
매출	
이익	
시가총액	
매출총이익	
현금	
매출채권 일수	
재고보유 기간	
인당 매출	

돌 (해결 과제)
분기별 우선과제		마감일
1		
2		
3		
4		
5		

중점 #: 인력 또는 재무상태표
- ■
- ■
- ■ 양호와 경고 사이
- ■

중점 #: 프로세스 또는 손익계산서
- ■
- ■ 양호와 경고 사이

테마
(분기/연간)

마감일	
측정 가능한 목표/중점#	

테마명

성과표 디자인
본인의 설계에 관한 설명
또는 스케치

축하

보상

책임
(누구/언제)

	개인 핵심성과지표	마감일
1		
2		
3		

분기별 우선과제
	분기별 우선과제	마감일
1		
2		
3		
4		
5		

중점 #: 인력 또는 재무상태표
- ■
- ■
- ■ 양호와 경고 사이

중점 #: 프로세스 또는 손익계산서
- ■
- ■ 양호와 경고 사이

트렌드
1. _____
2. _____
3. _____
4. _____
5. _____
6. _____

*BHAG는 짐 콜린스 및 제리 포라스의 등록된 상표임.

을 그렇게 변경했다. 오랫동안 미네소타마이닝앤매뉴팩처링으로 알려져 온 회사가 바로 지금의 3M이다. 저속의 대용량 산업용 선풍기를 생산하는 HVLS팬컴퍼니는 고객들이 오랫동안 별명으로 불러온 빅애스팬스를 그대로 수용했다. 오늘날 이 기업(최근에는 빅애스솔루션스로 다시 변경했다)은 해당 틈새시장에서 가장 유명하고 빠르게 성장하는 회사가 되었다. 다른 회사들은 "그룹"이나 "주식회사"로 끝나는 엄청나게 길고 복잡한 이름을 사용하지만, 아무도 그렇게 불러주지 않는다. 거추장스러운 단어를 생략하는 방안을 검토해보기 바란다.

"조직명"이 나오는 행에서 전략적 비전이 기업 내의 특정 사업부나 부서에만 적용되는지를 나타낼 수도 있다. JSJ라면 6개 회사가 각자 자사의 이름을 나열할 것이다.(예: "JSJ그룹 스파크스사" 등)

이름과 날짜를 적으면 제목란이 완성된다. 다음은 몇 가지 요점이다.

1. 발음이나 철자가 어려운 이름을 지닌 사람이 있을 수 있다. 말레이시아의 우리 고객들처럼 이니셜을 쓰거나(H.K.나 C.K. 등) 원래 이름은 니콜라스 알렉소풀로스지만 닉 알렉소스로 부르는 내 친구처럼 단순화하는 것도 좋은 방법이다. 또는 유명 연예인처럼 기억에 남고 사업에 적합한 별명(고든 섬너는 세상에 스팅으로 알려져 있다)을 만드는 방법도 고려할 만하다.
2. 날짜를 표기할 때 혼란을 방지하고자 시스코에서 사용하는 글로벌 표준(앞의 두 자리는 날짜, 가운데 세 자리는 월, 마지막 네 자리는 연도)을 채택하는 것을 추천한다.(예: 02 Feb 2022)

너무 까다롭게 구는 것 같기도 하지만, 일관성은 조직명, 인명, 날짜 형식을 통일성 있게 표기하는 것부터 시작된다.

강점, 약점, 트렌드

OPSP 하단에는 회사의 3대 강점 및 핵심역량과 약점을 정리하는 자리가 있다. 회사와 업계에 영향을 미칠 수 있는 6가지 트렌드를 기술하는 공간도 있다. 이런 내용은 비전을 수립하는 바탕이 된다. 이 장의 후반에는 이 내용을 작성하는 데 도움이 되는 한쪽짜리 SWT라는 새로운 도구가 소개된다. 이 도구는 여러 기업이 수십 년 동안 사용해온 전통적인 SWOT 분석을 보완해준다.

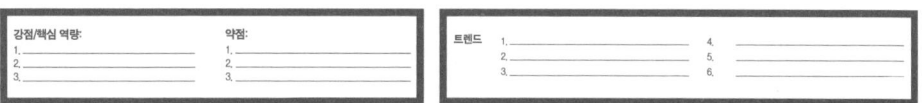

OPSP 1열: 핵심가치 및 신념

양식 본문으로 넘어가서 1열에 회사의 핵심가치를 나열한다. 3개에서 8개 사이의 문구는 회사의 기본적인 의사 결정에 바탕이 되고 조직의 특성을 설명하는 "해야 할 일과 하지 말아야 할 일"을 3~8개 정도의 문장으로 서술한다. 5장 〈핵심〉에서는 핵심가치와 이를 사용하여 사내 인적자원 시스템을 운영하는 방법을 자세히 설명한다.

참고: 이런 개념을 꼭 핵심가치라고 부를 필요는 없다. 신념, 규칙, HP 방식 등, 우리 회사에 어울린다면 어떻게 부르든 상관없다. 중요한 것은 이러한 개념의 의미를 이해하여 강력한 문화를 유지하고 조직 성장에 필요한 의사 결정에 지침으로 삼는 데 있다.

OPSP 2열: 목적, X당 이익, BHAG

1열이 조직(또는 유기체)의 정신을 대변한다면 2열은 가슴에 해당한다. 2열은 왜라는 질문에 대한 해답이다. 우리 회사는 왜 지금 이런 일을 하는가? 그 일의 숭고한 목적은 무엇인가? 우리가 하는 일에 열정을 품어야 하는 이유는 무엇인가?

아울러 2열은 왜 별로 중요하지 않은 것처럼 보이는 일 때문에 설립자가 비난을 들어야 하고, 그보다 더 크고 비용이 많이 드는 다른 상황은 아예 언급도 없이 지나치는지에 대한 단서를 제공하기도 한다. 예컨대 스케일링업 컨설팅의 목적은 "공헌"이라는 개념이 중심이 된다. 우리는 스케일업이 지역사회와 세계 경제, 그리고 조직이 지원하는 모든 가정에 공헌한다는 생각에 열정을 품는다.

　회사에서 CEO가 가장 관심을 기울이는 일이 무엇인지를 생각하면 회사의 목적을 이해하는 데 도움이 된다. 예를 들어 월마트의 목적은 "보통 사람들에게 부자들과 똑같은 쇼핑 기회를 전하는 것"이다. 월마트의 설립자 샘 월튼은 빈부의 불평등 문제에 깊은 관심을 기울여 시골에 사는 사람들이 합리적인 가격에 소비재를 살 수 있도록 하는 데 열정을 품었다.

　회사의 목적을 정하는 방법과 이를 바탕으로 경영진이 직원들의 마음에 열정을 일으키는 연설문을 만드는 방법은 5장 〈핵심〉으로 돌아가 찾아보면 된다.

　OPSP의 목적을 이해하고 나면 "실행방안" 부분이 눈에 보인다. 기업은 핵심가치, 목적, BHAG 등을 힘들여 정하고도 머지않아 잊어버리는 경우가 많다. "실행방안" 항목은 이런 장기 비전을 구체적인 행동으로 옮기는 데 필요한 단기적 과제를 분기별로 검토하기 위해 만든 것이다.

　"진지한 재미"가 조직문화의 일부가 되어야 한다는 것이 핵심가치였던 고객사가 있었다. 상장한 지(재미없는 일이었다) 얼마 안 된 이 회사의 경영진은 다음 분기 계획 모임 때 테이블 축구장을 사내에 설치하기로 했다. 공개 기업이 되었다고 해서 재미라는 요소가 조직문화에서 빠질 필요가 없다는 것을 직원들에게 보여주려는 의도였다.

　목적 열의 "실행방안" 아래에는 향후 90일 이내에 핵심가치, 목적 및 BHAG를 강화하는 구체적인 방법을 나열한다.

　X당 수익과 BHAG에 대해서는 6장 〈전략의 7 스트라타〉에서 자세히 설명했다. 다시 정리하면, X당 이익은 회사의 주요 경제적 동력(사업모델의 추진 요소 등)을 나타내는 가장 중요한 KPI다. 예를 들면 다른 항공사가 좌석당 수익 또는 운항 거리당 이익에 집중하는 동안 사우스웨스트 항공은 끊임없이 항공기 1대당 이익에 집중한다. BHAG는 10~25년에 걸친 정량적인 목표를 나타내며 회사의 목적이나 X당 이익과 일치한다.

2열의 모든 항목은 서로 연동되어 기업의 성장을 위해 모든 사람의 열정과 참여를 끌어낼 수 있는 설득력 있는 이야기를 전해주어야 한다. 감동적인 이야기의 대표적인 예로는 사우스웨스트 항공 창립 25주년을 맞이하여 당시 대표와 CEO, 회장을 겸하던 허브 켈러가 직원들에게 헌정한 5분짜리 영상을 들 수 있다.

OPSP 3열: 목표, 활동무대, 브랜드 약속

3열로 넘어가면 계획을 좀 더 구체화하여 향후 3~5년간의 재정 목표와 우선순위를 나열한다. 이들은 1장 〈개관〉에서 소개한 에베레스트로 가는 길의 "캠프", 즉 BHAG에 해당한다.

가장 먼저 정할 내용은 계획 기간을 3년, 4년, 5년 중 어느 정도로 할 것인가이다. 여기서 핵심 질문은 "회사의 매출 규모가 2배로 증가하는 시점은 언제인가?"이다. 연간 성장률을 15%로 계획하면 그 대답은 5년 후가 된다. 25%가 목표라면 3개년 계획이 된다. 100%로 성장할 자신이 있다면, 다른 사람이 3년이나 5년에 걸쳐 이룩하는 성과를 우리는 단 1년 만에 해내는 셈이다. 이럴 경우, 3열에는 1년, 4열에는 분기, 5열에는 1개월의 시간 프레임을 부여하면 된다.(다른 회사의 1분기가 우리에게는 한 달인 셈이다.)

BHAG와 90일 계획 사이에 존재하는 모든 것은 어림짐작WAG일 뿐이므로, 3년에서 5년 사이의 재무 목표 또한 열정적이며 공격적이라고 할 수 있다. 구체적으로 3열 상단을 살펴보면 다음과 같다.

1. **미래 날짜:** 중기 계획의 종료일(예: 2023년 12월 31일)을 정한다.
2. **매출:** 현재 매출의 2배를 목표로 정한다. 다시 말하지만, 이것은 에베레스트로 가는 길에 거치는 캠프, 즉 회사 규모가 2배로 성장하는 지점을 정하는 일이다.
3. **이익:** 업계 평균 수익의 3배를 목표로 정한다. 이것이 바로 위대한 기업과 좋은 기업을 나누는 정의다. 도전하라!

4. **시가총액 및 현금:** 우리 회사가 공개 기업이라면 회사의 가치(시가총액)에 관한 목표를 정해야 한다. 개인 회사의 경우에는 은행 현금 보유고나 업계에서 차지하고자 하는 시장 점유율 목표를 정한다.

다음에는 회사가 향후 3~5년간 활동하고자 하는 무대를 정의한다. 이것은 7 스트라타 워크시트에 나타난 2개의 스트라타를 요약한 것이다. 즉, 핵심고객(누구와 어디)에 대한 간단한 기술과 그들에게 무엇을 판매할 것인지에 대한 계획이다.

그런 다음 하단 열로 이동하여 이 무대를 위해 충족해야 핵심 요구사항, 즉 측정 가능한 브랜드 약속을 명확하게 기술한다. 구체적인 측정 기준은 브랜드 약속 KPI가 기록된 곳에서 확인한다. 지난 장에서 랙스페이스가 고객이 걸어온 전화를 벨이 3번 울리기 전에 받는 것을 "광적인 지원"으로 정의했던 것과 같다. 페덱스의 오전 10시 배송 약속이나 오라클의 엑사데이터 5배 성능 보장 등도 브랜드 약속 KPI의 또 다른 예에 해당한다.

재무 목표와 활동무대, 브랜드 약속을 정했다면, 향후 3년에서 5년 동안 회사가 갖춰야 할 핵심 동력 및 역량을 3~5가지로 간추린다. 중요한 인수 건이나 새로운 제품 및 서비스 출시 계획이 여기에 해당한다. 이것은 1997년 스티브 잡스가 애플의 CEO가 되면서 기존의 모든 핵심 사업을 접고 데스크톱 2종과 노트북 2종을 생산하는 데만 집중하기로 한 것 같은 극단적인 핵심 사업 집중 계획이 될 수도 있다.

스케일링업 컨설팅이 초창기에 정의한 핵심 동력 및 역량에는 미국 및 캐나다 이외 지역으로의 국제적 확장, 우리 방법론을 지원하는 서비스형 소프트웨어 출시, 고급 멤버십 조직 구축, 코칭 조직의 대폭적인 글로벌 확장, 온라인 학습 플랫폼 구축 등이 포함되었다.

이상은 3열에 열거할 중요한 중기 우선순위의 사례로, 향후 몇 년간의 전략 방향을 명확히 보여주는 것이다. 회사의 이런 노력을 지원하기 위해 자문위원회를 구성한다. 각 핵심 동력과 역량에 관해 조언해줄 수 있는 명석한 사람들을 모집한다. 우리가 지향하는 곳에 이미 도달한 사람들은 항상 유익한 조언을 제공해줄 수 있다.

OPSP 4열: 목표

4열로 이동하면, 다음 캠프까지 도달하려고 할 때 회사가 올해 달성할 최우선 순위 또는 핵심 정책(목표 및 핵심 성과OKR, Objectives and Key Results라고도 한다)은 무엇인가? 이에 대한 대답으로, 4열 맨 위에 제시된 매우 구체적이고 확장된 재무성과부터 정의한다. 제시된 범주를 자유롭게 편집하거나 추가할 수 있다.(예: 당신에게 재고가 그리 중요하지 않다면 직원 이용률을 점검하는 것이 더 적합할 수도 있다.)

다음으로는 4열 맨 아래로 내려가 올해의 **중점 수치**를 정한다. 이것은 "현재도, 미래에도 가장 중요한 일"이다. 물론 모든 측정 기준이 다 중요하지만, 특히 중점 수치는 매해 중점을 두어야 하는 기준이다. 9장 〈우선순위〉에서는 올해 및 향후 90일 동안 중점 수치에 관한 의사결정(4열, 5열)을 검토하고 중점 수치 목표를 최고, 양호, 경고 등으로 정하는 법을 설명한다. 마치 회사가 내년에 금, 은, 동 중 어떤 메달을 딸 기회가 있는지 검토한다고 생각하면 된다.

일반적으로 중점 수치를 정할 때는 기업의 **인력 또는 재무상태표** 측면(직원 이직률 감소, 고객 서비스 점수 향상 또는 은행 신용한도액 대폭 감소 등)이나 **프로세스 및 손익계산서** 측면(매출총이익 개선, 생산 주기 단축 또는 판매 성공률 증대 등)의 기회나 과제에서 선택하게 된다. 그리고 어느 쪽을 선택하느냐에 따라 반대편의 성과 수치도 함께 정하여 균형을 추구한다.(예컨대 관계 개선을 원하면서도 매장을 포기하고 싶지 않거나, 프로세스 개선을 추구하나 그 과정에 관계가 손상되는 것은 방지하고자 한다.)

마지막으로, 4열의 가운데로 옮겨가 "재무성과와 중점 수치를 달성하기 위해 올해 완료해야 할 핵심 정책은 무엇인가?"라고 질문해본다. 이런 정책은 기업의 새해 결심(적을수록 좋다)과 같은 것으로, 장기 목표를 주시하면서도 회계 연도를 마감하거나 시장의 요구가 있을 때마다 수정해 가야 하는 것이다.

이것은 우선순위를 무작위로 모은 것이 **아니다**. 주요 수치를 달성하는 데 꼭 필요한 것을 선택해야 한다. 더 자세한 내용은 9장 〈우선순위〉에서 살펴보라.

OPSP 5열: 실행

5열은 4열과 거의 같으나, 올해의 목표 달성을 위해 향후 90일간, 즉 이번 분기에 "중점 수치"와 "과제"를 얼마나 추진할 것인지를 설명하는 점만 다르다. 기간이 짧으므로 경영진은 명석함과 선견지명을 발휘하여 회사가 달성할 재무성과(5열 맨 위)와 중점 수치(5열 맨 아래)를 정확히 정해야 한다.

핵심: 분기별 중점 수치는 연간 중점 수치를 달성하는 중요한 단계이다. 예를 들어 버네의 처남이 일하던 회사는 해당 연도에 달성해야 할 현금 목표를 정한다. 그러면 그는 분기별 프로세스 개선에 관한 중점 수치를 선택했다. 목표는 장비 수리용 부품 비용을 줄여 자신이 속한 사업부에서 상당한 비용을 절감함으로써 현금 목표에 기여하는 것이었다.

마지막으로, 분기별 재무성과와 중점 수치를 위해 수행할 우선순위, 즉 돌*(해결 과제)을 선택한다. 다시 말하지만, 무엇이든 적을수록 더 좋다. 마지막으로 각 과제 책임자의 이름을 작은 "누가" 칸에 적어넣는다.

이 해결 과제는 조직 전체에 집중력과 방향성을 제공하기 위해 3~5명의 주자가 동시에 출발하여 13주간 달려가는 경주라고 생각하면 이해하기 쉽다.

*돌(해결 과제): 이 용어는 스티븐 코비의 《성공하는 사람들의 7가지 습관》에 나오는 비유에서 영감을 얻은 것이다. 여러분이 만약 제한된 시간(양동이)에 조약돌을 먼저 넣으면 크고 중요한 과제(큰 돌)를 넣을 공간이 남지 않는다는 것을 알 수 있다. 그러나 순서를 바꿔 큰 돌부터 넣으면 모두 들어갈 공간이 생긴다. 코비의 돌 비유를 훌륭하게 보여주는 영상은 유튜브에서 "큰 돌부터 먼저 넣어라 Big Rocks in First"를 검색하면 된다. 이 6분짜리 영상을 팀과 함께 시청하라.

OPSP 6열: 테마, 성과표 설계, 축하 및 포상

〈우선순위〉 장에서는 몇 가지 사례를 비롯해 테마 열의 세부 사항을 다룬다. 간단히 설명하면, 분기별 열의 중점 수치를 중심으로 재미있고 기억에 남는 테마를 구축한다는 개념이다. 구체적으로는 테마에 해당하는 6열의 상단에서부터 시작한다.

1. **마감일:** 일반적으로 이번 분기 말까지다.
2. **측정 가능한 목표:** 5열 하단의 분기별 중점 수치(#)
3. **테마명:** 브레인스토밍을 통해 분기별 테마에 재미있고 적절한 제목을 정한다. 유행하는 영화나 노래 제목도 좋고(〈분노의 질주〉는 언제나 인기가 있다), 시티빈처럼 "인생은 40부터" 같은 일반적인 제목을 써도 좋다.(목표: 월간 수익 4만 유로 이상을 달성한다.)
4. **성과표 디자인:** 벽이나 게시판에 손으로 차트를 그리거나 더 정교한 인쇄물, 혹은 전자 방식을 사용해도 된다. 중요한 것은 매일 또는 매주 최신 점수를 모든 사람이 볼 수 있게 하는 것이다.
5. **축하:** 분기별 테마는 큰 목표를 성취하거나 위로할 일이 생겼을 때 이를 기념하는 이벤트를 주최할 명분을 제공한다. 주차장에서 여는 바비큐 파티처럼 간단하게 할 수도 있고, 제법 본격적으로 여행을 떠날 수도 있다. 테마와 일치하는 장소를 선택하면 더욱 재미있다.(예: 〈분노의 질주〉가 테마라면 전 직원이 카트를 타러 갈 수도 있다.)
6. **보상:** 테마와 일치하는 상품이나 금전적 보상 등이 포함된다.
7. 핵심은 조직이 결승선을 통과한 것을 기념하며 함께 즐거운 시간을 보내는 것이다.

OPSP 7열: 개인별/팀별 책임

비전이 마련되면 직원 개인이나 팀 단위로 회사에 성공을 위해 다음 분기에 달성할 계획을 수립한다. 이로써 모든 사람이 자신의 일상적인 행동이 회사의 목표와 어떻게 연동되는지 볼 수 있는 "시선"이 형성된다. 때로는 다른 사람이 자유롭게 특정 계획에 집중할 수 있도록 도와주는 것만으로 충분할 수도 있다. 구체적으로는 다음과 같다.

1. **개인별/팀별 KPI**: 모든 직원이나 팀은 "오늘 혹은 이번 주를 생산적으로 보냈는가?"라는 질문에 정량적으로 답변하는 KPI를 계속 유지, 관리해야 한다.
2. **개인별/팀별 분기별 우선순위**: 개인의 지속적인 노력 외에도 직원의 중점 수치와 회사의 최우선 순위에 부합하는 특정 프로젝트를 추진하거나 개인성과를 높이기 위해 이번 분기에 두어야 할 우선순위는 무엇인가?
3. **개인별/팀별 중점 수치**: 회사의 비전을 달성하기 위해 개인이나 팀이 이번 분기에 이루어야 할 가장 중요한 성과는 무엇인가?

사람들의 참여를 끌어내고 유지하는 비결은 그들이 일상에서 기울이는 노력과 회사의 목표 및 비전을 연결하는 것이다. 모든 사람이 일상 업무 외에 하나씩만 더한다면 직원 수에 따라 매 분기 수십, 수백 건의 개선이 가능하다.

인력/사람과 프로세스(평판과 생산성)

비전을 실현하려면 뭔가를 해내는 사람이 필요하다! 그렇지 않으면 비전은 단지 종이에 써놓은 글자에 불과하다. 사람과 프로세스라는 2가지 주요 요소가 OPSP의 가장 중요한 부분의 맨 위에 언급되는 이유도 바로 그 때문이다.

왼쪽에는 사업에 관여하는 세 주요 그룹, 즉 직원, 고객, 주주를 배치했다. 각 그룹의 상충할 수 있는 요구 사이에서 균형을 유지하며 그들 사이에 회사의 평판을 꾸준히 개선하는 것이 목표다.

오른쪽에는 사업을 끌어가는 세 주요 프로세스, 즉 생산 및 구매, 판매, 기록 관리를 열거했다. 각 프로세스 간의 잠재적인 상충 요구를 균형 있게 조정하여 이 모두에서 회사의 생산성을 계속해서 증대하는 것이 목표이다.

가장 중요한 과제는 이 여섯 요소 사이의 충돌하는 요구를 마치 접시돌리기를 하듯 균형 있게 관리하는 것이다. 물론 모두가 행복하면 좋겠지만(평판) 동시에 회사를 살리는 일(생산성)도 중요하다. 프로세스를 지속 개선하여 성과를 높여야 하지만, 그 과정에서 아무도 기분 상하지 않아야 한다. 평판과 생산성을 높이면서 사람과 프로세스라는 양측 요구 사이에서 균형을 유지하려면 수시로 피드백을 받고 측정 기준을 적용하여 접시가 떨어지지 않도록 해야 한다.

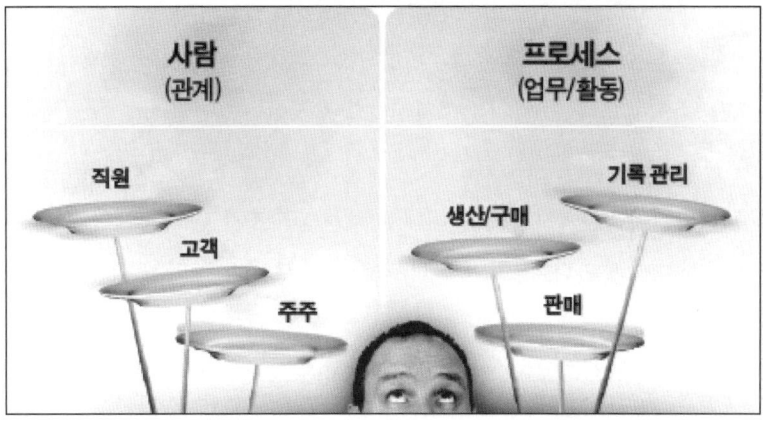

모든 이해 관계자의 눈에 비친 회사의 평판과 3대 프로세스의 생산성을 매주 확인하는 데 사용할 KPI를 한두 개 선정하면 OPSP의 상단 부분이 완료된다.

다음은 각 요소에 대한 제안 사항이다.

1. **직원:** 행복도 및 참여도 점수(타이니펄스나 15파이브 등의 시스템으로 간단하게 측정할 수 있다.)
2. **고객:** 약속이행지표 및 NPS 점수
3. **주주:** 현금 및 기업평가액
4. **생산/구매:** 프로세스 속도(린), 비용, 품질 측정
5. **판매:** 판매 성공률, 판매 주기, 매출 지표
6. **기록 관리:** 데이터의 관련성, 속도 및 정확성

> **균형 개선**
>
> 로버트 카플란과 데이비드 노튼이 쓴 동명의 책으로 유명해진 균형성과표Balanced Scorecard는 20년이 넘는 기간 동안 성과 관리 도구로서 산업표준의 역할을 담당했다. 우리는 인적 측면은 카플란과 노턴의 공식을 준용하면서, 직원, 고객, 주주의 요구를 똑같이 다루어야 한다는 점을 강조한다. 다만 프로세스 측면에서는 그들과 의견을 달리한다. 카플란과 노턴은 모든 프로세스를 단일한 네 번째 범주로 묶는 데 비해 우리는 그것을 생산 및 구매, 판매, 기록 관리라는 3요소로 나눈다. 우리는 이렇게 하는 편이 기업의 사람 측면과 균형을 이루는 방법이라고 생각한다. 결국, 그들은 4가지 요소의 균형을 맞추고, 우리는 6가지 요소의 균형을 추구하는 셈이다.

회계 업무와 관련이 없는 사람들은 대체로 재무상태표와 손익계산서의 기본 기능과 구조를 잘 이해하지 못한다. 사업의 인적 측면과 프로세스 측면을 회계적 관점에서 볼 때 더 잘 파악할 수 있는 경우가 많다.

기업의 인적 측면을 살펴보자. 기업의 현금흐름은 다음의 방정식으로 기술된다.

고객	고객이 회사에 지불하는 현금
	빼기 (−)
직원	회사가 누구에게든 지불하는 현금 (여기서 누구는 전통적인 직원, 계약자, 공급자, 파트너 등을 망라한다.)
	은 (=)
주주	투자자, 은행, 노동지분Sweat Equity 등에 돌려줄 돈.

재무상태표는 간단히 회사의 채무와 채권, 이익 그리고 현금 등을 기록한다. 목표는 "성장은 현금을 빨아들인다"라는 이른바 기업 역학의 제1법칙 아래서 회사의 성장에 필요한 현금을 충분히 창출하는 데 있다.

이제 프로세스 측면을 살펴보자. 기업이 수익을 창출하려면 다음의 요소가 필요하다.

1. **생산 및 구매:** 비용 발생 프로세스
2. **판매:** 수익 창출 프로세스
3. **기록 관리:** 이상의 모든 업무를 확인하는 프로세스

손익계산서는 매출과 비용만으로 이익이 발생했는지를 판단하는 문서다. 목표는 기업 역학의 제2법칙, 즉 싸게 사서 비싸게 파는 것이다!

안타깝게도 기업들은 이 기본적인 법칙을 매일 어기고 있다. 12장 〈현금〉에서는 성장 기업의 두 번째 약점이 재무 데이터가 부족한 점이라는 사실을 살펴볼 것이다. 모든 고객, 제품, 서비스, 영업 사원, 지점마다 수익성을 상세히 보여주는 데이터가 필요하다. 그래야 기업이 어디에서 이익을 내고 어디에서 손해를 보는지 알 수 있다.

결국, 기업의 재무 목표는 고객들로부터 최대한 빨리 현금을 모아서 피고용인에게 급여를 지급하고, 주주에게 보상하며, 비용보다 더 많이 팔아 이익을 창출하는 것이다. 리더들은 사람의 행복과 프로세스의 생산성 사이와 마찬가지로, 현금과 이윤 창출 사이에도 균형을 관리해야 한다.

전략계획 모임 준비

JSJ 코퍼레이션은 설문조사가 OPSP를 작성하는 데 귀중한 도구라는 사실을 알고 있다. 그들은 SWOT 분석을 할 때 고객에게 직접 질문해서 얻은 피드백을 계획 수립에 반영한다. 또 인재 개발의 방향을 정할 때도 직원 대상 설문조사 결과에서 중요한 영감을 얻는다.

CEO 제이콥슨은 경영진이 회사를 객관적으로 바라보고 다시 영감을 얻는 것이 계획 프로세스에서 매우 중요한 부분이라고 생각한다. JSJ는 보통 경영진과 사업부 팀이 매년 봄·가을에 스케일업 행사에 참석하도록 한다. JSJ 경영진은 하루 반 일찍 도착하여 OPSP를 심층 검토하고 최신 상황을 반영하여 개정한다. 제이콥슨은 이렇게 말한다.

"그런 기회를 통해 사업에서 한발 물러나 깊이 생각할 시간을 확보할 수 있습니다."

JSJ는 이런 습관에 따라 아래와 같은 4가지 활동으로 전략계획 모임(분기 및 연간)을 준비한다.

1. 모든 계층의 리더는 직원과 고객의 피드백을 수집한다.
2. 팀장은 SWOT 분석을 통해 3대 최우선 과제 목록을 제출한다.
3. 경영진은 SWT 분석을 통해 3대 최우선 과제 목록을 제출한다.
4. 모두가 팀을 이루어 계속 배우고 성장하는 것을 목표로 삼는다.
5. 조직이 집단 지성을 발휘하려면 먼저 인풋이 있어야 한다. JSJ는 스케일링업 컨설팅의 독서클럽이나 행사에서 진행하는 독서와 임원 교육을 통해 조직의 사고를 자극한다. 아울러 직원들이 수십 년간 축적한 경험을 활용한다.

직원과 고객의 피드백

첫 번째 준비 작업으로 전 직원에게 시작/중단/유지를 묻는 간단한 설문조사를 실시한다.

1. [우리 회사]가 **시작해야** 할 일이 무엇이라고 생각하는가?
2. [우리 회사]가 **그만둬야** 할 일이 무엇이라고 생각하는가?
3. [우리 회사]가 **계속해야** 할 일이 무엇이라고 생각하는가?

이렇게 질문하면 "휴게실 전자레인지를 바꿔야 한다"부터 "로보틱스 기술을 도입해야 한다"까지 폭넓은 반응이 나올 것이다.

고객에게 똑같은 질문을 던져본다. 수천 명의 소매 고객이라면 임의로 표본을 정해도 되고, B2B 고객이라면 담당자가 직접 만나거나 전화로 물어보는 편이 좋을 것이다. 최선의 판단을 내리되 고객의 피드백을 프로세스에 반영해야 한다.

고객과 직원의 계속되는 피드백을 매주 수집하고 검토하는 습관도 계획 프로세스를 통한 결정에 반영된다. 이런 지속적인 습관에 대해서는 10장 〈데이터〉에서 더 자세히 설명한다.

전략: 강점, 약점, 트렌드 (SWT) 워크시트

트렌드

관련업종 및 조직에 영향을 미칠 수 있는 전 세계 기술, 유통, 제품 혁신, 시장, 소비자 및 사회적 트렌드에 일어나는 중대한 변화는 무엇인가?

강점 / 핵심 역량

조직의 성공의 근원으로 작용한 고유의 강점은 무엇인가?

약점

변화하기 힘든 조직의 본질적 약점은 무엇인가?

SWT와 SWOT

수십 년간 시장을 선도해온 기업들이 현재에 눈이 멀어 결국 신생 기업에 뒤처지는 모습을 지켜봐왔다. 클레이튼 크리스텐슨 하버드 경영대학원 교수는 이런 현상을 "혁신 기업의 딜레마"라고 (동명의 책에서) 표현했다.

그렇다면 리더들은 왜 눈앞에 벌어지는 전 세계적 트렌드를 알아채지 못하는 걸까? 우리는 그 이유의 상당 부분이 일반적인 SWOT 분석에 있다고 본다. 이제 방법을 바꿀 때가 되었다.

내부 및 산업 근시안

SWOT 프로세스는 그 정의상 리더들이 자사와 동종 업계가 마주한 과제를 모두 내부의 문제로 보게 하며, 그 결과 이른바 "내부 및 업계를 향한 근시안"을 초래한다. 전통적인 SWOT 분석은 비록 경영진에게 숲과 나무를 볼 기회를 제공하지만, 숲 밖에 세상이 있다는 것을 잊게 만드는 경향이 있다. SWOT 분석의 이런 내적 관점은 타 업계와 시장 동향을 파악하여 계획에 반영해야 하는 CEO들에게는 적합한 도구라고 볼 수 없다.

그렇다고 SWOT를 버려야 한다는 말은 아니다. 그것은 여전히 전략계획 프로세스에서 고유한 역할을 담당한다. 일상 업무와 더 가까운 자리에서 내부에 집중해야 하는 중간관리자들의 아이디어와 의견을 모으는 데는 이만한 도구가 없다.

SWT가 대안이다

고위 리더들은 SWOT 대신 SWT를 사용할 것을 추천한다. 이것은 회사의 내적인 강점과 약점을 파악하면서도 동종 업계나 지리적 한계를 넘어 광범위한 외부 동향을 탐색할 수 있는 진일보한 방식이다.

앞에서 몇 차례 언급했듯이 전략계획 프로세스는 **전략적** 사고와 **실행** 계획이라는 두 활동으로 구성된다. 전략적 사고는 큰 그림을 그리는 발상으로 이어진다. 실행 계획은 그것을 실현하는 방법을 모색하는 것이다.

전통적인 SWOT은 실행 계획(주로 중간관리자의 몫이다)을 위한 훌륭한 도구로서 칭찬과 수정 사항이 담긴 긴 목록을 낳는다. 그러나 경영진에게는 SWOT가 오히려 함정이 될 수 있다. 경영진이 일상적인 운영 문제에 매몰되어 더 넓은 차원에서 벌어지는

이제는 건설할 때

실리콘밸리 최고의 벤처캐피털 회사인 안드레센 호로위츠(줄여서 "a16z"라고 부른다)의 공동 설립자이자 총괄 파트너인 마크 안드레센은 팬데믹 초기에 "이제는 건설할 때"라는 글을 블로그에 올렸다. 이 글이 얼마나 시의적절했고 호응을 받았는지(우리가 홍보했다!) a16z는 원래 "소프트웨어가 세상을 삼킨다"라고 되어 있던 태그라인을 이 문구로 바꾸었을 정도다. 우리는 건설이라는 개념이 A라는 계획을 Z로 바꾸면서도 사업모델과 시장을 계속해서 만들어 가야 하는(짓고 다시 짓는 과정의 반복) 기업의 사정을 절묘하게 비유했다고 생각한다.

건설 모델을 문자 그대로 생각해보면, 성공에는 매우 중요한 두 요소가 있다. 바위처럼 튼튼한 기초를 놓는 것과 최대한 빨리 지붕을 올리는 것이다. 가장 중요한 2가지를 완성하면 견고한 집이 만들어진 셈이므로 나머지는 여유 있게 해나가면 된다.

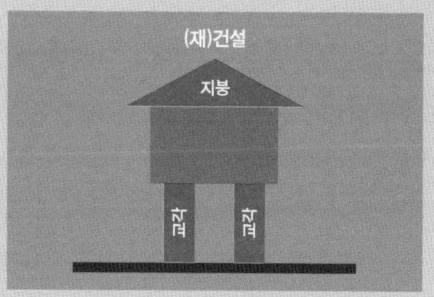

SWT가 바로 이런 역할을 한다. 먼저 조직의 핵심 **강점**(S, 핵심역량)과 핵심 **약점**(W)을 깊이 이해해야 한다. 이것은 튼튼한 바위 위에 기초 교각을 세우는 일이다. 나머지 계획은 이 기반 위에 세워야 한다.

다음은 지붕이다. 사실은 지붕 위에 올라가야 한다! 우리 업계라는 숲과 나무 위에 올라가 수평선을 바라보며 멀리서 밀려오는 해일을 직시해야 한다. 이런 시장의 위력이나 **트렌드**(T)를 미리 내다봄으로써 회사가 파도에 휩쓸려 갈 것이 아니라 성공적으로 탈 수 있도록 준비해야 한다.

일을 보지 못하고 그래서 미처 대비하지 못한다면 회사는 난처한 상황에 빠질 수 있다. 따라서 경영진은 전략적 사고의 기반을 마련하기 위해 SWT를 작성해야 한다. 이를 통해 그들은 회사의 고유한 강점과 약점, 그리고 업계를 위협하는 세계적인 트렌드를 가감 없이 대할 수 있다.

이제 SWT의 구성요소를 살펴보자.

트렌드

경영진은 SWOT 분석에서 드러난 눈앞의 기회와 위협을 가늠하는 정도에 만족하면 안 된다. 리더들은 기업뿐만 아니라 산업 전체를 뒤흔들 수 있는 전 세계의 기술, 유통, 제품 혁신, 시장, 소비자 및 사회 발전의 주요 변화와 같은 주요 동향을 살펴보아야 한다.

같은 업계의 경쟁자만 바라보면 안 된다. 우리를 업계에서 밀어낼 만한 회사가 혹시 지구 반대편에 있지는 않은가? 모든 회사의 사업 방식을 하루아침에 바꿔버릴 새로운 기술이 스타트업 현장에 등장하고 있는가? 로봇공학은 어떻게 일의 본질 자체를 바꾸고 있는가? 모두 전략사고팀이 탐구해야 할 질문들이다.

업계와 우리 기업을 뒤흔들 가능성이 가장 높은 4~6개의 트렌드를 선택하여 OPSP 하단에 나열한다. 앞서 짐 콜린스의 이중 역학을 소개하며 언급했듯이, 이런 트렌드는 OPSP의 오른쪽에서 "발전을 자극하는" 역할을 한다.

남보다 더 빨리 트렌드를 파악하고 싶다면 조직의 리더는 전혀 다른 업계의 전시회를 최소 1년에 한 번 정도는 참가해봐야 한다. 우리 사업이 중공업 분야라면 소비재 전시회를 선택해보는 것이다.(우리 업계와 상관없이 팀원 중 누군가가 소비가전 박람회에 참석한다!) 만약 제조업 분야라면 전문 서비스 전시회에 참석한다. 아이디어를 섞거나 다른 업계에서 뻔뻔하게 훔쳐 와서 우리 산업에 적용할 만한 것이 있는지 살펴보라.

생각을 더 자극하기 위해 피터 디아맨디스의 《어번던스》를 읽고 그가 주최하는 연례 A360 컨퍼런스에 참석하는 것을 추천한다. 아울러 프로스트앤설리번의 미래연구팀은 다양한 산업을 통찰하는 연간 "메가 트렌드"를 출간한다. 우리뿐 아니라 다른 업계에서도 통찰을 얻기 위해 노력하라.

핵심 강점과 핵심 약점

우리뿐만 아니라 모든 조직에는 타고난 장단점이 있다. 이런 현실에 대처한다는 것은 자신의 정체성을 바꾸는 것이 아니라 그것을 인정하고 잘 활용하는 것이다.(이것이 바로 진화 과정이다!) 자신의 장점을 살려 행동하고 약점을 피해야 한다.

흔히 핵심역량이라 불리는 핵심 강점은 기업이 시장에서 확보한 전략적 우위를 바탕으로 시간이 지남에 따라 드러나는 자원과 역량을 말한다. 5장 〈핵심〉에서 빅BIC사를 소개하면서 그들이 핵심역량을 통해 볼펜을 넘어 라이터, 면도기 및 기타 소비 제품으로 확장한 사례를 기억할 것이다. 게리 해멀과 C. K. 프라할라드의 〈기업의 핵심역량〉이라는 유명한 《하버드비즈니스리뷰》 기사를 읽어보라. 구글에서 검색하면 수많은 회사의 다양한 사례를 참고할 수 있다.

반면 핵심 약점은 본질적으로 약하고 쉽게 고칠 수 없는 조직의 속성이다.(고치려고 해서도 안 된다!) 조직의 약점 중에는 문화적이고 근본적인 것이 많다. 예를 들어 3M은 애초에 "과학"에 바탕으로 두고 있으므로 직접 판매에 취약할 수밖에 없다.(그들은 "과학, 끝"이라는 태그라인을 달고 있다. 과학은 그들의 2가지 핵심 강점 중 하나다.) 과학자들은 원래 "판매"하는 것보다 혁신을 좋아한다. 특히 대중을 상대로는 어떻게 판매하는 줄도 모른다.

3M은 이렇게 직접 판매하는 문화가 없다 보니 제휴를 중심으로 핵심 강점을 개발하여 이를 상쇄하고자 했다. 그래서 연간 제휴 건수와 회사가 받는 "올해의 공급업체" 상 숫자가 측정 지수가 된다. 3M은 수천 개 회사와 과학 분야의 공급 계약을 맺고 있으며, 현재까지 6만 개 이상의 솔루션으로 어려운 산업 문제를 해결해왔다. 그리고 그 회사들은 3M의 이런 솔루션이 확대되는 데 기여한다.

버네는 자녀들이 다니는 벤프랭클린국제학교가 5개년 전략계획의 일환으로 핵심 강점과 약점을 파악하는 일을 도와주고 있다. 몇 달에 걸쳐 매주 한 번씩 점심시간을 이용해 교장실에서 "협의회"를 진행한 결과, 그들은 학교가 있는 바르셀로나라는 장소가 바로 핵심 강점이라는 결론을 내렸다.

벤프랭클린국제학교는 세계에서 가장 살기 좋은 도시이자 특히 실리콘밸리(바르셀로나는 스페인의 샌프란시스코로 300일간 날씨가 맑다) 출신의 해외 거주자들에게 인기 있는 곳에 자리하고 있었으므로 미국 서부 연안 지역에 학생 모집 활동을 집중할 수 있었다. 이것은 바르셀로나에 있다는 약점을 충분히 상쇄할 수 있는 장점이었다. 다른 국제학교는 대부분《포천》선정 500대 기업이나 정부 기관 또는 대사관 등의 해외 사무실에서 일하는 국외 거주자 가족을 상대로 학생을 유치한다. 그런 국제학교는 모두 마드리드에 있다.

어쨌든 벤프랭클린국제학교의 지리적 위치는 학교가 주변으로 확장할 공간이 없다는 점에서는 분명한 약점이었다. 그래서 이전도 여러 번 고려했지만, 이번 전략계획 기간에 학교의 위치를 구조적 현실로 받아들이고 수용 학생 수를 제한하는 것으로 결정했다. 벤프랭클린국제학교는 체육 시설을 이용하기 위해 인근의 경쟁력 있는 학교들과 협력하기도 했다.

트렌드와 마찬가지로 핵심 강점(핵심역량)과 약점도 성공적인 장기 계획을 세우고 OPSP의 기초를 다지는 활동의 일환으로 찾아내야 한다. 핵심 강점은 비교적 오랫동안 지속되므로 OPSP의 왼쪽에 있는 "핵심 보존" 측면에 배치한다.

조직의 전 계층을 발굴하라

요약하면, 전략계획 프로세스에 적절한 피드백을 주기 위해 다양한 기법을 동원하여 조직의 전 계층의 아이디어를 발굴해야 한다. 일선 직원과 고객을 대상으로 시작/중단/유지 질문을 던진다. 중간관리자는 일반적인 SWOT 분석을 통해 분기별, 연도별 3대 우선순위를 정하도록 한다.

경영진은 SWT를 사용하여 사업을 더 깊이 있고 광범위하게 전망해야 한다. 우리 업계를 뒤흔들 트렌드를 정확히 파악하고 이에 대처할 계획을 마련한다면 경쟁에서 앞서 나갈 수 있고, 아직 시간이 남아있을 때 우리 영역을 노리는 경쟁자를 찾아낼 수 있다. 아마존 창업자 제프 베이조스는 매주 직원들에게 최근 7일 동안 그들의 시장에 새롭게 진입한 경쟁자가 누구냐는 질문을 던진다고 한다!

다음 장에서는 전략계획 모임의 준비 및 운영 방법을 좀 더 자세히 설명한다.

08 THE PLANNING PROCESS

계획 프로세스

준비와 운영

EXECUTIVE SUMMARY 어떤 일에서나 성공을 거두기 위해서는 올바른 준비와 실행, 후속 조치가 필요하다. 이 장에서는 팀을 분기별, 연도별 계획 모임과 어젠다 제안, 모임 후 후속 조치 등의 준비와 운영에 필요한 12가지 주요 단계를 설명한다. 이 장의 뒷부분에는 한쪽짜리 전략계획 OPSP의 샘플이 제시되어 있다.

준비

1. **날짜 선정**: 분기 및 연간 계획 모임의 날짜는 미리 잘 정해두는 것이 좋다. 가능하면 이것을 정례화하는 것이 가장 좋다.(매 분기 마지막 둘째 금요일과 토요일 등) 연간 계획 모임은 보통 2~3일, 분기별 모임은 1~2일간 진행된다. 구체적인 어젠다는 뒤에 자세히 설명한다.

2. **스케일링업 프로그램 숙지**: 경영진에게《스케일링업》을 숙독하게 한다. 특히 3부 〈전략 스케일업〉의 첫 두 장과 4부 〈실행 스케일업〉의 우선순위 장이 중요하다.

3. **(선택 사항) 스케일링업 진단표 작성**: 경영진은 약 15분 동안 보완 자료인 스케일링업 진단표를 작성해 4가지 의사결정(인력, 전략, 실행, 현금) 중 이번 계획 모임에서 중점을 두어야 할 분야를 파악한다. (scalingup.com 사이트에서 확인할 수 있다.)

4. **콜린스의 기사 읽기**: 짐 콜린스의 《하버드비즈니스리뷰》 기사, 〈회사의 비전 구축〉을 읽는다. 연간 계획 모임을 처음 시작해서 핵심가치, 목적, X당 수익, 크고 대담하고 도전적인 목표 BHAG 등, OPSP의 첫 2열을 구성하는 핵심 요소를 선정하는 데 익숙

해질 때까지는 몇 년간 이 글을 꾸준히 읽어야 한다. (jimcollins.com 사이트에서 핵심 가치, 목적, BHAG를 파악하는 데 도움이 되는 무료 대화형 튜토리얼을 이용할 수 있다.)

5. **전략적 사고 "위원회"**: 스케일링업에서 말하는 위원회를 구성하여 강점, 약점, 트렌드 SWT, 7 스트라타 워크시트 등을 논의하는 전략적 의사결정 시간을 매주 마련한다. 마케팅의 4P, 즉 상품, 가격, 장소 및 홍보에 관해서도 논의해야 한다. 거의 모든 기업에서 마케팅 전략은 곧 그 기업의 전략이다. 인터넷에서 오길비의 마케팅 4E를 검색하여 그 내용을 논의에 반영한다. 계획 모임을 불과 몇 주 앞두었더라도 이런 주간 토론은 전략을 이해하는 데 큰 도움이 된다.

6. **직원 대상 설문조사**: 계획 모임 몇 주 전에 직원 대상 설문조사를 실시한다. 직원들은 고객과 더 가까이에서 일상 업무에 깊이 관여하는 사람이므로 그들로부터 얻는 통찰은 분기별, 연도별 우선순위를 정하는 데 큰 도움이 된다. 서베이몽키 같은 도구를 사용하여 설문조사를 손쉽게 운영하는 회사가 많다. 3가지 간단한 질문을 던져볼 것을 제안한다.

   - [우리 회사]가 **시작해야** 할 일이 무엇이라고 생각하는가?
   - [우리 회사]가 **그만둬야** 할 일이 무엇이라고 생각하는가?
   - [우리 회사]가 **계속해야** 할 일이 무엇이라고 생각하는가?

7. **고객 의견**: 직원의 의견과 함께 고객의 의견을 공식적으로 청취한다. 최소한 "시작, 중단, 유지"라는 3가지 질문은 똑같이 던진다. 10장 〈데이터〉에서 설명했듯이 매주 규칙적으로 고객과 직원의 의견을 청취하면 패턴과 트렌드를 좀 더 쉽게 파악할 수 있다. 처음에는 간단하게 이 3가지 질문만으로도 프로세스를 시작할 수 있다.

8. **3대 제약 조건**: 계획 모임에 참석하는 사람들에게 이메일을 보내 모임을 통해 해결/탐색/답변해야 한다고 생각하는 3대 제약 조건을 말해달라고 요청한다. 답변 내용을 정리해 계획 모임 서두나 그 전에 다 같이 검토하는 시간을 마련한다.

9. **(선택 사항) 강점, 약점, 기회, 위협 SWOT**: "3대 제약 조건" 질문으로 드러난 내용을 심층적으로 검토하기 위해 계획 모임 전에 확대 리더진을 중심으로 별도의 SWOT 분석

시간을 마련한다. 혹은 팀장급에게 이메일로 SWOT에 대해 의견을 구하고 그 결과를 계획 모임에서 논의한다.

10. **(고급) SWT**: 계획 모임 준비 과정의 일환으로, 경영진에게 앞서 설명한 SWT 워크시트를 작성하도록 한다. 주요 동향을 파악하는 데 도움이 되는 자료로는 프로스트앤설리번의 연간 동향 보고서와 피터 디아맨디스가 개최하는 연례 어번던스 360 행사 자료나 분기 보고서 등이 있다.

11. **(선택 사항) 한쪽짜리 개인 계획**OPPP: 모든 팀원에게 각자 OPPP를 개정하도록 한다. 개인적인 목표와 직장생활의 목표가 일치하는 것이 가장 좋다.

12. **진행자 확보**: 계획 모임 진행자를 외부에서 물색한다. 다른 회사의 지인이나 스케일링업社를 비롯한 외부 기관의 전문 진행자를 초빙한다. 이렇게 함으로써 CEO를 포함한 전 직원이 모임 진행을 걱정하지 않고 계획 수립에 전념할 수 있다. 더구나 능숙한 진행자라면 핵심가치와 강력한 목적, 주요 전략, 나아가 조직이 우선순위와 KPI를 정하는 데 있어 근본적인 제약 사항까지 잘 파악할 수 있을 것이다.

OPSP 양식 작성

1. **로고 교체**: 스케일링업 컨설팅의 OPSP 양식에 실린 참조 자료는 얼마든지 제거하고 자사의 로고 및 정보로 교체해도 된다. 단, 저작권 표기 사항은 제외다. (scalingup.com 사이트에서 총 25개국 언어의 성장 도구Growth Tools 양식을 다운로드 할 수 있다.)

2. **제목 변경**: 핵심가치, 핵심 목적, 브랜드 약속, 해결 과제 등 어떻게 불러도 된다. 우리 회사에서 사용되는 고유한 언어를 자유롭게 생각해 내라. 휴렛 팩커드는 핵심가치를 HP 방식이라고 부른다. 핵심가치 대신 원칙이나 지침이라는 용어를 선호하는 회사도 있다. 마찬가지로 분기별 우선순위를 과제라고 부르는 것이 어색하다고 느끼는 회사도 있다. 다시 말하지만 그것은 회사마다 다르다. 이 문서는 단지 지침 역할을 할 뿐이다.

3. **빈 양식을 채워라**: 계획 모임에서 직원들에게 나눠주는 한쪽짜리 계획이 이미 작성되었거나 일부만 비워둔 양식인 경우가 많다. 그것보다는 모임을 시작할 때 빈 OPSP

양식을 제공하여 전 직원이 처음부터 직접 작성하도록 하는 것이 좋다. 분기가 바뀔 때마다 핵심가치, 목적, 크고 대담하고 도전적인 목표BHAG 등을 다시 작성해보면 내용이 뇌에 각인되어 그것을 언급하고 결정할 때마다 더욱 깊이 이해할 수 있다. 더구나 직원들이 쓸 내용도 그리 많지 않다!

4. **화면에 띄워라**: OPSP를 큰 화면에 띄워놓으면 프로세스 진행에 더 도움이 된다. 담당자를 정해 계획 모임이 끝나자마자 결정된 사항을 컴퓨터로 기록해 참가자 전원에게 이메일로 보내도록 하라. 이렇게 하면 사람들이 집중하는 데 도움도 되고 모든 사람이 동시에 문서를 작성하기도 더 쉽다.

5. **(선택 사항) 소프트웨어 제공**: 공식 소프트웨어인 스케일링업 스코어보드를 통해 스케일링업 도입 과정을 관리한다. 계획 모임에서만이 아니라 1년 내내 유연성과 가시성, 책임감을 발휘하라. 이 소프트웨어를 통해 회사와 개인의 우선순위가 목표 달성을 향하고 있는지 확인할 수 있다. 각 기간이 끝날 때마다 성장 궤도에 맞게 전략 도구를 개정하여 다음 계획 모임에서 반영한다. 계획 모임을 준비하기 위해 계정을 설정한다. (scalingup.com/software 사이트에서 시연 양식을 요청해서 시작하면 된다.) 계정을 설정한 후에는 OPSP 마법사를 사용하여 조직이 결정한 계획 내용을 업로드한다. 이를 통해 계획 모임 중에 OPSP를 화면에 띄운 채로 실시간으로 조정하고 전체 내용을 안전하게 저장하여 조직 전체가 열람할 수 있다. 경영진이 먼저 KPI와 우선순위를 수립하고 관리하는 것이 좋다. 그런 다음 스케일링업 프로그램을 도입하면서 조직 전체로 우선순위를 확산해 간다.(스케일링업 스코어보드를 통해 전체 프로세스를 관리할 수 있다.)

어젠다 (개요)

분기별, 연도별(시기 및 어젠다): 연간 계획 모임은 대체로 2~3일, 분기(또는 3개월) 계획 모임은 1~2일 정도 소요된다. 경영진 만찬 모임: 고위 리더팀은 계획 모임이 시작되기 전날 함께 저녁 식사를 한 후 별도로 한두 시간 만나는 것이 좋다. 저녁 식사에서는 서로 근황을 묻고, 이후 2시간 동안 집중적으로 SWT를 검토하며 지난 분기에 회사가 어디에서 핵심가치와 목적을 "잘 살렸는지"를 이야기할 수 있다. "기존 사업 대신 신사업을 시작한다면 무엇이 좋을까?", "우리 회사가 문을 닫는다면 그 원인은 무엇일까?"와 같은 질문은 신선한 사고방식을 자극하기에 좋은 주제다. 이런 대화는 또 한 번의 모임을 마련하는 계기가 될 수도 있다.

계획 모임의 처음 3분의 1(연간 계획 모임은 첫째 날, 분기 모임은 첫 3시간)은 SWOT 분석과(선택 사항) OPSP의 처음 3개 열을 검토하는 데 할애한다. 아울러 직무책임표 FACe를 개정하고 지원이 필요한 직무를 하나 선택해 여기에 집중한다.

그다음 3분의 1은(연간 계획 모임은 둘째 날, 분기 모임은 오후 시간) OPSP의 연간 열에 할애한다. 회사의 재무 측면에 집중하여 현금가속화전략CASh 및 1의 위력 워크시트를 통해 현금흐름을 개선하는 방법을 집중 검토한다.

마지막 3분의 1(연간 계획 모임 셋째 날, 분기 모임은 둘째 날)은 OPSP의 오른쪽 페이지 전체를 작성하는 데 집중한다. 프로세스책임표PACe를 검토하여 중점 수치(최우선순위)를 달성하기 위해 설계 혹은 재설계해야 할 프로세스를 하나만 선정한다. 마지막으로, 록펠러 습관 체크리스트를 검토하여 다음 분기에 실행(또는 개선)할 10가지 습관을 한두 개 선택한다.

주의: "비쁠수록 천천히 가라"는 중국 속담이 있다. 계획 모임을 진행하다 보면 너무 서두르느라 OPSP 하단의 강점, 약점, 트렌드, 또는 처음 2, 3열의 핵심가치, 목적, BHAG, 활동무대, 브랜드 약속 등을 간과하는 경향이 있다. 특히 이전 모임에서 제기된 결정 사항을 마무리했다고 생각할 때 이런 현상이 두드러진다. 그러나 SWT와 앞의 3개 열을 검토하고 최신 현황을 반영하는 데 충분한 시간을 들이면 연간 및 분기 열을 오히려 더 빨리, 더 쉽게 작성하는 경우가 훨씬 더 많다. 이 말만큼은 꼭 믿어야 한다!

분기별 어젠다 샘플
첫째 날
17:30-18:00: 환영 및 도착

18:00-20:00: 저녁 식사(유럽에서는 간식 시간)

20:00-22:00: 개회 행사. 핵심가치와 목적, SWT 검토, 미래에 대한 열린 토론(밤까지 계속!)

22:00-?: 유럽에서는 저녁 식사

둘째 날

8:30-10:00: CEO 개회사, 좋은 소식 및 OPPP, 3대 이슈(모임 전체의 성공에 결정적인 대목)

10:30-12:00: SWOT, FACe 및 OPSP의 첫 3열 검토

13:30-15:00: OPSP 연간 열 검토

15:30-17:00: CASh 및 1의 위력

18:00-?: 저녁 식사, 앞 시간에 마무리하지 못한 사항을 완료(7 스트라타 추가 작업)

셋째 날 (팀장 초청)

8:30-10:00: 전날 결정 사항 검토, 분기 열 OPSP 작성

10:30-12:00: PACe(분기별 중점 수치를 뒷받침하는 주요 프로세스 검토)

13:30-15:00: 6열 분기별 테마 수립(중간관리자는 설계 및 운영) 및 록펠러 습관 체크리스트 검토. 개선 분야 1~2개 선택

15:30-17:00: 전 직원이 각자 7열(개인별 KPI, 중점 수치, 우선순위) 이후 각자 자신의 중점 수치(당 분기 최우선 순위)를 발표

어젠다 (세부 사항)

CEO 개회사: 지난 분기 및 연도를 되돌아보고 이번 계획 모임에서 해결해야 할 중요한 문제를 설명한다.

- **세부 사항:** 패트릭 렌시오니는 《회의가 살아야 회사가 산다》라는 책에서 훌륭한 회의는 마치 훌륭한 영화처럼 구성되어 있다고 말한다. 모든 영화의 핵심에는 "갈등과 해결책"이라는 구조가 있다. "여러분 모두 이 계획 모임에 참석한 것을 기쁘게 생각합니다"로 시작하기보다는 "우리는 XYZ와의 치열한 경쟁에 직면해 있고, 서비스 시장은 다시 치열해지며, 이러이러한 사정으로 방해를 받고 있습니다. 그래

서 이 이틀 동안은 우리가 어떻게 이런 도전을 다루고 기회를 극대화할 것인지를 결정하는 데 매우 중요합니다." 또는 "우리는 5년 만에 시장 점유율을 얻을 수 있는 가장 좋은 기회를 얻었습니다. 그것을 실현하는 방법을 찾는 것이 우리가 해야 할 일입니다." 또는 "올해는 우리가 위대한 회사에 걸맞은 수익을 창출해야 하는 해입니다"라고 말하는 편이 낫다. 직원 설문조사, 고객 피드백, 3대 이슈 리스트, SWT/SWOT 분석 등 미리 준비한 과정에서 힌트를 얻어야 한다.

좋은 소식과 한쪽짜리 개인계획OPPP: 경영진이 돌아가며 좋은 소식을 소개한다. 이 순서는 CEO 개회사 전에 진행하거나 앞에서 선택 사항으로 소개한 저녁 모임 전날 밤에 마련해도 된다. 회사의 사정에 따라 정하기 나름이다. 다시 한번 경영진이 주요 인간관계, 달성할 업적, 다음 분기나 내년에 해야 할 중요한 일 등 각 임원의 OPPP에서 몇 가지 강조 사항을 공유한다.

- **세부 사항**: 개회사가 끝나면 긍정적인 분위기를 유지하고 모두가 긴장을 풀 수 있도록 10분에서 20분간 지난주에 있었던 좋은 소식을 모두와 공유하고 지난 분기나 연도에 대해 생각해보는 시간을 마련한다. 현황을 소개함으로써 회의의 목적을 다시 환기하고 집중할 수 있다. 업무와 관련된 좋은 소식은 조직에 감사하는 분위기를 조성하고 개인적인 좋은 소식은 미소를 자아내어 스트레스를 해소하고 두뇌 속도를 알파 상태(초당 7~14번의 뇌파 주기)로 늦춤으로써 가장 두려운 문제도 의연하게 대처할 수 있게 해준다. 특히 스트레스가 심한 상태로 회의에 참석한 사람이 있을 때 아주 효과적이다.

- **(선택 사항) 두 번째 시간**: 좋은 소식과 별도로 다시 이런 시간을 마련한다. 다음 분기나 내년에 수행할 각 임원의 OPPP 중 핵심 사항을 몇 가지 발표한다. 이것은 회사의 목표를 정하고 팀원 간의 유대감을 강화하는 데 도움이 된다. 패트릭 렌시오니의 《팀워크의 부활》이라는 책에 따르면 조직 내에 건전한 역학을 유지하려면(갈등에 대처하기 위해서도) 서로에게 약점을 드러내는 것부터 시작해야 한다.

- **신규 팀원**: 패트릭 렌시오니는 모든 팀이 MBTI 등의 성격 검사를 수행하여 그 결

과를 살펴보기를 권장한다. 서로의 차이점을 이해하고 존중할 수 있고 분위기가 화기애애해지는 데도 도움이 된다는 것이다. 그는 또 각자 인생경로를 돌아보며 전성기와 최악의 시기를 각각 다섯 군데씩 고백하라고 말한다. 이것은 젊은경영자협회나 기업가협회 모임에서 흔히 하는 방식이다. 관련 링크를 통해 인생경로를 그리고 이를 공개함으로써 팀원들 사이에 유대감을 형성하는 법을 배울 수 있다.

 참고: 새로운 임원이 합류할 때도 인생경로를 그려보면 좋다. 누구든 팀에 합류하면 새로운 팀이 된다. 원래 있던 팀에 단순히 한 명이 추가되는 것이 아니다.

한쪽짜리 도구 작성 시작: 계획 모임의 나머지 일정은 스케일링업의 성장 도구를 사용하여 올바른 질문과 토론을 진행한다. OPSP를 작성하는 구체적인 내용은 이 책의 3부 〈전략 스케일업〉을 다시 참조하라. 앞의 어젠다 개요에서 제시한 다른 한쪽짜리 도구를 검토하는 것도 잊지 말기 바란다.

주의: 여러분의 선택이지만, 모임 초반부터(CEO의 간략한 개회사 정도는 괜찮지만) 곧바로 지난 분기나 연도(OPSP 4, 5열)를 자세히 검토하는 것에는 반대한다. 판도라의 상자를 한 번 열면 닫기가 어렵다. 그렇게 되면 어떤 팀이든 구체적이고 사소한 부분까지 너무 깊이 들어가게 되므로 한 발 물러나 회사의 방향을 전략적으로 바라보기가 어려워진다. SWT와 OPSP의 처음 3개 열을 폭넓게 검토하는 것부터 시작하는 것이 좋다. 이번 모임은 주간 및 월간 회의가 아니라 전략계획을 논하는 자리이기 때문이다. 그리고 주간 및 월간 회의를 성공적으로 해왔다면 해당 분기 내용은 이미 다룬 셈이므로 모든 사람이 회사의 현재 상태를 잘 파악하고 있을 것이다.

분기별, 연도별 직원 (공개) 회의

모든 직원을 모아 (또는 여러 사무실을 돌아다니며) 지난 분기의 결과와 다음 분기의 테마 및 우선순위를 공유한다. 이 회의는 보통 30~45분 정도 소요된다. 회의의 전반부는 전 분기를 검토하고 축하하는 내용이다. 핵심은 직원들이 전 분기의 성공 스토리를 나누는 데 있다. CEO는 "분기별 회의에 오신 것을 환영합니다. X를 한다고 했는데 Y를 달성했습니다. 축하합니다"라는 말로 시작한다. CEO는 여기서 모두가 힘을 모아 열심히 일했다는 말 대신(이제야 감을 잡은 듯이) 무언가를 성취한 사람에게(팀이든 어린이든) 반드시 가장 강력한 질문, 즉 "그 일을 어떻게 했는가?"를 물어야 한다.

리더는 이렇게 말하며 대화의 판을 깐다. "리사, 당신네 팀이 밤샘 근무를 해가며 결국 대형 체인으로부터 계약을 따냈다고 했지요? 그 이야기를 모두에게 좀 해주세요." 물론 평소 이런 공개적인 발언을 즐기고 능숙한 사람을 지목해야 할 것이다. 그다음에는 대화가 시작된다. 리사는 아마 "우리 팀이 밤을 새운 것은 사실이지만, 샘의 팀이 이런저런 일을 해주지 않았다면 불가능했을 겁니다.…"라고 말할 것이고, 이제 샘이 이야기할 차례가 된다. 여기서 핵심은 사람들이 목표를 달성하기 위해 애쓴 짐을 덜어주는 것이다. 결국 목표를 달성하지 못했더라도 팀의 신뢰가 굳건하다면 이런 이야기를 충분히 나눌 가치가 있다.

지난 분기 검토가 끝나면 이제 다음 분기의 테마를 소개할 시간이다. 불을 끄고 음악을 크게 틀어 멋지게 분위기를 전환하라. VTC의 더그 그린로는 영화 〈600만불의 사나이〉의 음악에 맞춰 빨간 점프수트 차림으로 달려나왔다. 애플트리앤서즈는 주로 10장 〈데이터〉에서 언급될 "아이디어 내기idea flash 운동"을 소개하는 영상으로 시작한다. 임원들은 목표와 분기별 성과(수익, 매출총이익, 순이익 등)를 달성하기 위해 수행할 테마 및 중점 수치, 과제 등에 대한 사업부별 지원 방안을 설명한다. 또한 중점 수치 달성을 지원하기 위해 설계되거나 재설계해야 할 프로세스를 하나 선정하여 논의하기도 한다.(애플트리는 Salesforce.com 사이트에 아이디어 내기 지원 앱을 구축했다.) 그런 다음, 전 직원에게 비전 요약 사본을 나눠주고 비전 요약 하단에 각자의 목표를 작성할 수 있도록 몇 분 정도 시간을 준다. 직속 상사는 팀별 회의를 통해 직원 각자가 회사의 비전에 맞는 적절한 KPI와 우선순위를 결정할 수 있도록 후속 지원할 수 있다.

일일/주간 최신 현황

분기별 회의가 끝나면 계획을 실행에 옮긴다. 록펠러 습관을 통해 끊임없는 반복을 실천하여 일일 및 주간 단위로 회사의 우선순위와 중점 수치의 진행 상황을 관리한다. 구글의 모회사인 알파벳의 래리 페이지가 한 것처럼 많은 CEO가 이메일이나 전 직원회의를 통해 매주 진행 상황을 점검한다. 페이지는 이를 '즐거운 금요일TGIF' 회의라고 불렀다(예전에는 금요일이었지만 지금은 목요일로 바뀜). 우리 스케일링업 스코어보드 소프트웨어는 이를 한 단계 더 발전시켰다. 이 소프트웨어를 사용하면 모든 사람이 사무실 곳곳의 데스크톱, 모바일 또는 대형 평면 스크린 등 모든 기기를 통해 진행 상황을 쉽게 추적할 수 있다. 이메일을 보낼 필요 없이 모든 사람이 하루에 2~3분만 들이면 진행 상황을 1년 내내 지켜볼 수 있다. 아래는 스케일링업 스코어보드에서 중점 수치와 우선순위를 확인할 수 있는 화면의 예다.

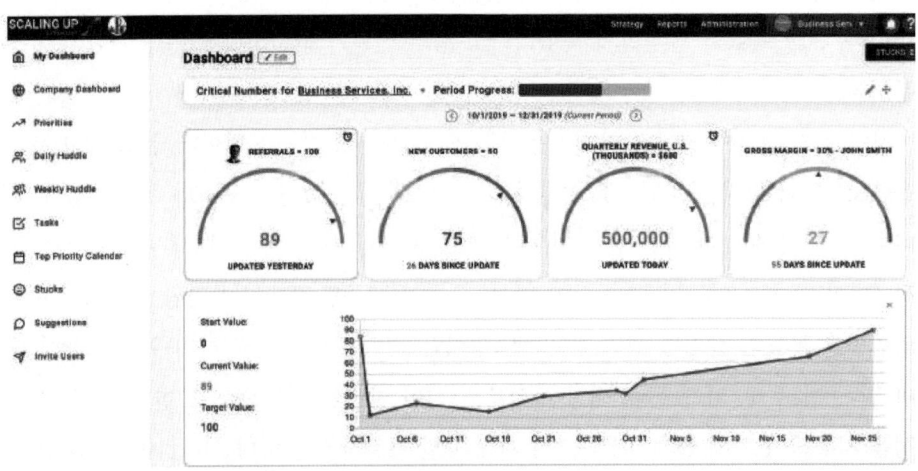

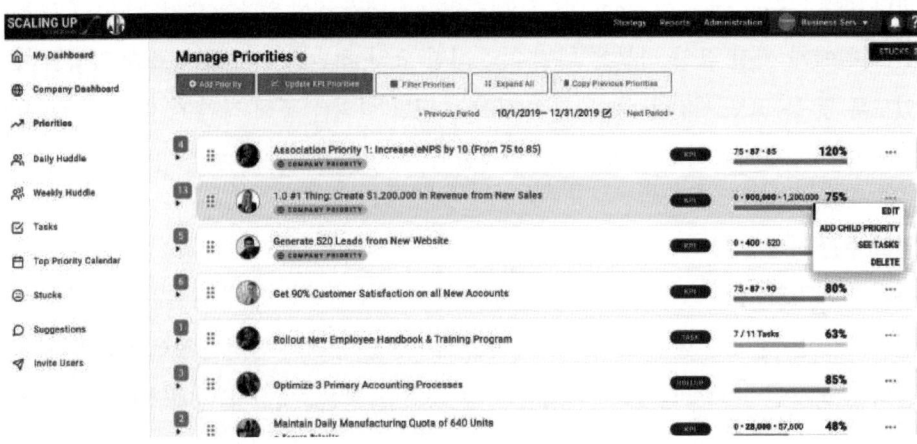

OPSP 샘플

다음 두 페이지에 테스트코라는 가상의 기업에 대한 OPSP 샘플을 제시했다. 물론 귀사와는 전혀 다를 것이다! 귀사의 전략계획 프로세스에 행운을 빈다.

한페이지 전략계획 (OPSP) 샘플

Organization Name: Testco

People (Reputation Drivers)

Employees
1. Appreciation every 7 days KPI = 100%
2. Employee Net Promoter Score KPI = 60+
3. Voluntary A-Player Retention - KPI = 95%

Customers
1. Delivery - KPI = Daily report 10 minutes
2. Client 'contact'- KPI = 3 Contacts per Client
3. NPS - KPI = Net Promoter Score at 8.5

Shareholders
1. Cash increase daily - KPI = % of increase
2. Revenue Increase - KPI = 20%
3. Gross Margin - KPI = 55%

COREVALUES/BELIEFS (Should/Shouldn't)	PURPOSE (Why)	TARGETS (3–5 YRS.) (Where)	GOALS (1 YR.) (What)
We live to hear the word "speed" We never say no! We always give options We cultivate trust with clients	EASY! - We make using data easy so that it helps rather than hurts people!	**Future Date** 31 Dec 2023 **Revenues** $14,250,000 **Profit** $2,850,000 **Mkt Cap/Cash** $1,425,000 **Sandbox** $500M+ Corporations - US, Canada, Europe	**YR Ending** 31 Dec 2020 **Revenues** $6,875,000 **Profit** $1,375,000 **MKT Cap** **Gross Margin** $3,781,250 **Cash** $687,500 **A/R Days** 32 **Inv. Days** 15 **Rev./Emp.** $225,000
	Actions *To Live Values, Purposes, BHAG* 1. Post Core Values and Purpose visually in the office 2. Post in ALL marketing materials and online 3. Host one on one - quarterly - CV, CP, BHAG Reviews 4. 5.	**Key Thrusts/Capabilities** 1. UK - Germany - France launch and profitable 2. Database developed for automated marketing 3. Zero human touch in request fullfillment 4. Named the Best Place to Work Award 5.	**Key Initiatives** 1. Automate proposal process 2. Dashboard/KPI metrics updated and reviewed weekly 3. Hiring/onboarding plan and process in place- filled openings 4. Ensure every TestCo team member 'understands' and 'lives' our CP/CV/BHAG 5.
	Profit per X Profit Per Installation 2014- $125,000 2015- $155,000 2016 - $200,000	**Brand Promise KPI's** 10 days or less - installation NPS scoring 60+ 7 business days to measurable results	**Critical #: People or B/S** ■ 6 PhD Hires ■ 5 PhD Hires ☐ *Between green & red* ☐ 3 PhD Hires
	BHAG® 'GLOBAL #1' ~ The #1 Global Data Analytics Solution. 1,000 installations within the Fortune 2,500 - globally!	**Brand Promises** Speed of installation Easy to do business with Results in a week	**Critical #: Process or P/L** ■ 60% Gross Margin ■ 55% Gross Margin ☐ *Between green & red* ☐ 50% Gross Margin

Strengths/Core Competencies
1. Deep analytic capabilities
2. Culture inducive to PhDs
3. Live for Speed

Weaknesses:
1. Arrogance -- we're good and we know it
2. Sales Capabilities -- lacking, so better be the best
3.

BHAG is a Registered Trademark of Jim Collins and Jerry Porras

Your Name: Jack "Bullseye" Harris   Date: 01 Jan 2020

Process (Productivity Drivers)

Make/Buy
1. Pipeline Full - KPI = 60 qualified leads
2. Active Proposals - KPI = 14 active
3. Close Ratio - KPI = 75%+

Sell
1. Time on Project - KPI = 90% of Budget met
2. Help Tickets - KPI = 95% SLA's met
3. Utilization Rate - KPI = 85%

Recordkeeping
1. Invoice within 24 hours
2. Cash Conversion Cycle minus 18 days
3. Timely reports -- daily, weekly

ACTIONS (QTR) (How)

Qtr # 1	ending 31 March 2020
Revenues	$2,185,000
Profit	$37,000
Mkt Cap	
Gross Margin	$1,201,750
Cash	$145,000
A/R Days	35
Inv. Days	18
Rev./Emp	$225,000

Rocks

#		Who
1	Training Program - created - implemented - every team member	Lisa
2	Complete Business Plan	John
3	Increase Google Presence	Jane
4	Reduce A/R Time - to 60 days less than 10%	Tom
5	1,200 client meetings with whole team	Angel

THEME (QTR/ANNUAL)

Deadline: 3/31/2020

Measurable Target/Critical #
1,200 face to face meetings with decision makers, clients and partners

Theme Name
Race to 1,200

Scoreboard Design
Describe and/or sketch your design in this space

YOUR ACCOUNTABILITY (Who/When)

#	Your KPIs	Goal
1	Proposals Closed	50
2	Prospects Contacted	250
3	Face to Face Meetings	125

#	Your Quarterly Priorities	Due
1	Hire 3 Sales Associates	3/31/2020
2	Increase Google Presence	3/31/2020
3	1200 Client Meetings with Whole Team	3/31/2020
4	Get 10 Stories from Clients on Core Values	3/31/2020
5		

Critical #: People or B/S
- ■ 22 Service Contracts
- ■ 20 Service Contracts
- ☐ Between green & red
- ☐ 18 Service Contracts

Celebration
A BIG dinner where we will bring our families - loved ones - together to celebrate the accomplishment

Critical #: People or B/S
- ■ 1500 Client Meetings
- ■ 1200 Client Meetings
- ☐ Between green & red
- ☐ 900 Client Meetings

Critical #: Process or P/L
- ■ 89% Utilization Rate
- ■ 85% Utilization Rate
- ☐ Between green & red
- ☐ 75% Utilization Rate

Reward
$12,000 donated to the groups top 12 favorite charities - $1,000 per charity! $10 for every contact made!

Critical #: Process or P/L
- ■ 150 Referrals
- ■ 100 Referrals
- ☐ Between green & red
- ☐ 75 Referrals

Trends
1. Artificial intelligence and how it will evolve
2. The speed at which technology is evolving
3. Generational views on the use of our solutions
4. Communication mediums shifting -- social
5. Information flows (speed and type) changes
6. The value being placed of data as a tool

BHAG is a Registered Trademark of Jim Collins and Jerry Porras

Part4
실행 스케일업

Execution

서론

 핵심 질문: 회사의 모든 프로세스가 원활히 운영되며 업계 최고의 수익성을 주도하는가?

밴쿠버에 본사를 둔 안경 회사 코스탈닷컴은 세계 최대 렌즈 제조업체 에실로인터내셔널에 4억 3000만 캐나다 달러에 매각됨으로써 캐나다 역사상 최대 규모의 전자상거래 기업 투자로 기록되었다. 코스탈닷컴의 설립자이자 CEO인 로저 하디는 이런 눈부신 성과가 록펠러 습관을 철저하게 실행한 덕분이라고 말한다.

주요 사례: 독일 기업주 몇 명이 코스탈닷컴의 경영진 일일회의에 참석했다. 리더들이 일어서서 각자 중점 수치를 보고하고 있었다. 그들은 핵심 기회와 이슈, 강조점, 문제점, 위협 등을 재빨리 논의했다. 하디는 "그들은 우리의 운영 효율성과 사업에 대한 지식에 깊은 인상을 받았습니다"라고 말했다.

하디의 경영진은 또 순고객추천지수NPS를 도입해 고객들이 이 회사를 다른 사람에게 추천할 가능성이 얼마나 되는지 측정했다. 그리고 200만 명이 넘는 고객 중에 스스로 회사의 열광적인 팬이 아니라고 생각하는 사람을 몇 명 선정해 경영진이 그들에게 전화를 걸도록 했다. 이렇게 매주 고객들과 나눈 대화는 다시 주간 모임에서 보고되고, 경영진은 이를 통해 시장에 대한 감각을 유지하며 지속적인 개선을 이끌어갈 수 있다. 10장 〈데이터〉에서 소개하겠지만, 그중의 한 변화는 특정 시장에서 60%의 매출 신장을 이루어 냈다. 코스탈닷컴은 직원들의 혁신적인 아이디어를 이용하여 마치 창업 투자유치 TV 방송 같은 경쟁을 유도하기도 했다. 이런 아이디어가 코스탈닷컴의 또 다른 시장에서 매출을 15% 신장시켰다.

코스탈닷컴이 실행에 탁월한 이유는 고객과 직원의 의견을 경청했고, 학습 중인 내용을 신속하게 논의하고 실행하는 회의 주기를 갖추었으며, 이 모든 정보를 바탕으로 우선순위를 설정하는 프로세스를 운영했기 때문이다. 이런 실행의 탁월함은 고객 감동을 선사했고, 직원들의 참여를 끌어냈으며, 주주에게 놀라운 재무 성과를 가져다주었다. 또한 하디 자신에게도 엄청난 매각 기회를 안겨주었다.

223쪽에는 록펠러 습관 체크리스트가 있다. 잠깐 시간을 내어 항목을 살펴보라. 제대로 관리하지 않는 항목이 많아도 괜찮다. 하디의 경영진도 록펠러 습관 워크숍에 처음 참석했을 때는 마찬가지였다. 하디는 이렇게 말한다. "이 체크리스트야말로 제가 조직을 성공적으로 운영할 수 있었던 청사진이자, 모두가 같은 방향을 바라보며 매출 2억 달러를 달성할 수 있었던 핵심 요인입니다."

하디는 CEO들에게 3개월마다 한 번씩 체크리스트를 검토하라고 조언한다. "매 분기 완벽하게 관리하지는 못할 것입니다. 그것은 계속되는 과제입니다. 그러나 그 때문에 객관적인 시각을 유지함으로써 사각지대가 있음을 깨닫게 됩니다. 마치 비행기를 이륙시킨 조종사가 바퀴를 들어올리는 것을 잊으면 안 되는 것과 같습니다. 평소 당연하게 여기던 것들이 가장 큰 피해를 줄 수도 있습니다. 체크리스트는 내게 무엇이 부족한지 상기하는 좋은 방법입니다."

짐 콜린스와 모튼 한센은 《위대한 기업의 선택》이라는 책에서 이렇게 말했다. "위대함은 환경의 함수가 아니다. 그것은 주로 의식적인 선택과 규율의 결과다." 이 말에 전적으로 동의한다. 4부에서 자세히 설명하는 10가지 록펠러 습관의 실행을 여러분도 의식적으로 선택하기를 바란다.

개관

4부는 10개의 록펠러 습관을 중심으로 구성되어 있으며, 실행의 기본이 되는 3가지 훈련법(루틴)으로 나뉜다.

1. **우선순위**: 관리의 범위를 좁혀 집중과 일관성을 유지한다.
2. **데이터**: 정성적, 정량적 피드백으로 명확성과 선견지명을 얻는다.
3. **회의 주기**: 더 좋은 결정을 더 빠르게 내릴 시간을 얻는다.

9장 〈우선순위〉에서는 록펠러 습관 #1과 #2를 설명하면서 가혹한 현실을 직시하고 모든 사람이 동의하는 핵심 우선순위를 건설적으로 논의할 수 있는 "건강한 팀"의 중요성을 강조한다. 앞 장에서 다루었던 록펠러 습관 #4, #7, #8과 관련된 중요한 습관도 아울러 검토한다.

10장 〈데이터〉에서는 록펠러 습관 #5, #6, #9, #10을 소개하고, 정량적, 정성적 데이터를 수집하여 의사결정에 적절한 동력으로 삼아야 한다는 것을 강조한다. 특히 경영진과 팀장급은 매주 고객 및 직원과 대화를 나누고, 경쟁자를 살펴야 한다.

11장 〈회의 주기〉에서는 록펠러 습관 #3을 중심으로, 일일, 주간, 월간, 분기, 연간 회의를 정례화하여 사람이 모일 때마다 발생하는 의사소통 문제를 해결해야 한다는 점을 강조한다. 이러한 회의를 체계화함으로써 각 팀은 조직의 성장을 위한 토론과 중요한 의사결정에 필요한 공간과 시간을 마련할 수 있다.

4부에서는 다음과 같은 2가지 한쪽짜리 실행 도구를 소개한다.

1. **록펠러 습관 체크리스트:** 실행을 끊임없이 반복하기 위한 10가지 습관
2. **누가, 무엇을, 언제**www**:** 실행과 책임을 간단히 정리한 내용, 1시간 이상의 회의에서 도출된 유일한 "결론"

4부 〈실행 스케일업〉의 집필에 참여하고 책의 초기부터 협력해 준 케빈 로렌스에게 특별히 감사드린다.

09

우선순위

집중, 결승선, 재미

THE PRIORITY

EXECUTIVE SUMMARY 스티븐 코비는 《성공하는 사람들의 7가지 습관》에서 "중요한 것은 중요한 일을 중요하게 유지하는 것"이라고 말했다. 개인이든 조직이든 우선순위가 너무 많다는 것은 결국 우선순위가 없다는 것으로, 아무리 노력해도 정작 중요한 것은 이루지 못할 위험이 있다. 반대로 전 직원이 단 하나의 우선순위에 집중하면(오늘, 금주, 이번 분기, 올해, 향후 10년 등) 조직 전체가 명료해지고 힘을 얻는다. 이 장에서는 여러분과 회사에게 집중해야 한다는 말을 질릴 정도로 강조할 것이다. 우선순위를 중심으로 기억에 남을 테마를 선정하고, 마감일까지 그것을 달성하며, 축하와 보상을 통해 꼭 필요한 결승선과 재미를 보장하여 팀원들이 함께 중요한 것을 성취함으로써 에너지와 참여도를 높이는 법을 설명한다.

    진 브라운은 쓰레기 수거 트럭을 운전할 줄 모르면서도 1997년 아일랜드 골웨이에서 쓰레기 수거 회사 시티빈을 설립했고, 지금도 여전히 트럭 운전을 못한다. 사실 그는 사업에서 성공을 거둔 비결 중 하나가 바로 이것이라고 생각한다.

    그는 트럭이 아니라 회사를 운전하는 데 집중함으로써 2013년에 직원 80명이던 회사를 2019년까지 연매출 3700만 달러와 직원 160명 규모로 성장시키면서 수익성은 3배로 증대했다. 그러는 한편 중동 4개국에 진출하고 직원이 1000명에 이르는 한 회사의 경영 상태를 호전하는 데 성공하여 2019년에 매각하기도 했다. 시티빈은 현재 2030년까지 총 "20개 도시, 5억 달러 매출"이라는 크고 대담하고 도전적인 목표BHAG를 향해 노력하고 있다. 이것이 바로 그 회사의 장기적인 "중요한 일"이다.

    2013년에 《포천》 기사에는 2011년에 마크 저커버그가 "페이스북의 최우선 과제는 모바일 전략을 수립하는 것"임을 분명히 했다고 언급했다. 이에 대해 원로 작가 제시 헴펠은 이렇게 말했다. "그의 태도는 광적이었지요. 2011년 12월 그는 조직을 개편하여 모든 제품 부서에 모바일 엔지니어를 배치했습니다. 2012년 6월에 열린 연례 전사 모임에서는 회사의 가장 절박한 우선 과제가 모바일 기업이 되는 것이라고 설명했습니다. 이후 18개월 동안 모든 인수 작업과 고용 결정, 그리고 소프트웨어 개발 프로젝트의 방향은 오직 모바일로 가는 것이었다. 그리고 2013년 4월에 페이스북은 그 목표를 달성했다. 이후 6개월 동안 그들이 달성한 모바일 광고 수익은 모든 이들의 예상을 뛰어넘어 2013년 4분기 총매출의 50%를 차지했다. 페이스북은 이 놀라운 사건을 계기로 살아났다. 이것은 페이스북의 중기적인 "중요한 일"이었다.

이그나이트소셜미디어의 짐 토빈 대표는 골치 아픈 문제를 안고 있었다. 28명에 달하는 그의 팀이 회사가 새로 도입한 프로젝트 관리 시스템을 사용하지 않았던 것이다. 연말을 한 달 앞둔 시점에 그는 휴게실 게시판에 "지연 241, 미할당 728"이라고 적었고, 양쪽 모두 "12월 1일"이라고 날짜를 표시했다. 12월 31일까지 두 수치가 모두 0이 되도록 모두 집중하라는 이메일을 팀원들에 보낸 후, 그는 깜짝 놀라고 말았다. 24시간이 채 지나지 않아 지연된 작업이 25% 감소한 193개로, 미할당 작업은 절반 이상 감소한 353개로 줄어든 것이었다. 월말이 되자 둘 다 0이 되었다. 회사는 이제 새해를 맞이할 준비를 마쳤다. 이것은 이그나이트의 단기적인 "중요한 일"이었다.

수십 년 전 베들레헴스틸의 CEO 찰스 슈와브는 아이비 리라는 경영 컨설턴트에게 더 큰 성과를 올리는 방법을 알려달라고 요청했다. 리가 그 대답으로 슈와브에게 내일 해야 할 가장 중요한 일을 6가지 적고 우선순위를 매겨보라고 했다는 것은 너무나 유명한 이야기다. 이어서 그는 슈와브에게 1번을 끝내기 전에는 절대 2번으로 넘어가지 말라고 덧붙였다. "퇴근 시간까지 마무리한 일이 2, 3개, 심지어 하나뿐이더라도 걱정하지 마세요. 어쨌든 가장 중요한 일을 하는 이상 나머지는 그다음에 해도 됩니다." 리는 이 방식을 경영진에게도 알려주고 그 결과를 평가한 다음 "가치가 있다고 생각되는 액수만큼 수표를 보내주십시오"라고 슈와브에게 요청했다. 2주 후, 리는 슈와브로부터 2만 5000달러(당시로서는 거액이었다) 수표와 함께, 지금까지 배웠던 가장 유익한 수업이었다고 적힌 쪽지를 받았다. 이 우선순위 목록은 슈와브에게 매일 해야 할 "중요한 일"이었다.

위의 예들이 보여주듯이, 우선순위 설정은 지금도 100년 전처럼 똑같이 적용되고, 장기적으로든 단기적으로든 결정적인 역할을 한다. 공자의 말처럼, "두 마리 토끼를 쫓는 자는 한 마리도 못 잡는다." 핵심은 가장 중요한 일부터 먼저 함으로써 모두 함께 같은 곳을 바라보며 집중력을 끌어내는 것이다.

우리는 이 책 전체에 걸쳐 우선순위를 정해야 한다고 강조해 왔다.(직무책임표FACe의 4가지 결정 중 어디에 먼저 집중할 것인지, 다음에는 어떤 칸을 다시 쓸 것인지 등) 한쪽짜리 전략계획OPSP도 최우선 순위의 연속이다.

1. **핵심 목적:** 사업을 이끄는 **하나**의 단어/아이디어/연설
2. **크고 대담하고 도전적인 목표:** 10~25년에 걸친 회사의 **유일**한 목표
3. **X당 이익:** 기업의 핵심 경제 동력에 해당하는 가장 중요한 **하나**의 KPI
4. **브랜드 약속:** 브랜드를 대표하는 측정 가능한 단 **하나**의 약속(3가지 중)
5. **중점 수치:** 해당 연도 및 분기의 **유일**한 핵심 동력

11장 〈회의 주기〉에서도 우리는 우선순위에 계속 집중하면서 팀별 주간회의를 통해 하나의 핵심 주제를 논의 및 해결하고, 월간 임원회의에서도 하나의 주요 이슈, 또는 기회를 다루어야 한다고 강조할 것이다. 다시 말하지만 가장 중요한 일부터 먼저 해야 일관성 있게 목표를 달성하고 체계를 갖출 수 있다. 이렇게 해야 조직이 업무에 짓눌리거나 분산되지 않고도 수백 가지 결정과 활동을 처리할 수 있다. 잘 알려진 비유대로 코끼리도 한 번에 한 입씩 먹으면 다 먹을 수 있다. 사업의 성장도 마찬가지다.

록펠러 습관 체크리스트

4부 〈실행 스케일업〉에서는 록펠러 습관 체크리스트의 10가지 습관을 다룬다. 10가지 습관을 살펴보며 현재 우리 조직이 실천하고 있는 습관(완전하지 않아도 좋다) 옆에

실행: 록펠러 습관 체크리스트™

1. **경영진은 건강하며 서로 연계되어 있다.**
   - ☐ 팀원들은 서로의 차이점, 우선순위 및 업무방식을 이해한다.
   - ☐ 경영진은 전략적 사고를 위해 자주 만난다.(매주 최적)
   - ☐ 경영진은 지속적인 임원 교육에 참여한다.(매월 권장)
   - ☐ 경영진은 건설적인 토론을 열 수 있으며, 모든 구성원은 불편함 없이 동참한다.

2. **회사의 전진을 위해 해당 분기에 달성해야 할 최고 과제에 모두 연계되어 있다.**
   - ☐ 회사가 해당 분기에 전진하기 위한 중점 수치를 파악하고 있다.
   - ☐ 해당 분기에 중점 수치를 뒷받침해주는 우선과제(돌) 3-5가지를 파악하고 순위를 정했다.
   - ☐ 중점 수치를 달 모든 직원을 대상으로 분기별 테마와 축하 및 보상을 발표한다.
   - ☐ 분기별 테마 및 중점 수치를 사내에 게시하여 직원들이 매주 진행 상황을 인지하고 있다.

3. **커뮤니케이션 주기가 확립되어 조직 전반에 정보가 신속하고 정확하게 전달된다.**
   - ☐ 전 직원은 15분 이내의 일일 회의에 참석한다.
   - ☐ 모든 팀은 주간회의를 진행한다.
   - ☐ 임원/중간관리자들은 학습, 큰 문제 해결, DNA 전달 등을 위해 매월 1일 만난다.
   - ☐ 임원/중간관리자들은 4대 결정사항에 대한 작업을 위해 분기/연간 사외 모임을 실시한다.

4. **조직의 모든 영역에 목표 달성을 책임지는 사람이 정해져 있다.**
   - ☐ 직무책임표가 작성되었다.(적절한 인재가, 올바른 일을, 제대로 함)
   - ☐ 재무제표 각 항목에 담당자가 배정되어 있다.
   - ☐ 프로세스책임표에 포함된 4~9 프로세스마다 각각의 책임자가 있다.
   - ☐ 3~5년 핵심 추진/역량 과제별 사내 전문가가 존재하지 않는 경우 상응하는 전문가가 자문위원회에 포함되어 있다.

5. **장애물 및 기회를 파악하기 위해 지속적으로 직원 의견을 수집한다.**
   - ☐ 모든 경영자(및 중간관리자)는 매주 적어도 1명의 직원과 시작/중단/유지 대화를 나눈다.
   - ☐ 직원과의 대화를 통해 얻은 정보는 주간 임원회의에서 공유한다.
   - ☐ 장애물 및 기회에 대한 직원의 의견은 매주 수집된다.
   - ☐ 중간관리자 팀은 모든 장애물과 기회에 관한 해결 프로세스를 담당한다.

6. **고객 피드백 데이터의 보고와 분석이 재무 데이터만큼 빈번하고 정확하다.**
   - ☐ 모든 경영자(및 중간관리자)는 매주 적어도 1명의 최종사용자와 4Q 대화를 나눈다.
   - ☐ 고객과의 대화를 통해 얻은 정보는 주간 임원회의에서 공유한다.
   - ☐ 고객 데이터 수집에 전 직원이 관여한다.
   - ☐ 중간관리자 팀은 모든 고객 피드백의 해결 프로세스를 담당한다.

7. **조직 내에 핵심가치 및 목적이 "실현되고 있다."**
   - ☐ 핵심가치가 발견되고 목적이 잘 설명되었으며, 전 직원이 이에 대해 인지하고 있다.
   - ☐ 모든 경영진 및 중간관리자는 칭찬 또는 견책 시 핵심가치와 목적을 참고한다.
   - ☐ 인사 부서의 프로세스와 활동이 핵심가치 및 목적(고용, 오리엔테이션, 평가, 인정 등)과 연계되어 있다.
   - ☐ 조직의 핵심가치 및 목적의 강화를 위해 분기별로 실행방안이 파악되고 구현되고 있다.

8. **직원은 다음과 같은 회사 전략의 핵심 요소를 정확히 설명할 수 있다.**
   - ☐ BHAG: 진행 상황을 확인할 수 있는 가시적인 목표 - 추적 가능하고 가시적인 진행 상황
   - ☐ 핵심고객: 25 단어 이내로 표현된 프로필
   - ☐ 3대 브랜드 약속: 그리고 매주 보고되는 브랜드 약속 KPI
   - ☐ 엘리베이터 스피치: "이 회사가 하는 일은 무엇입니까?"라는 질문에 대한 설득력 있는 답변

9. **전 직원이 하루 혹은 일주일간의 성과를 정량적으로 대답할 수 있다.(OPSP 7열)**
   - ☐ 매주 각 역할/직원에 대한 KPI가 한두 가지 보고된다.
   - ☐ 각 직원은 회사의 분기별 중점 수치와 연계된 1개의 중점 수치를 가지고 있다.(명확한 시각)
   - ☐ 개인/팀별 우선과제(돌) 3~5가지가 회사의 분기별 우선과제(돌)와 연계되어 있다.
   - ☐ 모든 경영진 및 중간관리자는 행동 변화에 대한 책임을 묻는 코치(또는 동료 코치)가 있다.

10. **회사의 계획과 성과가 전 직원에게 공개되어 있다.**
    - ☐ 주간회의를 위한 "상황실"이 수립되어 있다.(실제 또는 온라인)
    - ☐ 핵심가치, 목적 및 우선과제가 전사적으로 게시되어 있다.
    - ☐ KPI와 중점 수치 대비 현황을 알리는 스코어보드가 어디에나 볼 수 있게 설치되어 있다.
    - ☐ 순차적 우선과제 및 KPI를 추적 관리하는 시스템이 준비되어 있다.

체크 표시하라. (필요하다면 scalingup.com 사이트를 통해 록펠러 습관 체크리스트 사본을 다운로드해서 사용해도 된다.)

체크리스트를 작성해 본 리더들은 종종 이런 질문을 우리에게 던지곤 한다.

1. 우리 회사는 이 오랜 시간을 살아남았으면서 어떻게 이 항목 중에 해당하는 것이 하나도 없을까요?
2. 혹시 이 습관들은 지켜야 할 순서가 있나요?

첫 번째 질문에 대해, 우리는 이것이 실행 체크리스트라는 점을 경영진에게 다시 상기시킨다. 이 습관 중 어느 것도 오래가는 조직을 만들기 위해 꼭 실행해야 하는 것은 아니다. 단지 그동안 우리가 들인 엄청난 돈과 시간의 가치를 다시 한번 되짚어봐야 한다는 의미일 뿐이다. 아울러 아무리 회사에 킬러 전략이나 주 8일, 하루 18시간 근무도 기꺼이 해내는 영웅적인 직원이 있더라도, 이런 습관을 갖추면 엉성한 실행과 부족한 기강으로 인해 생긴 빈틈 정도는 충분히 메워줄 수 있다는 뜻이다.

두 번째 질문에 답하자면, 록펠러 습관 #1 "건강하고 서로 연계된 경영진"이 없이는 이 책에서 배운 어떤 것도 실행할 수 없다. 다른 습관을 어떤 순서로 하든 그것은 중요하지 않다. 나머지 십자말풀이 같은 도구들도 마찬가지지만, 분기별로 가장 즉각적인 이점을 주는 습관을 한두 개만 선택하면 된다. 24~36개월에 걸쳐 이것을 반복하다 보면 10개 습관을 모두 경험하게 된다.

체크리스트가 필요한 이유 — 가장 안전한 장소!

물리적으로 가장 안전한 곳은 어디일까? 여러분의 집도 아니고, 길거리나 식당도 아니다. 미국이나 유럽의 경우, 여객기 내부가 가장 안전한 장소다. 미국에서는 9·11 테러 당시 비행기 4대가 추락하여 승객 265명이 사망한 것을 제외하면, 2000년과 2009년 사이에 발생한 치명적인 추락 사고는 11건 사망자는 모두 247명으로, 대략 매년 1건의 추락 사고와 25명의 사망자가 발생한 셈이다. 통계 수치만 놓고 보면, 미국에서는 매년 벼락 사고로 인한 사망자 수가 이것의 거의 2배나 된다.

그뿐 아니라 2010년부터 2020년까지는 치명적인 추락 사고가 단 두 번, 사망자도 오직 2명뿐이었다. 미국 민간 항공사 안전도가 100배 이상 향상된 것이다.(모든 항공 여행자에게는 다행이 아닐 수 없다.) 그에 비해 미국에서 세 번째 주요 사망 원인은 의료 과실로, 매년 발생하는 사망자가 거의 24만 9000명에 이른다! 둘 사이에 차이점은 무엇일까? 첫째, 조종사와 승무원은 승객과 동행하지만, 의사들과 의료진은 그러지 않는다는 점이다! 그리고 둘째, 우리가 체크리스트를 믿는다는 사실이다.

의사인 아툴 가완디는 이런 의료 통계에 충격을 받아 《체크! 체크리스트》라는 책을 썼다. 이 책에서 그는 민간 항공업계가 체크리스트를 최초로 채택한 과정을 상세히 소개한다. 항공업계에서는 사건이 발생하면 블랙박스를 회수하고 데이터를 철저히 조사하여 근본적인 원인을 규명하고 체크리스트를 개정한다. 의료계는 그렇지 않다. 가장 큰 장벽은 무엇일까? 그것은 바로 의료계의 자존심이다.

가완디는 전문가는 다른 무엇보다 체크리스트를 활용해야 한다고 강조한다. "전문가는 필요한 일을 모두 수행하지만, 아마추어는 흥미 있는 것만 한다." 체크리스트 항목을 하나도 건너뛰지 않는 정비사와 조종사들에게 다시 한 번 감사드린다.

조직을 항공업계처럼

조직의 조종사이자 승무원인 여러분도 흥미로운 일뿐만 아니라 체크리스트의 모든 항목을 온전히 수행해야 한다. 이제는 아마추어를 탈피해야 한다. 그렇지 않으면 많은 사람에게 (수치상이든 문자 그대로든) 피해를 준다. 그리고 위에서 언급했듯이, 록펠러 습관 체크리스트의 어떤 항목도 당신이 꼭 실행해야 하는 것은 아니다. 그것은 여러분과 조직, 고객을 위해 시간과 돈을 낭비하고 불필요한 혼란을 초래한다는 걸 뜻할 뿐이다. 극적인 상황을 없애 조직 전체에 끊임없는 반복성을 구현하는 것을 목표로 삼아야 한다.

민간 항공업계는 1978년 유나이티드 항공 178편의 치명적인 추락사고 이후, 항공사 승무원 조직을 "건강한 팀"으로 만들어야 한다는 것을 깨달았다. 당시 사고를 조사한 뒤 승무원의 상호작용과 의사소통 방식이 크게 달라져서 팀원 각자가 더 적극적으로 발언하고 이를 기장이 더 수용하는 방향으로 바뀌었다.

이것이 바로 나중에 구글이 심리적 안전성과 동등한 발언권이 팀의 성공에 가장 중요한 요소이며, 그래서 록펠러 습관 #1이 중요하다는 것을 깨달았던 이유다.

> **승무원 자원 관리** CRM, Crew Resource Management
>
> CRM이란 승무원의 안전하고 효율적인 임무 수행과 오차 감소, 스트레스 방지를 위해 동원할 수 있는 모든 자원을 효과적으로 활용하는 것을 말한다.
>
> CRM은 현대적인 제트 항공기에 비행기록장치와 조종실 음성기록장치가 도입된 이후 항공 사고의 원인을 새롭게 통찰한 결과에 따라 개발되었다. 이런 장치에서 수집된 정보를 분석해보면 상당수의 사고 원인이 항공기나 시스템의 기술적 결함, 또는 항공기 운항 기술이나 승무원의 지식이 부족해서가 아니라 승무원이 마주한 상황에 적절하게 대응하지 못했기 때문에 발생한 것으로 보인다.
>
> 예를 들어, 승무원과 다른 담당자들 사이에 의사소통이 원활하지 않으면 상황을 제대로 인식하지 못하고 기내 팀워크가 무너져 결국 심각한 사태나 치명적 사고를 초래하는 잘못된 결정을 내리게 된다.
>
> CRM은 항공기를 운항하고 운영하는 데 필요한 기술적 지식과 기술보다는 체계적인 항공 시스템 속에서 운항 관리에 필요한 인지 및 대인관계 기술에 더 관심을 가진다. 이런 맥락에서 인지 기술은 상황을 인식하고 그 인식을 유지함으로써 문제 해결과 의사결정에 활용하는 정신적 프로세스로 정의된다.
>
> 대인관계 기술은 팀워크와 관련된 의사소통 및 다양한 활동으로 간주된다. 항공에서는 다른 분야와 마찬가지로 이러한 기술 영역이 서로 겹치는 경우가 많으며, 요구되는 기술과도 겹친다. 또한 이들은 다수의 승무원이 탑승하는 항공기에 국한되지 않고 단일 조종사 운영과 관련되어 있으며, 이는 성공적으로 임무를 수행하기 위해 항상 다른 항공기 및 다양한 지상 지원 기관과의 인터페이스가 필요하다. (위 내용은 영국왕립 항공협회의 CRM 스탠딩 그룹의 논문에서 가져온 것이다. 출처: SkyBrary)

록펠러 습관 #1: 건강한 팀

1. 경영진은 건강하며 서로 연계되어 있다.
   □ 팀원들은 서로의 차이점, 우선순위 및 업무 방식을 이해한다.
   □ 경영진은 전략적 사고를 위해 자주 만난다.(매주 최적)
   □ 경영진은 지속적인 임원 교육에 참여한다.(매월 권장)
   □ 경영진은 건설적인 토론을 열 수 있으며, 모든 구성원은 불편함 없이 동참한다.

패트릭 렌시오니의 베스트셀러 《팀워크의 부활》은 경영진이 길을 잃게 만드는 건강하지 못한 상황을 5가지로 정의한다. 즉, 신뢰의 부재, 갈등에 대한 두려움, 헌신의 부족, 책임 회피, 그리고 성과에 대한 부주의다. 이 병폐 중 하나 이상이 존재한다면 다른 문제에 앞서 이것부터 해결해야 한다. 렌시오니의 "팀 키트"를 구매할 것을 추천한다. 가격도 비싸지 않다. 경영진을 그가 제안하는 방법으로 진단하고 교육하여 신뢰와 건강한 토론, 헌신, 책임감 및 성과의 수준을 강화하라. 이미 건강한 팀도 이를 통해 더 훌륭한 팀이 될 수 있다. 모든 리더와 관리자가 최소 1년에 한 번 이 책을 읽어야 한다. 읽는 데 많은 시간도 필요 없고 수시로 환기함으로써 회사가 고성장하는 과정에서 팀 내에 새로운 문제가 발생하는 것을 방지할 수 있다.

록펠러 습관은, 예를 들어 주간 및 월간 회의 초반에 몇 분간 개인 생활이나 업무상의 좋은 소식을 공유하는 것처럼 팀을 건강하게 유지하는 루틴을 강화한다. 팀의 신뢰를 쌓는 방법에는 여러 가지가 있다.

1. 성격 및 리더십 스타일 진단: 구성원들이 서로의 차이를 이해하는 데 도움이 된다.
2. 회사 밖에서 개최하는 계획 모임이나 월간 경영회의를 겸한 식사 및 사교 시간
3. 공통된 학습 경험
4. 인생경로 그리기Lifeline Exercise와 건강한 팀을 구성한 후에야 비로소 우선순위를 정하는 어려운 일을 해낼 수 있다.

> **인생경로 그리기**
>
> 인생경로 그리기는 젊은경영자협회나 기업가협회 포럼이 구성원들 간의 돈독한 관계를 빠르게 맺기 위해 사용하는 중요한 도구로, 패트릭 렌시오니 팀이 경영진을 대상으로 사용하는 것이기도 하다. 먼저 A4 용지를 가로로 펴서 중간 정도에 가로선을 그은 다음 0부터 현재 나이까지 숫자를 적는다.
>
> 그다음에는 인생에서 경험한 최전성기와 가장 어두웠던 시기를 5개씩 떠올려 해당하는 나이에 기록한다. 결혼이나 자녀 출산 등은 포함하지 않는다. 그 점을 서로 연결하면 마치 롤러코스터를 타는 것 같은 곡선이 그려질 것이다.(혹은 책의 서두에서 소개한 강물의 흐름이 연상될 수도 있다.) 다 그리고 나면 10~15분 정도 각자 자기 이야기를 팀원과 공유한다.
>
> 업계 최고의 화장품 계약생산업체 FMI의 소유주인 케빈 로즈는 우리가 주최한 CEO 캠프에서 이 인생경로 그리기를 처음 접했다. 1년 후 다시 캠프에 참석한 그는, 자기 아내의 인생경로가 팀원들과 비슷하다는 것을 그동안 미처 몰랐다는 것을 알게 되었다. 이것은 강력하고 간단한 도구다. 여러분도 팀에서 함께 그려보기를 바란다.

참고: 팀에 새로운 사람이 합류하면 단순히 예전 팀에 1명만 추가된 것이 아니라 전혀 새로운 팀이 된 것이다. 인생경로 그리기 시간을 한 번 더 내어 그들을 팀에, 팀을 그들에게 소개하는 것이 좋다.

록펠러 습관 #2: 최우선 과제

우리 방법론을 간단하게 정리하면 BHAG와 측정 가능한 다음 단계(90일에서 1년에 초점을 맞춘 결정)라는 2가지 핵심 비전을 결정하는 것이라고 할 수 있다. 그 둘 사이의 다른 모든 일은 단지 어림짐작일 뿐이다. 전략에서 도출된 BHAG는 비전에 관한 전략적 사고에 바탕을 둔 중요한 장기 우선 과제가다. 분기 및 연간 중점 수치는 실행 계획 측면에 근거한 중요한 단기 우선 과제가다.

> 2. 회사의 전진을 위해 해당 분기에 달성해야 할 최고 과제에 모두 연계되어 있다.
> ☐ 회사가 해당 분기에 전진하기 위한 중점 수치를 파악하고 있다.
> ☐ 해당 분기의 중점 수치를 지원하는 우선순위(과제) 3~5가지를 파악하고 순위를 정했다.
> ☐ 중점 수치를 달성한 모든 직원을 대상으로 분기별 테마와 축하 및 보상을 발표한다.
> ☐ 분기별 테마 및 중점 수치를 사내에 게시하여 직원들이 매주 진행 상황을 인지하고 있다.

록펠러 습관 #2는 잭 스택의 《드림 컴퍼니》에 소개되어 유명해진 "중점 수치Critical Number"를 파악하는 것으로 시작된다. 모든 측정 지표가 중요하지만, 측정 가능한 최우선 과제를 "중점 수치"라고 불러야 한다.

중점 수치를 찾아내려면 당신이 완수해야 할 수백 가지의 중요한 일들이 마치 도미노처럼 줄 서 있다고 상상하라. 맨 앞의 도미노 조각을 찾아라. 즉 그것만 해결하면 다른 모든 일이 더 쉬워지는 일을 찾아야 한다. 다르게 말하면 제약 조건(또는 병목)을 파악하고 그것을 먼저 해결하라. 이 "결정적인" 제약 조건을 선택하는 방법에 관해서는 내가 가장 좋아하는 경영도서인 엘리 골드랫의 《더 골》에 자세하게 설명되어 있다. 고성장 기업을 만드는 일은 기업과 고객의 제약을 제거하는 것이 전부라고 해도 과언이 아니다.

호놀룰루에 본사를 둔 인재 컨설팅 회사 프로서비스 하와이의 벤 고드시 대표는 어떤 회계연도의 중점 수치를 600건의 추천을 획득하는 것으로 정했다. 이것은 중요한 확장 목표였다. 연매출 3억 8500만 달러(2021년)를 기록하는 이 회사는 훌륭한 서비스 문화와 혁신적인 제품을 개발하는 데 집중했음에도 연평균 추천 건수는 200건에 미치지 못했고, 순고객추천지수NPS는 꾸준히 70% 이상을 기록했다.(애플과 동등한 수준)

고드시의 경영진은 만족한 고객들로부터 더 많은 추천을 받는 방법을 논의한 후, 이 계획을 중심으로 연간 테마를 만들었다. 그것은 바로 목표를 3배로 확대하여 12개월 동안 고객으로부터 600명을 추천받는 것이었다. 아니나 다를까 그 회사는 연말을 2주나 앞둔 시점에 목표를 달성했고, 팀 전체는 와이콜로아 해변으로 축하 여행을 떠났다.

그들은 집중적이고 측정 가능한 우선과제를 정한 덕분에 목표를 3배로 확대한 것은 물론, 다른 많은 일에서도 도미노 효과를 거두었다. 고드시는 이렇게 말한다. "우리는 도저히 불가능하다고 생각했던 목표를 달성함으로써 고객 추천을 가장 큰 성장 동력으로 만들었습니다. 더 중요한 것은, 추천에 집중하는 태도가 조직문화의 일부가 되어 서비스 윤리를 강화하고 있다는 사실입니다." 고객과 직원들은 기업의 성장 과정에서 추천을 늘림으로써 회사의 서비스 및 제품 개선 투자에 도움이 되고, 직원 개발에 좋은 새로운 프로젝트를 유치할 수 있다는 점을 이해한다. 고드시는 이렇게 말한다. "우리는 이것을 성장의 선순환이라고 부릅니다."

그렇다면, 새해에 여러분의 사업에서 고치거나 통제해야 할 가장 중요하고 측정 가능한 병목은 무엇인가? 그것을 파악해야 한다. 그런 다음 조직이 금, 은, 동메달 중 어느 것을 획득할지 선택하게 하라.(180쪽 OPSP의 4열 하단의 최고, 양호, 경고) 평소 프로서비스 하와이의 테마에는 3단계 목표가 있었다. 그러나 고드시는 추천 목표를 확대하면서는 "우리는 이번에 경고와 양호 목표를 정하지 않았습니다. 우리는 추천 600건이라는 아주 높은 목표(최고)만 정했습니다. 그것은 마치 달 탐사 여행과 같았습니다. 아폴로 13호처럼 단 하나의 목표를 두고 모두 합심 단결해 노력하든지, 아니면 다 같이 죽자는 것이었기 때문입니다."

고드시 팀은 테마를 사용한 적이 있었으므로 이렇게 모두를 건 도전에 필요한 준비를 이미 갖추었던 셈이다. 이런 방식이 익숙하지 않은 조직이라면 먼저 3단계 목표를 정하여 초반에는 다소 여유를 두어야 한다. 프로서비스의 사례를 참고하되 최소 목표(경고)를 추천수 200건으로 한 뒤 보상은 회사 주차장 파티로 정하고, 400건(양호)은 지역 해변 파티, 600건은 극한 목표(최고)로 정하여 와이콜로아 해변 여행을 보상으로 내거는 것도 좋다.

분기별 테마

분기별 테마는 내부 마케팅에서 모든 사람이 중점 수치를 달성하도록 독려하는 재미있는 모티브다.

참고: 특히 이 프로세스를 처음 접하는 조직이라면 처음에는 분기 이내로 운영되는 테마를 사용하기를 권장한다. 중점 수치를 선정하고 정착하기까지는 몇 분기 정도의 시간이 필요하다.

진 브라운은 시티빈이 성장하는 동안 《록펠러식 성공 습관 마스터》에 제시된 개념을 모두 활용했다고 생각했지만, 세계적 경제 위기로 아일랜드 경제가 큰 타격을 입은 2009년에 그 습관을 더 깊게 파고들어야겠다고 생각했다. 그는 이렇게 말한다. "아일랜드는 깊은 경기 침체에 빠져 있었습니다. 저는 우리가 새로운 것을 시도해야 한다고 생각했습니다. 어쨌든 그 수렁에서 벗어나야 했으니까요."

그해 그는 플로리다주 올랜도에서 열린 2일간의 "록펠러 습관 마스터하기" 워크숍에 경영진과 함께 참가했다. 그는 워크숍을 통해 그동안 직원 수는 증가했지만, 그들의 일관된 노력을 끌어내는 데 분기별 테마를 충분히 활용하지 못했다는 사실을 깨달았다. 브라운은 "우리는 그렇게 하고 있다고 생각했지만 실제로는 그렇지 않았습니다"라고 말했다.

브라운 팀은 아일랜드로 돌아와서 분기별 테마를 정면 한가운데 배치하기로 했다. 그들은 이렇게 자문한다. 전 직원의 마음을 하나로 모으기 위해 앞으로 90일 동안 회사가 해야 할 가장 중요한 일은 무엇일까? 그다음에는 회사가 정한 분기별 테마 모범 사례 지침에 따라 발표를 준비할 "담당자"를 선정한다. 소프트웨어 부서의 디자이너는 전 직원의 마음을 하나로 모으기 위해 유머러스한 시각 테마를 만든다. 테마를 선정하는 담당자는 직원 중에 누구나 될 수 있지만, 브라운과 총괄이사의 최종 승인을 거친다.

발표는 분기별로 시티빈의 전 직원이 한 시간씩 모이는 자리에서 공유된다. 회사는 테마별로 향후 13주 동안 큰 목표를 달성하기 위해 해결해야 할 작은 "과제"(181쪽 OPSP의 5열)를 제시하여 모든 사람이 실행에 집중할 수 있도록 도와준다. 직원들은 일상 업무 중에 이 테마를 논의하지는 않지만, 매주 30분간 열리는 회의에서는 분기별 테마의 진척 상황을 검토한다. 해당 분야의 과제를 책임지는 직원이 따로 지정되며, 총괄이사와 재무 관리사는 핵심지표를 통해 목표를 달성하고 있는지 확인한다. 브라운은 "그것은 회사를 몰라보게 바꿔놓았습니다"라고 말한다.

아래에 시티빈의 분기별 테마를 몇 가지 예로 들었다.

라이언 여사 구하기: 가격 압력이 특히 높은 업계 특성에 따라 브라운이 도입한 분기별 테마 중 하나가 "라이언 여사 구하기"였다. 영화 〈라이언 일병 구하기〉의 군대를 모티브로 한 이 분기별 캠페인은 1만 명의 주부 고객을 유치하는 데 집중한다. 그들은 지금 이들을 "라이언 여사"(회사의 핵심이 되는 "누구"들이다)라고 부른다. 발표 자료의 표지에는 군인의 실루엣이 등장하고 그 옆에는 회사의 쓰레기통이 그려져 있다. 브라운은 말한다. "경쟁사들이 막 계약을 갱신하려는 시기였으므로, 우리는 1만 명의 라이언 여사를 추가로 모집하고 싶었습니다. 우리는 경쟁사들의 '소련 시대' 서비스에 붙잡힌 이 라이언 여사들을 구해내기 위해 방문 '돌격대' 팀을 보냈습니다."

본사와 창고에 걸린 거대한 포스터는 직원들에게 각 분기의 테마를 상기시켰다. 본사의 경우, 사무직원들의 칸막이 위에는 톰 행크스의 영화 포스터처럼 보이도록 디자인된 〈라이언 여사 구하기〉 포스터들이 걸렸다. 회사 본사의 게시판에는 계약 체결 수가 게시되어 회사 전체에 매일 진행 상황을 알려주었다. 주간회의에서는 하위 목표, 즉 과제 달성 진척 상황을 보여주는 초록색 군용 슬라이드를 통해 총괄이사가 더 자세한 내용을 설명했다. 시티빈은 매달 목표를 향해 한 걸음 다가가는 직원에게 보너스를 제공하며 이런 동력을 계속 유지했다. 브라운은 "분기 말까지 기다리는 것보다 훨씬 나았죠"라고 말한다.

시티빈은 목표를 초과 달성하기 위해 해당 테마의 목표를 뛰어넘는 "최고"의 벤치마크를 선정하기도 한다. "라이언 부인 구하기" 테마에서 1만 2000명의 라이언 여사를 구한다는 최고 목표로 정한 것이 그 예다.

인생은 40부터: 시티빈은 매 분기 회사가 직면한 제약에 따라 다양한 테마를 정했다. 불황을 극복하던 시기에는 수익성을 높이기 위해 라스베이거스 슬롯머신이 잭팟을 터뜨리는 장면을 안내 책자의 표지로 사용한 "인생은 40부터"를 분기 캠페인으로 삼았다. 연간 절감액이나 반복 매출을 통해 월간 이익을 4만 유로 추가 달성하자는 개념이었다. 그에 따라 직원들로부터 현금 창출이나 예산 절감 방안에 관한 아이디어를 모집했다.

테마의 분위기는 가벼웠지만, 브라운은 그것이 회사의 장기적인 생존에 꼭 필요하다는 것을 알고 있었다. 브라운은 이렇게 말한다. "경제가 너무 많이 위축되어 아일랜드의 회사들이 많이 문을 닫고 있었습니다. '인생은 40부터'라는 구호는 우리가 이 마법의 숫자를 달성하면 이 경제 위기를 헤쳐 나갈 수 있다고 말하고 있었습니다." 그 회사는 목표를 달성하여 성장을 지속할 수 있었다.

180 대 1: 베팅에서 착안한 또 하나의 가벼운 분기별 테마인 "180 대 1"은 전체 직원 60명이 한 달에 하루씩 직무를 바꿔봄으로써 (60명×3일=180일) 회사 전체의 고객서비스 수준을 개선하는 것이 목표였다. 브라운은 또 말한다. "직원들이 자기 부서를 벗어나 생각하고 다른 부서는 어떤 일을 하는지 이해해보라는 취지였습니다." 그래서 회계 부서 직원이 콜센터에서 일하고, 고객지원 부서 직원이 쓰레기 수거 트럭도 타보고, 트럭 운전사들이 고객센터에서 전화도 받아볼 수 있었다.

고객서비스와 직원들의 응집력이 눈에 띄게 향상되었다. 트럭 운전사는 만일 쓰레기를 줍지 않는다면 콜센터에 어떤 불평이 접수되는지 알게 되었다. 브라운은 "조직문화가 크게 바뀌는 것이 눈에 보였습니다. 이제는 직원들에게 시티빈에서 가장 중요한 것이 무엇인지 물어보면 분명히 '고객서비스'라고 답할 것입니다." 그 회사는 분기 말에 전 직원을 개 경주장에 초대하여 어려움을 이겨내고 목표를 성취한 것을 다 함께 축하했다.

버리기: 분기별 테마 중에는 효율 향상에 집중한 것도 있었다. 그중 하나가 바로 "버리기"였다. 직원들은 큰 성과도 없이 시간과 돈, 에너지, 공간을 낭비하는 쓸데없는 관행과 그만두고 싶은 일들을 색인 카드에 적어 제출하면 되었다. 브라운은 이렇게 설명한다. "저 같은 고위 경영자들은 주로 사람들에게 일을 맡기기만 하지, 덜어주는 경우는 거의 없습니다." 직원들은 필요 없는 일임이 분명함에도 리더에게 그 사실을 말하거나 혹은 이유를 묻는 것조차 망설이는 경우가 많다.

브라운은 한번은 마케팅 캠페인을 진행하는 3개월 간 모니터링을 하기 위해 팀원에게 고객 가입 기록을 엑셀 시트에 관리하라고 지시하는 바람에 얼마나 많은 시간이 낭비되었는지를 떠올렸다. 그로부터 거의 3년이 지난 후에 우연히 그 직원과 대화하다가 아직도 그 기록을 관리하고 있다는 말을 들었다.

브라운은 "아직도 하고 있다고요? 그거 안 본 지가 2년 반이나 되었는데"라고 말했다.

직원들이 이런 번거로운 일을 정리하고 정말로 중요한 것에 집중할 수 있도록, 회사는 "버리기" 캠페인을 통해 직원이 제출한 항목이 "폐기된 것"으로 인정되면 영화 티켓이나 짧은 휴가 등 다양한 보상을 했다. 다른 분기별 테마와 똑같이 이 테마를 시작할 때도 파티 같은 분위기를 연출했고 목표를 달성한 뒤에는 바비큐 파티로 축하했다. 그리고 직원들이 이 테마를 잊지 않도록 회사 사무실에 바닥부터 천장까지 이어지는 빨간 포스터를 걸어두었다.

브라운은 "우리가 그 분기에 폐기한 활동은 150개가 넘었고 그것이 많은 사람에게 영향을 미쳤으므로 전체적인 파급 효과가 컸다고 볼 수 있습니다. 나아가 조직문화에 또 하나의 문구와 철학이 더해졌습니다"라고 말했다.

적정 가격: 브라운 팀은 우리의 1의 위력 현금 도구(13장 〈1의 위력〉 참조)에서 실마리를 얻어 한 분기 동안 소비자 1만 명을 상대로 "적정 가격"을 매기는 데 집중했다. 이는 인플레이션 시대에 특히 중요한 일이다. 그는 가격결정이 판매원에게 맡겨지고 전략적으로 고려되지 않는다는 사실을 깨달았다. 우리는 "유니콘" 기업들을 보면서 가격을 순수한 비용이 아니라 수요에 따라 결정해야 한다는 교훈을 얻을 수 있다. 택시는 1/8km당 요금을 매기지만 우버와 리프트는 수요에 따라 요금을 청구한다. 시티빈도 이런 식으로 가격 결정에 변화를 줌으로써 그 분기에 매출이 7% 증가했고, 그 대부분은 곧바로 순익으로 연결되었다.

건전 재정: 마케팅 캠페인에 많은 돈을 쓴 뒤 어느 분기에, 시티빈은 "건전 재정"을 테마로 잡았다. 테마 발표 이미지는 《맨즈헬스》 잡지였고, 마지막에는 가슴에 시티빈의 로고 이미지를 새긴 데이비드 베컴이 표지 모델로 등장했다. 그전까지 회사는 고객층을 250% 증대해준 시장으로 이전하면서 마케팅 비용으로 많은 돈을 썼다. 브라운은 "그러나 더 이상 쓸 돈이 없는 시점이 오더군요"라고 말했다. 다시 허리띠를 조일 때가 된 것이다. 발표 내용은 급여, 교통, 광고 및 디자인, 법률 및 전문 서비스, 차량 매입, 그리고 매립 비용 등에서 일정 비율로 지출을 줄인다는 목표를 설명하는 것이었다.

이번 경우 시티빈은 목표를 달성하지 못했지만, 그 방향으로 나아간 것은 분명했다. 브라운은 "목표가 워낙 뚜렷해서 우리가 너무 공격적으로 추진했을 수도 있습니다"라고 말한다. 그래서 시작할 때도 여느 때처럼 파티를 열고 열세 번째 주말도 축하로 마감했지만, 목표를 달성했던 분기처럼 포상을 제공하지는 않았다.

> **참고:** 시티빈은 사업의 인적 측면("180 대 1", "라이언 여사 구하기")과 프로세스 측면("인생은 40부터", "버리기", "건전 재정")을 개선하는 데 초점을 맞춘 중점 수치와 분기별 테마를 번갈아 사용한다. 최우선 순위를 정할 때와 마찬가지로 균형을 찾는 것이 중요하다.

스마트SMART와 패스트FAST 목표

SMART(구체적specific, 측정 가능measurable, 달성 가능achievable, 적절성relevance, 마감 시한time-bound)라는 머리글자는 오랫동안 적절한 목표 설정 기준으로 여겨졌다. 그런데 최근에는 FAST라는 머리글자가 등장했다. 도널드 설과 찰스 설이 제창한 FAST는 목표의 설정과 실행을 포괄하는 개념으로, 최근 기술기업에 유행하는 1~2주간의 "스프린트"를 연상케 한다. 구체적인 의미는 다음과 같다.

빈번한 토의Frequently discussed: 매일/매주 검토를 통해 집중력을 유지한다.

야심차게Ambitious: 달성가능한 것(또는 터무니없는)보다 좀 더 활력이 넘치는 개념

구체적으로Specific: 측정 가능하다는 의미를 포함

투명하게Transparent: 동료 압력peer presure을 통해 책임감을 증대하는 동력

SMART 목표가 압도적으로 더 알려진 것이므로 그쪽을 더 편하게 여긴다면 또 다른 대안이 있다. 이것은 FAST 목표의 더 넓은 정신과 부합하게 개편한 새로운 SMART라고 할 수 있다.

구체적으로Specific: 측정 가능성을 암시

의미 있는Meaningful: 조직의 더 넓은 목표 및 BHAG와 부합함

야심차게Ambitious: 사람들의 포부를 키우되 사기를 떨어뜨리지 않음

정기적인 검토Review Routinely: 모든 사람의 마음속에 목표를 최우선에 두게 함

투명하게Transparent: 널리 알리고 공유하여 책임감과 주변의 시선을 의식하게 함

목표를 정의하기 위해 SMART를 선택하든 FAST를 선택하든 우선순위, 데이터, 회의 주기라는 3가지 덕목은 양쪽의 취지를 모두 충족한다.

보상 유무의 선택

분기별 혹은 연간 테마를 진행하는 도중에 중점 수치 달성에 훨씬 못 미칠 것 같다고 생각되면 어떻게 할까? 중도에 수정할 것인가? 목표치를 낮출 것인가?

조직이 목표 달성에 실패할 때는 다음의 세 선택지가 있다.

1. 그럼에도 여전히 목표를 달성해야 한다면 다음 분기에 다시 중점 수치에 도전한다. 품질이나 고객서비스 점수를 달성해야 할 때 주로 이렇게 한다.
2. 이전 목표를 추구하는 과정에서 조직이 올바른 방향으로 나아갈 동력이 충분히 만들어졌다고 생각되면 다른 중점 수치로 넘어간다.
3. 근본 원인을 분석하여 중점 수치를 달성하지 못한 이유를 알아낸다. 그중에서 다음 분기에 고쳐야 할 원인을 하나 선택한다. 예를 들어 시티빈의 "180 대 1" 테마는 조직의 건강 문제를 해결했다. 브라운은 팀원들이 한발 물러서서 서로의 상황을 이해하고 다음 목표를 달성할 준비를 갖췄다고 판단했다.

마치 에베레스트에서 바다로 흘러가는 강물처럼, 조직은 끊임없이 장애물을 헤쳐 가는 중에도 가끔은 한 발짝 뒤로 물러설 때가 있다. 이 과정을 처음 접하는 조직들에 연간 테마가 아니라 분기 테마부터 시작하기를 권하는 이유는 초반에는 목표를 달성하지 못하는 경우가 허다하기 때문이다. 목표를 바꾸지 마라. 목표를 고수하며 최근 며칠 동안 얼마나 성공적이었는지 확인하다 보면 새롭게 용기를 얻을 수도 있다.

한편 경영진이 너무 공격적이거나 달성하기 벅찬 목표를 잡는 바람에 보상을 제대로 받지 못하는 사람이 나오지 않도록 조심해야 한다. 그저 재미 차원의 축하와 보상을 선택하는 편이 좋다.

또한 최고, 양호, 경고의 3가지 잠재 목표를 정해두면 팀이 메달을 딸 확률이 높아진다. 최소한의 목표를 달성하지 못했더라도 이벤트를 열어 결과를 그대로 발표하는 것이 좋다. 조직이 직원 유지율 목표를 달성하면 경영진이 바비큐를 요리하겠다고 약속한 회사가 있었다. 이런 경우 목표 수치가 높을수록 요리가 더 맛있어진다. 유지율 75%(경고)를 달성하면 핫도그와 햄버거를 먹게 된다. 80%(양호)를 달성하면 치킨과 립을 제공한다고 했다. 만약 85%의 종업원을 유지한다면(최고) 스테이크를 약속했다. 그 회사는 결국 최소한의 목표도 달성하지 못하자 대신 경영진이 주방에서 수프를 떠 주었다.

마지막으로, 회사가 분기 및 연간 테마를 사용하는 데 익숙해지면 보상 규모를 키울 수 있다. 잭 스택의 SRC홀딩스가 보유한 회사들의 매출 합계는 5억 달러가 넘고 직원 보수 총액의 약 15%는 중점 수치 달성 여부와 연동된다. 다시 강조하지만, 잭 스택의 책《드림 컴퍼니》를 읽고 미주리주 스프링필드에서 열리는 이틀간의 "이기는 법" 워크숍에 참석하는 것을 강력 추천한다. CFO와 COO에게 특히 유용하다.

고객 및 직원 피드백

VTC의 CEO 잭 해링턴은 중점 수치와 테마를 결정하는 제1회 분기 모임을 사외에서 진행하고 있었다. 지난 분기에 경이적인 성장을 이룬 이 경영진은 지속적인 매출 성장에 초점을 맞춰 다음 분기에 600만 달러의 매출을 추가 달성하는 것을 목표로 삼았다.

그곳에 있는 동안 회사는 곧 다가올 전략계획 모임에 대비하여 강점, 약점, 기회, 위협을 분석하고 경영진 설문조사를 통해 3대 우선순위를 파악했다. 또한 직원들을 대상으로 설문조사를 실시했다. 아울러 일선 직원들은 VTC가 이미 진행 중인 프로젝트에 실패하면 회사의 뛰어난 평판이 위험에 빠질 수도 있다는 점을 크게 우려하고 있음을 알게 되었다.

다행히 한 임원이 그 모임에서 직원들의 관점을 지지하는 목소리를 용감하게 낼 정도로 경영진은 "건강"했다. 결국 해링턴과 팀은 다음 분기의 초점을 구하기 힘든 분산 시뮬레이션 전문가 16명을 모집, 고용, 합류하여 기존 팀에 대한 압박을 완화하고 기업을 추가로 인수하는 데 대비하는 것으로 전환했다. 이로써 회사에 대한 제약이 사라졌다.

VTC는 "사랑스러운 16인"을 테마로 선정하여(기술자들이 이런 테마를 좋아할 것이라고 누가 상상했으랴!) 120명 전 직원을 참여시켰고, 이런 전문가를 한 명이라도 채용하는 사람에게는 보너스를 제공한다는 계획을 마련했다. 잭의 아내이자 인사담당 책임자인 마라 해링턴은 이 계획을 듣고 안심했고, 결국 회사는 목표를 초과한 20명의 핵심 인력을 채용했다. 다음 분기에 회사는 70년대 TV 시리즈 히트작〈600만불의 사나이〉

를 테마로 삼았다.(사람들은 지금도 영업본부장 더그 그린로가 분기 테마 출범 행사장에 주인공 리 메이저스처럼 빨간 점프수트를 입고 달려 나온 이야기를 즐긴다!)

그해 말에 회사가 막대한 배수의 EBITDA를 기록하며 레이시온에 인수될 수 있었던 것은 오로지 VTC가 사내에 뛰어난 분산 시뮬레이션 전문가들을 보유하고 있었기 때문이라고 해도 과언이 아니다. 그들은 이 업계의 가장 중요한 제약 조건/병목을 통제했다! 3부 〈전략 스케일업〉에서 VTC가 레이시온에 인수된 후에 해링턴이 이 세계적인 대기업의 수십억 달러 부문의 경영을 맡았던 이야기를 소개한 적이 있다.

주의: 조직의 다른 전략과 마찬가지로, 중점 수치는 회사와 시장이 마주한 현실과 동떨어진 채 정할 수는 없다. 직원과 고객들은 어쩌면 경영진이 필요한 준비를 마치지 않아도 시나이산 정상에서 최신 전략계획이 적힌 십계명 석판을 들고 내려올 수 있다고 생각하는지도 모른다. 잭 스택 사례가 강력하게 시사하듯이, 중점 수치는 외부 기준(예: "저 회사가 12회의 재고회전율을 달성했다면, 우리라고 안 될 이유가 있을까?")과 비교하여 정하는 게 좋다. 직원들이 중점 수치를 그저 경영진이 머릿속에서 만들어낸 수치라고 생각하면 안 된다!

테마 창작 및 축하

프로서비스에서는 임원이 아닌 직원들이 600개에 달하는 추천 테마의 모든 측면을 개발한다. 그들이 한 일 중에는 목표 달성을 축하하는 "행복" 영상 제작도 포함된다. (유튜브에서 "행복한 프로서비스Happy ProService"를 검색하라.)

고드시 대표는 말한다. "그들은 '목표 달성을 축하하는 재미있는 영상을 만들어 봅시다'라고 하더군요. 그들은 혁신을 즐겼고, '행복하게 춤을 추세요'라는 말로 사람들을 축하 행사로 초대했습니다. 여러 팀이 여러 가지 재미있는 춤을 만들었습니다. 그 결과 너무나 멋진 영상이 결과물로 나왔지요."

프로서비스의 경우처럼 테마를 제작하는 실무는 경영진 이외의 직원에게 위임해야 한다. 거의 모든 회사에는 컴퓨터를 사용하여 비디오, 포스터 및 기타 테마 자료를 만드는 데 능숙한 팀원이 있다. 경영진은 다른 일을 할 필요가 없고 직원이 운영하는 팀이 테마 작업을 주도하는 것이 가장 좋다.

효과있는 축하 질문

축하 행사에서 경영진의 "아무개의 도움이 없었다면 우리는 이런저런 일을 해낼 수 없었을 것이다"라는 식의 뻔한 연설은 생략하는 편이 좋다. 그보다는 어떤 팀이 임무를 성공적으로 완수했을 때 리더가 할 수 있는 가장 강력한 질문, 즉 "어떻게 해냈죠?"라고만 물어보면 된다. 일어서서 이렇게 말하라. "축하합니다. 우리는 X를 한다고 말했는데, 드디어 해냈어요!! 어떻게 해냈죠?"라고 말하라. 그런 다음, 중점 수치를 달성하는 데 가장 크게 공헌한 사람을 지목하여 그 사람의 이야기를 들려달라고 청하라. 이것은 《당신의 직원은 최고인가》의 저자 오브리 대니엘스가 말해준 힌트다.

그런데 이 질문은 여러분이 부모라면 아이들이 집에 돌아와 성공한 이야기를 들려줄 때도 똑같이 던져볼 수 있다. 아이들에게 칭찬부터 할 것이 아니라 "축하한다, 그런데 어떻게 그런 일을 다 했지?"라는 질문으로 아이들에게 자기 이야기를 할 기회를 주는 것이다.

목표를 달성하는 것만큼 추진력과 에너지를 주는 일은 없다. 회사가 힘든 시기를 겪고 조직문화에 충격을 받고 있다면, 단기간의 목표를 정하고 전 직원이 "이기는" 일에 매진하여 원래 모습을 되찾아야 한다!

록펠러 습관 #3, #4, #7, #8

록펠러 습관 #3, 회의 주기에 관해서는 4부의 마지막에 따로 한 장을 할애하여 설명한다. 록펠러 습관 #4, #7, #8은 이미 광범위하게 다루어왔다. 그러나 여기서 짧게 요약해보자.

록펠러 습관 #4: 3장 〈리더〉에서 다루었듯이, "조직의 모든 영역에 목표 달성을 책임지는 사람이 정해져 있다"라는 내용이다. 이번 챕터에서 이를 언급하는 이유는 이와 관련된 워크시트가 조직의 기능, 성과, 프로세스를 책임지는 한 사람을 결정하는 데 초점을 맞추고 있기 때문이다.

4. 조직의 모든 영역에 목표 달성을 책임지는 사람이 정해져 있다.
- ☐ 직무책임표가 작성되었다.(적절한 인재가, 올바른 일을, 제대로 함)
- ☐ 재무제표 각 항목에 담당자가 배정되어 있다.
- ☐ 프로세스책임표에 포함된 4~9 프로세스마다 각각의 책임자가 있다.
- ☐ 3~5년 핵심 추진/역량 과제별 사내 전문가가 존재하지 않는 경우 상응하는 전문가가 자문위원회에 포함되어 있다.

록펠러 습관 #7: 5장 〈핵심〉에서 다루었다. 조직 내에 핵심가치와 목적이 "실현되고 있다"는 내용이다. 채용(및 해고) 결정을 내릴 때, 그리고 칭찬과 건설적인 비판을 건넬 때는 항상 핵심가치와 목적이 중심이 되어야 한다. 아울러 경영진은 단 한 가지 열정적인 연설을 준비하여 조직의 더 큰 목적을 강화하기 위해 끊임없이 반복해야 한다.

7. 조직 내에 핵심가치 및 목적이 "실현되고 있다."
- ☐ 핵심가치가 발견되고 목적이 잘 설명되었으며, 전 직원이 이에 대해 인지하고 있다.
- ☐ 모든 경영진 및 중간관리자는 칭찬 또는 견책 시 핵심가치와 목적을 참고한다.
- ☐ 인사 부서의 프로세스와 활동이 핵심가치 및 목적(고용, 오리엔테이션, 평가, 인정 등)과 연계되어 있다.
- ☐ 조직의 핵심가치 및 목적의 강화를 위해 분기별로 실행방안이 파악되고 구현되고 있다.

록펠러 습관 #8: 7장 〈한쪽짜리 전략계획〉에서 다루었다. 직원은 회사 전략의 핵심 요소를 정확하게 설명할 수 있어야 한다. 다시 말해 비전 요약 워크시트에 반영된 사업 비전과 전략의 주요 측면을 모든 직원이 이해해야 한다는 뜻이다. "이 회사가 하는 일이 무엇입니까?"라고 물었을 때 모든 직원이 짧게 답할 수 있는 "엘리베이터 스피치"를 익히고 있다면 조직이 목표를 향해 정렬되어 있다는 좋은 신호가 될 것이다.

8. 직원은 다음과 같은 회사 전략의 핵심 요소를 정확히 설명할 수 있다.
  □ BHAG: 진행 상황을 확인할 수 있는 가시적인 목표 - 추적 가능하고 가시적인 진행 상황
  □ 핵심고객: 25 단어 이내로 표현된 프로필
  □ 3대 브랜드 약속: 그리고 매주 보고되는 브랜드 약속 KPI
  □ 엘리베이터 스피치: "이 회사가 하는 일은 무엇입니까?"라는 질문에 대한 설득력 있는 답변

록펠러 습관 #5, #6, #9, #10사이의 균형에 관해서는 다음 장 〈데이터〉에서 다룰 것이다.

10

데이터

예측 강화 도구

THE DATA

EXECUTIVE SUMMARY 경영 컨설턴트인 에드워즈 데밍은 리더의 기본적인 책무는 예측이라고 했다. 리더가 지닌 예측 능력의 핵심은 수많은 데이터다. 빅데이터 분석은 이제 주류가 되어 규모에 상관없이 모든 기업이 활용할 수 있다. 그러나 리더는 사람들이 수집한 정보를 바탕으로 시장과 회사에서 벌어지는 일을 직감하고 올바른 결정을 내릴 수 있는 전통적인 지혜가 여전히 필요하다. 매주 고객 및 직원과 대화하고 이를 바탕으로 경영진과 함께 논의하는 것은 매우 중요하다. 아울러 모든 직원이 데이터 수집에 참여하게 하고, 중간관리자와 함께 그런 활동을 확산하여 경영진이 궁지에 몰리지 않게 해야 한다.

펜실베이니아주 스목의 COE 디스트리뷰팅이라는 회사는 사무용 가구 유통센터를 짓기에 가장 효율적인 곳을 찾기 위해 데이터에 주목했다. CEO인 제임스 유잉(그의 혁신적인 직원 인정 프로그램에 대해서는 2부 〈인력 스케일업〉에서 다루었다)은 피츠버그 대학교 경영대학원의 데이터 분석학과 학생 팀과 함께 3개월 동안 부지 선정 작업을 했다.

유잉은 "그들은 분배 공간, 그 공간의 비용, 고객 집중도, 물류비용 등 활용할 수 있는 다양한 정보를 고려했습니다"라고 설명한다. 3개월간의 검토 끝에 그들은 휴스턴의 한 블록을 선정했다. 위치를 정한 뒤 회사는 9만 제곱미터 규모의 건물을 임대했다.

이어서 COE 디스트리뷰팅은 인공지능을 활용할 줄 아는 학생팀과 함께 어떤 제품이 성공할지 파악했다. 그들은 예측 분석 기법을 사용한다. 유잉은 "그 모델을 더 많이 사용할수록, 정확도가 더 개선되고 있습니다"라고 말한다.

최근에 그들은 포어서트Forethought사가 만든 웹 위젯 "올리비아Olivia"를 사용한다.

"올리비아"를 통한 재고 확인

COE의 고객 경험 부문 본부장(너무 마음에 드는 직함이다) 제니퍼 주빈은 이렇게 말한다.

> *coedistributing.com* 사이트에서(우측 하단) 그녀(올리비아)와 직접 의사소통을 주고받을 수 있습니다. 우리는 올리비아가 CS팀에 쏟아지는 반복적인 업무를 대신해 줄 수 있다는 점에 주목했습니다. 지금까지 올리비아는 주문이 언제 발송될지 알려주고, 재고를 확인하며, 재고 보충 날짜를 조언하고, 제품 조립 지침을 안내하며, CS팀에 직접 연락(이메일)할 수 있습니다. 우리에게 이런 환경은 아직도 좀 낯선 편이지만, 지금까지는 모두가 너무 좋아합니다. 그중에서도 재고 확인은 공급망 관리에서 가장 눈에 띄는 특징입니다. 물건을 찾으면 바로 장바구니에 추가할 수도 있습니다.

올리비아는 고객 경험CX과 직원 경험EX을 모두 개선하는 데 도움이 된다. 이는 모든 이해 관계자에게 상호이익이 된다. 여러분은 데이터와 AI를 어떻게 활용할 수 있는가?

정보 수집

모든 전쟁과 시장의 승리는 정보에 달려있다. 최고의 정보를 가장 빨리 습득하는 자가 승리한다. 그러므로 데이터 분석은 사람을 통해 정보를 수집하는 전통적인 방식으로 보강해야 한다.

월마트가 보유한 빅데이터 컴퓨팅 능력의 이면에는 월요일부터 목요일까지 아칸소주 벤턴빌 본사 팀을 매장으로 보내 확보한 통찰력을 목요일 밤에 다시 모으는 노력이 있었다. 금요일 아침에 경영진은 컴퓨터 시스템이 제공하는 모든 정량 데이터는 물론, 고객과의 대화, 직원과의 만남, 그리고 주중에 경쟁사 매장에서 쇼핑하며 얻은 정성 정보까지 함께 자세히 들여다본다.

월마트의 CEO와 캔자스시티 로열스 구단주 겸 CEO를 역임한 데이비드 글래스는 이런 관행을 잘 기억하고 있었다. 그는 "(금요일 아침에는) 어떤 시정 조치를 취할지 결정했고, 토요일 정오쯤이면 모든 조치를 끝냈습니다. 경쟁사는 대부분 전주 판매 성과를 월요일에야 파악했습니다. 그러니 다른 회사가 열흘이나 뒤처지는 사이에 우리는 이미 시정 조치를 끝낸 셈이지요"라고 말했다.

월마트가 경쟁에서 앞서는 것은 바로 이러한 "빨리 파악하고 빨리 행동하는" 주기다. 이 사례가 보여주듯이 몇 달, 몇 주가 아니라 단 열흘만 앞서도 50년 이상 경쟁 우위를 지킬 수 있다. 월마트의 습관은 대기업에만 해당하는 것이 아니다. 직원, 고객, 경쟁사로부터 데이터를 모으는 습관은 1962년에 샘 월튼 1호점에서 매주 토요일 오전 6시 회의를 열 때부터 시작되었다.

여기서 2가지 교훈을 얻을 수 있다.

1. 경영진은 비유로든 말 그대로든 일주일의 80%는 시장에 나가 있어야 한다.
2. 이 습관은 창업 첫날부터 시작하여 5000억 달러 매출을 달성할 때까지 계속되어야 한다!

핵심은 속도에 있다. 군사 전략가이자 미 공군 대령인 존 보이드는 어떤 조종사가 공중전에서 승리하는지를 OODA 주기를 통해 설명했다. 즉, 승리자는 남보다 더 빨리 관찰하고Observe, 방향을 잡고Orient, 결정하고Decide, 행동하는Act 사람이었다! 우리는 이것을 학습-결정-행동 주기라고 부른다. 이 주기를 가장 빨리 끝내는 회사는 시장에서 막대한 우위를 점한다. 이것이 바로 월마트가 매주 정보를 수집하고 결정하며 행동하여 열흘의 우위를 확보한 원리다.

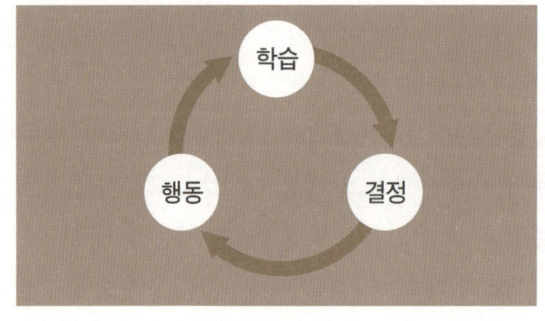

OODA 순환 주기는 퀵북스가 마이크로소프트에서 인튜이트까지 이 시장을 빼앗으려 했던 수많은 경쟁자에게 오랫동안 위협을 받아왔음에도 여전히 80% 이상의 중소기업으로부터 선택받는 회계 소프트웨어인 이유다. 그 비결이 무엇일까? 이 회사는 신제품을 출시하면 매년 500회나 사용자의 가정이나 사무실로 사람을 보내 이들이 소프트웨어를 어떻게 사용하고 있는지 지켜본다. 퀵북스는 고객이 잠깐 멈추고 눈썹을 치켜올릴 때마다 사용자 인터페이스를 수정해야 한다는 단서를 얻는다.

나는 켄 들라스키가 운영하는 델텍이라는 회사가 정부 조달 소프트웨어 시장에서 지배적인 기업가가 되리라는 것을 수십 년 전부터 알고 있었다. 켄은 직원 수 70명 정도인 그 회사에서 일하자며 나를 초대했다. 그곳에 가본 나는 깜짝 놀랐다. 기술지원 부서에는 4명의 직원이 소프트웨어에 관한 고객의 질문에 대응하고 있었다. 같은 부서에는 프로그래머들이 각자 일주일에 반나절씩 나와서 일하는 칸막이가 있었다.

프로그래머들은 전화를 받지 않았지만, 고객의 모든 질문과 우려 사항을 엿듣고 있었다. 그러다가 기술 지원팀에서 질문에 제대로 대답하지 못하면 곧바로 "제가 소프트웨어를 만든 사람입니다" 하고 나설 수 있었다. 그 회사는 고객의 사정을 실시간으로 파악하고 곧바로 코드에 반영할 수 있는 완벽하고 신속한 OODA 또는 학습-결정-행동 주기를 갖추고 있었다.

더구나 켄 자신도 일주일에 하루는 그곳에서 일하면서 프로그래머들이 듣던 정보를 얻었다. 그때 나는 그 회사가 크게 성장할 것임을 알았고, 실제로 그렇게 되었다.

어디에나 측정 지표를

스케일링업 프로그램의 성장 도구에는 KPI와 성과를 선택하라는 칸으로 가득하다. 먼저 사업의 원동력이 되는 직무와 프로세스부터 시작하여, 목표를 설정하고, 측정 가능한 브랜드 약속을 설명한 다음, 한쪽짜리 전략계획OPSP에서 중점 수치를 선정하도록 한다. 여기에는 기업의 인력과 프로세스 양 측면의 KPI가 포함되어 경영진이 균형 있는 시각으로 성과를 볼 수 있게 한다.

문제는 고객에게 중요한 측정 지표를 선택하여 경영진과 전 직원이 적시에 문제와 기회를 파악할 수 있도록 하는 것이다. 우리는 이런 유의미한 KPI를 "머니볼" 지표라고 부른다. 즉, 우리가 추구하는 성과와 직결되는 한두 개의 KPI를 말한다.

여러분의 "머니볼" KPI는 무엇인가?

관리하는 지표가 너무 많지는 않은가? 정말 중요한 것을 측정하고 있는가? 존 라틀리프가 속한 콜센터 업계는 그야말로 모든 것을 측정한다! 존은 심지어 콜센터협회가 회원사를 상대로 위장 쇼핑을 한 후 수십 개의 콜센터별로 수십 가지의 특성을 측정하는 "금상" 프로그램을 만드는 작업을 지원하기도 했다.

존은 자사의 24개 전 지점과 500명의 콜센터 직원을 상대로 큰 비용을 들여 이 위장 쇼핑 프로그램을 운영해보았다. 그리고 이 데이터를 이용해 각 지점의 품질과 지역별 리더의 성과를 평가했다.

그런 다음 그는 《머니볼》을 읽었다! 책이나 영화를 보지 않은 사람을 위해 설명하면, 그 책은 오클랜드 애슬레틱스가 그동안 선수를 모집하고 연봉을 산정하는 데 사용해온 야구 통계수치의 대부분이 정작 팀의 메이저리그 우승과 아무런 상관이 없었다는 것을 데이터 분석을 통해 자세히 보여준다!

오클랜드 애슬레틱스의 빌리 빈 단장(영화에서 브래드 피트가 연기한)처럼, 존은 자신이 측정한 수치가 정작 중요한 결과와 어떤 관련이 있는지 궁금했다. 그는 일단 고객 유지율을 선택했다. 그런 다음 COO가 각 지점의 고객 유지율과 자사가 정한 "금상"에 해당하는 점수를 서로 비교했다. 놀랍게도 우수 점수가 가장 높은 지점은 고객 유지율이 가장 낮고, 점수가 가장 낮은 지점은 고객 유지율이 가장 높았다! 나머지 점수는 상관관계가 뚜렷하지 않았다.

존은 야구 출루율과 비슷한 머니볼 통계를 찾다 그것이 직원순고객추천지수eNPS라는 것을 깨달았다. 이상하게 들릴지 모르지만, 직원이 행복하면 고객의 행복도도 증가한다! 이는 다른 모든 지수를 이끄는 머니볼 KPI가 되었고, 결국 직원 이직률은 업계 평균의 10분의 1로 감소했고, 수익성은 동종업계 평균의 5배로 증가했다.

귀사의 머니볼 통계는 무엇인가? 직무책임표FACe 도구를 작성할 때는 마지막 열(성과 및 결과)을 먼저 채운 다음 역방향으로 진행하는 것이 좋다. 회귀분석을 사용하여 귀사가 측정하는 KPI가 해당 직무나 회사 전체의 성과와 상관관계가 있는지 확인한다. 그다음에는 이런 KPI를 달성할 수 있는 리더를 모집한다.

그러나 정량적 측정 지표만으로는 전체적인 관점을 얻을 수 없다. 시장에서 나눈 대화, 고객과 경쟁자를 관찰한 결과에서 얻은 정성적 통찰력은 의사결정에 필요한 데이터를 채워준다. 여기에 조언자와 전문가 그리고 "대중"의 조언도 도움이 된다. 이 모든 데이터를 컴퓨터와 우리의 두뇌에 쌓아두고, 건강한 토론을 자주 열다 보면 리더들이 높은 수준의 확신으로 (채용, 상품, 마케팅 등의) 결정을 내릴 수 있다.

4부 〈실행 스케일업〉의 서론에서 강조한 로저 하디의 코스탈닷컴 팀은 이런 프로세스와 습관을 지킨 덕분에 회사를 거의 5억 달러 규모로 성장시켰다. 이런 주간 습관을 도입하여 예측, 위임, 반복이라는 중요한 리더십 역량에 꼭 필요한 (정량 및 정성) 데이터를 확보한 성장 기업의 사례와 구체적인 권장 사항을 아래에 제시했다.

주의: 고객 및 직원과 정기적으로 나누는 대화가 그토록 중요하다면, 리더들이 그렇게 하지 않는 이유는 무엇일까? 왜냐하면 그들은 똑같은 문제나 칭찬을 끊임없이 반복해서 듣기 때문이다. 게다가 바쁜 리더들로서는 사업에 전혀 상관없는 이야기를 듣기 위해 일부러 시간을 내기가 어렵다. 그러나 한두 개의 핵심 아이디어가 사업모델에 결정적인 도움이 된다. 그러니 대화를 포기하지 말라. 대화의 인간적 측면에 집중하라. 그리고 뇌리에 아이디어가 언뜻 떠오르는 순간을 포착하라. 그 순간은 분명히 온다!

이제 직원들로부터 정보를 얻는 방법을 자세히 살펴보자. 록펠러 습관 #5이다.

록펠러 습관 #5: 직원에게서 정보를 얻는다.

5. 장애물 및 기회를 파악하기 위해 지속적으로 직원 의견을 수집한다.
- ☐ 모든 경영자(및 중간관리자)는 매주 적어도 1명의 직원과 시작/중단/유지 대화를 나눈다.
- ☐ 직원과의 대화를 통해 얻은 정보는 주간 임원회의에서 공유한다.
- ☐ 장애물 및 기회에 대한 직원의 의견은 매주 수집된다.
- ☐ 중간관리자 팀은 모든 장애물과 기회에 관한 해결 프로세스를 담당한다.

전 세계의 공항과 창고에 빅애스팬스가 거대하게 자리 잡고 있다는 것을 아는가? 켄터키에서 급성장하는 제조업체 빅애스 솔루션은 2009년에 3400만 달러였던 매출이 2016년에는 2억 4000만 달러로 급증한 후 한 사모펀드 회사에 5억 달러에 매각되었다. 더 중요한 것은 그 회사의 직원 유지율 93%가 미국 평균인 63%를 크게 뛰어넘었다는 사실이다. 이 모두는 설립자이자 최고빅애스(원래 별명이었으나 지금은 정식 직책이 되었다)인 캐리 스미스가 일련의 정책을 통해 거둔 성과이다. 스미스와 경영진은 직원들에게 직장 건강클리닉, 출장요리 업체를 통한 중식 제공, 게임방(여기는 실리콘밸리가 아닌데도) 등의 최고급 특전을 제공하는 외에도, 매주 대여섯 명의 직원과 함께 최고급 레스토랑에서 저녁 식사를 한다. 소문과 아이디어를 얻고 회사의 DNA를 확인하는 방법으로 이보다 더 나은 것이 있을까?

전 직원의 참여를 유도하라

1962년에 월튼이 매주 직원 만남을 통해 사업 개선 아이디어를 찾았던 것은 당시로서는 꽤 진보적인 태도였다. 직원들이 자기 생각을 조직과 공유할 공식 통로가 없다면, 자칫 그들이 회사를 떠날 때야 그런 정보를 듣게 될 위험이 있다. 더 나쁜 것은 직원들이 조직에 기여했다는 보람을 느낄 기회가 없다는 점이다.

경영자(및 중간관리자)라면 누구나 최소 **매주 한 명의 직원과 시작/중단/유지 대화**를 나누는 것이 좋다. 물론 지금도 매주 많은 직원을 만나고 그중 한두 명과는 잠깐씩 사소한 대화를 나누고 있겠지만, 직원들과 15~45분 정도 대화에 집중하며 피드백과 아이디어를 얻는 것은 분명히 다른 일이다. 고객을 직접 상대하거나 새로 입사한 직원이면 더 좋다. 새로 들어온 직원은 시각이 신선해서 오래 근무한 직원들이 어떤 생각을 하는지 금방 눈치챈다.

다음은 이런 대화에서 사용할 수 있는 3가지 간단한 질문이다.

1. 우리가 무엇을 **시작해야** 할까요?
2. 우리가 무엇을 **그만둬야** 할까요?

3. 우리가 무엇을 **계속해야** 할까요?

특히 리더들은 "그만둬야 한다"는 대답에 주의를 기울여야 한다. 4장 〈팀〉에서 언급했듯이, 그것이 직원의 사기를 꺾고 있을 가능성이 크기 때문이다.

참고: 이 질문은 힌두 신화의 창조-보존-파괴 주기와 같다고 느낄 수도 있다.

힌트: 조직문화에 따라서는 처음에는 이런 대화가 어색하게 느껴질 수도 있다. 대화를 시작할 때 다소 분위기가 어색하더라도 당황할 필요는 없다. 끝날 때쯤에 그 직원은 다음 만남까지 몇 달이나 기다려야 한다는 점을 아쉬워할 것이다. 시작/중단/유지에 관해 할 말이 더 있는지 마지막으로 한 번 더 물어보면 대개 마음이 열리게 된다.

마킷포스의 직원 점심식사

시드니에 본사를 둔 마킷포스의 설립자이자 최고관여책임자인 앨런 히긴스는 조직문화에 많은 시간을 할애하여 물류업계에 창고 보관, 유통, 계좌관리 서비스를 추가하는 독특한 캠페인을 펼친다. 그는 매주 직원 한 명과 회사 밖에서 점심식사를 하며 그에 관해 더 많이 알아간다. 음식이 나오기 전에 먼저 시작/중단/유지 질문과 그가 하는 일 중에 좋아하는 것과 싫어하는 것, 그리고 인생에서 이루고 싶은 가장 큰 목표는 무엇이냐고 묻고 식사 도중에 이 주제로 대화할 것이라고 알려준다. 히긴스는 이렇게 말한다. "저는 그들에게 대답을 적어보라고 합니다. 종이에 적으면 실현되기 때문입니다. 그때부터 모든 일이 제자리를 찾아가기 시작합니다. 그것은 매우 강력합니다. 저는 리더로서 그들이 적어놓은 목록을 확인하도록 돕는 것이 제 일이라고 생각합니다."

주간 경영회의 토론

히긴스는 직원과 대화를 나눈 다음 아무도 읽지 않는 상세 보고서를 작성하는 대신, 자신이 느낀 점을 매주 열리는 경영회의에서 공유한다. 그는 직원 피드백을 공유하는 것을 어젠다의 하나로 넣어 10분을 할애한다.(11장 〈회의 주기〉에서 자세히 설명한다.) 리더들은 그의 이야기를 듣고 기업의 분위기를 느낄 수 있다.

"시작"이나 "중단"과 관련한 구체적인 계획이 있다면 먼저 공식적인 직원 제안 프로세스에 포함하는 것이 좋다. 일일회의에서 언급되는 "정체" 현상에 관한 정보도 마찬가지다. 다음 장에서 자세히 설명한다.

지속적인 피드백

매주 직원들로부터 장애물과 기회에 관한 정보를 수집하라. 이런 문제가 쌓여 불만 덩어리가 되지 않도록 신속히 조치하라. 직원들로부터 다음과 관련된 방안을 모집한다.

1. 매출 향상
2. 비용 절감
3. 고객이나 직원에게 더 편해지거나 좋아지는 법

직원들의 아이디어를 활용하는 방법 중에는 1948년부터 3M이 시작한 "15% 규칙"이 있다. 이것은 직원들이 일과 중 일부를 자신이 선택한 프로젝트에 할애할 수 있는 제도다. 지금은 구글과 애플을 비롯한 여러 회사에 비슷한 정책이 있다. 시드니의 소프트웨어 기업 아틀라시안의 직원들은 24시간 동안 혁신을 창출하기 위해 "십잇ShipIt"이라는 날을 얻는다. 그리고 커리어트랙의 설립자 지미 칼라노는 이른바 3I 프로그램이라는 것을 도입했다. 그는 이 회사를 세계 최대의 일일 세미나 전문기업으로 만들어 거대 케이블업체 TCI에 매각했다.

커리어트랙의 콜로라도 본사에 있는 모든 관리자는(당시 40명이었다) 매달 매출 증가나 비용 절감, 또는 무엇이든 개선하는 법에 관한 아이디어를 제출해야 했다. 칼라노는 월요일에 열리는 경영회의를 앞두고 일요일 아침에 120개 아이디어를 검토하고 구체적인 답변을 작성하곤 했다. 그런 다음 매달 상위 20개 아이디어를 선정해 경영회의에서 발표하고, 수상자에게 빳빳한 20달러짜리 지폐를 건네 흥미를 유발했다.

칼라노는 이 3I 프로그램을 통해 일선 직원과 팀장들 사이에 존재하는 지식 차이를 피부로 느꼈고 제출된 자료를 검토하며 많은 것을 "배울 수" 있었다. 칼라노는 이 아이디어에서 수백만 달러의 가치가 있는 개선점을 문서화할 수 있었다. 아울러 경영자들이 매달 세 가지 아이디어를 제출해야 했기 때문에, 일선 직원과 고객의 의견을 구할 수밖에 없었다는 점도 중요했다.

피드백 종료

만약 경영진이 이런 주기를 공식적으로 종료하지 않고 제안에 따라 행동하지도 않으면서 직원의 피드백과 아이디어만 접수하면 오히려 역효과가 발생한다. 최소한 아이디어가 구현되지 못하는 이유를 직원에게 알려주어야 한다.

   가장 큰 장애물은 적절한 기간을 찾는 것이다. 경영진이 더 이상 할 일 목록을 필요로 하지 않는다면, 중간관리자가 모든 장애물과 기회에 대한 직원의 피드백을 책임지고 대응하기를 강력히 권고한다. 그러기 위해서는 중간관리자가 부서를 초월해 한데 모여 제안에 대응하고 실행 방안을 모색해야 하므로 그들로서는 차세대 리더로서의 역량을 개발할 훌륭한 기회이기도 하다.

   아울러 공급업체에 지급하거나(미지급 일수) 수금하는(미수금 일수) 데 소요되는 날짜를 관리하는 것처럼, 직원들로부터 수집한 아이디어를 구현하기까지의 기간도 관리하는 것이 좋다. 이 프로세스를 담당하는 중간관리자에게 "제안 경과 보고서"를 작성하여 접수일자로부터 30일, 60일, 90일이 지난 아이디어 수를 측정하도록 하라.

   마지막으로, 직원들을 상대로 투명성을 유지하라. 모든 제안이 열거된(편집되지 않은) 내부 사이트를 개설하거나, 휴게실에 대형 게시판 설치하여 적어두고 해결된 것만 지우면 된다. 사내 뉴스레터에도 최신 현황을 꾸준히 공지하라.

 주의: 특정 개인을 부정적으로 지목하는 제출안은 당연히 따로 면담을 통해 해결해야지 전체에 알리면 안 된다.

록펠러 습관 #6: 고객 정보를 수집하라

산지브 모한티는 베네통 인디아 프라이빗 유한회사가 리바이스를 뛰어넘어 인도 최

> 6. 고객 피드백 데이터의 보고와 분석이 재무 데이터만큼 빈번하고 정확하다.
> - ☐ 모든 경영자(및 중간관리자)는 매주 적어도 1명의 최종사용자와 4Q 대화를 나눈다.
> - ☐ 고객과의 대화를 통해 얻은 정보는 주간 임원회의에서 공유한다.
> - ☐ 고객 데이터 수집에 전 직원이 관여한다.
> - ☐ 중간관리자 팀은 모든 고객 피드백의 해결 프로세스를 담당한다.

고의 글로벌 패션기업이 되던 2014년까지 이 회사의 CEO를 지냈다. 그는 회사가 그토록 급격하게 성장하고 성공할 수 있었던 비결은 500만 명이 넘는 고객과 매일 열정적으로 소통한 것이었다고 말한다. 그는 회사가 처음으로 록펠러 습관 워크숍을 시작한 후 고객들에게 이메일로 피드백을 달라는 안내판을 매장마다 설치했다. 아울러 법령에 따라 의류에 부착하는 태그마다 이메일 주소를 첨부했다.

거의 모든 유통업체가 고객의 불만과 제안에 귀를 기울인다고 말은 하지만, 사실은 빈말에 그치는 경우가 많다. 모한티는 제안서가 들어올 때마다 자동으로 사본을 볼 수 있게 조치했다. 몇몇 메일은 직접 매일 답장을 했고, 나머지는 해당 팀이 맡아서 진행했다. 고객이 전화번호를 밝힌 경우는 반드시 전화를 걸었다. 이를 계기로 베네통 인디아에 관한 긍정적인 입소문이 넓게 퍼졌다. 모한티와 경영진은 이런 대화에서 얻은 힌트를 바탕으로 회사의 주력 상품군 이외에 혁신적인 의류 라인을 연이어 선보였고, 이것이 매출과 브랜드가 급성장하는 데 큰 도움이 되었다.

참고: 그후 모한티는 리바이스에 영입되어 2017년에는 남아시아, 중동, 북아프리카 지역을 총괄하는 수석부사장이 되었다! 모한티는 계속 승승장구하여 2019년에 인도의 "소매유통 아이콘" 상을 받았다.

4200명의 직원이 근무하는 방갈로르의 퀘스트글로벌엔지니어링은 고객에게서 피드백을 얻는 노력 덕분에 총 5000만 달러 규모의 5년 계약을 체결했다. 퀘스트는 무려 2000개 공급업체와의 경쟁을 뚫고 최종 2개 업체에 선정되었다. COO인 아제이 프라부는 잠재 고객사의 사무실 맞은편에 자리한 매리엇 호텔로 아예 이주하는 승부수를 던졌다. 프라부와 수석부사장은 그곳에서 잠재 고객사의 모든 직급의 사람들과 매일 만나면서 퀘스트의 제안서를 거의 실시간으로 개선했다.

"우리는 상상할 수 있는 모든 '만약의 상황'을 수집하여 우리에게 불리하게 작용할 수 있는 문제가 무엇인지 파악하고 알게 되었습니다. 마침내 제안서를 제출하고 보니 그동안의 모든 고객과의 만남이 판도를 결정적으로 바꿔놓았다는 점을 깨달았습니다. 고객은 우리가 그들과 세부 사항에 주의를 기울이고 있다는 것을 알 수 있었습니다. 그리고 우리보다 훨씬 큰 경쟁사가 답변을 내놓기 위해 본사의 여러 계층의 경영진을 거치는 동안 우리는 신속하게 의사결정을 내릴 수 있었습니다. 우리는 의사 결정권자가 고객 바로 옆에 있었습니다. 마치 함께 캠핑하는 것 같았으니까요." 프라부의 말이다.

퀘스트는 프로젝트를 완료한 후에도 즉시 고객 대상 설문조사에 들어간다. 결과가 만족스럽지 않으면 잘못된 원인을 자세히 분석한다. 그러나 프라부는 "고객 만족은 물론 중요하지만, 균형을 유지해야 합니다"라고 말한다. 퀘스트는 고객, 직원, 회사의 만족도를 측정하는 삼중 점수표 방식을 채택했다. 고객(c점수)과 직원(e점수)의 만족도는 업계 표준과 비교하여 평가한다. 세 번째인 퀘스트 만족도(q점수)는 프로젝트의 수락 여부를 평가하는 데 사용된다. 프라부는 이렇게 말한다. "우리는 퀘스트 만족도를 충족하지 않는 프로젝트는 맡지 않습니다. 고객사는 우리가 더 효율적으로, 수익성 있게 서비스할 수 있는 곳이어야 하고, 우리 전략과도 일치해야 합니다."

고객과의 대화

모든 경영진과 팀장들은 최소한 매주 한 명의 최종 고객과 4가지 질문4Q 방식으로 대화해야 한다. 특히 기업간B2B 거래 상황이라면 유통채널과 구매 대리점을 건너뛰어(물론 양해를 구하고) 우리 제품과 서비스에서 실제로 이익을 얻는 사람과 직접 대화하는 것이 좋다. 4Q는 리더들이 고객에게 직접 질문해야 하는 4가지 질문을 말한다.(설문조사 문항이 아니다.)

1. 요즘 근황이 어떻습니까?
2. 귀사의 업계/주변 업체의 근황은 어떻습니까?
3. 경쟁사에 대해서는 어떻게 듣고 계십니까?
4. 우리 회사에 하시고 싶은 말씀은 없습니까?

핵심은 누구나 가장 좋아하는 주제, 즉 자기 이야기를 하도록 하는 것이다. 첫 번째 질문을 통해 그들의 현재 상황을 알 수 있다. 그들의 고통스러운 점은 무엇인가? 내년에 그들의 우선순위는 무엇인가?

그리고 B2B 환경에서 일하는 영업직이라면 그 사람의 보너스가 무엇과 연동되는지 알아보라. 금액을 알 필요는 없지만, 여러분의 제품과 서비스가 그의 목표 달성에 어떤 도움이 되는지를 알 수 있다.

두 번째 질문을 통해 일반적인 산업동향을 파악할 수 있다. 가장 최신의 변화나 기술은 무엇인가? 그 업계의 구매자와 판매자는 누구인가? 만약 소비자와 대화한다면, 그들과 주변 이웃들은 무엇을 생각하고, 느끼고, 이야기하는가?

세 번째 질문이 가장 중요한 이유는 여러분 자신의 편견을 극복하는 데 도움이 되기 때문이다. 코스탈닷컴은 이 질문을 통해 그들의 발목을 잡는 저가 경쟁사들을 물리치기 위해 가격을 낮추면 안 된다는 것을 깨달았다. 하디의 경영진이 고객들에게 경쟁사들에 대해 어떻게 생각하느냐고 단도직입적으로 물었을 때, 그들은 그 질문에 답하기보다는 코스탈닷컴의 신속한 전화 응대와 고객서비스에 대한 칭찬으로 열변을 토했다.

고객에게 이 3가지 질문을 던진 후에야 우리 회사의 제안에 대한 고객의 반응을 질문해야 한다. 이 질문들은 우리가 아니라 고객의 생각을 묻기 위한 것임을 잊지 말라!

B2B 환경에서는 모든 임원이 고객사의 상대방과 소통해야 한다.(예: CFO는 고객사의 CFO와 대화해야 한다.) 담당 분야의 전문가와 소통해보면 다른 사람들이 놓치는 통찰을 얻을 수 있다.

이런 노력을 고객을 유지하기 위한 투자라고 생각해보라. 급속히 성장하는 기업이 새로운 기회를 쫓느라 바쁜 나머지 기존 고객들은 무시당한다고 느끼는 경우가 많다.

기업들이 방치하는 바람에 떠나간 고객을 과거에 붙잡아 둘 수 있었다면, 그들은 적어도 성장의 절반을 책임질 수 있었을 것이다.

소셜미디어 활용

코스탈닷컴은 성장 방안을 고심하던 차에 2일간의 계획 모임을 열기로 했다. 그 결과, 하디와 그의 경영진은 매주 금요일 30~40명의 고객에게 전화해서 피드백을 받기로 했다. 하디는 그들이 고민하던 것과 똑같은 주제가 대두되는 것을 보고 깜짝 놀랐다. 고객들은 콘택트렌즈를 맞춘 다음 날 받아보기를 원했다. 하디는 이렇게 말한다. "속도는 사업의 매우 중요한 부분이며, 우리가 고객들에게 들은 메시지도 바로 그것이었습니다." 고객들이 콘택트렌즈를 새로 주문할 때는 렌즈가 한 쌍만 남은 경우가 많다. "우리는 모든 제품을 하루만에 제공하기 시작했고, 결국 그 시장에서 매출이 60% 증가했습니다." 하디의 말이다.

하디는 이제 소비자들이 소셜미디어에 소비하는 시간이 많아지면서 전화로 피드백을 받기가 어려워졌다고 말한다. "메시지는 40개를 남겼는데 피드백은 그에 훨씬 못 미치는 시점이 있었습니다. 전화 통화가 비생산적인 일이 된 겁니다." 이제 코스탈닷컴은 서베이몽키를 이용하여 구매 후 즉시 NPS로 측정된 피드백을 받는다. 회사는 또 쉽고 빠르게 의견을 주고받을 수 있는 페이스북을 많이 이용한다. 하디는 "우리는 소셜미디어의 코멘트를 통해 가장 중요한 시장이 어디인지 파악합니다"라고 말한다.

주간회의에서의 토론

고객들과 나눈 대화에서 얻은 통찰을 매주 경영진 모임에서 공유하라. 수많은 서면 보고서를 작성하느라 그 과정을 수렁에 빠뜨리지 마라.

글로벌 컨설팅기업 베인앤컴퍼니에서 고객 충성도 관리 개념을 창안한 프레드 라이히헬드와 그의 팀은 경쟁사에 비해 매출 신장이 2.5배나 빠른 회사가 거의 모든 업계마다 하나씩 있다는 사실을 발견했다. 그래서 그들은 이런 회사는 다른 회사와 무엇이 다른지를 조사했다. "좋은" 회사의 경영진은 주간회의에서 고객 피드백을 논의하는 데 보내는 시간이 없다. 고객사의 이름을 떠올리는 것은 위기가 발생했을 때뿐이다.(여러분 회사의 주간회의를 생각해보라!) 그에 비해 엔터프라이즈 렌터카와 같은 "위대한" 기업은 임원회의의 약 20%를 고객 피드백을 논의하는 데 할애했다.

전원 참여 (특히 영업 사원)
시장 정보를 가장 많이 보유하고 활용하는 자가 이긴다. 금세기에 가장 빠르게 성장하는 페이스북, 구글, 아마존, 부킹닷컴, 넷플릭스는 고객의 의견을 누구보다 잘 활용하는 능력을 기반으로 사업모델을 구축한 회사들이다. 사용자의 행동에서 상관관계를 식별하는 강력한 알고리즘은 그들에게 엄청난 통찰을 제공한다. 또한 그들의 데이터 중 상당 부분은 고객이 댓글을 달도록 유혹하고 온라인상의 수많은 제품과 서비스에 평가를 남기도록 한 결과다. 우리는 사람들이 대형 기관을 신뢰하지 않는 시대에 살고 있다. 그대신 사람들은 어떤 의사를 찾아야 하는지, 어디로 휴가를 떠나야 하는지를 "대중"에 의지하여 결정한다.

2부 〈인력 스케일업〉에서 살펴본 애플트리앤서즈는 CRM 시스템에 아이디어플래시라는 애플리케이션을 덧붙여 일선 콜센터 직원들의 제안을 분 단위로 수집했다. 대리점은 이 프로그램을 사용하여 실시간 대화 중에 고객이 말해주는 아이디어와 문제를 기록하고, 자기들의 제안과 관찰을 중앙 데이터베이스에 추가하여 이런 소중한 통찰을 잊지 않도록 한다. (아이디어플래시가 애플트리의 분기별 테마였던) 첫 90일 동안, 직원들은 8800개 이상의 아이디어를 제안했고, 이후로도 매 분기 3000개에서 5000개의 아이디어를 꾸준히 회사에 제공해오고 있다. 제출된 수천 개의 아이디어 중 단 하나만으로 고객에게 월 1만 7000달러의 수익을 안겨주었다. 이제 그 프로세스로 고객 피드백을 고객서비스에 사용하게 된 셈이다.

(당신의 모든 판매 채널에 있는) 판매원, 유통업체, 독립 판매업자가 시장 정보를 수집하여 보고하는 시스템을 구축해야 한다. 모든 영업자들에게 매일 긍정적인 판매 성과를 음성 사서함에 3분간만 남겨 달라고 하라.(영업자들은 원래 좋은 소식을 전하기를 좋아한다.) 고객 피드백과 경쟁업체 관련 내용, 영업 현장에서 직면한 장벽 등을 알려달

라고 하라. 이런 정보를 아무리 문서로 달라고 해봤자 소용이 없을 것이다.(서면 보고는 매일 전화하지 않으면 쓰게 하겠다고 위협할 때만 필요하다!) 대부분의 인터넷 전화는 음성 메시지를 문자 메시지로 변환하는 기능이 있으므로 많은 음성 메일을 들을 필요 없이 영업자들의 생각을 문서로 쉽게 볼 수 있다.

다시, 피드백 종료
직원 피드백도 그랬지만, 모든 고객 피드백 고리를 종료할 책임은 중간관리자에게 있다. 그들의 상사는 대개 FACe 도표에 열거된 고객지원 부서의 책임자가 된다. 2부 〈인력 스케일업〉에서 설명한 바 있다.

순고객추천지수NPS를 최대한 활용하라

NPS는 고객 만족도와 참여도를 측정하는 훌륭한 방법으로 여러 번 소개한 바 있다. 이 지표는 프레드 라이히헬드의 《궁극의 질문The Ultimate Question》과 최근에 확장판으로 나온 《궁극의 질문 2.0》으로 널리 알려졌다. 그의 요점은, 만족한 고객은 수동적으로 우리와 거래할 수는 있지만, 반드시 적극적으로 참여하지는 않는다는 것이다. 성장 기업의 경우, 참여하는 고객, 즉 우리 회사를 다른 사람들에게 적극적으로 알리는 충성 고객은 기업이 수익성 있게 성장하는 데 결정적 역할을 한다. NPS는 고객 중에 우리 회사에 관해 좋은 소문을 적극적으로 퍼뜨리는 고객의 비율을 측정한다. 그것은 애플, 엔터프라이즈 렌터카를 비롯해 수백 개의 우리 고객사가 사업의 이런 측면을 관리하기 위해 사용하는 시스템이다. 베이징에 본사를 둔 "궁호! 피자"는 NPS를 통해 고객 만족도를 측정하고, 그 결과를 매달 직원 보너스에 곧바로 반영한다. 이를 바탕으로 4개의 브랜드 약속과 판매 목표를 세우기도 한다. 모든 점포는 기존 고객 중 무작위로 2명을 선정하여 배달원을 통해 설문조사지를 보내므로 한 달이면 총 60건을 조사하게 된다. 설문은 간단히 말해 "친구들에게 우리를 추천하시겠습니까?"라는 NPS 질문을 포함해 4개의 질문을 던지는 것이다. 거기엔 고객이 전화번호를 남길 수 있는 자리도 있다. 그러면 궁호! 팀이 고객에게 전화를 걸어 회사의 개선점을 물어본다.

록펠러 습관 #9: 전 직원의 KPI

> 9. 전 직원이 하루 혹은 일주일간의 성과를 정량적으로 대답할 수 있다.(OPSP 7열)
> ☐ 매주 각 역할/직원에 대한 KPI가 한두 가지 보고된다.
> ☐ 각 직원은 회사의 분기별 중점 수치와 연계된 1개의 중점 수치를 가지고 있다.(명확한 시각)
> ☐ 개인/팀별 우선과제(돌) 3~5가지가 회사의 분기별 우선과제(돌)와 연계되어 있다.
> ☐ 모든 경영진 및 중간관리자는 행동 변화에 대한 책임을 묻는 코치(또는 동료 코치)가 있다.

이 습관은 3부 〈전략 스케일업〉에서 살펴본 "한쪽짜리 전략계획OPSP"의 7열과 직결된다. 회사는 다음 분기에 대한 계획을 명확하게 세워야 한다. 이어서 각 팀과 개인도 회사의 계획과 일치하는 개별 분기 목표를 세워야 한다. 이를 통해 2부 〈인력 스케일업〉에서 살펴본 것처럼 "시선"이 형성되어 모든 직원이 회사의 비전과 방향에 일체감을 느낀다.

나는 좋은 하루, 혹은 일주일을 보냈나?

경영자부터 직원에 이르는 모든 팀원은 "내가 하루를, 혹은 일주일을 잘 보냈나?"라는 질문에 객관적으로 답할 수 있어야 한다. 핵심은 한 사람당 한두 건의 KPI에 대해 매주 보고해야 한다는 것이다.

  호주에 본사를 둔 로펌인 샤인로이어스는 5개의 측정 가능한 목표를 가지고 있다. 전 직원이 동일한 목표를 가지고 있으며, 각자 역할에 따라 부여되는 KPI가 달라진다. 총괄이사 사이먼 모리슨은 이렇게 말한다. "우리 조직은 그런 방식으로 연계를 달성합니다. 어떤 사람의 사무실에 들어가든 그들의 5가지 목표를 볼 수 있습니다." 샤인은 5개의 목표와 해당 KPI마다 전략 카드를 작성한다. 그는 "과거에는 리더들마다 각각 다른 보고서를 30장이나 작성했으므로 이렇게 하는 편이 모든 사람의 목표를 같은 도구에 맞춰 사업을 관리할 수 있는 훌륭하고 간단한 방법인 셈이지요"라고 덧붙였다.

  매일 매주 게시판에 고쳐 쓰는 회사가 있는가 하면, 어떤 회사는 스프레드시트의 도표를 인쇄하여 벽면에 게시하기도 한다. 또 다른 회사는 스케일링업 스코어보드와 같은 현황 시스템을 사용하여 실시간 데이터를 자동으로 생성한다. 회사가 성공하려면 모든 팀원이 같은 정보를 보고, 매주 각자 KPI에 따라 조정하고 결정을 내려야 한다.

여러 대기업의 가장 존경받는 리더들도 이렇게 한다. 《블룸버그 비즈니스위크》의 키스 노턴이 쓴 〈디트로이트에서 가장 행복한 사나이The Happiest Man in Detroit〉라는 기사는 전 포드자동차 CEO 앨런 멀러리가 15명의 포드 고위 임원진과 함께 일주일에 2시간 반 동안 진행하는 사업계획을 조명했다. 이 회의에서 멀러리의 부하들은 "각자 300개 이상의 도표를 게시해야 하고, 여기에는 문제, 주의, 진행을 각각 나타내는 빨강, 노랑, 녹색 표시가 사용된다." 멀러리가 관리하는 데이터에는 숨김이 없었다. 그가 말했듯이, "비밀이 불가능하다. 매주 이렇게 하면 숨길 수가 없다." 분명히 도표는 진실을 말하고 있었고, 이 엄격한 훈련을 통해 멀러리와 경영진이 주도하는 변화는 의심할 여지없이 수익을 창출했다.

하나의 중점 수치와 3~5개의 과제

모두가 바쁘다. 스케일링업 프로세스의 비법은 모든 직원이 90일 단위로 회사가 집중하는 분야에 연계된 한 가지 일을 더하는 데 있다.(즉, 각 직원은 분기별로 회사의 중점 수치와 연계된 자기만의 중점 수치를 하나씩 가지고 있다. 이는 명확히 바라보는 시선이 회사에 있음을 보여준다.) 직원이 10명이면 10개 더, 1000명이면 훨씬 더 많은 일을 할 수 있다.

모든 직원과 팀은 회사와 마찬가지로 중점 수치(즉, 모든 개인과 팀은 회사의 중점 수치와 연계된 3~5개의 중점 수치를 가져야 한다)를 달성하는 데 도움이 되는 몇 가지 우선순위(또는 과제)를 정해야 한다.

폴란드에 기반을 둔 국제적인 레스토랑 기업 암레스트홀딩스SE는 회사 전체에서 규율운영체제DOS+, Disciplined Operating System라는 점수표 시스템을 사용한다. 점수표는 회사의 OPSP과 통합되어 있어서 모든 사람이 회사가 재무, 인력, 고객 측면을 망라하는 KPI를 어떻게 수행하고 있는지를 알 수 있다. DOS는 적어도 매월 2일부터는 매장 수준에서 시작하여 지역 수준, 지구district 수준, 브랜드 대표, 사업부문장을 거쳐 매월 7일까지 공동설립자이자 회장인 헨리 맥거번에게 점수표가 올라온다.

참고: 맥거번은 25년간 이끌던 암레스트를 2019년에 떠나기까지 총 16개국에 2300개의 지점을 둔 직원 4만 9000명 규모의 회사로 성장시켰다. 암레스트는 2019년에 "올해의 유통업체"로 선정되었다.

동료 코치

모든 경영자와 팀장에게는 행동의 변화를 독려할 담당 코치(또는 동료 코치)가 있어야 한다. 기업은 분기 및 연간 계획 모임을 진행할 외부 코치(스케일링업 인증 코치를 초빙하는 것이 이상적이다)를 확보하고, 매월 진척 상황을 확인할 것을 추천한다.

모든 사람은 사내에서 동료 코치를 찾아야 한다. OPSP의 7열과 각자의 한쪽짜리 개인계획OPPP(3장 〈리더〉 참조)에 따라 시작하거나 그만두어야 할 5가지 행동이나 활동을 선택하여 진행 상황을 매일 동료 코치에게 알려주어라. 인터넷에서 "마샬 골드스미스 동료 코치Marshall Goldsmith peer coach"를 검색하면 이 과정을 자세히 설명하는 자료를 무료로 열람할 수 있다. (scalingup.com 사이트에서도 링크를 찾을 수 있다.)

록펠러 습관 #10: 모든 곳에 성과표를 설치하라

> 10. 회사의 계획과 성과가 전 직원에게 공개되어 있다.
> ☐ 주간회의를 위한 "상황실"이 수립되어 있다.(실제 또는 온라인)
> ☐ 핵심가치, 목적 및 우선과제가 전사적으로 게시되어 있다.
> ☐ KPI와 중점 수치 대비 현황을 알리는 스코어보드가 어디에나 볼 수 있게 설치되어 있다.
> ☐ 순차적 우선과제 및 KPI를 추적 관리하는 시스템이 준비되어 있다.

우리는 경영 도서에 스포츠 비유를 쓰는 것이 그리 적절하다고 생각하지는 않는다. 스포츠에서는 연습에 90%, 실행에 10%의 시간을 할애한다. 반대로 비즈니스에서는 임원 교육과 개발에 10%의 시간을 쓸 수 있으면 운이 좋은 편이다.

그러나 스포츠 경기장을 참고할 수는 있다. 경기장에 가면 선수들의 동작도 잘 보이지 않는 구석 자리에 앉더라도 성과표는 볼 수 있다. 더구나 지금은 모바일 시대이므로 좋아하는 팀과 스포츠가 있는 사람이라면 누구나 실시간 디지털 성과표를 볼 수 있다. 그런 점에서 회사의 성과를 확인하는 우리의 노력도 스포츠를 기준으로 삼아야 한다.

호주의 체험 선물 소매업체 레드벌룬의 디지털 성과표에는 회사의 모든 사람의 눈에 보이며 최신 현황이 실시간으로 반영된다. 대형 평면 모니터에 표시되지만 구식 종이 도표처럼 만들어진 방식이 마음에 든다.

최소한 주간회의를 열 수 있는 장소에 측정 지표와 목표, 계획을 크고 잘 보이게 설치해야 한다.(즉, 물리적이든 가상이든 주간회의용 "상황실"을 마련한다. 가상 환경 회의의 경우 "상황실"은 특정한 회의 채널이 될 수도 있다.)

다음은 텍사스 소재 창고 및 자재 관리회사 마이너코퍼레이션의 회의실 모습이다. 실물보다 더 큰 크기의 OPSP 출력물이 보인다.

핵심가치, 목적, 우선과제는 반드시 회사 어디에서나 눈에 띄어야 한다. 호주 최대 직불 서비스업체 이지페이에서는 사무실 벽에 핵심가치가 걸려있다. 이 사회실에는 바닥부터 천장까지 드리워져 있다.

궁호!피자는 본사에 조직문화, 목적, KPI의 모든 핵심 요소를 누구나 볼 수 있는 "상황실"을 만들고 이곳에서 매일 회의를 개최한다.

나아가 모든 지점의 뒤쪽 벽 잘 보이는 자리에 상황실과 똑같은 핵심 요소(OSPS를 포함)를 게시하여 매장의 일선 직원들까지 다 볼 수 있게 했다.

궁호!피자의 공동설립자인 제이드 그레이와 존 올로글렌은 일종의 프랜차이즈 모델을 만들고 있다. 매장 직원들의 참여를 끌어내려면 그들이 본사 직원과 똑같은 정보를 쉽게 볼 수 있도록 해줘야 한다. 그레이는 이렇게 말한다. "우리 회사는 많은 지점이 있고, 직원들이 본사에 올 기회가 그리 흔치는 않습니다. 청소원부터 매장 관리자까지 누구나 매일 회의를 시작할 때마다 (매장 안의) 벽을 볼 수 있습니다. 이는 분명히 조직의 결속에 큰 도움이 됩니다. 제가 매장에 가서 청소하는 분과 대화해보면 10번 중 9번은 그분들이 회사의 목적과 그 의미, 우리가 왜 사업을 하는지를 저에게 말해줍니다. 제가 이 과정을 통해 배운 핵심은 조직 전체를 결속시키는 방법이었습니다."

책임 관리 시스템

직원이 50명을 넘어서고 회사가 여러 지역으로 확장하는 시기가 오면, 우선순위와 측정 지표, 데이터를 관리하는 일이 갑자기 늘어나 엑셀 작업의 악몽을 맞이할 수 있다. 게다가 성장 기업은 회계, CRM, 운영 시스템 등을 계속해서 업그레이드해야 하므로 우선순위와 KPI의 진행 상황을 추적하고 관리하는 시스템이 중요해진다.

온라인으로 OPSP를 수정하거나 훈련된 실행 프로세스에서 발생하는 모든 KPI와 우선순위를 스마트폰과 태블릿으로 관리할 수 있는 여러 종류의 서비스형 소프트웨어 제품이 있다.

이런 중요한 데이터를 모두 저장할 수 있는 장소를 확보하면 사업의 효율이 향상되고 조직 전체가 회사의 큰 목표를 향해 훨씬 더 뚜렷하게 정렬될 것이다.

최종 목표는 스케일링업 성장 도구의 정보를 여러분이 좋아하는 스포츠 선수나 팀의 점수처럼 항상 최신 정보로 유지하는 것이다.

4부의 마지막 장에서는 모든 사람이 모든 정보와 데이터, 측정 지표를 논의하고 결정하는 습관을 회의 주기를 통해 형성하는 법을 설명한다.

11

THE MEETING RHYTHM

회의 주기
조직의 심장박동

EXECUTIVE SUMMARY 빨리 달리면 맥박이 빨라진다. 조직이 달성하는 성과의 핵심은 일일, 주간, 월간, 분기, 연간 회의를 잘 운영하는 데 있다. 이런 회의는 집중과 조율을 불러와 문제를 더 빨리 해결할 수 있어 결국 시간을 절약한다. 또한 사람들이 업무에서 직면하는 가장 큰 과제인 의사소통 문제를 해결한다. 이 장에서는 회의에 참석하는 사람과 관련된 구체적인 어젠다와 권장 사항을 설명한다. 월간회의는 팀장이 작은 CEO로 성장하여 기업을 운영(실행)할 수 있도록 계발하는 "핵심" 루틴이며, 이를 통해 경영진은 전략에 집중할 수 있다. 아울러 효과적인 회의에 가장 큰 장애물인 막연한 일반론에 대해서도 살펴본다.

버네는 론 처노가 쓴 《부의 제국 록펠러》를 읽으면서, 이 거물의 일상적인 오찬 습관에 충격을 받았다. 그는 매일 어김없이 핵심 인물들과 점심을 같이 하며 이야기를 나누었다. 처음에 이 모임의 멤버는 록펠러를 비롯한 스탠더드 오일의 공동 창립자 4명이 전부였다. 하지만 수십 년에 걸쳐 회사가 성장하면서 9명의 이사진으로 확대되었다. 그렇다, 그 오랜 세월 동안 모임이 매일 이어진 것이다.

한 세기 후, 스티브 잡스는 애플의 천재 디자이너 조너선 아이브와 거의 매일 점심을 먹으며 같은 습관을 반복했다. T. 분 피켄스는 270만 달러 규모의 회사를 40억 달러 규모로 키운 비결을 매일 아침 경영진과 식사를 하며 진행한 전략회의 덕분이라고 말했다.

의식적이든 아니든, 이 리더들은 "컴퍼니Company"라는 단어의 원래 의미, 즉 "빵을 나눠먹는다"를 몸소 실천했던 셈이다. 매일 함께 모여 식사함으로써, 그들은 사적으로도, 또 업무로도 관계를 돈독히 했다. 그런 다음 각자 목표를 달성하기 위해 오늘도 분투를 다짐하며 힘차게 밖으로 나갔다. 그런 모임을 꼬박꼬박 지키는 것이 과연 중요한 일이었을까? 록펠러와 잡스라면 분명히 "그렇다!"라고 단언했을 것이다.

그것 외에 좋은 점은 무엇일까? 85세의 나이에 《D CEO》지의 "올해의 CEO"로 선정된 피켄스는 한 인터뷰에서 자신의 경영진에 대해 언급하며 "우리는 모두 서로를 매우 잘 알고 있습니다"라고 말했다. "우리는 실수를 많이 하면 안 되고, 실제로도 그렇습니다." 그의 경우, 자주 소통하고 함께 빵을 나눈 것이 바로 비결이었다.

위대한 음악이냐, 소음이냐

위대한 성장 기업은 위대한 재즈 밴드와 매우 비슷하다. 재즈가 비록 즉흥적이고 자유분방해 보이지만, 한 번도 함께 연주해본 적이 없는 음악가들이 자연스럽게 호흡을 맞춰 공연하기까지는 엄격한 기초 훈련이 뒷받침되어야 한다. 그러기 위해서는 4가지 요소가 필요하다.

1. **재능 있는 음악가들이 모여야 한다**: 그들은 다양한 악기를 연주하여 독특한 소리를 낸다.
2. **규칙을 알아야 한다**: 모든 재즈 뮤지션은 기초(핵심)를 터득해야 한다.
3. **같은 곡을 연주한다**: 이는 한쪽짜리 전략계획 OPSP과 비슷하다.
4. **같은 박자로 연주한다**: 드러머와 밴드가 소통하는 방식이다. 조직에서 회의 주기가 하는 역할, 즉 정렬 alignment과 같다.

연주자들이 즉흥 연주를 끊임없이 이어갈 수 있는 것은 이런 구조 때문이며, 이것이 바로 재즈를 독특하고 강력하게 만드는 요소다. 조직 구성원들이 독립적으로 자신감 있게, 그리고 여러분이 아는 방식으로 각자의 역할을 담당한다면 그것이 곧 조직의 문화와 목표에 부합하는 것이다.

그러나 재즈 연주는 결코 쉬운 일이 아니다. 위대한 재즈 밴드는 그 일을 쉬워 보이게 한다. 위대한 기업도 마찬가지다. 뛰어난 기업은 아름다운 음악을 창조하지만, 나머지 기업들은 그저 소음만 낼 뿐이다.

이 책의 2부 〈인력 스케일업〉과 3부 〈전략 스케일업〉 부분은 위에서 소개한 3번까지의 요소, 즉 연주자, 핵심의 중요성, 그리고 같은 곡 등을 다룬 내용이었다. 이 장에서는 조직의 가장 중요한 요소인 박자를 설명한다. 조직 전체를 정렬하는 의사소통 주기에 관한 내용이다.

정기 회의는 모든 사람의 달력에 날짜를 표시해 두는 역할을 한다. 막상 회의를 하는 시간보다 회의 일정을 세우는 데 더 많은 시간이 드는 경우가 많으므로 미리 일정을 정해두면 여러모로 편하다. 아무리 급한 문제도 일일회의나 주간회의로 거의 모두 대응할 수 있다. 모든 사람이 몇 시간씩이나 할애해야 하는 중대한 문제는 월간 팀장 회의에서 해결하면 된다.

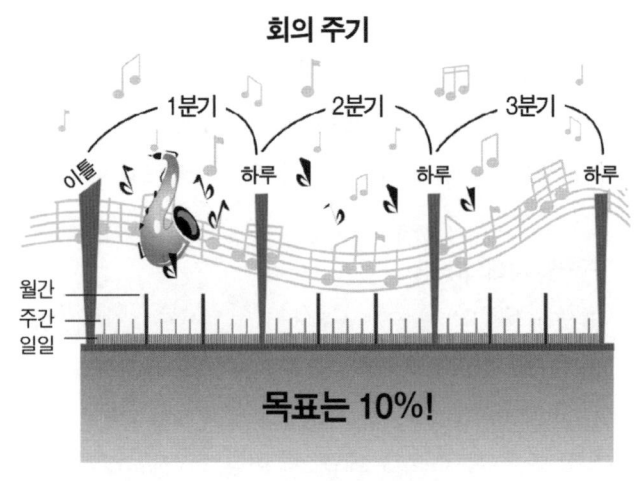

우량 글로벌 기업 CEO의 일정은 1년 중 200일 이상이 미리 정해져 있다. 이런 회의 주기의 관행을 엿보려면 로잔 배더우스키의 《잭 웰치 다루기》를 읽어보라. 잭 웰치의 오랜 수석 비서였던 그녀가 쓴 이 책은 모든 임원에게 강력 추천할 만하다. GE의 전 CEO 웰치는 1년치 회의 일정을 미리 계획했다. 그중에는 크로톤빌의 GE 경영교육 센터에서 매달 하루씩 강의하고 배우는 일정도 포함되어 있었다.

그림에서 보듯이, 이 회의 주기는 경영자의 경우 표준 근무시간인 주 40~50시간, 많게는 60시간의 10%를 초과해서는 안 되며, 팀장은 5~7%, 일선 직원의 경우는 3%를 넘어서면 안 된다. 물론 고객, 공급자, 투자자 등과 만나는 다른 회의도 있겠지만, 일일, 주간, 월간, 분기, 연간 단위의 회의 주기만 있으면 충분히 사업을 관리할 수 있다.

자주 열리는 회의

많은 기업이 분기 및 연간 회의를 연다. 우리의 방법론에서 이런 회의의 핵심 어젠다는 OPSP를 비롯한 성장 도구를 개정하는 것이다.

회의의 주기를 단축할수록 목표 달성이 더 쉬워진다. 일일, 주간, 월간회의가 중요한 이유이다. 이런 회의는 이보다 드물게 열리는 회의에서 요약된 결론을 추진하고, 다음 회의의 발판을 마련한다. 더구나 각 팀은 새로운 기회, 전략적 관심사, 병목 등이 발생할 때마다 정기적으로 모여 논의해야 한다. 만약 시장의 추세 변화나 매주 다뤄야 할 실무 문제를 1년 만에 처음 만나 논의한다면 도대체 시간이 얼마나 필요할까?

인터넷 시대의 경쟁

회사가 빨리 성장할수록 회의 주기도 짧아져야 한다. 연간 성장률이 15% 미만일 경우 전략의 관점에서 1년을 대체로 1년으로 생각하면 된다. 연간 성장률이 20%에서 100% 사이라면 매 분기를 1년으로 간주해야 한다. 즉, 90일마다 한 번씩 전략을 조정할 수 있다는 뜻이다. 매년 2배 이상 성장하는 엘리트 기업이라면 시간이 화살처럼 날아갈 것이므로 한 달을 1년처럼 취급해야 할 것이다. 이렇게 엄청난 속도의 경영 방식에 대해서는 마이클 쿠수마노와 데이비드 요피의 《인터넷 시대의 경쟁Competing on Internet Time》을 읽어보라.

스토리텔링의 확대

회의 주기의 세부 사항을 살펴보기 전에, 조직 전체의 대화 시간이 늘어나야 하는 이유를 생각해보자. 그러기 위해서는 먼저 역사를 되돌아볼 필요가 있다. 인류는 대략 20만 년 동안 존재해 왔고, 구두 언어는 10만 년, 문자 언어가 등장한 지는 5000년이 겨우 넘었으며, 전자 스프레드시트를 사용한 지는 채 50년도 되지 않았다!

인간의 생존에 중요한 것은 두 가지다. 하나는 패턴 인식으로, 분야에 상관없이 대단한 성공을 거두는 데 가장 중요한 인지 능력이다. 다른 하나는 청각이다. 먹잇감이 나타나면 그것을 보거나, 만지거나, 맛보기 훨씬 전에 소리부터 듣는다.(그렇지 않으면 그놈이 우리를 맛볼 것이다!) 이야기, 정보, 심지어 숫자를 듣는 것은 엑셀 스프레드시트를 보는 것보다 우리의 패턴 인식 능력과 훨씬 더 깊은 관련이 있다.

반대로, 뇌파를 검사해 보면 우리가 자

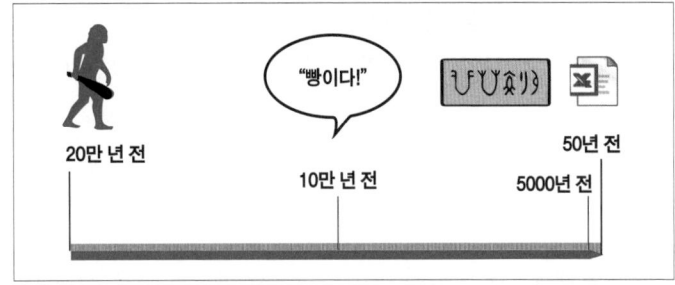

신의 문제를 철저히 논의해야 한다는 것을 알 수 있다. 우리가 말하는 동안에는 실행력과 인지력의 원천인 전두엽 피질이 크리스마스트리처럼 불을 밝힌다. 젊은경영자협회, 기업가협회, 비스테이지(경영 코칭 조직) 등을 비롯한 여러 CEO 조직의 구성원들이 월간 포럼(8~10명의 리더들이 비밀회의를 열고 주제에 상관없이 자유롭게 대화한다)에서 경험하는 것이 바로 이런 힘이다. 이런 모임에서 얻는 이익의 90%는 그들이 마주한 심각한 도전이나 큰 기회를 허심탄회하게 말할 수 있다는 점이다.

걸으면서 대화하기

"걸으면서 대화하기"는 스티브 잡스가 가장 좋아한 문제 해결 방법이었다. 이 단순한 습관의 위력은 과학적으로 입증된 것이다. 이 방법의 원리는 이른바 안구운동 민감소실 및 재처리 요법과 같다. 이것은 외상, 불안, 공황, 기억 혼란, 외상 후 스트레스 및 기타 정서적인 문제에 시달리는 사람들에게 큰 도움이 된 새 치료법으로, 눈을 좌우로 계속 움직여 양쪽 뇌를 자극하는 방법이다.(스트레스를 받으면 다리를 떠는 습관도 이와 같은 메커니즘이다.) 걷기는 흥분된 베타 상태에 있던 두뇌를 좀 더 차분하고 집중력이 높은 알파 상태로 낮추는 진정 효과가 있는 것으로 밝혀졌다. 잡스와 록펠러가 이 걷기와 대화하기를 병행하여 많은 성과를 거두었듯이, 여러분도 이 강력한 인지 도구를 마음껏 사용할 수 있다.

문자 메시지가 출현한 이후, 말하기는 인기 없는 방식이 되어버렸다. 그러나 시리와 코타나 같은 기술이 등장하면서 우리 두뇌가 좋아하는 말하기(그리고 듣기)의 시대가 다시 열리기 시작했다!

정기 회의의 3가지 강력한 이점

정기 회의, 특히 일일회의를 하지 않는 이유로 내세우는 대표적인 2가지 변명이 있다.

1. 시간이 없다.
2. 어차피 우리는 하루 종일 본다.

시간 문제 해결하기: 이슈가 발생하자마자 회의를 열면 시간을 절약할 수 있다. 고객 질의에 답하기 위해 동료의 도움을 받아야 할 때도 고객에게 "담당자를 찾아서 오늘 중으로 다시 연락드리겠습니다"라고 시간을 얼버무릴 필요가 없다. 일일(또는 주간) 회의가 끝나면 답을 얻으리라는 것을 알기 때문에 고객에게 정확한 시간을 말할 수 있다. 복도에서 우연히 만나 정보를 교환하듯이, 정수기 앞에서 똑같은 대화를 하러 서너 번이나 갈 수도 없는 노릇이다. 일일회의에는 모든 사람이 참석하므로 상황이 빠르고 정확하게 전달된다.

두 번째 이유에 대해: 하루 종일 서로 부대끼며 사는 것이 집중적인 토론을 대체할 수는 없다. 그리고 그 부대낌이 오히려 불필요한 방해를 일으킨다. 일상적 만남은 팀 성과를 달성하는 데 있어 리더가 가진 강력한 3가지 도구를 활용할 수 없다.

1. 동료 압력 peer pressure
2. 집단지성
3. 명확한 의사소통

리더는 주간회의 대신 팀원들과 일대일로 대화하면 이런 장점을 발휘할 수 없다. 이러한 개인 면담은 코칭을 위한 것이 아닌 이상, 사적인 협상이 될 수밖에 없어서("내가 지금 어떤 상황인지 알잖아요") 결국 리더는 항상 나쁜 사람이 되고 만다.

그와 반대로 회의에서 만날 때는 동료 압력이 리더의 부담을 덜어주어 성과를 높이는 방향으로 작용한다. 막강한 권력을 지닌 경영자나 중간관리자가 집단지성을 활용하는 데 매일 15분이나 일주일에 한 시간도 안 쓴다면 얼마나 유감스러운 일인가. 마지막으로, 팀 회의를 열면 모든 사람이 같은 정보를 듣게 된다. 일대일 면담이나 일상적인 대화에서 같은 메시지를 서너 번 반복할 필요가 없다.

> **일대일 면담**
>
> 왜 CEO들은 매주 직속 직원과 일대일로 면담하는 데 시간을 쓸까? 분명히 어디선가 그렇게 해야 한다고 들었기 때문이다. CEO는 귀중한 시간을 써가면서 회의를 열어 봐야 앞에서 언급한 모든 문제로 스트레스만 쌓이므로 동료 압력을 이용하기보다는 차라리 팀원과 개별 면담하는 편을 택하는 것이다.
>
> 일반적인 일대일 미팅 대신 8분 정도로 간단히 끝내는 일일 팀 회의를 시작한 후 다시 예전 습관대로 돌아오는 CEO는 아직 못 봤다. 투자 시간 대비 5~10배의 이익 (일일회의는 32분인데 일대일 면담에는 4시간이 필요하다) 외에도 매일 팀에게 우선순위와 데이터, 제약 사항을 전해 듣고 신속하게 패턴을 파악할 수 있다는 것이 일일 회의의 마법이다. 게다가 이미 문제가 더 커지거나 기회를 놓친 주말 이후가 아니라 그날 곧바로 일대일 면담이 필요한지도 판단할 수 있다.
>
> 조직의 하부 계층에서는 팀장이 2주마다 20분씩 일대일 코칭 면담을 계획하는 것도 좋다. 여기서 핵심 질문은 "향후 2주 동안 목표/우선순위는 무엇이고, 제약 조건은 무엇입니까? 제가 어떻게 도와드릴까요?"이다. 그러나 CEO의 직속 직원 중 누군가가 코칭이 필요할 때는 전문 코치가 맡는 것이 좋다. "1조 달러의 사나이"라 불리는 빌 캠벨이 애플에서 이런 역할을 했듯이, 우리 스케일링업의 인증 코치들도 귀사에서 이런 일을 할 수 있다.

이제 조직의 정렬과 의사소통을 이끌어가는 구체적인 회의와 어젠다에 관해 록펠러 습관 #3을 좀 더 자세히 살펴보자.

록펠러 습관 #3: 회의 주기

이런 회의 주기는 우선순위와 측정 지표에 따라 추진하는 전략을 중심으로 의사소통을 확대하기 위한 것이다. 구체적으로는 다음과 같다.

> 3. 커뮤니케이션 주기가 확립되어 조직 전반에 정보가 신속하고 정확하게 전달된다.
> ☐ 전 직원은 15분 이내의 일일회의에 참석한다.
> ☐ 모든 팀은 주간회의를 진행한다.
> ☐ 임원/중간관리자들은 학습, 큰 문제 해결, DNA 전달 등을 위해 매월 1일 만난다.
> ☐ 임원/중간관리자들은 4대 결정사항에 대한 작업을 위해 분기/연간 사외 모임을 실시한다.

1. **일일회의**: 전술적 이슈를 다루고 최신 현황을 파악하는 5~15분 이내의 회의다. 사소한 사고를 방지하고 놓치기 쉬운 기회를 재빨리 포착할 수 있다. 대체로 일일회의는 쓸데없는 이메일이나 갑작스러운 방해 때문에 모든 사람이 1시간 이상씩 허비하는 일을 막아준다. 이 회의에서 제기된 이슈는 주간회의의 중심 주제가 되기도 한다.
2. **주간회의**: 분기별 우선순위의 진행 상황을 점검하고 주요 주제 한두 가지를 집단 지성을 발휘하여 해결하는 60~90분 정도의 토론이다. 그 주에 고객, 직원, 경쟁자로부터 수집한 시장 정보를 논의하는 시간이기도 하다. 이 회의에서 반복되는 패턴은 월간회의의 주요 이슈가 된다.
3. **월간 경영회의**: 반나절이나 꼬박 하루 동안 임원, 관리자, 일선 리더가 함께 모여 중대 이슈 한두 가지를 파악하고 해결하는 회의다. 고위 경영진의 DNA(지식, 가치, 업무 방식 등)를 중간관리직에게 전달하는 목적도 있다.
4. **분기 및 연간 계획 모임**: 1~3일간 진행되는 사외 모임을 통해 리더들이 성장 도구를 개정하고 다음 분기 혹은 내년도 테마를 수립한다. 분기에 한번 45분 정도의 회의에서 경영진은 새로운 계획을 전 직원에게 알린다.

참고: 위의 회의 주기를 역순으로 살펴보면서 자주 열리는 모임이 더 장기적이고 전략적인 계획 모임과 얼마나 같은 배경과 연속성을 유지하는지 확인한다. 구체적으로는 다음과 같다.
1. 연간 모임은 당해와 그 이후의 전략 방향과 우선순위를 정한다.
2. 분기 모임은 이 장기적 우선순위를 조직이 소화할 수 있게 세부적으로 나눈다.
3. 월간회의는 전략 방향과 관련하여 떠오르는 큰 이슈와 기회를 다룬다.
4. 주간회의는 우선순위를 가장 크게 염두에 두고 고객, 직원, 경쟁자로부터 얻은 정보를 논의하여 다시 분기 및 연간 계획 프로세스에 반영한다.
5. 일일회의는 진척 상황을 파악하고 전략 방향의 실행을 가로막는 난제를 지목한다.

이제 각 회의의 구조와 시간, 어젠다에 관해 더 자세히 살펴보자. 아울러 이런 회의가 실패하는 이유와 그런 함정을 피하는 방법도 같이 알아본다.

일일회의 daily huddle

버네가 《록펠러식 성공 습관 마스터》에서 일일회의를 필수조건이라고 못 박은 이유는 이 중요한 습관을 실천하는 회사가 소수에 불과했기 때문이다. 오늘날에는 전 세계 수만 개의 회사가 이 단순한 주기를 지킴으로써 얻는 자유와 힘을 알고 있다. 스크럼 Scrum이라는 반복적 애자일 소프트웨어 개발 방법론의 모범 사례에도 일일회의가 포함되어 있다.

일부 문화권에서는 망신이나 당하면 어쩌나 하는 우려가 잔인한 현실을 그대로 말하지 못하는 원인이 되기도 한다(예: 아래 일일회의 어젠다에서 언급할 "막힌 곳들"). 아시아 지역의 코칭 파트너와 상하이의 아멕스 같은 선구적인 회사들이 모범을 보인 덕분에, 이제 일일회의는 쉽고 빠른 성장에 진지한 관심을 기울이는 회사에서는 당연한 일이 되었다.

무엇이 일일 (및 대부분의) 회의를 죽이는가?

일일회의가 그렇게 강력하다는데 왜 조직들은 그것을 시작했다가 그만둘까? 한 마디로 그것은 일반론 때문이다! 팀이 나누는 이야기와 정보는 구체적인 세부 사항을 포함해야 한다. 우리는 이름, 숫자, 날짜, 문제, 우려 사항 등을 듣고 두뇌 속에 연결고리가 형성되어야 이 프로세스가 강력한 힘을 발휘한다. 예를 들어 어떤 동료가 "내일 중요한 일이 있습니까?"라고 물었을 때 "고객과 미팅이 있습니다"와 같은 대답은 너무 모호한 내용이다. 좀 더 구체적이고 유용한 대답이 되려면 "11월 중순에 신시내티에서 60명이 참가하는 '록펠러 습관 마스터하기' 워크숍 공동 개최 건으로 오전 10시에 애크미의 CEO 로버트 스미스와 만나서 논의합니다"라고 해야 한다. 단 몇 초만 더 투자하면 되는 이런 세부 사항 덕분에 팀원들은 자기들이 이미 알고 있는 정보와 이 데이터를 비교해 볼 수 있다.

1. 애크미 본사가 아직 신시내티에 있다. 나는 콜럼버스인 줄 알았다.
2. 로버트가 여전히 애크미의 CEO다.
3. 오전 10시 회의에 나도 참여하고 싶다.
4. 참가자가 60명이었나? 우리는 80명에 동의한 줄 알았다.
5. 다른 일도 바쁜데 과연 11월 중순에 할 수 있을까?

회의 시간: 일일회의는 8시 8분이나 16시 16분처럼 정시를 벗어난 시각에 시작한다. 25분이나 30분으로 잡을 때보다 사람들이 제시간에 올 가능성이 크다. 전원이 참석하든 말든 정한 시각에 회의를 시작하라. 낭비할 시간이 없으므로 처음부터 분위기를 잘 잡아야 한다. 회의를 제시간에 끝내는 것도 마찬가지로 중요하다. 15분 이상 시간을 끌지 말라. 처음 몇 주 동안은 타이머를 설정해 두고 안건이 끝나지 않았더라도 제시간에 끝내도록 하라. 팀원들이 하나를 마무리하고 다음으로 넘어가는 법을 배울 것이다. 한 사람당 1분을 배당하면 하루에 8명이 8분간 회의할 수 있다. 하루 중 어느 시간대가 좋을까? 상관없다. 회사 일정에 비춰 가장 적합한 시간대를 선택하면 된다.

회의 환경: 원하는 곳이면 어디나 좋으나 일어서거나 스툴 의자에 걸쳐 앉으면 회의 시간을 줄일 수 있다. 리더의 사무실에 모이면 더 편하다. 정기적으로 전화를 통해 참여하는 사람이 있다면 모두가 컨퍼런스 콜을 하는 게 낫다. 매일 일부 직원을 스피커폰 앞에서 일일회의를 하게 하는 것은 좋지 않다. 기술적으로 한층 더 복잡한 화상 회의는

권장하지 않는다. 화상 통화가 이미 일상적으로 정착된 경우라면 예외다. RS 소프트웨어는 원격 회의를 사용하여 12시간 반의 시차가 나는 인도의 캘커타와 캘리포니아 밀피타스 사무실 사이에 매일 스탠드업 회의를 개최한다.

참석 대상: 일반적으로 회의 횟수는 줄이고 참석 인원은 늘리는 것이 반대의 경우보다 낫다. 10~15명만 참석해도 사실 필요한 이슈는 모두 다룰 수 있다. 마이크로소프트사의 경우 매일 최대 60명의 개발자가 참석할 수 있지만, 새로운 소프트웨어 출시를 논의할 때는 20명만 회의실에 모이고 나머지는 화상 회의 시스템인 넷미팅을 통해 참석한다. 리츠칼튼은 본사에 약 80명만 모이는 일일 라인업이라는 회의에서 보스턴에서 발리에 이르는 전 세계 지점의 최신 현황을 점검한다. 한편 전 세계 4만 명이 넘는 리츠칼튼 직원들은 모두 각자의 지역 호텔에서 열리는 일종의 일일 라인업에 참석한다.(리츠칼튼의 라인업에 관한 정보는 꽤 많다. 인터넷에서 찾아볼 만한 가치가 있다.) 일반적으로 일선 직원들은 매일 한 번만 참석하고 관리자는 두 번 정도 참가한다. 한 번은 직속 직원과, 또 한 번은 동료나 상사와 회의를 한다.

힌트: 일일회의는 회사, 공급자, 고객 사이의 프로젝트를 정해진 시간과 예산 안에서 달성할 수 있게 해준다. 예를 들어 IT서비스 공급자와 협력하여 새로운 CRM 시스템을 설치하거나 건설 회사와 함께 신규 공장을 건설한다고 해보자. 그럴 때는 회사의 누군가를 담당자로 지정해 공급사의 상대방과 연락하고 아래에 열거한 3가지 어젠다를 공동 관리하게 될 것이다. 그래야 의사소통의 연속성을 확보하고 프로젝트에 더 많은 관심과 조치를 기울일 수 있다.

주의: 고객사가 수행하는 대여섯 개의 프로젝트와 관련해 일일회의를 열도록 한 적이 있었다. 문제는 프로젝트들을 겸임하는 인원이 많아서 한 사람이 매일 3~5개의 회의에 참석해야 했는데, 이것은 도저히 불가능한 일이었다. 해결책은 일일회의를 한 번만 열고 프로젝트 관련 인원이 모두 참여하는 것이었다. 프로젝트 리더들만 현황을 보고하고(6분 안에 6개의 프로젝트를 다룬다), 나머지 팀원들은 15분 동안 각자 필요한 사안에 관해 즉석에서 모임을 구성해 논의한다. 이렇게 하자 모든 사람이 정규 업무 중 15분만 할애하면 되니 누구나 부담 없이 참여할 수 있었고, 하루 종일 다른 동료를 따라다니거나 방해하지 않고도 서로 정보를 교환하는 시간과 장소가 마련되었다.

회의 진행자: 체계적으로 훈련된 인물(꼭 CEO가 아니어도 된다)이 진행해야 회의가 제시간에 계속 열릴 수 있다. 리더는 스톱워치를 사용하여 회의 주제가 옆길로 새지 않도록 한다. 진행자가 해야 할 중요한 일은 모든 사람의 공통 관심사가 아닌 주제가 나오면 "그 이야기는 따로 합시다"라고 단호히 말하는 것이다.

어젠다: 사실 어젠다는 매일 같다. 다음의 3가지로, 각각 최대 5분을 넘지 않는다.

1. (앞으로 24시간 동안) 우선순위는 무엇인가?
2. 일일 지표는 무엇인가?(모든 회사가 갖추고 있어야 한다.)
3. 당신은 어디에서 막혀 있는가?(제약 조건)

전날의 중요한 결과를 논의하는 팀도 있을 것이다. 메릴랜드에 본사를 둔 호텔 주차 서비스 회사 리츠칼튼앤타운파크는 일일회의에서 이른바 일일 기본 사항을 검토한다. 일일회의에서 너무 많은 정보를 다루면 15분을 금방 초과해서 사람들이 싫어하기 시작할 것이다.

 주의: 어제 누가 무슨 일을 했는지 확인하는 분위기는 피해야 한다. 팀원들은 일일이 간섭받는 기분을 느끼게 된다. 일반적으로, 앞을 내다보는 것은 훌륭한 관리고 뒤를 돌아보는 것은 간섭이다.

이제 어젠다에 관해 좀 더 자세히 살펴보자.

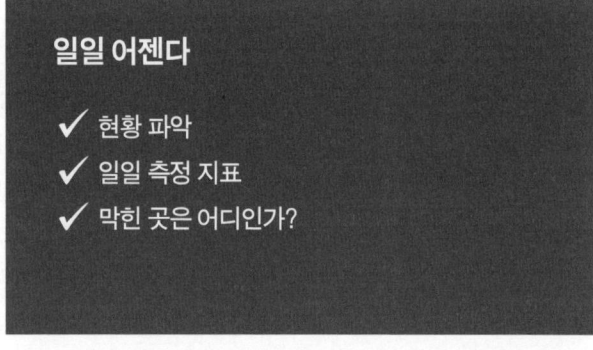

일일 어젠다
- ✓ 현황 파악
- ✓ 일일 측정 지표
- ✓ 막힌 곳은 어디인가?

- **현황 파악:** 처음 5분 동안 모든 참석자는 몇 초간(최대 30초) 앞으로 24시간 사이(오늘 회의와 내일 회의 사이)에 구체적으로 벌어질 일과 자신의 최우선 과제를 말한다. 이렇게 하면 사람들이 어려운 점과 부서간 어젠다, 놓친 기회 등을 즉각 파악할 수 있다. 이런 현황 파악

은 주요 활동, 회의, 결정 등과 관련되어야 하며, 각자 하루 일정을 15분 단위로 죽 나열하는 식이어서는 안 된다! 월요일에 모인 팀원들은 특이하거나 중요한 일이 아닌 한 화요일 아침 영업회의에서 나올 법한 내용을 들을 필요는 없다.

- **일일 측정 지표:** 그다음 5분은 회사가 관리하는 일일 측정 지표(웹사이트 조회수, 인원 모집, 제안서 제출, 일일 매출, 현금, 직장 내 사고, 배치된 컨설턴트 수 등)를 말로 전달한다. 이 회의의 목적은 패턴과 트렌드를 파악하는 것이다. 일반적으로 트렌드를 파악하려면 최소한 6개의 데이터 포인트가 필요하므로 30일마다 측정 지표를 확인하면 패턴 확인에만 몇 달이 걸린다. 그런데 이것을 하루에 한 번만 확인하면 경쟁에서도, 자기 자신의 과제에서도 우위를 점할 수 있다. 물론 문서로 확인해도 되지만, 구두 발표는 말하는 사람도 훨씬 실감나고, 듣는 사람도 더 쉽게 받아들일 수 있다. 오감을 모두 동원할수록 트렌드와 패턴을 파악하는 능력이 향상된다.

- **막힌 지점 또는 제약 조건:** 가장 중요한 어젠다. 팀원들이 내일 회의 때까지 즐겁게 일할 수 없는 제약 및 우려 사항(즉, 그들의 발목을 잡는 것이 무엇인가? 무엇 때문에 밤잠을 설치고 걱정하는가? 다른 팀원이 문제인가?)에 대한 있는 그대로의 현실을 듣고, 리더는 "막힘"의 패턴을 파악하여 해결해야 할 근본적인 문제가 뭔지 이해해야 한다.

마지막 어젠다가 특히 중요한 이유가 있다. 첫째, 두려움, 어려움, 걱정 등은 단지 말로 표현하는 것만으로도 강력한 힘을 발휘한다. 이것은 문제를 해결하는 첫 단계다. 입이 움직이기 전까지는 두뇌가 관여하지 않기 때문이다. 둘째, 팀의 에너지를 집중해야 제약을 극복할 수 있기 때문이다.

참고: 설사 팀원 중 문제 해결에 도움이 되는 사람이 아무도 없다는 생각이 들어도 "막힌 지점"을 말해야 한다. 말로 표현하는 것만으로도 도움이 되는 예상치 못한 행동을 촉발할 가능성이 있다.

주의: 제약 조건이 있는데도 아무도 말하지 않고 이틀만 지나면 반드시 더 큰 문제가 생긴다고 장담할 수 있다. 바쁘고 생산적으로 움직이며 결과를 내는 사람은 거의 예외 없이 막힌 지점과

마주친다. 그렇지 않은 사람은 아무것도 하지 않거나 막힌 상태에 빠지고도 모를 뿐이다! 그러니, "아무 문제 없습니다!"라고 말하는 팀원을 더 조심해야 한다.

주의: 병목에 관한 대화가 문제 해결에 관한 것으로 흘러가도록 놔둬서는 안 된다. "막힘"에 대해 누군가가 "이렇게 저렇게 전화해보라"라든가, (어떤 사람이 "막힌 곳"이라면!) "내가 바로 얘기해볼게"라고 답하는 것은 무방하지만, 그 이상에 대해서는 회의를 끝내고 따로 이야기하는 것이 낫다. 일일회의는 짧게 해야 한다.

4D 주간 회의

일일회의가 제대로 작동하면 주간회의를 방해할 만한 수십 가지 문제가 즉각 해결되기 시작할 것이다. 주간회의 시간을 현황을 검토하느라 다 보내면 안 된다. 모든 사람은 일일회의를 통해 현황을 다 파악할 수 있어야 한다. 물론 주간회의에서 한 주간 누적된 수십 가지 문제를 해결하려고 해서도 안 된다. 4D 주간회의는 모든 사람이 최우선 순위와 그에 따르는 중대한 과제에 초점을 맞추는 자리다. 30~60분 동안 집단지성을 발휘하여 가장 중요한 주제 한두 가지를 해결할 기회다. 이렇게 하면 조직이 1년 안에 50~100가지 중요한 문제를 해결할 수 있다.

주간회의에 4D가 붙은 이유는 사업을 "4D"의 관점으로 보는 회의 구조를 만들라는 의미다.

1. **발견**Discover: 좋은 소식, 측정 지표 및 우선순위
2. **토론**Discuss: 이슈 및 브레인스토밍
3. **결정**Decide: 정렬align 및 전념
4. **위임**Delegate: 누가 무엇을 언제 할 것인가

각 어젠다의 세부 사항과 시기는 278쪽을 참조하라. 회의의 명칭은 회사의 모든 요소와 마찬가지로 조직문화에 적합한 것을 선택한다.

실행: 누가 • 무엇을 • 언제 (WWW - Who What When)

누가	무엇을	언제

💡 **힌트**: 혹시 특정 요일에 회의를 많이 하는 것보다는 한 주에 걸쳐 분산하여 부서 회의를 하는 것이 최선이라고 생각하는가? 정반대로 해보는 게 어떨까. 특정 요일의 아침이나 오후 중 하나를 선택해 모든 업무 회의와 프로젝트 회의를 연달아 진행해보라. 그러면 모든 사람이 회의에 필요한 사고방식과 흐름에 몰입할 수 있고, 경영진은 남은 한 주를 시장에서 보낼 수 있다. OTG소프트웨어의 릭 케이와 그의 팀이 이렇게 하고 있다.

릭 케이와 세 명의 동료는 1992년에 OTG 소프트웨어를 출범하여 90년대에 성장시켰다. 이후 2000년에 주식을 공개했고 2002년에는 레가토시스템즈에 4억 300만 달러에 매각했는데, 이듬해 레가토가 EMC에 14억 달러에 매각될 때까지 잔류함으로써, 결국 케이와 그의 팀은 2배가 족히 넘는 수익을 거두었다.

케이는 월요일 아침 7시에 3명의 창업 공신과 조찬 회의를 여는 것으로 한 주간의 회의 주기를 시작했다. 이것이 케이의 "자문회"였던 셈이다. 네 사람은 성장 기업이 직면하는 도전과 기회를 논의하는 데 많은 시간을 썼다.

오전 8시에는 케이의 비서 앤디 클리어리를 비롯한 경영진이 회의에 합류했다. 마지막에 클리어리는 "누가 무엇을 언제 할지"를 요약했다. 이것은 그저 따분한 검토가 아니라 핵심 이슈와 의사결정을 다루는 아주 행동 지향적인 회의였다.

지금부터는 수천 개의 회사에 알려준 바 있는 진정한 회의 혁신 방안을 소개한다. 업무 회의를 일주일 내내 진행하는 회사가 대부분이지만, 케이의 팀은 어느 날 아침에 모든 회의를 집중시켰다. 오전 9시부터 정오까지 8명의 경영진 전체가 업무 회의에 참석했다. 전체 어젠다는 다음과 같다.

오전 7시-8시: 조찬 모임
오전 8시-9시: 경영진
오전 9시-10시: 영업 및 마케팅
오전 10시-11시: 소프트웨어 개발
오전 11시-정오: 회계 및 재무

이로써 중간관리자와 일선 직원은 경영진 전체와 직접 만날 수 있었다.(이 회사는 버네가 일하던 기업공개 전후에 약 400명의 직원이 있었다.)

수십 가지 문제를 현장에서 즉시 해결할 때 어떤 힘을 발휘할 수 있는지 상상해보라. 보도자료에 승인이 필요한 경우 CFO, 영업본부장, 소프트웨어 개발 및 마케팅 책임자 등 모든 사람이 참석해 몇 분 만에 이를 검토하고 해결했다. 며칠 동안 이메일을 떠돌아다니며 경영진의 시간을 뺏는 일이 없었다. 만약 영업부서가 CRM 시스템과 관련해 문제가 있으면 IT 책임자가 그 자리에 있다. 개발부가 프로그래머를 추가 고용해야 할 때는 인사담당 책임자와 CFO와 함께 곧바로 토의하고 예산을 승인했다.

사실 케이는 한 가지 규칙이 있었다. 대용량 파일을 이메일로 보내지 말라는 것이다.(혹은 "시간 있을 때, 이 소프트웨어 인터페이스 업데이트 내용을 읽어보세요"라고 웹사이트를 링크한 메일도 포함된다.) 대신 이 회사는 아마존의 주간회의에서 제프 베이조스가 그랬듯이, 회의 도중에 팀원들이 웹사이트를 보여주거나 계약서를 읽을 수 있도록 했다. 그래서 사람들은 회의가 끝난 후에 공식처럼 후속 회의를 여는 것이 아니라 케이와 함께 검토하고 응답하며 동시에 결정을 내릴 수 있었다. 그리고 업무 회의가 끝날 때마다 케이의 비서가 "누가, 무엇을, 언제 할지"를 요약해 주었으므로 회사 전체가 한 주간의 직무 우선순위를 명확히 알 수 있었다.

정오가 되면 모두 점심을 먹거나 때로는 공항으로 향했고, 그 주간에는 (일일 점검을 제외하고는) 다른 경영회의 없이 시장에서 바쁘게 움직였다. 이런 회의 주기를 통해 그들은 다른 회사의 경영진이 몇 주 또는 몇 달에 걸쳐 하는 것보다 더 많은 결정과 실무 작업을 반나절 만에 끝냈다. OTG의 고객들은 월요일 아침 회의가 열리는 동안을 제외하면 경영진과 연락을 취할 수 있다는 것을 알았다. 일주일에 몇 시간을 따로 할애하여 사업의 흐름을 파악하고 프로젝트나 직무별로 몰입하는 이 방식을 강력히 권장한다. 그러면 매일 15분 동안의 현황 파악 외에는 모든 것이 완료된다.

OTG는 꼬박 하루를 써야 하는 월간회의를 월요일에 열어 주간회의와 겸했다. 분기모임과 연간 모임도 이런 식으로 월요일에 열었다. 페덱스와 월마트가 금요일에 회의하는 것처럼 그들은 월요일을 택했다.

일정: 매주 같은 시간, 같은 장소에서 회의 일정을 잡아라. 일선 직원은 30분, 중간관리자와 경영진은 60~90분이 적당하다. 스케일링업社의 팀들은 인도 하이데라바드에서 콜로라도 볼더까지 11시간 반의 시간대에 걸쳐 있으므로 월요일마다 몇 시간씩 컨퍼런스콜로 회의를 진행하는 데 효과가 있다.

주간회의에서 다룰 어젠다는 다음과 같다.

4D 주간회의 어젠다

✓ 좋은 뉴스: 5분
✓ 고객 및 직원 관련 데이터: 10분
✓ 우선순위와 수치: 10분

4D 주간회의 어젠다

1. **5분: 좋은 소식.** 개인적인 일이나 업무에 관한 5분간의 좋은 소식으로 주간회의를 시작하라. 업무 관련 좋은 소식은 회의를 긍정적 분위기로 시작하여 추진력을 만드는 데 도움이 된다. 좋은 소식은 좋은 소식을 낳는다. 개인적인 좋은 소식은 팀을 인간적으로 연결시켜 주고, 모두가 감사를 표시하게 되어 대개 한바탕 웃음으로 이어진다. 웃음은 긴장을 풀어주고 두뇌를 알파 상태로 만들어 한 주의 중요한 문제와 결정 사항을 해결할 준비를 갖추게 된다. 이런 중요한 습관은 정신 건강을 확인하는 역할을 하기도 한다. 몇 주간이나 좋은 소식을 하나도 말하지 않는 팀원이 있다면, 리더는 무슨 문제가 없는지 개인적으로 물어봐야 한다.

2. **10분: 고객과 직원의 피드백.** 고객과 직원이 제공하는 구체적인 피드백을 검토한다. 매일 일어나는 일들은 어떤 것인가? 사람들은 어떤 말을 듣고 있는가?

3. **10분: 우선순위.** 경고, 양호, 최고에 해당하는 우선순위를 각각 검토하고 진행상의 공백은 없는지 논의한다. 일일회의에서 다루지 않은 지표도 검토한다.

참고: 마음속에 선을 그어라. 처음 25분은 내외부 데이터를 통해 회사의 성과와 관련된 패턴과 트렌드를 파악하기 위해 두뇌를 준비 운동하는 단계다. 그다음 35~65분은 팀의 집단 지성을 발휘하여 중요한 결정을 내리는 시간이다.

4. **30~60분: 한두 가지 주제(토론 및 결정).:** 한두 가지 핵심 주제에 팀의 집중력과 집단지성을 집중한다. 선택의 바탕은 일일회의에서 파악한 패턴과 트렌드, 우선순위와 테마의 진행 상황, 직원과 고객의 피드백, 드러난 기회와 도전 등이다. 잠재적인 제휴 대상 기업이 있다면 여기서 논의 일정을 정한다. 다가오는 주요 행사 때문에 결정이 필요하면 우선순위를 부여한다. 스케일링업社의 경우, 버네는 이런 주제를 이미 훨씬 전에 알고 있는 경우가 많다. 그렇지 않다면 전날 밤에 안건을 이메일로 보내거나 아니면 회의 중에 드러나기도 한다. 분기별 우선순위 항목 수를 가능한 한 줄이면 주간회의를 활용하여 한 분기 내에 몇 번씩 검토할 수 있다.

5. 누가, 무엇을, 언제www(위임). "누가 무엇을 언제 하겠다고 했는지"를 몇 분간 요약하고 그 내용을 모든 사람에게 이메일로 보낸다.

6. **한 문장 마감.** 회의를 끝낼 때는 참석자마다 한 단어나 문장으로 마무리 발언을 하도록 한다. 회의를 공식적으로 마치는 의식이자, 모든 사람에게 발언의 기회를 제공하여 그들의 생각과 감정을 엿볼 수 있다. 문제가 남아있거나 갈등이 있다면 후속 조치를 취할 수 있다.

힌트: 한 주간에 열리는 모든 회의는 기분 좋은 점심시간 전에 끝나는 것이 좋다. 그러면 이제 임원들이 딱딱한 회의 시간에 드러난 문제에 관해 좀 더 편안하게 대화를 이어갈 수 있다. 사실 중요한 결정은 그런 비공식적인 시간에 이루어지는 경우가 많다.

힌트: CEO 포럼 같은 모임에 참여하는 분이라면 주간회의가 미니 포럼 형태로 진행된다는 것을 눈치챘을 것이다. 공식적인 시작, 현황 파악, 포럼 주제, 한 문장 마감 등 구조가 아주 유사하다.

중요한 CEO 습관

직원들은 매주 CEO가 무슨 생각을 하는지 알고 싶어 한다. 리더가 말하지 않으면 그들이 알아서 짐작할 것이고 대개 그 내용은 부정적일 것이다.

그레그 브레네만은 저 유명한 콘티넨털 항공의 경영 회생을 이끌던 시기 매주 음성 메일을 남겨 4만 명의 전 직원이 들을 수 있도록 했고, 마이클 델은 매주 이메일을 발송했으며, 마크 저커버그는 매주 목요일 오후 5시부터 시작하는 페이스타임에 전 직원을 참석시켜 "마크와의 질의응답"을 진행했다. 구글의 두 창립자도 마찬가지로 그 악명 높은 TGIF 회의를 열었다. 버네 역시 금요일마다 전 세계 스케일링업 코칭 파트너들에게 이메일을 보냈다.

짧은 영상, 음성 메시지, 이메일, 타운홀 미팅 등 형태와 상관없이 리더가 하는 일과 생각, 우선순위를 조직 전체가 거의 실시간으로 아는 것이 중요하다. 숫자(매일 바뀐다)보다는 리더의 인간적인 면을 더 많이 보여줘라. 비전을 계속해서 강조하는 것은 당연하지만, 그것과 함께 리더의 질문, 걱정, 의심, 실수 등을 허심탄회하게 드러내라. 이런 노력을 꾸준히 이어가다 보면 기초적인 신뢰와 심리적 안정감이 형성되어 조직의 성과를 낳는 데 큰 도움이 될 것이다.

월간 경영회의

어떤 기업이든 몇 분만 머물러 보면 좋은 기업인지 위대한 기업인지 알 수 있다. 좋은 기업일수록 경영진은 계속 증가하는 요구로 스트레스와 과로에 시달리는 데 비해, 나머지 팀원들은 회사가 직면한 도전을 알아채지 못하는 경우가 많다.

위대한 기업은 상황이 정반대다. 경영진은 여유 있고 편안한 표정인데 나머지 직원들은 회사가 잡은 커다란 기회를 최대한 활용하고자 그야말로 눈에 불을 켜고 움직인다.

경영진이 자신의 DNA, 즉 훌륭한 결정을 내리는 데 필요한 지식과 가치를 전 직원에게 심어주지 않으면 그들은 기업이 성장함에 따라 점점 더 커지는 도전에 압도당하고 말 것이다.

이를 위해서는 단순한 루틴이 하나 필요하다. 조직에서 누군가를 지도하고 이끄는 위치에 있는 사람들이 모두 모이는 월간 경영회의를 잘 구성해야 한다. 그날은 지루한 보고서가 아니라 학습과 공유, 문제 해결에 초점을 맞추어야 한다. 이 회의를 제대로 진행하지 않으면 결국 기업은 중간관리자의 수준을 넘어서지 못한다. 충실한 인재가 회사를 떠나는 기업을 보는 것보다 더 고통스러운 일은 없다.

인도의 교훈
인도는 중간관리자 육성의 중요성을 가장 분명하게 보여주는 곳이다. 이것은 뉴델리에 본사를 둔 직원 480명(그리고 2500명의 공급업체 직원)의 아쉬아나하우징에게 특히 더 어려운 일이었다. 이 회사는 《포브스》가 선정한 "아시아 200대 유망 중견기업" 중의 하나였다. 버네가 설립자인 부친으로부터 이 회사를 물려받은 비샬 굽타 총괄책임자와 그의 두 형제를 처음 만났을 때, 그들은 회사의 급성장세와 더불어 인도 북부 전역에 걸쳐 5개의 프로젝트를 진행하느라 스트레스에 시달리고 있었다. 반대로 중간관리자들은 회사가 맞은 도전을 실감하지 못한 채 유유자적하고 있었다.

경영진 보수의 7%
이 문제를 해결하기 위해, 우리는 인도 전역의 리더 70명이 학습과 개발을 위해 하루 동안 모이는 월간 경영회의를 시작하라고 강력 권고했다. 인도의 인프라와 교통 문제를 생각하면 모든 고위급 리더와 팀장들이 매달 모인다는 것은 굽타로서는 상상하기 어려운 일이었다. 게다가 회사의 성장률과 과중한 업무를 고려할 때, 이 리더들이 단 하루라도 현장을 떠나기란 결코 만만치 않은 일이었다.(버네가 미국 전역에 40명의 리더를 둔 OTG소프트웨어에 같은 요청을 했을 때 릭 케이도 똑같은 문제를 걱정했었다.)

그런 회의를 여는 데 드는 비용 문제도 걱정이었다. 아쉬아나는 1년간 매달 하루씩 회의를 여는 비용을 경영진 보수의 5%로 계산했는데, 결국 집행된 금액은 7%에 달했다. 그러나 처음 몇 번 월간회의를 열어 본 성과는 향후 10년간 이 회의를 지속하는 비용을 충분히 상쇄할 만하다고 판단되었다. 첫해의 핵심 성과는 다음 3가지였다.

1. **매출 3배 성장.** 첫 월간회의에서 그 팀은 판매 유도라는 거대한 문제를 다루었다. 2009년의 주택 시장은 인도에서조차 둔화세를 보였으므로, 이 회사의 가장 큰 관심사는 사업 규모를 확대하는 것이었다. 문제는 개발 현장에 사람들을 많이 끌어들이는 것이 아니라 방문객을 고객으로 바꾸는 것이었다. 70명의 리더가 몇 시간 동안 이 문제를 토의한 결과 중요한 아이디어가 도출되었다. 각 현장에 고객이 경탄할 만한 요소를 담자는 것이었다. 그러기 위해서는 건설 부문과 유지보수팀 간의 조율이 필요했다. 아울러 잠재고객을 맞이하는 안내원들에게 고객서비스 교육을 제공하고 고객을 판매 및 임대 사무실로 안내하는 표지판 수를 늘리기로 했다. 중간관리자들 전체가 해결책을 만드는 데 직접 참여한 덕분에 모든 활동이 즉시 실행될 수 있었다. 결과는 어땠을까? 연말까지 월 매출이 3배로 증가했고 이후로도 계속해서 높은 수치를 기록하고 있다.

2. **엄청난 시간 절약.** 아쉬아나가 월간 경영회의를 진행하는 동안 건설 부문과 유지보수팀은 모두 전월의 우수 사례를 시각적으로 보여주며 설명하는 코너를 마련했다. 한 예로, 푸네라는 현장의 신규 건설팀은 주방 시공 기간을 6~7일 단축하면서 비용도 약간 낮추는 방식을 선보였다. 그러자 다른 네 곳의 건설 팀이 이 모범 사례를 곧바로 실행했다. 건설 기간이 일주일 단축되면서 현금흐름과 판매 속도가 개선되었다. 회사의 월별 투자 대비 수익 면에서 엄청난 성공을 안겨준 셈이다.

3. **장벽을 허물다.** 70명의 리더가 모두 한자리에 모이면서, 직무와 기업 운영 전반에 강력한 관계가 형성되었다. 이제 회계부서는 유지보수팀이 직면한 과제를 더 잘 이해하고 있다. 70명이 모두 한데 모이면서 긍정적인 동료 압력이 형성되기도 했다. 금요일 저녁 회의 초반에 리더들이 "각 부문의 숫자"를 공유하기 때문이다. 오늘날 70명의 리더는 지난 한 달이 성공적이었는지를 측정하는 하나의 KPI를 모두 가지고 있다. 첫해에 이 회의를 통해 이루어진 공식, 비공식적인 훈련과 개발이 있었기에 70명의 팀장은 한층 더 성장하여 기업의 일상 업무를 잘 운영할 수 있었다. 그 덕분에 총괄책임자 비샬 굽타와 그의 두 형제는 토지 취득과 같은 시장 대응 활동에 집중하여 아쉬아나가 경쟁에서 앞서나갈 수 있게 했다.

10년이 지난 지금도(이 책이 출간된 시점에서) 월간회의는 계속되고 있고, 팀장들이 미니 CEO로서 사업을 끌어가고 있으며, 3형제는 그 어느 때보다 여유롭게 미래를 준비하고 있다. 실적 면에서는 같은 기간 아쉬아나하우징의 주가가 500% 이상 상승한 데 비해 직접 경쟁사의 주식은 정체되었다.

참고로 아쉬아나 하우징의 월간 경영회의 어젠다는 다음과 같다.

아쉬아나하우징의 회의 어젠다
금요일

오후 6시 30분~8시 30분: 개인 및 직업 면에서 좋은 소식에 이어 리더들이 "각자의 숫자"를 공유한다. 아울러 소유주 3형제가 사명, 비전, 가치를 검토하고 올해의 주요 목표 상황을 점검한다.

저녁 8시 30분~?: 저녁 식사와 음료를 함께 하며 친교의 시간을 가진다. 그리고 앞서 리더들이 공유한 개인적인 좋은 소식으로 대화의 꽃을 피우며 팀원들 사이에 유대감이 형성된다.

토요일

오전 8시~10시: 경영진은 패턴과 트렌드를 파악하고 모든 리더는 전월의 이슈를 발표한다. 소유주의 관점에서 주된 이점은 이 모임이 리더들에게 각자의 도전을 말로 표현할 기회를 제공한다는 점이다. 다른 리더들이 건설적인 해결책을 가지고 있는 경우 나중에 사적인 대화를 통해 전달된다.

오전 10시 30분~오후 12시 30분: 휴식 시간 후, 2시간의 교육이 이어진다. 최근에는 위임, 이메일 에티켓, 경영자의 건강 문제 등을 다루었다. 그 결과 형제 중 한 명인 비샬 굽타는 5킬로그램을 감량했다.

오후 1시 30분~2시: 점심 식사 후 2명의 선발된 리더가 각각 15분간 "시연" 발표를 진행하며 각자 발표 기법과 우수 사례를 선보일 기회를 얻는다.

오후 2시~오후 5시: 판매 문제와 같은 한두 개의 중대 이슈를 다 함께 고민한다. 경영진은 팀장들의 아이디어를 활용하고, 거꾸로 팀장들은 경영진의 사업 지식과 의사

결정 방식을 보며 모델로 삼는 기회다. 회의를 마무리할 때는 각자 돌아가며 월간회의를 한 문장으로 요약한다.

월간 타운홀 미팅

최고경영자들은 주간 CEO 회의 외에도 매월 타운홀 미팅을 개최한다. 그들은 이런 회의에서 주요 내용을 몇 가지 발표한 다음, 직원들이 중요하다고 생각하는 문제에 관해 질문하고 토론할 기회를 제공한다.

주의: CEO는 투명성과 개방성이라는 미명 아래 큰 실수를 저지를 수 있다. 중대한 변화와 정보를 팀장과 상사에게 미리 귀띔하기도 전에 전 직원에게 알리는 것이다. 일선 직원들은 변화에 관한 이야기를 들은 후 직속 상사에게 가서 "구체적으로 저에게는 어떤 영향이 있을까요?"라고 물어본다. 이럴 때 리더들도 미처 몰랐다면 CEO는 그들을 난처한 상황에 빠뜨린 것이다. 그들은 "모르겠군. 나도 처음 듣는 이야기라..."라고 대답할 수밖에 없다. 그러니 먼저 모든 팀장에게 설명해야 변화를 추진할 동맹군을 얻을 수 있다.

분기별 및 연간 계획 회의

1~3일간 개최되는 사외 계획 모임의 주요 어젠다는 성장 도구를 검토하고 업데이트하는 것이다. 성장 도구는 이런 분기 및 연간 계획 모임에 질문과 초점, 어젠다를 제공한다. 자세한 내용은 앞에서 다룬 7장 〈한쪽짜리 전략계획〉을 참고하라.

Part5
현금 스케일업

Cash

서론

 핵심 질문: 회사의 모든 프로세스가 원활히 운영되며 업계 최고의 수익성을 주도하는가?

괜찮은 인력, 전략, 실행이 있으면 그럭저럭 버틸 수는 있지만, 현금 없이는 하루도 살 수 없다. 더구나 "성장은 현금을 빨아들이기 때문에" 기업이 성장할수록 현금은 더욱 중요해진다. 가장 중요한 것은 내부적으로 충분한 이익과 현금흐름을 창출하는 혁신 역량이므로, 성장을 위해 꼭 은행(그들은 상어 떼나 마찬가지다!)에 의지해야 하는 것은 아니다.

빠르게 성장하는 창고 유통업체 코스트코홀세일이 대표적인 예다. 공동창업자인 제임스 시네갈은 고객에게 회비를 부과하는 대담한 정책을 단행했다. 오늘날 이 수수료는 코스트코 이익(2021년 세전 이익 50억 1000만 달러 중 38억 8000만 달러)의 77%를 차지하며, 모든 신규 매장에 필요한 자금을 충분히 조달한다.

짐 콜린스와 모튼 한센의 《위대한 기업의 선택》에 따르면 위대한 기업은 의식적으로 경쟁사보다 3~10배의 현금을 보유한다고 한다. 성장 기업은 이런 현금 덕분에 폭풍을 견뎌낼 수 있다. 빌 게이츠가 마이크로소프트 창업 초기부터 항상 1년치 운영비를 은행에 마련하는 것을 원칙으로 삼았던 이유가 바로 여기에 있다. 이것은 스케일링업社가 9·11사태의 여파로 현금이 바닥난 이후부터 배워온 교훈이기도 하다. 여러분이 만약 직원들의 급여조차 지급할 수 없는 고통스러운 현실을 경험해본 적이 있다면, 다시는 그런 상황을 직면하고 싶지 않을 것이다.

개관

12장 〈현금〉에서는 현금전환주기ccc를 획기적으로 개선하는 데 집중한다. 기업들이 성장을 위해 내부에 충분한 현금을 창출하기 위한 실용적이고 창의적인 아이디어를 다룬다.

13장 〈1의 위력Power of One〉에서는 겉보기에는 건강해 보이는 4200만 달러짜리 회사가 사실은 "점점 빈털터리가 되어가는" 사례를 살펴본다. 은행이 기업 재무 건전성을 평가할 때 쓰는 최고의 소프트웨어 도구를 개발한 바 있는 앨런 밀츠 팀과 함께 집필한 이 장에서는 모든 기업의 리더들이 현금 보유고 증대를 위해 제어할 수 있는 7가지의 재무적 지렛대를 살펴본다. "1의 위력"이란 현금흐름에 영향을 미치는 7가지 지렛대에 1%나 1일을 변경할 때 현금흐름에 미치는 이익을 의미한다.

14장 〈엑시트〉에서는 기업 가치를 극대화하는 데 필요한 4가지 핵심 사항을 자세히 설명하고, 매각 과정에서 소유자가 수천만 달러의 가치를 놓칠 수도 있는 함정을 알려준다.

5부에서 설명하는 한쪽짜리 현금 도구는 다음의 2가지다.

1. **현금가속화전략**: 현금흐름을 늘리는 구체적인 전략을 열거한 표
2. **1의 위력**: 7가지 재무 지렛대의 변화가 현금에 미치는 영향을 계산하는 방법

12

현금
현금흐름 가속화

THE CASH

EXECUTIVE SUMMARY 현금은 기업의 성장에 필요한 산소와 같다. 현금전환주기CCC는 기업이 (임대료, 공과금, 마케팅, 급여 등에) 사용한 1달러가 비즈니스를 통해 다시 주머니로 들어오는 데 걸리는 시간을 측정하는 KPI를 말한다. 이번 장에서는 기업이 한쪽짜리 현금가속화전략CASh 도구를 사용하여 CCC를 획기적으로 개선하여 내부적으로 창출된 현금으로 성장 자금을 조달하고 은행과 투자자의 손아귀에서 벗어나는 법을 설명한다. 분기 계획 모임마다 현금흐름 개선에 관한 아이디어를 구상하고 그중 몇 가지를 분기별 우선과제로 정할 것을 권장한다. 회사의 현금흐름을 꾸준히 개선하고 이해하는 것은 회사를 전체적으로 개선하는 강력한 원동력이다.

마이클 델은 회사가 급성장세를 달리던 90년대 중반에 현금이 바닥 난 지점에 도달했다. 그는 급성장하는 여러 사업체가 그런 것처럼 "부실한 상태로 성장"하고 있었다. 그 시기에 그는 톰 메러디스를 CFO로 영입했다. 메러디스는 델의 CCC를 63일로 계산했다. 다시 말해 델이 1달러를 쓰면 그 돈이 사업을 통해 재무상태표에 다시 들어오기까지 63일이 걸린다는 의미였다.

메러디스는 90일마다 한 가지 현금 개선 전략에 집중하며 10년 후 델의 CFO를 그만둘 때는 CCC를 21일까지 줄여놓았다. 회사가 1달러를 어떤 일에 지출하든 21일이 지나기 전에 되돌려 받았다는 뜻이다. 델은 빠르게 성장하면서도 현금을 사용하는 것이 아니라 창출했다. 그래서 창업자이자 CEO인 마이클은 2013년 회사를 비공개로 전환할 때 필요한 현금을 충분히 보유할 수 있었다.(2018년에는 다시 회사를 공개하여

2021년 포브스가 선정한 "세기의 거래"를 통해 500억 달러를 벌어들였다.)

이 장에서는 CCC의 개선을 통해 현금흐름을 가속하는 전략을 살펴본다.

현금전환주기 CCC

모든 기업이 짧은 CCC를 가질 수 있는 것은 아니지만, 델의 사례는 그런 방향으로 나아가는 모델이 되기에 충분하다. 우리는 그저 이를 개선하는 방법을 모색할 뿐이다. 예를 들어 마이크로소프트를 주 고객으로 삼는 오스틴의 IT 컨설팅기업 캐터펄트 시스템즈는 대체로 고객에게 30일 주기로 대금을 청구했다. 그런데 직원들은 한 달에 두 번씩 급여를 받았으므로 창업자이자 회장인 샘 구드너의 말대로 "끔찍한 현금흐름 이야기"가 펼쳐졌다. 그가 한 달에 두 번 청구서를 발행하기 시작한 것은 고객의 90% 이상이 이런 변화에 동의한다는 것을 알게 되고부터였다. 그러자 즉시 현금흐름이 2배로 개선되었다.

CCC를 다루기 위해서는 먼저 닐 처칠과 존 멀린스가 《하버드비즈니스리뷰》에 기고한 〈당신의 회사는 얼마나 빠른 성장을 감당할 수 있는가?〉라는 기사를 읽어보라. 회사의 전체적인 CCC 계산에 필요한 공식과 이 책의 마지막 장에서 강조하는 여러 재무 수단이 자세히 설명되어 있다.

 참고: 연쇄창업가이자 런던경영대학원 교수 존 멀린스는 이 기사에 이어 《빈손으로 창업하라》라는 책을 썼다. 기업을 현금 측면에서 자세히 살펴보고 코스트코가 했던 것처럼 기업 성장에 고객의 자금을 끌어들이는 방법을 알 수 있다.

현금가속화전략 CASh

우리가 개발한 CASh는 조직이 CCC를 개선하는 아이디어를 도출하도록 도와준다. 이 도구는 CCC를 4가지 구성요소로 나눈다.

현금: 현금가속화전략 (CASh)

현금전환주기 (CCC)

- A 판매 주기
- B 제조/생산 및 재고 주기
- C 배송 주기
- D 청구 및 지불 주기

	주기 단축	실수 제거	비즈니스 모델 및 손익 개선

A 판매 주기 개선 방법

#	방법	주기 단축	실수 제거	비즈니스 모델 및 손익 개선
1				
2				
3				
4				
5				

B 제조/생산 및 재고 주기 개선 방법

#	방법	주기 단축	실수 제거	비즈니스 모델 및 손익 개선
1				
2				
3				
4				
5				

C 배송 주기 개선 방법

#	방법	주기 단축	실수 제거	비즈니스 모델 및 손익 개선
1				
2				
3				
4				
5				

D 청구 및 지불 주기 개선 방법

#	방법	주기 단축	실수 제거	비즈니스 모델 및 손익 개선
1				
2				
3				
4				
5				

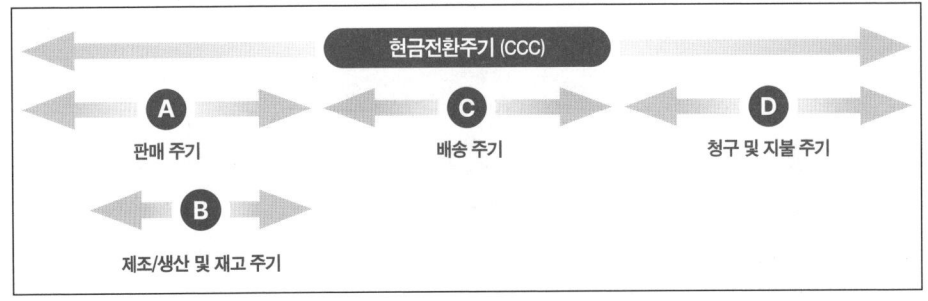

모든 기업은 이런 현금주기 구성요소를 어느 정도 갖추고 있다. 서비스 기업이라도 직원의 역량을 충분히 활용하지 못한다면 어떤 형태로든 재고가 발생한다. 차이는 이런 요소의 순서에서 발생하며, 일부 주기가 중복되거나 순서가 다를 수 있다. 예를 들어 델처럼 미리 대금을 모두 회수하도록 사업모델을 구성했다면 청구 및 수금 주기는 판매 주기가 끝나고, 생산 및 배송 주기가 시작되기 전에 발생한다.(즉, 델은 컴퓨터를 판매한 후에야 재고를 보유한다.)

경영진은 이런 현금주기 구성요소의 개선 방안을 구상하는 데 매달 1시간 이상을 할애해야 한다. 이것은 반나절에서 하루가 필요한 월간 경영회의에서 중간관리팀과 함께 해볼 수 있는 매우 효과적인 활동이다. 이 활동을 통해 모든 사람은 기업의 현금흐름과 이를 개선하기 위해 각 부서가 어떻게 참여할 수 있는지 이해할 수 있다.

현금흐름을 개선할 수 있는 영역은 다음과 같다.

1. 우선 "우리 업계는 다 이렇게 합니다"라는 말부터 멈춰라.
2. 지난 24시간 동안 바뀐 내용이 간단히 설명된 현금 보고를 **매일** 받아보고, 매출채권AR과 매입채무AP를 매주 도표로 작성한다. 매일 현금흐름을 확인하면 사업에 대해 훨씬 더 많은 것을 알 수 있다. 더 빨리 급여를 받고 싶으면 현금흐름을 물어봐야 한다. 중소기업도 대기업처럼(정부도!) 빨리 급여를 받거나 심지어 미리 받고 싶으면 끊임없이 묻고 또 물어봐야 한다.
3. 정시 결제 또는 선결제를 해주는 고객을 특별 대우한다.

4. 청구서를 더 빨리 발행하라. 청구서를 적시에 발행하고 수금을 관리하는 일만 하는 회계 담당자를 한 명 더 고용하라.
5. 수금 기한 5일 전에 정중하게 알림 메시지를 보내라. 의외로 깜박 잊고 있던 고객이 많아서 오히려 알림 메시지에 감사할 것이다. 결국 더 빨리 수금할 수 있다.
6. 정기 거래인 경우라면 고객으로부터 정기 결제 승인을 받아 수금을 자동화하라.
7. 고객이 지불이 늦는 이유를 이해한다. 고객이 제품이나 서비스에 불만을 가질 수 있다. 또는 송장에 반복적인 오류가 있거나 고객의 자동 송장 시스템에 반영되지 않았을지도 모른다.
8. 각 고객의 지불 주기를 파악하여 청구 일자를 그것에 맞춘다.
9. 지출 대금 중 상당 부분을 신용카드로 결제하여 현금 유동성을 확보한다. 고객도 카드 결제로 유도하여 고객사의 현금흐름과 상관없이 빠르게 수금되도록 한다.
10. 고객의 현금흐름을 도와 제때 수금되도록 하라. 예를 들면 고객에게 리스 옵션 leasing options 을 제공해보라.
11. 상품 및 서비스 배송 주기를 단축한다. 모든 기업에는 일종의 "진행 중인 작업"이 있다. 프로젝트를 빨리 완료할수록 빨리 지불받을 수 있다.
12. 가치가 큰 상품이나 서비스를 제공하면 고객이 돈을 더 빨리 지불하게 만들 수단이 된다.
13. 마진과 이익을 개선하면 현금이 증대된다는 점을 항상 기억하라.

참고: 버네의 경우처럼 CFO나 회계 담당자가 매일 현금 보고서를 제출하도록 하라. CFO는 지난 24시간 동안 회사에 드나든 현금의 출처와 액수, 그리고 다음달의 예상 현금흐름을 요약한다. 현금을 최우선으로 생각하고 잘못된 방향으로 가고 있다면 수개월 내로 신속하게 대응할 수 있도록 조치하라. 매일 드나드는 현금의 출처를 관찰하면 사업의 재무 모델을 깊이 이해할 수 있다.

이상 열거한 개념들은 거의 모두 다음의 3가지 개선 범주 중 어느 하나에 속한다.

1. 전환 주기를 단축한다.

2. 실수를 제거한다.
3. 사업모델을 변경한다.

지금부터는 사고를 더욱 자극하기 위해 각 범주에서 현금흐름 개선에 도움이 되는 아이디어를 몇 가지 살펴본다.

전환 주기 단축

CCC는 회사가 하는 모든 일의 속도를 높이는 데 도움이 된다.(예: 고객 관심에서 거래 완료에 이르는 전체 주기를 줄여준다.) 우리가 도요타의 린 프로세스를 사업의 모든 측면에 적용하려는 이유가 바로 이것이다. 낭비 시간 제거에 중점을 둔 CCC는 프로세스를 개선하고 직원의 생산성을 향상하며 현금흐름을 가속하는 이상적인 도구다.

특히 판매 과정에 주의를 기울여야 한다. 고객 확보에 너무 많은 돈과 시간을 투입하고 있을 수도 있다. 골드만삭스 같은 회사들은 빅토리아 메드벡이 알려준 협상 기법을 활용해 판매 주기를 수개월에서 수주로, 수주에서 수일로 줄였다. 거래를 성사하는 시간이 줄어들수록 현금흐름이 빨라지며, 경쟁에 뛰어들려는 회사를 좌절시킨다.

생산 측면에서는 델이 공장을 운영하던 시절에는 생산 근로자가 몇 분 만에 컴퓨터를 조립했고, 회사는 며칠 분량의 재고만 보유했다. 이처럼 빠른 재고 전환과 생산 속도는 회사가 놀라운 CCC를 달성하는 데 크게 기여했다.

회계부서의 일손이 달려서 청구서 발송과 수금이 지연되는 경우가 많다. 현금흐름을 개선하기 위해 1개월에 두 번 청구하는 것 외에도, 캐터펄트시스템즈의 수금 속도 자체가 타사보다 빠르다. 전 회장인 구드너는 이렇게 말한다. "우리 회계부서의 징수 담당자는 고객사의 매입 담당자들과 개인적인 친밀감을 형성하려고 무척 노력합니다. 그녀는 대단히 매력적이고 온화하며 누가 봐도 호감이 가는 사람입니다. 그녀는 결제 마감 5일 전부터 고객사 회계부서마다 전화해서 안부를 묻고, 우리 프로젝트가 잘 진행되고 있다고 말합니다. 마지막에는 혹시 무슨 일이 생기면 알려달라고 전화번호를 알려주며, '다음 주에 귀사로부터 수표를 받기를 정말로 고대하고 있습니다'라고 말합니다." 만약 수표가 늦으면, 캐터펄트시스템즈의 이 징수 전문가는 다음날 곧바로 고객에게 전화를 건다. 그것이 회계부서 자원을 강화해야 하는 또 다른 이유다.

구드너는 이 회사의 정시 수금률이 "믿을 수 없을 정도로 높은" 것이 바로 이런 방식 덕분이라고 말한다. 그는 그저 "우리는 그렇게 요구"하기 때문이라고 말한다.

호주의 한 회사는 고객사가 제날짜에 결제하면 그 회사의 매입 담당자에게 별로 비싸지 않은 복권을 감사의 표시로 보낸다. 고객사가 지불할 청구서가 산더미처럼 쌓여도 이 회사의 청구서는 마법처럼 맨 위에 올라가 있는 것 같다! 만약 이 방법이 여러분의 업계에서는 부적절하거나 불법으로 여겨지는 것이라면 감사를 표하는 카드 정도만 보내도 같은 효과를 얻을 수 있다. 핵심은 매입 담당자가 관심을 기울이도록 하라는 것이다!

또, 청구서에는 "30일 이내 지불 조건"이라는 대략적인 조항 대신 지불할 날짜를(5월 31일 등) 구체적으로 명기하는 편이 좋다. 고객사는 고위 임원이 청구서에 서명해야 지불이 진행되는데, 이 승인을 받은 후에 30일 시계가 시작되는 경우가 많다. 특정한 지불 기한이 명기되어 있으면 담당 직원은 전날까지 서명받지 못했더라도 지정된 날짜에 지불을 승인한 것으로 간주하고 즉시 청구 대금을 지불할 것이다.

영업, 생산, 서비스 제공, 청구 및 회수 등 조직 내의 모든 프로세스를 살펴 기업의 현금흐름을 빠르게 할 수 있는 방법을 찾아보라.

실수 제거

실수보다 고객을 화나게 하는 것은 없다. 고객의 지불 속도가 느려지는 가장 큰 이유다. 불완전한 주문, 송장 오류, 마감 불이행 등은 비용이 많이 들 뿐만 아니라 속도를 높이고자 하는 바로 그 프로세스 자체를 지연시켜 현금흐름을 방해한다.

앨버타에 있는 솔즈베리 조경회사의 3대째 CEO인 애덤 스프롤은 회사의 CCC를 놀라운 수준으로 줄였다. 그는 자기만의 방식으로 지난 25년 이상 동안 이 회사의 CCC를 최적화해왔다. 솔즈베리 조경회사는 보증금을 미리 확보하는 것 외에도(프로젝트가 완료되는 즉시 최종 대금을 지불하는 조건) 고객들이 업계에서 일반적으로 보는 것보다 작업을 훨씬 덜 혼란스럽고 신속하게 완료하는 방식을 마련했다. 이를 통해 솔즈베리의 평판이 올라가면서 보증금과 결제 대금을 받기도 더 쉬워졌다.

조경이나 건설업체는 보통 2~3개의 일을 동시에 하는데, 이것 때문에 고객들은 진행 상황에 대해서나 프로젝트가 왜 아직 끝나지 않는지 궁금해지는 경우가 많다. 스프롤은 이렇게 말한다. "우리가 만나본 사람마다 그게 가장 큰 불만이라고 했습니다." 솔즈베리는 다르다. 이 회사 사람들은 한 번에 하나의 일에 집중해서 시작도 빨리, 마무리도 빨리 끝낸다. "우리는 살아있는 식물을 다루기 때문에, 빨리 끝내고 싶습니다. 그렇게 하지 않으면 고객들에게 지장을 줄 뿐 아니라, 오래 끌수록 더 많은 문제가 발생하기 때문입니다."

작업팀이 떠나자마자 회사 담당자가 고객과 함께 현장을 방문해서 일이 완벽하게 마무리되었는지 확인한다. 스프롤은 "몇 가지 문제만 보여도 다 기록합니다"라고 말한 후, 직원이 문제를 수정한 것을 "조정"이라고 표현하여 부정적인 인식을 예방한 것에 주목한다.

스프롤은 말한다. "그런 다음 조정 목록을 작성합니다. 우리가 일하는 방식이 매우 효율적이기 때문에 고객이 우리를 의심할 이유가 없습니다. 그래서 심지어 할 일이 몇 개 더 남아있는데도 고객이 즉시 전액을 지불하는 경우가 많습니다." 이후 솔즈베리는 학습의 고리를 완성하고 다음 프로젝트에서 동일한 실수를 저지르지 않도록, 문제를 일으킨 팀을 그대로 보내 신속하게 조정한다.

플로리다의 PPR텔런트매니지먼트그룹(2018년에 메디컬솔루션스에 인수되었다)은 청구서의 정확도를 향상하여 매달 100만 달러를 더 회수했다. 이 회사는 수천 개에 이르는 고객(대부분 병원으로, 정책과 근무 시간 규정이 모두 제각각이었다)을 상대하느라 청구서 작성이 상당히 복잡해졌다. 그 결과 PPR그룹이 청구서 오류를 해결하는 동안 고객들은 지불을 지연시켰다. 그들은 이 문제를 해결하기 위해 지불 부서와 관계를 구축하는 노력 외에도 각 병원 기준에 맞게 청구서를 개별화하는 전담 인력을 추가로 고용했다. 전 CEO 드와이트 쿠퍼는 이렇게 말한다. "우리가 프로세스를 변경하여 바로잡자 고객과의 신뢰 관계가 빠르게 형성되었습니다."

그러다가 최근의 경기 침체가 찾아왔다. 쿠퍼는 2009년으로 접어들면서 "우리는 현금이라는 공에서 눈을 뗐습니다"라고 말한다. 사업모델 전체를 보는 시각을 바꿀 때가 온 것이었다. 적어도 현금 관점에서는 그랬다.

사업모델 변경

PPR그룹으로서는 수금이 문제가 아니었다. 처음부터 올바른 지불 조건을 만들어야 했다. PPR그룹은 기업의 성장을 위해 현금이 필요했고, 그래서 고객들에게 선불로 결제해달라고 요청했다. 쿠퍼는 "우리는 많은 고객이 그러겠다고 대답했을 때 놀라면서도 기뻤습니다"라고 말한다.

사업모델을 조정하여 CCC를 개선할 수 있는 부분이 많다. 가장 큰 성과를 낳는 두 가지는 코스트코가 회원비를 통해 하는 것처럼 고객이 기업에 투자하도록 유도하거나, 델이 재고 관리를 통해 한 것처럼 그 일을 공급업체가 하도록 만드는 것이다.

대출이나 투자 이외의 현금 출처를 확보하는 법에 관해서는 버네가 《포천 스몰비즈니스》에 기고한 〈가진 줄 몰랐던 돈 찾기 Finding Money You Didn't Know You Had〉라는 기사를 참조하라.

수익성 향상

베네통인디아도 2009년에 경제 침체로 자금 경색을 경험하며 대대적인 비용 절감에 착수했다. 베네통인디아 프라이빗 유한회사의 CEO 산지프 모한티는 아리바에서 구매한 기업용 소프트웨어를 사용하여 공급업체들에 온라인 계약에 응찰하라고 안내했다. "처음에는 다들 품질 저하가 우려된다면서 매우 회의적인 반응을 보였습니다"라고 그는 말한다. 게다가 일부 공급업체는 10년 이상 베네통 인디아에 납품해온 터라 경영진은 괜히 잘 작동하는 프로세스에 손을 대는 것이 아닌가 망설였다.

모한티는 이 프로젝트를 밀어붙여 상당한 비용을 절감했다. 예를 들어 베네통인디아는 쇼핑백 계약에 기존 거래업체를 포함한 6개 공급자가 입찰하도록 했다. 공급자들은 아리바를 사용하여 입찰했을 뿐 아니라 다른 회사들이 무엇을 입찰하는지도 볼 수 있었다. 일반적으로는 전체 입찰 과정에 몇 시간이 걸릴 수도 있지만, 이 입찰은 임원진이 실시간으로 지켜보는 가운데 32분 만에 끝났다. 베네통은 이전에는 쇼핑백 하나당 52센트를 지불했는데 최종 입찰은 34센트로 마감된 덕분에 큰 비용을 절감했다. 놀랍게도 낙찰자는 기존 공급자였다. 따라서 베네통인디아는 비용을 절감해 이익을 얻으면서도) 쇼핑백의 품질을 같은 수준으로 유지할 수 있었다. 오늘날 회사 직원들은 1만 달러 규모가 넘는 상품이나 서비스는 모두 아리바를 통해 조달해야 한다. 베네통인디아가 최근 1년간 이 조달 과정을 통해 절약한 금액은 120만 달러다.

다시 말하지만 수익성을 개선하면 현금이 개선된다. 재무상태표상에 경영 활동에 의한 낭비를 손실로 잡지 않는 한 말이다.(다음 두 장에서 설명하겠다.) 그리고 맘스 오거닉마켓이나 베네통 인디아처럼 모든 거래에 현금이나 신용카드 결제로 대금을 회수하는 소매업체의 경우, 실질적인 내부 현금 지렛대는 오로지 사업의 손익계산서 측면뿐이다.

맘스의 CEO 스콧 내시와 그의 경영진은 최근 금융위기로 신용한도의 고갈이 우려되자 수익성을 개선하는 데(가격, 구매 등을 강조했다) 집중했다. 오늘날 워싱턴에 본사를 둔 이 체인은 업계 평균의 4배에 달하는 수익성을 기록한 후 지속적인 확장을 위해 잉여 현금흐름을 확대하는 데 집중한다. 캐터펄트 시스템즈의 구드너는 6개월마다 한 번씩 매입 담당 직원과 함께 앉아 회사가 상품과 서비스에 지불하는 금액을 자세히 살펴보다가 비용 절감 방안을 찾아냈다. 비용과 일회성 요금, 반복되는 요금 등을 이해하면 비용 절감 기회를 포착할 수 있다. 구드너는 "아마 제가 줄인다고 해봐야 연간 수만 달러 정도일 뿐이고, 회사로서는 차이를 전혀 느낄 수 없을 것입니다"라고 말한다. 예를 들어 그는 한 사무실에서 생수 서비스에 매달 600달러를 지불한다는 것을 알고 그 대신 10분의 1 비용으로 상업용 여과 시스템을 구매하기로 결정했다. 구드너는 "정말 무서운 것은 반복 요금입니다. 저는 지금도 계속 요금이 반복되는 것이라면 제가 직접 승인해야 살 수 있게 해놓았습니다"라고 말한다.

CASh 도구 작성

1. 닐 처칠과 존 멀린스의 《하버드비즈니스리뷰》 기사 〈당신의 회사는 얼마나 빠른 성장을 감당할 수 있는가?How Fast Can Your Company Afford to Grow?〉를 읽는다.
2. 현재 CCC를 일일 단위로 계산한다.
3. CCC가 하루 늘어날 때마다 조달해야 하는 현금 액수를 계산한다.
4. 한쪽짜리 CASh 도구를 사용하여 CCC와 5부 마지막 장에 소개하는 7가지 재무 지렛대를 개선하는 방법을 브레인스토밍 방식으로 찾아낸다. CCC의 각 부분에서 3가지 일반 범주(전환주기 단축, 실수 제거, 사업모델 변경) 모두에 해당하는 방법을 찾아야 한다.
5. 현금 개선 정책 중 하나를 분기별 우선순위(과제)에 포함하여 추진한다.

CCC를 30일 정도 개선한다고 생각해보자.(기업 규모는 3000만 달러라고 하자.) 현재 은행에 남아있는 현금 보유액이 250만 달러일 때 선택지는 다음과 같다.

1. 운영자금 대출을 상환한다.
2. 주주에게 배당금으로 돌려준다.
3. 성장 계획을 뒷받침할 신규 프로젝트에 투자한다.
4. 완벽한 기회를 찾을 때까지 관망한다.
5. 어려울 때를 대비한 보험으로 보유한다.

CCC를 개선하면 가장 좋은 점은 사업의 추진 속도가 빨라진다는 것이며, 이는 고객에게도 좋은 일이다. 아울러 경영자가 자신의 결정이 현금흐름에 미치는 영향을 더 잘 이해하게 되므로 비즈니스 지식이 향상된다. 또한 은행 현금 보유액이 증가하면 기업이 성장하면서도 모두가 편안한 마음으로 잠자리에 들 수 있다. 이것이야말로 기업이 진정한 자유를 누리고 시장 지배력을 강화하는 유일한 길이다.

현금흐름과 수익성을 개선하는 비결은 기업의 회계 측면에 더 많이 투자하는 것이다. 데이터 없이는 똑똑한 결정을 내리기 어렵다.

회계: 과소평가

성장 기업들의 가장 큰 약점이 마케팅이라면 그다음이 회계다. 회계를 과소평가하는 경우가 많다. 회계란 기껏해야 세금 징수원의 접근을 막거나, 청구서 발행, 징수, 대금 지불에 필요한 일, 또는 월별 회계보고서를 작성하는 일쯤으로 여겨진다. 그래서 손익계산서를 보다가 맨 마지막에 한 번 흘끗 보는 정도에 그치고 만다.

그러다 보니 회계에 투자하는 자금이 부족한 경우가 많다. 거의 모든 기업가는 쓸 수 있는 이익이 발행하면 그것을 물건을 만들거나 파는 데 투자한다. 물론 그것은 아주 훌륭한 투자다. 그러나 기업가들이 회계에 조금 더 관심을 기울이고 투자하면 1년 만에 이익과 현금이 두 배로 성장하는 모습을 봐왔다.(존 록펠러는 회계 교육을 받았다.) CFO를 뒷받침하거나 그의 업무를 덜어줄 직원을 한 명만 더 고용하면 다음과 같은 일을 할 수 있다.

1. 현금 및 현금흐름 관리 개선
2. 세분화된 회계 현황을 간단히 설명하여 의사결정의 정확도를 높여주는 폭포수 그래프 작성
3. 예측 정확도를 높이는 트렌드 분석 및 조기 경보 시스템 수립
4. 꼭 필요한 2권의 장부!

폭포수 그래프

회계 활동의 핵심은 회사의 재무 데이터를 가능한 한 더 잘게 세분화하는 것이다. 이를 통해 경영진은 매출총이익, 이익, 현금흐름 등을 개별 고객, 위치, 제품군, 판매원 등과 같은 범주별로 파악할 수 있다. 회계사는 이를 위해 폭포수 그래프를 작성한다.

 참고: 세로축은 매출총이익이나 이익률을 측정하고, 가로축에는 특정 고객, 위치, 판매원, 제품 라인 또는 재고관리 단위SKU, Stock Keeping Unit가 자리한다.

경영진은 폭포수 그래프를 통해 회사가 사업의 어느 부분에서 돈을 많이 벌고, 어느 영

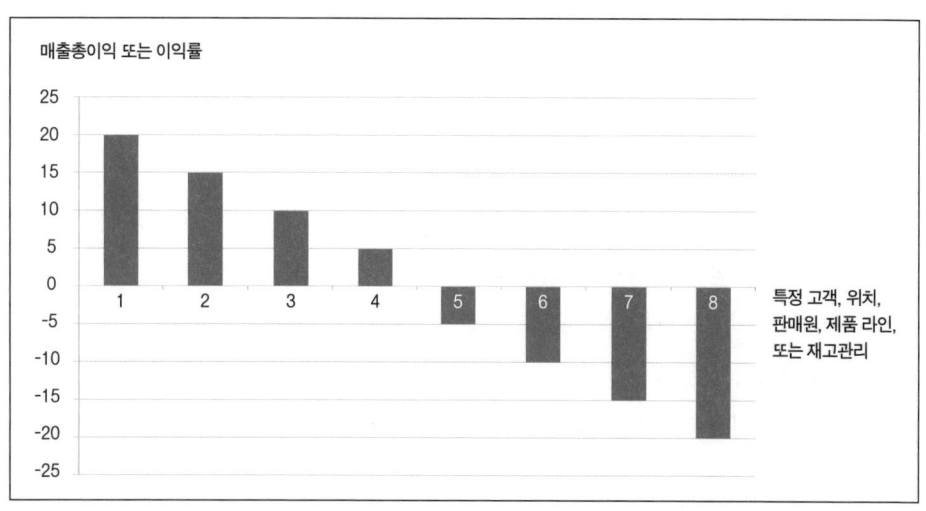

역에서 손해를 보는지, 그 결과 매출총이익과 수익성에는 어떤 영향을 미치는지 금방 알 수 있다. 경영진의 시간과 흥미를 빨아들이는 것은 주로 사업에서 수익성이 떨어지는 부분이다. 델의 CFO 톰 메러디스가 마이클 델과 경영진에게 기존 제품군과 유통채널의 40%를 포기하는 사업모델 변경을 설득할 수 있었던 것도 이런 폭포수 그래프를 보여주었기 때문이었다.

휴스턴에 본사를 둔 사모펀드 턴웍스의 회장 그레그 브레네만과 같은 기업 회생 전문가가 콘티넨털 항공에서 지속적으로 수익성이 떨어지는 노선과 퀴즈노스 레스토랑 체인에서 역시 수익성이 떨어지는 메뉴 항목을 없앤 것도 이런 데이터를 판단 근거로 삼은 덕분이었다.

그렇다면 왜 우리는 계속해서 이 실패한 사업을 붙잡고 있는 것일까? 흔히들 "전략적인 이유"라는 핑계를 댄다! 그러나 오랫동안 많은 돈을 잃고 있는 부분이 도대체 어떤 측면에서 전략적이란 말인가? 애플사는 수익이 나지 않는 PDA를 판매하는 것을 전략적인 이유에서라고 변명할 수도 있었지만, 스티브 잡스가 경영에 복귀한 후 이 제품군을 과감하게 포기했다. 손해 항목 중에 어쩔 수 없이 유지해야 하는 것들은 최소한에 머물러야 한다. 콘티넨털 항공의 경영 회생을 다룬 브레네만의 《하버드비즈니스리뷰》 사례 연구를 읽어보면 이런 유형의 흔한 전략적 실수에 관해 더 많은 통찰을 얻을 수 있다.

트렌드 분석

예측은 리더의 기본적인 책무이며, 적절한 결정을 내리기 위해서는 시장의 정성적 피드백과 함께 빈번한 정량 분석이 필요하다. 앞서 언급했듯이, 일주일 이상 지난 데이터는 모두 역사이며, 오늘날처럼 고도로 연결된 글로벌 경제가 요구하는 신속한 결정을 내리는 데 적합하지 않다.

그런 점에서 회계 기능은 매우 중요하다. 회계부서는 경영진이 가까운 미래를 내다보는 데 도움이 되는 보고서와 그래프를 제공해야 한다. 예를 들어 우리는 전기용품 유통업체의 CFO를 도와 주요 고객의 다양한 제품군 구매를 확인하는 주간 막대 차트(눈을 아프게 하는 엑셀 스프레드시트가 아니라)를 작성했다. 이 계정들의 매출은 회사 수익의 80%를 차지했다.

몇 달 후, 회사는 어떤 고객이 주문 규모를 서서히 줄여가고 있음을 확인했다. 그것은 계정 관리자에게 평소보다 더 빠른 후속 조치가 필요하다고 알려주는 조기 경보였다. 리더들도 이 시각적 데이터를 월간이나 분기가 아니라 주간 단위로 보고 있었으므로, 회사는 특정 제품군의 인기 변화와 같은 다른 동향을 더 빨리 알아차리고 조치를 취했다.

매핑 소프트웨어

과거 많은 사람이 근무하던 영업 및 마케팅 사무실, 그리고 CEO 사무실에서 사용되던 압정이 꽂힌 지도는 다 어디로 사라졌는가? 우리는 기업들이 이런 지도를 더 많이 사용했으면 좋겠다. 이렇게 지도로 작성한 데이터를 보면 다른 방법으로는 식별할 수 없는 패턴을 시각화할 수 있다. 예를 들어, 우리는 코칭 파트너가 있는 도시의 스케일업 기업들의 데이터베이스를 지도화하여 우리가 커버하지 못하는 지역을 한눈에 확인할 수 있었다.

> 배럿 에르섹은 이런 지도와 마이크로소프트의 강력한 소프트웨어 맵포인트(2015년에 빙맵스로 바뀌었다)를 사용하여 자신이 운영하는 잔디 관리 사업 중 어느 곳에서 판매가 일어나고 문의 전화가 오는지에 관한 패턴을 확인할 수 있었다.
>
> 기존에 사용하던 엑셀 스프레드시트를 매핑 소프트웨어로 바꿀 수 있는 분야가 어디인지 확인하고, 회계팀이 더 많은 지도를 작성하도록 지시하라.

2권의 장부

재무회계기준심의회FASB와 세무당국의 규정을 만족하는 회계장부를 작성해야 한다. 그러나 이런 규정만을 근거로 사업 결정을 내리는 경우는 거의 없다. 예를 들어 컴퓨터 하드웨어와 소프트웨어는 세무상 몇 년에 걸쳐 상각할 수 있다. 그러나 마이클 델은 사업부가 빠른 성과를 낼 수 있는 솔루션만 구현하기를 원했다. 그래서 델은 내부적인 목적에 따라 모든 기술 관련 비용을 12개월 이내에 사업부의 손익계산서 비용으로 처리했다.

이 주제에 대해서는 토머스 스튜어트의 고전인 《지적 자본Intellectual Capital》을 읽어보면 더 많은 정보를 얻을 수 있다. 모든 CFO가 읽어야 할 필독서이다. 특히 주목할 것은 광범위한 부록에 나오는 그가 제안한 몇몇 회계 규칙으로, 이것은 오늘날 우리가 따르는 많은 FASB의 규칙을 만든 제조업 유형의 경제보다 정보 기반 경제에 더 부합한다. 예를 들어 소프트웨어는 몇 년에 걸쳐 상각할 수 있지만, 그것을 도입한 분기에 직원 교육 및 개발 비용을 지출해야 한다. 스튜어트는 어떤 비용도 더 오랜 기간에 걸쳐 상각하는 것이 정당하다면 그것은 교육이라고 강력하게 주장한다. 지금 조직이 배우는 개념의 영향력은 수년 동안 계속될 것이다.

요컨대 회사가 운영할 관행과 규칙을 결정하고, 회계부서가 내부 장부를 조정하여 지원하도록 해야 한다. 스튜어트의 책을 참고하여 조직의 성장을 21세기의 현실에 맞추라.

매출총이익

손익계산서상의 수익은 덧없는 것(가장 약한 숫자)이다. 대신 매출에서 비노동 직접비를 모두 뺀, 새롭게 정의된 매출총이익에 초점을 맞춰야 한다. 매출총이익을 이렇게 정의하면 사업의 진면목을 보는 가장 중요한 경제적 시야를 갖출 수 있다.

특히 하청업체를 활용하거나 재료비 비중이 큰 기업들과 마진율이 낮은 유통업체는 이 점을 이해하는 것이 매우 중요하다. 모든 매출에 대해 10%의 수수료를 받는 400만 달러의 유통업체나 재료비와 하청 비용의 비중이 큰 맞춤형 주택 건설업체는 400만 달러 규모의 서비스 업체와 도저히 비교할 수도 없다. 본질적으로 수익에서 지출되는 비노동 직접비는 단순한 통과 비용에 불과하다. 기업은 당연히 최적의 가격으로 매입하고 싶지만, 대개 자신의 사업모델에서 발생하는 모자라는 이익을 메울 만큼 가격을 조정할 여유가 없는 것이 현실이다. 직업소개소나 인력파견 전문업체처럼 단순히 그 기업을 통해 지출되는 총급여액이 매출인 경우도 사정은 마찬가지다. 기업 운영을 위해 쓸 수 있는 순수 자금은 이 금액의 극히 일부에 불과하다.

대부분의 서비스 기업에서는 매출이 아니라 매출총이익이 최우선 목표가 되어야 한다. 그래야 기업이 인건비 대비 매출총이익을 극대화할 기회를 모색할 수 있다. 이는 손익분기점에서 출발하여 10% 이상의 이익으로 나아가기 위한 핵심 단계이다.

매출에 집착할 것이 아니라 매출총이익을 창출하는 방향으로 내부 논의를 전환하라.(원한다면 다른 회사의 매출을 알아보라.) 참고로 매출총이익률보다는 매출총이익 금액에 더 집중해야 한다.

업계 평균 4배의 인건비 대비 매출총이익

통신 소매점 체인인 네이션링크 와이어리스의 앤디 베일리는 이 조언을 진심으로 받아들였다. 그가 스케일링업 프로그램을 도입하기 시작할 때 이 회사의 직원 1인당 매출총이익은 7만 5000달러였다. 그가 매 분기 이 KPI를 개선하는 데 집중한 결과, 7년 후에는 이 수치를 업계 평균의 4배인 27만 5000달러로 끌어올렸다. 결국 그는 막대한 평가액으로 회사를 매각할 수 있었다.

이토록 중요한 KPI가 기업이 성장함에 따라 오히려 떨어지는 경우가 많다.("문제가 생기면 인력을 투입하기" 때문이다.) 이제는 관리하기 시작해야 한다.

매출총이익의 힘

사람들은 매출총이익을 간과한다. 손익계산서에 묻혀 얼버무리고 지나가는 경우가 허다하다. 그러나 이 숫자**야말로** 효과적인 영업팀, 차별화된 전략, 그리고 실질적인 성장을 보여주는 가장 강력한 지표다. 기업이 성장할수록 시장의 가격 하락 압박은 거세진다.(지금도 최대 고객이 할인을 요구한다.) 여기에 기업이 커지면서 발생하는 복잡성과 증가하는 비용이 더해지면 매출총이익이 3~4% 줄어드는 것이 예사다.(예컨대 55.4%에서 51.8%로 감소한다.) 이때 1000만~1억 달러 규모의 기업에서는 30~300만 달러가 줄어드는데, 이 경우 인프라, 핵심 임원 급여를 지급하기 힘들어지고 수익성을 높이기 위한 추진력을 얻기도 어려워진다.

   매출총이익을 개선하는 데는 2가지 방법이 있다. 첫 번째는 차별화와 고유성을 충분히 유지하여 가격 결정권을 확보할 수 있도록 전략을 다듬는 것이다. 그러기 위해서는 이런 차별화 포인트를 판매할 수 있는 영업인력과 이들을 훈련시켜 적절한 고객을 찾아 집중시킬 마케팅 부서를 모두 갖춰야 한다. 이 경우 기업이 성장하면서도 매출총이익이 실제로 몇 % 포인트 증가하는 것을 볼 수 있다. 초전문화 전략이 강력한 힘을 발휘하는 이유가 여기에 있다.

   물론 경쟁이 극심한 시장이 있다. 특히 이익률이 낮은 상품과 서비스의 경우가 그렇다. 이런 경우, 매출총이익률에 지나치게 매달리면 성장의 기회를 놓칠 수도 있다. 따라서 남은 길은 오직 매출총이익 금액을 증대하는 것뿐이다. 마지막 매출총이익은 총이익률만큼 비용이 들지 않아야 하므로, 고정 비용 상승을 고려하여 가능한 한 많은 현금을 벌어들여야 한다.

   고객이 지불할 의사가 있는 가격을 시장이 알려준다면, 비용에 맞춰 이익을 창출하는 것은 회사가 할 몫이다. 이것을 비용주도 가격전략이라고 한다.

주의: 매출총이익이 영업성과를 더 정확하게 측정하기 때문에 매출에 기반한 영업 보수 책정은 금물이다. 매출원가가 판매할 때마다 바뀌는 게 아니라면 말이다. 영업사원에게 가격 결정권을 준 채로, 매출에 기반하여 커미션을 지급하게 될 것이다!

13 THE POWER OF ONE

1의 위력
7가지 핵심 재무 지렛대

EXECUTIVE SUMMARY 매출은 허상, 이익은 실상, 현금은 왕이다. 오늘날 기업이 마주한 주요 재무 과제는 인플레이션과 공급망의 붕괴이다. 그 결과 이익률이 줄어들고, 간접비가 증가하며, 공급업체들은 더 빠른 지불을 요구하고 재고가 증가하게 된다. 현금이 기업에서 이처럼 중요한 적은 없었다. 기업이 수익 개선을 위해 실행할 수 있는 조치는 4가지뿐이다. 즉, 가격을 높이고, 판매량을 늘리며, 매출원가/직접비를 절감하고, 간접비를 줄이는 것이다. 현금흐름 개선을 위해 3가지를 추가로 실행할 수 있다. 수금은 더 빨리 하되 지불은 더 늦게 하고, 재고를 줄이거나 청구서를 더 빨리 발행하는 것이다. 우리는 이것을 7가지 "1의 위력Power of One" 지렛대라고 부른다. 이 장은 이 수치를 단순하게 만드는 데 평생을 바쳐온 캐시플로스토리 팀의 앨런 밀츠 및 조스 밀너와 공동 집필한 내용이다. 앨런과 조스는 온라인 소프트웨어 도구를 개발하여 여러분이 지닌 1의 위력을 모든 조직 구성원이 이해하고, 조직의 수치를 받아들여 수익 현금과 가치를 향상시킬 수 있도록 했다. 여러분의 회사가 1의 위력을 충분히 발현한다면 회사의 재무 DNA는 영원히 바뀔 것이다.(소프트웨어를 확인하려면 cashflowstory.com에 접속하라.)

1의 위력

지난 25년간 앨런 밀츠와 조스 밀너는 이익과 현금, 가치 향상 분야에서 세계적인 사고 리더thought leader로 자리매김했다. 그들은 전 세계 수천 개의 기업과 대화를 나눌 때마다 항상 "현금흐름을 개선하기 위해 해야 할 가장 중요한 일은 무엇입니까?"라는 질문을 받았다. 해답은 간단하다. "1의 위력"을 기업의 DNA로 삼고, 경영진이 내리는 모든 중요한 결정을 "1의 위력"에 비춰 판단해야 한다는 것이다. 여러분이 가진 "1의 위력"을 이해하면 현금과 가치의 향상에 더 도움이 되는 결정을 내릴 수 있다.

현금: 1의 위력 (The Power of One)

1의 위력		순현금흐름 $	이자 및 세금 전 손익 $
현재 상황			

1의 위력	원하는 변화 값	순현금흐름에 대한 연간 영향 $	이자 및 세금 전 손익에 대한 영향 $
가격 상승 %	%		
수량 증가 %	%		
매출원가 절감 %	%		
간접비 절감 %	%		
매출채권 회전일수 단축	일		
재고 일수 단축	일		
매입채무 회전일수 증가	일		
1의 위력 영향			

1의 위력		순현금흐름 $	이자 및 세금 전 손익 $
조정된 상황			

1의 위력은 7개의 지렛대로 구성된다. 4개의 손익분기점 지렛대와 3개의 재무상태표 지렛대가 있다.

1. **가격**: 가격을 인상할 수 있다.
2. **판매수량**: 더 많이 팔 수 있다.
3. **매출원가 또는 직접비**: 재고 비용이나 직접 인건비를 줄일 수 있다.
4. **영업비**: 영업비용을 절감할 수 있다.
5. **매출채권**: 더 빨리 수금할 수 있다.
6. **재고/재공품**work in progress: 재고 보유량을 줄이거나 작업 대금을 더 빨리 청구할 수 있다.
7. **매입채무**: 더 늦게 지불할 수 있다.

기업은 매일 재무적 영향을 이해하지 못한 채 의사결정을 내리고 있다. 여러분의 회사는 회사의 가격과 판매수량의 이익 및 현금에 대한 민감도를 알고 있는가? 공급망 붕괴가 현금흐름에 미치는 파괴적인 영향을 어떻게 완화했는가? 인플레이션은 회사의 이익률과 현금흐름에 어떤 영향을 미칠까? 판매량 증가는 과연 현금흐름에 해로울까?

1의 위력이 사업의 관점을 바꾼다
다음에 몇 가지 실제 사례를 살펴보자.

A사는 성공적인 제조업체이다.
매출액: 3500만 달러, 안정적
이익: 700만 달러, 상승세
현금흐름: 700만 달러, 높은 상승세

기업의 현황		(단위: $)
1% 또는 1일 개선의 효과	현금흐름	이익
가격	+329,740	+369,135
판매수량	+32,058	+118,865
제조원가	+297,681	+250,269
간접비	+41,069	+41,069
매출채권	+101,133	
재고	+68,567	
매입채무	+68,567	

회사가 1의 위력에서 배운 교훈:
1. 가격이 판매수량의 10배 이상으로 현금흐름에 영향을 미친다.
2. 미수금이 10일 지연되면 현금흐름에 100만 달러의 부정적인 영향을 미친다.

회사가 한 일:
1. 모든 할인을 중단하고 가격 책정 및 수금과 관련해 영업팀을 다시 교육했다.
2. 수금 프로세스를 더 엄격하게 갖추었다.

B사는 수입 유통업체이다. 재무적으로 안정적이다. 그러나 인플레이션 및 공급망 문제의 영향을 받는다.

매출액: 5000만 달러, 상승세

이익: 800만 달러, 감소세, 이익률도 감소세

현금흐름: 마이너스 100만 달러, 재고 증가, 공급업체의 빠른 지불 요구

다음 표에서 인플레이션과 공급망의 영향을 확인할 수 있다. 이익은 150만 달러 감소했고 현금흐름은 마이너스 670만 달러이다.

1의 위력

(단위: $)

	개선	현금흐름	이익
가격	- 0% +	0	0
판매수량	- 0% +	0	0
제조원가	- 0% +	-1,898,708	-1,528,202
간접비	- 0% +	0	0
매출채권	- 0d +	0	
재고	- -46d +	-3,209,923	
매입채무	- -23d +	-1,604,961	
		-6,713,592	**-1,528,202**

회사가 한 일:

1. 경영진 대상 "1의 위력 워크숍"을 개최했다.
2. 다음과 같은 변화에 동의를 끌어냈다.

1의 위력

(단위: $)

	개선	현금흐름	이익
가격	- 5% +	1,974,533	2,703,490
판매수량	- 10% +	784,550	2,859,976
제조원가	- 0% +	0	0
간접비	- 0% +	0	0
매출채권	- 15d +	2,222,047	
재고	- 0d +	0	
매입채무	- 0d +	0	
		4,981,130	**5,563,466**

회사가 1의 위력에서 배운 교훈:

1. 인플레이션과 공급망 문제가 현금흐름에 미치는 부정적인 영향을 완전히 제거할

수는 없다.
2. 그러나 완화 전략을 통해 자금 조달 의무 범위 내에 머무르며 실질 이익을 증대할 수는 있다.

기업의 현황 1% 또는 1일 개선의 효과	현금흐름	(단위: $) 이익
가격	+1,157,534	+1,300,000
판매수량	+199,451	+312,000
제조원가	+958,083	+988,000
간접비	+392,000	+392,000
매출채권	+356,164	
재고	+356,164	
매입채무	+270,685	

C사는 급성장하는 IT 서비스 기업이다. 현금을 많이 소비한다.

매출액: 1억 달러 달성 후 급성장하여 매출을 맹추격 중

이익: 800만 달러 손실

현금흐름: 마이너스 900만 달러

회사가 1의 위력에서 배운 교훈:
1. 가격이 판매수량의 6배 이상으로 현금흐름에 영향을 미친다.
2. 판매수량 증가의 민감도가 가장 낮다.
3. 1일 미청구 작업 대금이 35만 6000달러다.

회사가 한 일:
1. 고객에게 청구서를 발행하는 시점을 2주 앞당겼다.
2. 가격을 5% 인상했다.
3. 인력 활용도 향상에 집중했다.

회사가 1의 위력을 발휘하는 방법

1의 위력은 모든 기업이 구현할 수 있으며, 7가지 지렛대의 개선이라는 개념은 재무성과를 향상한다.

1. 경영진이 "1의 위력 워크숍"을 시작하도록 한다.
2. 게시판과 작업장에 7가지 지렛대를 하나하나 열거한다.
3. 각 지렛대를 중요도에 따라 순서를 매긴다.
4. 회의를 마무리하며 실행할 아이디어를 4~5가지 선택한다.
5. 아이디어마다 누가 무엇을 언제 할 것인지 실행 계획을 세운다.

회의에는 영업, 마케팅, 운영 및 재무 담당자가 참석해야 한다. 지속적인 재무 개선 문화를 정착하기 위해 분기별로 1의 위력 회의를 연다.

캐시플로스토리 소프트웨어는 우리 회사가 보유한 "1의 위력"을 파악하여 회사의 스토리와 민감도를 이해하고 사업에 대한 선입견을 바꿀 수 있게 해준다. 회사의 숫자를 주제로 "1의 위력 워크숍"을 운영하면 그로 인한 변화가 이익과 현금흐름에 미치는 영향을 경영진 전체가 이해할 수 있다.

가격	아이디어1	아이디어2	아이디어3
판매수량	아이디어1	아이디어2	
매출원가	아이디어1	아이디어2	아이디어3
간접비	아이디어1	아이디어2	아이디어3
매출채권	아이디어1	아이디어2	
재고	아이디어1	아이디어2	아이디어3
매입채무	아이디어1	아이디어2	

"1의 위력"은 기존 질서에 도전하므로, 기업은 다음과 같은 변명으로 기존의 성과를 정당화할 가능성이 매우 크다. "고객이 원하지 않아서", "우리는 가격을 올릴 힘이 없어서" 또는 "우리가 속한 시장은 달라서" 등이다. 경영진은 대개 자기들의 사업 환경에서는 변화가 극도로 어렵다고 생각한다. 7개의 지렛대 각각에서 1%나 하루만 바꿔도 수익과 현금흐름에 어떤 영향을 미치는지 알고 나면 경영진의 인식이 달라진다.

당신 회사의 이야기

여러분 회사의 "1의 위력"은 이익, 현금흐름, 가치가 향상되도록 한다. 이것이야말로 우리가 사업에서 할 수 있는 가장 중요한 활동이다. 그러나 회사의 스토리를 이해하는 것도 중요하다. 만약 숫자에 관한 내용을 4장에 걸쳐 이야기한다면, 그중에 첫 장은 이익이 될 것이다. 스토리의 결론에 해당하는 4장은 현금흐름이다. 전체를 다 읽지 않고는 당신의 스토리를 이해할 수 없을 텐데, 2장과 3장은 재무상태표다. 거의 모든 회사는 수익성을 살펴보면서도 현금흐름이나 재무상태표를 측정하거나 이해하지는 못한다.

이 4장은 누구나 이해할 수 있는 체계적인 스토리텔링을 제공하는 독특한 방법론이다. 귀사의 경영진이 모두 다 회사의 스토리를 일관된 방식으로 이해하고 "1의 위력"을 발휘하여 개선을 추진한다고 상상해 보라.

다음에 제시된 사례 연구는 이 4개 장의 개요에 해당한다.

게리스퍼니처

2001년에 설립된 게리스퍼니처는 고급 가구를 수입하고 제조하는 회사다. 스타트업으로 시작한 이 회사는 설립 20년이 지나는 동안 4200만 달러의 매출을 올리는 탄탄한 기업으로 성장했다. 지리적 범위와 함께 고객층도 계속해서 성장하고 있다. 이 회사는 지난 10년 동안 이익도 성장했다. 게리는 지역 CEO 포럼의 회원이다. 그 모임에서 그가 사업 성과에 얼마나 만족하는지 점수로 매겨달라는 말을 들을 때마다 그는 줄곧 10점 만점에 10점을 주었다!

게리는 최근 은행에 재무 보고서를 제출한 직후 은행이 본점에서 회의를 열자는 말을 듣고도 크게 걱정하지는 않았다. 하지만 게리가 몰랐던 것은 "그가 빈털터리가 되고 있다"는 것이었다.

이익 대 현금

이익과 현금 중 무엇이 더 중요한가? 성장 기업이라면 당연히 현금이 더 중요하다. 아마존이 늘 손익분기점 근처에 맴돌면서 오히려 손실을 보고할 때가 많은데도 계속해서 번창한 이유도 바로 현금 때문이다. 아마존의 사업모델은 2019년에 353억 달러의 막대한 현금흐름을 창출했고, 이는 다시 아마존의 빠른 성장을 부채질한다.

다음 사례 연구를 보면 건전한 손익계산서가 사업이 성장할수록 악화할 수밖에 없는 현금흐름상의 현안들을 감출 수 있다는 것을 알 수 있다. 게리는 미처 몰랐지만, 회사의 성장세를 현금 조달 능력이 따라가지 못했던 이유가 그가 현금의 중요성을 이해하지 못했기 때문이었다.

이런 상황에서는 감정적인 자금(즉, 지인들로부터 빌린 돈)을 계속 마련하지 않으면 전문 투자 자금은 멀리 도망갈 것이고, 이는 사업의 소멸을 앞당길 뿐이다.

사업을 은행과 투자자의 관점에서 볼 줄 알아야 한다. 그래야 그들이 기업의 성장을 인정해주지 않더라도 당황하지 않을 수 있다. 캐시플로스토리는 기업의 리더와 자문가들이 이익과 현금흐름, 기업 가치를 개선하고 기업의 스토리를 이해하는 데 도움을 주기 위해 개발된 소프트웨어다. 이 사례 연구에서 기업의 스토리와 7가지 지렛대가 어떻게 현금흐름을 획기적으로 개선하고 리더가 편히 잠들 수 있는지 알 수 있다.

무서운 "병원 사업부"

다시 이야기로 돌아가면, 게리는 은행으로 향했다. 그가 은행이 아니라 엔젤 투자자나 사모펀드 회사, 또는 그 어떤 잠재 인수자를 만났더라도 그들 역시 게리의 은행과 똑같은 재무적 시각으로 회사를 들여다봤을 것이다.

게리가 회의실로 들어서자 그의 앞에는 평소 연락하던 담당 책임자와 비서뿐만 아니라 지역 책임자와 정장을 차려입은 두 사람이 또 있었다. 게리는 은행의 특수 신용 부서에서 온 두 명의 새 담당자를 소개받았다.

그 둘은 은행이 고위험군으로 분류하는 고객을 관리하는 부서에서 일한다고 자신을 소개했다. 모든 은행에는 이런 부서가 있다. 은행에 따라 "자산 관리", "신용 구조조정", "특수 기업 서비스" 등 다양한 이름으로 불린다. 우리는 그것을 "병원 사업부"라고 부른다.

그들은 은행에서 가장 어려운 일을 한다. 그들은 고객이 은행의 투자 자산에 대해 손실 위험 대비 수익을 극대화하고 있는지 신속하게 판단하는 일을 한다. 그렇지 않은 경우라면 가능한 한 빨리 최대한의 자본을 회수하는 것이 그들의 일이다. 이 은행원들은 원 계약서 작성에 참여하지 않아 사업주와 관계가 멀기 때문에 어려운 결정을 내리기에 유리한 위치에 있다. 하지만 은행이 이 사업주와의 관계를 청산함으로써 손실을 입는다면, 그들의 경력에 좋은 영향을 미치지는 못할 것이다.

게리는 완전히 충격을 받았다. 어떻게 은행이 자신을 고위험군으로 볼 수 있다는 말인가? 은행원들이 최근의 재무상태표를 읽지도 않았단 말인가? 그 시점에서, 게리는 오직 한 가지만 생각할 수 있었다. 이 은행원들은 바보고, 내 사업을 하나도 이해하지 못하는 게 틀림없다. 머릿속에 이제부터 벌어질 일이 그림처럼 휙휙 지나가면서 회의 내용은 더 이상 귀에 들리지 않았다. 그는 은행이 대출 금리를 인상하고 대출 한도를 제한한다는 등의 세부 내용을 거의 모두 놓쳤다. 지금은 그저 화가 머리끝까지 치밀 뿐이었다.

회의가 끝난 직후 게리는 회계사에게 전화했고, 회계사는 우리에게 전화했다. 다음 날 우리가 게리의 사무실에 도착했을 때도 그는 여전히 현실을 부정하며 어떻게 은행이 감히 자기에게 이자율을 올릴 수 있냐며 욕설을 퍼붓고 있었다.

우리가 고객을 처음 만날 때마다 사용하는 문구가 있다. "기업가는 스페인어로 말하고, 은행(그리고 투자자들)은 포르투갈어로 말합니다. 잘 모르는 사람에게는 똑같은 말로 들리지만, 그 둘은 완전히 다른 언어입니다." 게리가 처한 상황이 바로 그랬다. 그와 은행은 서로 전혀 다른 언어로 말하고 있었는데 그는 그 차이를 구분할 수 없었다.

숫자

게리는 오른쪽에 요약된 그의 지난 2년간의 재무상태표를 우리에게 보여주었다.

사업은 일견 건실해 보인다. 그러나 이 회사는 우리가 만나는 모든 기업의 80~90%가 안고 있는 문제, 즉 부적절한 현금흐름을 그대로 안고 있었다. 기업은 이익에 초점을 맞춘다. 게리는 크게 성장하는 매출과 이익을 보고 기분이 좋았다.

하지만 옛 속담에 "매출은 허상이고, 이익은 실상이며, 현금흐름은 왕"이라는 말이 있다. 기업은 이익으로 매입대금이나 배당금을 지불하지 않는다. 기업가는 매달 충분한 현금이 있어야만 별장이나 좋은 차를 살 수 있다. 기업은 이익 외에 현금을 측정하고 늘리는 데 관심을 기울이지 않는 한, 늘 현금이 부족할 수밖에 없다.

(단위: $)

손익계산서	2020	2021
매출	35,000,000	42,000,000
매출 총이익	10,500,000	13,020,000
간접비	6,751,140	8,401,150
영업이익	3,748,860	4,618,850
이자	1,165,900	1,363,480
세금	930,280	1,172,348
순이익	1,652,680	2,083,022

(단위: $)

재무상태표	2020	2021
매출채권	6,715,330	8,630,137
재고	10,336,960	14,291,507
유동자산	17,049,290	22,921,644
고정자산	8,500,000	9,500,000
총자산	25,549,290	32,421,644
매입채무	4,028,550	5,557,808
단기차입금	5,019,740	7,279,813
유동부채	9,048,290	12,837,621
장기차입금	9,000,000	10,000,000
총부채	18,048,290	22,837,621
자본	2,001,000	2,001,000
유보이익	5,500,000	7,583,022
부채와 자기자본 총계	25,549,290	32,421,643

현금흐름이란 무엇인가?

어떤 재무 자료에서도 논쟁의 여지가 없는 것은 현금과 관련된 수치뿐이다. 기업가가 말하는 이익은 의견일 뿐이고, 데이터는 특정 결과를 보여주기 위해 충분히 조작될 수 있다. 재무상태표도 마찬가지다. 대부분은 의견이다. 원하는 결과를 얻기 위해 재고 가치와 같은 수치를 얼마든지 조정할 수 있다. 오직 현금과 부채 잔액만이 사실이다. 은행은 이 점을 잘 알고 있다. 그들은 이 숫자를 통해 기업의 성과를 판단한다.

우리가 게리에게 던진 첫 번째 질문은 간단했다. "2021년의 현금흐름은 어땠습니까?" 게리는 이 질문에 답하지 못했다.(재무 자료를 다시 살펴보라. 금방 계산할 수 있는가?) 기업가들은 매일 재무성과를 창출하고 그것을 경영진과 공유하지만, 그 질문에 쉽게 대답할 수 있는 사람은 거의 없다.

현금흐름은 기업에서 일상적으로 사용되는 표현이다. "우리 회사는 현금흐름이 좋아." "현금흐름을 키워야겠어." "우리는 현금흐름을 개선해야 합니다." 거의 모든 기업인이 일반적인 가용 현금을 설명하기 위해 그 용어를 사용한다. 그것은 사업이 우량하다는 말과 거의 동일시되고 있다. 그러나 은행에게 현금흐름이란 구체적인 의미가 있다. 그것은 경영 능력을 나타내는 숫자다. 그리고 그 능력은 기업의 리더인 여러분이 다음에 소개하는 정보를 얼마나 이해하느냐에서 출발한다. 만약 여러분이 그렇지 않다면, 돈을 쥐고 있는 사람들이 항상 우위에 있을 것이다. 지금부터는 여러분이 사업을 통제하기 위해 이해해야 할 고차원적인 내용을 설명한다.

현금의 2가지 용도

돈더미 위에 앉아 있든, 빚더미 위에 앉아 있든, 계속 읽어보라. 두 경우 모두에 적용되는 내용이다.

현금흐름은 일정 기간에 현금과 부채 잔액이 변화한 양이다. 게리는 재무상태표에 "단기차입금"이라고 표시된 당좌대월 계정을 사용하여 운영했기 때문에 따로 "현금" 항목이 없다.(즉 그는 은행에 자기 현금이 없다.) 그의 단기차입금은 2020년에 500만 달러에서 시작해 730만 달러로 증가했고, 장기차입금은 900만 달러에서 1000만 달러로 증가했다. 회사의 2021년 현금흐름은 마이너스 330만 달러였다. 현금 면에서 퇴보한 셈이다.

게리는 이런 식으로 정보를 접하는 것이 처음이었으므로 다소 놀랄 수밖에 없었다.

게리와 같은 소유주들은 사업 성장을 위해 돈을 쓰는 결정을 매일 내린다. 그러나 그들은 힘들여 번 돈을 경영 활동에 의해 발생한 낭비를 메우는 데 쓰는 경우가 많다. 게리는 과연 은행에서 빌린 330만 달러를, 매출을 3500만 달러에서 4200만 달러로 늘리고, 이익을 170만 달러에서 210만 달러로 올리는 데 썼을까? 아니면 단지 형편없는 경영 능력을 돈으로 메꾸느라 차입금이 증가한 것일까?

이 질문은 현금흐름의 단 2가지 용도에만 집중한다.

1. 현금은 성장 자금으로 사용된다.
2. 현금은 경영에 의한 낭비를 메우는 자금으로 사용된다.

그러나 성장 기업 중에서 이 단순한 프레임워크를 통해 자기들의 현금 사용을 들여다보는 곳은 거의 없다!

(단위: $)

기초 순차입금	
단기차입금	5,019,740
장기차입금	9,000,000
	14,019,740
기말 순차입금	
단기차입금	7,279,813
장기차입금	10,000,000
	17,279,813
순현금 흐름	-3,260,073

재무상태표

사람들은 재무상태표를 매우 복잡하다고 생각한다. 그러나 그것은 항상 균형을 맞추는 방정식일 뿐이므로 사실은 이해하기가 매우 쉽다.

> **자금 조달 = 운전자산**
> 자산 + 순부채 = 운전자본 + 기타자본

운전자본

회사의 경영진이 책임지는 핵심 항목은 3가지에 불과하다.

1. 매출채권 또는 외상매출금
2. 재고 또는 미청구 재공품
3. 매입채무 또는 외상매입금

기타 자본

부채, 자산, 운전자본을 알고 있다면 기타 자본은 균형 항목, 즉 고정자산과 나머지 재무상태표 항목을 말한다.

게리의 방정식

이 방정식은 이 기업에 주주가 1달러를 투자할 때, 은행은 대략 2달러를 투자했음을 알려준다.

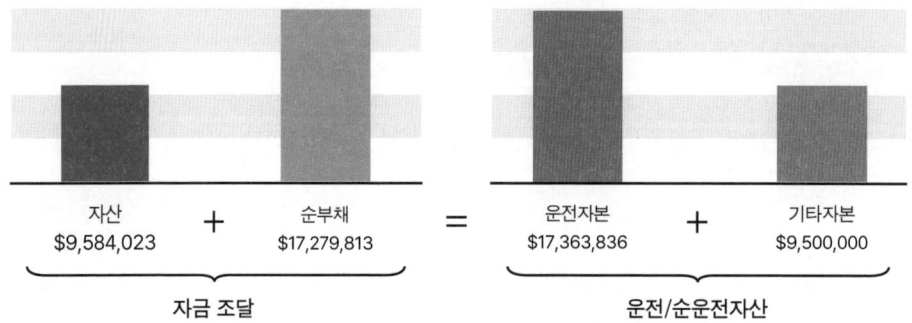

기업의 일원이라면 누구나 재무상태표 방정식을 이해할 수 있어야 한다.

이 방정식을 통해 게리의 사업에 대해 알 수 있는 것은 다음과 같다.

1. 은행은 주주 투자금 1달러당 2달러의 자금을 지원했다.
2. 경영진은 1730만 달러의 운전자본을 책임지고 있다.

재무상태표는 특정 시점의 현황이므로, 현재 재무상태를 이해하고 이전 기간과 비교하면 둘 사이의 변화를 통해 기업의 스토리를 알 수 있다.

(단위: $)

당기
자산 9,584,023 + 순부채 17,279,813 = 운전자본 17,363,836 + 기타자본 9,500,000

전기
자산 7,501,000 + 순부채 14,019,740 = 운전자본 13,020,740 + 기타자본 8,500,000

변화
자산 2,083,023 + 순부채 3,260,073 = 운전자본 4,343,096 + 기타자본 1,000,000

이를 통해 게리의 사업에 대해 무엇을 알 수 있는가?

1. 게리는 208만 달러 이상의 이익을 달성했다.
2. 게리의 차입금은 326만 달러 증가했다.
3. 게리의 자금은 534만 달러 증가했다.
4. 이 자금은 운전자본을 434만 달러 늘리고 100만 달러의 고정자산을 매입하는 데 사용되었다.

재무상태표 방정식과 그 변화를 이해함으로써, 게리가 왜 이익을 남기고도 은행에서 돈을 빌려야 했는지 이제 알게 되었다. 이제 "1의 위력"을 실행하면 이익과 현금흐름의 개선을 추진할 수 있다.

숫자 스토리의 4개 장

숫자 스토리는 모두 4장으로 구성되어 있다.

제1장 이익
제2장 운전자본
제3장 기타자본
제4장 자금조달

살인 추리 소설과 마찬가지로, 1장을 아무리 많이 읽어도 전체를 읽지 않으면 누가 죽었는지 알 수 없다. 전 세계 비즈니스 업계에서 똑같은 일이 벌어지고 있다. 〈이익〉 장만 읽어서는 현금흐름을 이해할 수 없다.

제1장 이익

대부분의 회사들은 매출, 매출총이익, 이익에 초점을 맞추고 있고 일반적으로 회사의 수익성을 이해한다. 게리는 자신이 사업 성적이 우수하다고 생각한다.

    손익계산서 분석에 가치를 더하기 위해, 다음의 세 그래프는 기업이 얼마나 성과를 올리고 있는지를 잘 보여준다. 3가지 그래프를 함께 읽어야 한다.

수익성	2020	2021	변화
매출 ($)	35,000,000	42,000,000	+7,000,000
매출성장률 %	11.11	20.00	+8.89
매출총이익률 %	30.00	31.00	+1.00
간접비 비율 %	19.29	20.00	+0.71
영업이익률 %	10.71	11.00	+0.29
영업이익 ($)	3,748,860	4,618,850	+869,990
순이익률 %	4.72	4.96	+0.24

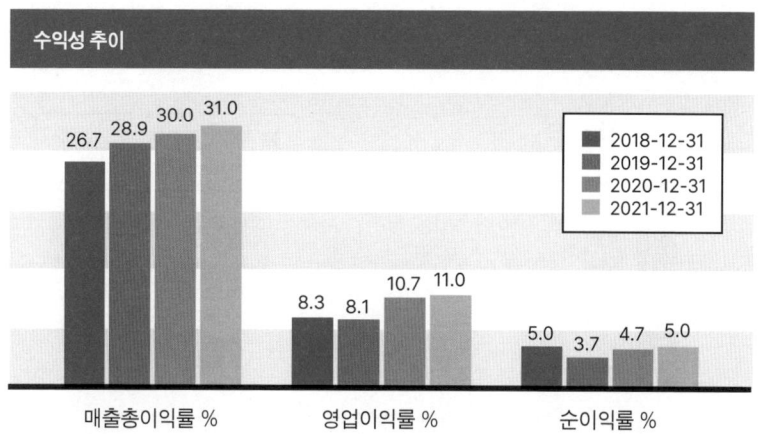

수익성 추이 그래프에서 게리의 매출총이익률은 증가하고 있지만 영업이익률과 순이익률은 제자리걸음임을 알 수 있다.

매출 성장 대 간접비 증가 그래프를 보면 게리의 매출은 20% 증가했으나 간접비도 24% 증가한 것을 알 수 있다. 회사들은 항상 자기네 간접비가 고정되어 있다고 말하겠지만, 우리가 보는 회사 중에 약 절반이 같은 문제를 겪고 있다. 회사의 주요 손익계산서 항목별로 책임자를 정해두면 이 문제를 완화하는 데 도움이 될 수 있다.

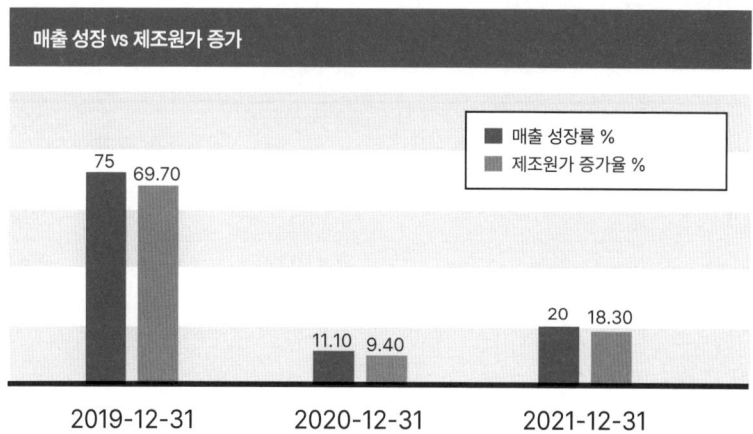

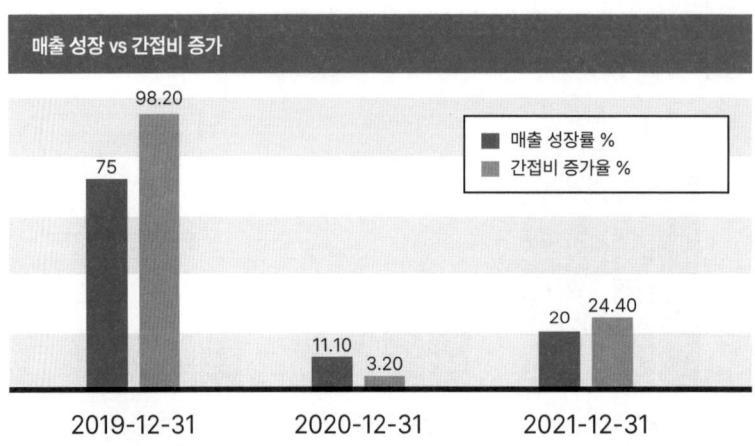

사람들은 손익계산서는 알아도 가격 대비 판매수량과 같은 수치와 그것이 현금흐름에 미치는 영향은 이해하지 못한다. 4가지 "1의 위력" 이익 동인profit driver이 이익과 현금흐름에 미치는 영향은 경영진이라면 누구나 알아야 한다. 게리의 회사는 급성장에 따른 문제를 안고 있다. 판매수량 증가가 현금흐름에 악영향을 미치고 있다. 1장만 따로 보면 회사에 무엇이 최선인지를 잘못 판단할 수 있다.

기업의 현황		(단위: $)
1% 또는 1일 개선의 효과	현금흐름	이익
가격	+333,699	+420,000
판매수량	-43,438	+130,200
제조원가	+377,137	+289,800
간접비	+84,012	+84,012

제2장 운전자본

우리는 운전자본을 재무상태표에서 경영진이 담당하는 3가지 중요한 숫자로 정의한다.

1. 매출채권AR
2. 재고 또는 미청구 재공품INV 또는 WIP
3. 매입채무AP

운전자본 = AR + INV 또는 WIP − AP

운전자본 관리	2020	2021	변화
매출채권 회전일수	70.00	75.00	+5.00
재고자산 회전일수	154.00	180.00	+26.00
매입채권 회전일수	60.02	70.00	+9.98
운전자본 회전일수	163.98	185.00	+21.02
운전자본 비율	37.20	41.34	+4.14
한계 현금흐름	-7.20	-10.34	-3.14

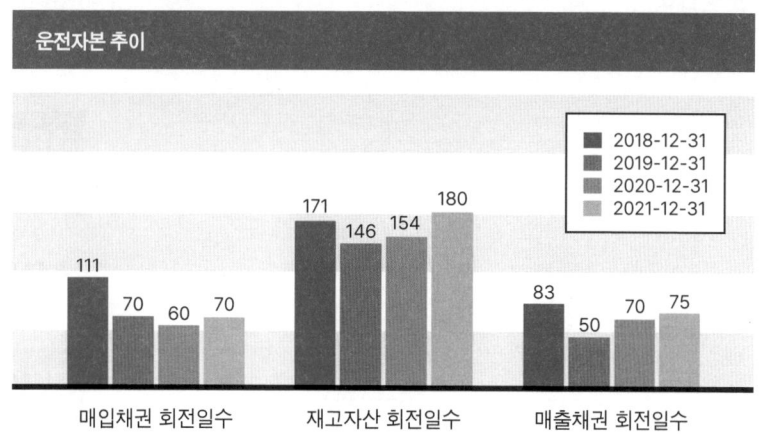

우리 회사의 운전자본을 이해하는 가장 좋은 방법은 그 회전일수를 살펴보는 것이다.

　운전자본 회전일수는 서로 연결되어 있고, 경영진이 그 연결고리를 이해하는 것은 매우 중요한 일이다. 게리스 퍼니처의 경우,

1. 재고가 0일 차에 도착한다.
2. 재고 대금은 70일 후에 공급업체에 지불한다.
3. 평균적으로 재고는 180일 동안 보유 후 판매된다.
4. 고객은 구매 후 75일째에 지불한다. 따라서 총회전일수는 255일이다.

게리는 공급업체에 대금을 지불한 후 고객에게 수금하기까지 185일 동안의 운전자금을 은행에서 마련해야 한다. 아래 그림에서 알 수 있듯이, 전년도는 그 기간이 164일이었다.

　이 공백 기간이 21일이나 늘어났기 때문에 회사는 184만 달러가 넘는 손실을 입었다. 이를 달리 설명하면, 만약 회사가 올해의 매출을 작년 운전자본 주기에 맞춰 달성했더라면 184만 달러의 현금을 더 확보할 수 있었을 것이다.

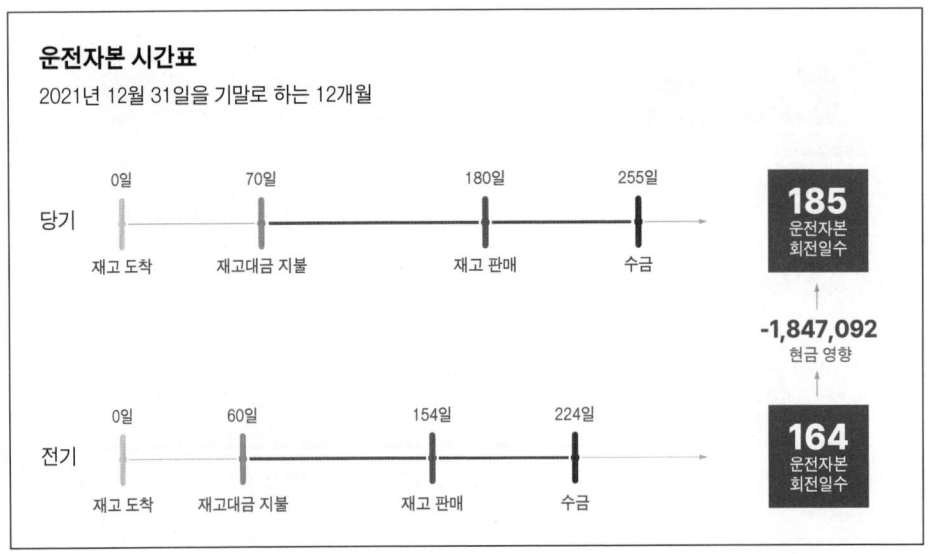

13장 1의 위력: 7가지 핵심 재무 지렛대

여러분 회사의 경영진도 똑같이 이익과 운전자본을 관리할 책임이 있다. 이익에만 신경 쓰는 대다수 기업은 이익과 현금의 차이를 설명하지 못하는 경우가 많다.

한계 현금흐름

기업들에 상품이나 서비스를 1달러 더 판매하면 어떤 일이 일어나느냐고 물어보면, 거의 예외 없이 "매출총이익이 추가로 증가한다"는 대답이 돌아온다. 그러나 이것은 이야기의 절반에 불과하며, 운전자본의 영향을 간과해서는 안 된다. 매출 성장이 미수금, 재고 및 지불금에 미치는 영향을 고려해야 한다.

한계 현금흐름은 상품이나 서비스를 1달러 더 판매할 때 발생하거나 빨아들이는 현금흐름이다. 이 측정치는 기업의 운전자본 장치가 보유하는 현금의 양을 계산하여 기업이 매출총이익 수준에서 창출하는 이익과 비교한다.

게리의 사업을 살펴보면, 2021년에 4200만 달러의 매출을 달성하면서 1300만 달러의 매출총이익을 창출한 것을 알 수 있다. 운전자본을 매출로 나누면, 단위 매출당 운전자본이 얼마나 필요한지 알 수 있다. 게리가 필요한 운전자본은 1740만 달러다.

다음 1달러 판매 시 한계 현금흐름		(단위: $)
매출총이익	13,020,000/42,000,000	31%
빼기		
매출채권	8,630,137	
재고	14,291,507	
매입채무	(5,557,808)	
운전자본	17,363,836/42,000,000	41%

이미 살펴봤듯이 게리가 매출을 1달러 증대하면 매출총이익은 31센트 증가하지만, 운전자본에 투자하는 금액은 41센트. 게리의 한계 현금흐름은 -10센트다. 즉, 더 많이 팔수록 현금흐름이 나빠진다는 뜻이다!

수익성과 운전자본 관리도 마찬가지로 중요하다. 이제 게리의 경영진은 "1의 위력", 즉 1%씩 그리고 1일씩 개선하여 이 문제를 해결해야 한다.

한계 현금흐름은 기업의 여러 분야에 적용될 수 있으므로, 현금을 창출하는 곳과 빨아들이는 곳이 어디인지를 알아야 한다. 현금을 창출하는 분야의 성장에 집중하고, 실적이 저조한 부문은 구조조정에 착수해야 한다.

색상 코딩

색상 코딩을 도입하면 사업의 이익률과 운전자본 관리를 시각화하는 데 매우 유용하다. 아래의 1번과 2번 표에는 오른쪽 열에 양호, 평균, 저조로 성과를 나타내는 칸이 마련되어 있다.

1- 수익성	이상적인 기준	양호	평균	저조
매출 비율 %	100			
매출총이익률 %	30	>30	28-30	<28
간접비 비율 %	20	<20	20-22	>22
영업이익률 %	10	>10	8-10	<8

2- 운전자본	이상적인 기준	양호	평균	저조
AR 회전일수	60	<60	60-70	>70
재고/재공품 회전일수	90	<90	90-100	>100
AP 회전일수*	60	–	–	–
운전자본 비율 %	22	<22	22-25	>25

*양호, 평균, 저조의 결과는 공급업체와의 관계에 따라 달라질 수 있다.

3- 수익성	이상적인 기준	양호	평균	저조
매출 비율 %	100			
매출총이익률 %	30	31		
간접비 비율 %	20		20	
영업이익률 %	10	11		

4- 운전자본	이상적인 기준	양호	평균	저조
AR 회전일수	60			75
재고/재공품 회전일수	90			180
AP 회전일수	60		(70)	
운전자본 비율 %	22			41

이상적인 기준은 경영진이 지침으로 삼아 실제 결과와 간단히 비교할 수 있도록 마련된 것이다. 범위는 게리의 경영진이 월별 성과를 단순한 색상으로 표시된 결과표를 작성할 수 있도록 설정했다.

표 3과 4에 게리의 경영 성과가 나와 있다. 게리는 성과를 양호는 초록, 평균은 노랑, 저조는 빨강으로 구분해 표시해 매우 신속하게 평가할 수 있다. 이러한 색상 코드 시스템의 목표는 회사를 양호한 상태에 맞춰 운영함으로써 모든 사람이 성공의 기준이 되는 변수와 회사의 진척 상황을 알 수 있도록 하는 것이다. 영업팀은 제품 할인을 담당하고 있으므로 매출과 매출총이익 성과에 중점을 두었다. 구매팀은 매출총이익을 증대할 수 있는 제품을 찾는다. 재무 및 인사 부서는 간접비에 주목했다. 영업팀과 재무 부서는 모두 매출채권을 확인했다. 한편, 물류센터는 재고를 확인하여 감소시켰고, 재무 부서는 회사가 공급업체에 대금을 지불하는 시점에 중점을 두었다.

색상 코딩은 기준이 아니라는 것을 명심하라. 이상적인 기준은 주로 내년도 예산 수치가 된다. 목표는 매 분기 색상 코딩에 따라 사업을 운영하고 있는지 확인하고 지속적인 개선을 추진하는 것이다. 모든 수치가 양호에 해당한다면 사업을 충분히 도전적으로 운영하고 있는지 생각해보라.

제3장 기타 자본
앞에서 설명했듯이 조달 자금은 곧 자금 조달로 이어진다.

```
순부채        자산              운전자본      기타자본
17.3    +    9.6      =        17.4    +    9.5

        자금 조달          =        운전자산
```

경영진은 2690만 달러에 달하는 운전자산을 책임지고 있다. 그들이 일을 잘하고 있는지 어떻게 알 수 있을까? 회사는 운전자산으로 충분한 영업이익을 창출하고 있는가? 이것을 판단하는 가장 좋은 방법이 자본이익률이다.

$$\text{영업이익} / \text{운전자산} = \text{사용자본이익률}_{ROCE}$$

이 비율을 다음과 같이 표현할 수 있다.

$$\frac{\text{영업이익}}{\text{매출}} \times \frac{\text{매출}}{\text{운전자산}} = \text{사용자본이익률}$$

이것은 경영 효율성을 측정하는 매우 강력한 비율이다. 경영진은 재무 효율성과 수익성을 똑같이 책임지고 관리해야 한다.

　매출 대비 영업이익은 손익계산서의 효율성(즉, 단위 매출당 창출 이익)을 측정한다. 이것은 사업을 얼마나 효율적으로 운영하고 있는지, 그리고 우리가 1달러의 매출로 최대한의 이익을 짜내고 있는지를 알려준다.

　거꾸로 순운전자산 대비 매출은 재무상태표의 성과, 즉 자산 회전율을 측정한다. 또

한 회사가 최소한의 자산이나 투자를 활용해 얼마나 많은 매출을 창출하는지 알 수 있는 매출 성과의 핵심지표이기도 하다.

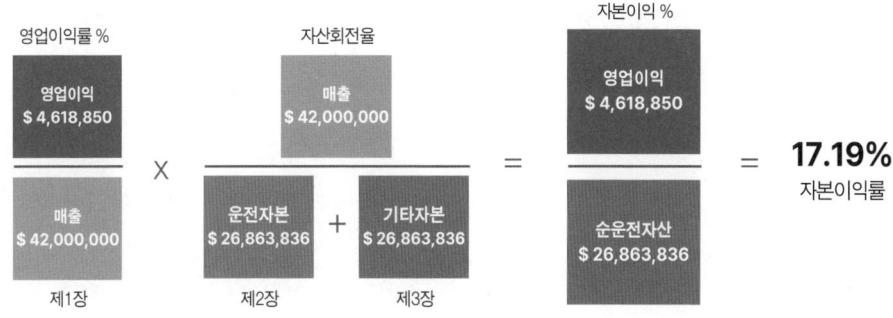

계산 결과에 따르면 게리의 사업은 2021년에 17.19%의 자본이익률을 달성했다. 이는 우리가 예상했던 양호한 사업 성과에 미치지 못한다. 성과를 영업이익률(제1장)과 자산회전율(제2장과 제3장)로 구분하여 보면 게리가 강한 이익을 창출하고 있음을 알 수 있다. 그러나 게리는 재무상태표상으로는 성과를 거두지 못하고 있다. 게리가 창출하는 매출은 단위 투자액 대비 1.56에 불과하다. 2장의 분석에서 알게 된 바와 같이 그의 재무상태표는 비생산적인 자본을 너무 많이 보유하고 있다. 게리는 운전자본을 빨간색(저조) 코드로 운영하고 있다. 회사는 이익률과 운전자본을 녹색(양호) 코드로 운영함으로써 최적의 수익을 달성하기 위해 노력해야 한다.

최소 자본이익률은 얼마인가?

이 질문의 답은 상대적이다. 투자자의 대안적인 투자 선택지에 달려있다고 말할 수 있다. 그러나 쉽게 설명하자면, 중견기업은 최소 30%의 자본이익률을 목표로 삼아야 한다. 만약 이것을 달성하지 못한다면, 회사가 창출한 매출이나 기업이 보유한 운전자산으로 충분한 이익을 창출하고 있는지를 고려해봐야 한다. 그렇지 않다면, 투자자들(소유주도 포함된다!)

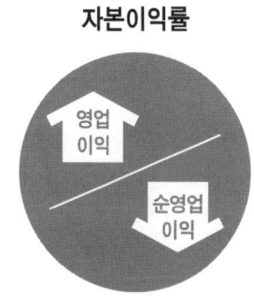

은 그 돈을 다른 곳에 투자하는 것이 더 나을 것이다.

사업주의 입장에서는 자신의 자산이 가장 비싼 자금원이며, 오히려 부채를 조달하는 편이 더 저렴할 수도 있다는 것을 기억해야 한다. 어느 쪽이든, 자본이익률을 증대하기 위해서는 시간이 지날수록 경영진이 운전자산으로 투자하는 돈보다 영업이익을 더 빨리 증대하는 것이 절실한 과제다.

은행

지금까지의 분석을 통해 게리가 자신도 모르게 은행과의 관계를 해치고 있었던 몇 가지 사항을 조명했다.

1. 은행은 이 기업에 주주들이 1달러를 투자하는 동안 2달러를 지원하고 있었다.
2. 게리의 경우 매출 성장은 현금흐름에 독이 된다. 게리가 많이 팔수록 현금흐름은 더 나빠진다.(그는 매출총이익을 31센트 올리는 동안 운전자본을 41센트 투자하고 있었다.)
3. 게리는 은행에 상환할 현금 능력이 없었다.

게리의 경영진은 성공에 대한 정의를 명확하게 다시 내리고 cashflowstory.com에 있는 저렴한 온라인 소프트웨어 도구 캐시플로스토리를 사용하여) 함께 노력한 결과 현금흐름을 재빨리 회복시켰다. 이제 이 회사는 사업의 빠른 호전과 상당한 부채 감소에 놀란 은행에 대해 훨씬 더 유리한 위치에 서게 되었다. 오늘날 게리는 이사회와 소통할 때 사용하는 표준 보고서 양식을 가지고 있다.

결론

이익, 현금, 가치를 성장시키려면 다음 사항을 실행해야 한다.

1. 팀과 함께 "1의 위력 워크숍" 실행에 착수한다.(매 분기 반복)

2. 최근 연간 성과를 검토하여 현금흐름을 이해한다.
3. 우리 회사의 4개 장 개요(매 분기 반복) 작성을 준비한다.
4. 기업의 성과를 색상 코드화하고 이를 분기별로 검토한다.
5. 다음 분기 예산을 검토하고 "1의 위력"을 발휘하여 성과를 높인다.

모든 성장 기업은 거친 길(혹은 커다란 구덩이!)을 만난다. 현금을 충분히 보유하는 것이 또 하루를 살아남기 위한 비결이다. 이 장에서 다룬 아이디어, 도구, 기술 등이 여러분이 어려운 시기를 극복하고 기업을 성장시키며 즐거운 시절을 보내는 데 도움이 되기를 바란다.

명심하라. 괜찮은 인력, 전략, 그리고 실행만 있으면 그럭저럭 살아갈 수는 있지만, 현금이 다 떨어지면 모든 것이 끝난다.

14

엑시트

가치를 극대화하는 4가지 비결

THE EXIT

EXECUTIVE SUMMARY 여러분의 회사가 엑시트를 계획하든 그렇지 않든, 스케일링업 도구와 기법을 사용하여 매각을 준비함으로써 기업 가치를 극대화할 수 있다. 이 장의 전반부에서는 기업 가치를 크게 증대하는 네 가지 비결을 살펴본다. 그것은 바로 리더가 필요 없는 조직을 만들고, 산업의 제약을 통제하며, 10배의 내부 우위를 달성하고, 지속적인 성장을 창출하는 것이다. 후반부에서는 기업을 매각할 때 피해야 할 함정에 대해 자세히 설명한다. 인수자의 계산된 (악의적인) 행동에 대비하지 않으면 수천만 달러의 현금을 손해 볼 수 있다.

스티븐 아델과 4명의 공동창업자는 덴버에 본사를 둔 전자상거래 배송회사인 퀵박스풀필먼트를 2년 만에 직원 500명과 연 매출 5730만 달러 규모로 성장시켰다. 그들은 2017년에 설립한 이 회사의 지배 지분 80%를 2019년에 파이크스트리트캐피털에 수억 달러 규모의 거래를 통해 매각했다.

어떻게 그들은 이토록 빨리 엑시트에 성공했을까? 스케일링업 플랫폼은 그들이 회사를 성장시켜 매각한다는 목표를 달성하는 데 큰 도움이 되었다. "저는 이런 도구와 방식이 효과가 있을지 확신하지 못했지만, 결국 효과가 있는 것은 물론, 사업 확장에 놀라운 위력을 발휘한다는 것을 알게 되었습니다." CEO로 회사를 운영했고 지금은 이 사회의 일원인 아델의 말이다.

만약 향후 6개월에서 36개월 이내에 엑시트에 착수할 계획이라면, 스케일링업 플랫폼을 사용하면 아델을 비롯한 수많은 창업자와 CEO들이 했던 대로 기업의 가치평가를 극대화하여 업계 표준의 2~3배를 달성할 수 있다. 그 결과 사업주는 수천만 달러의 자금을 확보할 수 있다. 한편 이 플랫폼은 기업이 업계 최고의 성과를 달성하며 성장하는 데도 도움이 된다.

추가 1억 달러

그레그 슬라모위츠의 여정은 아델보다 조금 더 길었다. 그는 전문직 HR대행사인 앰브로스 임플로이어 그룹을 설립하고 운영하면서 매우 고단한 삶을 살아왔다고 설명한다. 8년간 어려운 시절을 겪으면서 35명의 직원과 250만 달러의 수익에 간신히 도달했으나 그 자리에 발이 묶인 상태였다.

그러던 차에 스케일링업社를 만났고, 그렇게 맞이한 스케일링업 코치의 도움으로 이후 8년 동안 분기별 계획 모임을 원활히 진행했으며, 지금도 12명의 리더와 함께 매년 열리는 스케일링업 서밋에 어김없이 참석하고 있다. 그는 코칭과 학습에 대략 30만 달러를 썼다고 계산한다. 그 결과? 그는 "편안하고 즐거운 나날"을 보내면서도 수익 2천만 달러 규모로 회사를 성장시킬 수 있었다. 제너럴 애틀랜틱에 회사를 매각한 후, 그는 그가 받은 현금 2억 달러 중 1억 달러는 스케일링업 컨설팅 덕분이었다고 말했다. 원래 투자 대비 3000% 이상의 수익을 창출한 것이다. 그가 그 과정과 결과를 설명하는 영상을 올렸다. (https://vimeo.com/689465085)

10억 달러 약속을 지키다

우리가 2018년에 시작한 2만 스케일업 이니셔티브의 첫 번째 런던 모임에서 나온 5개 회사 중 4개 회사가 이미 성공적으로 엑시트 단계를 밟았고, 총 가치는 9억 2천만 달러에 달한다.

1. 선도적인 고객 경험 및 데이터 플랫폼인 엑스포네아는 2021년 전자상거래 경험 분야의 선두주자인 블룸리치에 인수됐고, 식스스트리트그로스로부터 1억 5000만 달러의 투자를 유치하기도 했다.
2. 호주의 기술기업 글로벌엑스의 영국 사업부였던 리걸엑스는 2021년 다이앤더럼에 1억 7000만 호주달러에 인수됐다.

3. 캐러셀로지스틱스는 유럽의 또 다른 물류업체인 DANX와 합병한 뒤 2022년 3월 사모펀드 액셀에 인수됐다.
4. 10개 호텔에 총 1520개의 객실을 거느린 포인트A호텔은 트리스탄 펀드와 퀸즈웨이가 2022년 4월에 4억 2000만 파운드에 인수했다.

우리는 전 세계 150개 도시에 2만 개의 스케일업 기업을 육성하는 운동을 계획하면서, 각 도시의 지역 기업들이 성장하여 매각 총액이 10억 달러가 될 때까지 지원하겠다고 약속했다. 우리는 이 약속을 런던에서 시작한 지 48개월 만에 이행했다. 이 약속이 중요한 이유는 그런 회사와 소유주들이 매각 자금의 일부를 해당 도시(자선 단체, 엔젤 펀드 등)에 다시 투자하는 경향이 있기 때문이다.

스케일링업 도구와 기법을 사용하여 8자리, 9자리, 10자리 숫자로 매각에 성공한 여러 회사의 추가 사례를 우리 미디어 사이트에서 확인할 수 있다. (scaleups.com을 확인하라.)

여러 기업의 소유주가 기업 가치를 높이는 데 기여했다고 인정한 4가지 경쟁 우위를 아래에서 설명한다. 이 4가지는 이 책 전체에서 설명한 우리의 스케일링업 성과 플랫폼 프레임워크(인력, 전략, 실행, 현금)와 일치한다. 여러분의 회사는 이런 가치 강화 특성을 얼마나 지니고 있는가? 이 책이 마지막에 이른 지금 다시 한번 검토해 볼 필요가 있다.

인력: CEO는 필요 없다

회사의 성공에 결정적인 역할을 소유주가 한다면, 누군가가 그 회사를 인수하기가 훨씬 더 위험해진다. 미래의 사업주나 여러분에게 가장 좋은 것은 여러분이 없어도 회사가 살아남고 번창하는 것이다.

애플을 생각해보라. 2011년에 스티브 잡스가 세상을 떠난 후 '그의 아기'(애플)는 절대 살아남지 못하리라고 생각한 사람이 많았다. 그러나 10년 후, 그 회사의 가치는 그가 세상을 떠났을 때보다 거의 10배에 달했다. 아이를 기르는 일과 마찬가지로, 성공의 척도는 여러분이 곁에 없을 때 "아이들"이 어떻게 행동하느냐에 달렸다!

스케일링업 성과 플랫폼은 바로 이 작업을 수행할 수 있도록 도와준다. 소유주가 사업 운영에 쓰는 시간의 80%를 단축한다. 그리고 36개월 후에는 거의 모든 CEO가 코치의 지원 덕분에 분기별로 며칠씩 전략 수립에 시간을 낼 수 있다. 이를 통해 소유주는 기업의 엑시트를 실행하는 데 적극적으로 나설 수 있다.(경고: 사업에 거의 시간을 들이지 않는다는 것은 비밀로 해두라.)

주 100시간 근무? 제 역할을 다하는 경영진이 "스케일링업"을 실행하여 기업이 그야말로 자율주행을 시작하면 기업 가치(및 소유주의 수명!)가 어떻게 급증하는지 확인해보라.

전략: 산업 제약을 통제하라

스케일링업 성과 플랫폼은 CEO가 전략에 더 많은 시간을 집중할 수 있도록 업계의 주요 제약 조건을 파악하는 도구와 기술을 제공한다. 제약 조건을 통제한다는 것은 기업의 운명을 스스로 개척할 수 있다는 뜻이다.

나의 두 번째 책《역대 가장 위대한 사업 결정The Greatest Business Decisions of All Time》에는 로버트 테일러가 콜게이트-팜올리브를 "협박"하여 자신의 회사를 거액(80년대에는 엄청난 금액인 약 7500만 달러)에 인수하게 만든 과정이 상세히 설명되어 있다. 그는 자사의 소프트소프 액체 비누의 핵심 요소가 스프링 펌프라는 사실을 알았다. 당시에는 그 펌프를 제조하는 업체가 단 한 곳뿐이었으므로 그는 그 회사의 연간 생산량 전체(1억 개)를 개당 12센트의 가격으로 구매한 셈이었다. 이로써 콜게이트와 P&G 등 다른 업체는 도저히 따라올 수 없는 우위를 점했고, 결국 콜게이트는 스스로 테일러의 회사를 인수할 수밖에 없었다.

VTC도 특별한 인재를 모두 모아 군사용 시뮬레이션이라는 틈새시장에 집중함으로써 테일러와 똑같은 일을 해냈다. 나중에 레이시온이 나타나 VTC를 엄청난 금액(정확한 금액은 밝힐 수 없다)에 인수했다. 경쟁사들이 이렇게 중요한 인재들에 접근하는 것을 막기 위해서였다.

여러분의 산업에 핵심 제약이 있는가? 그에 대한 통제력을 확보하라. 그러면 여러분 회사의 가치가 급등할 것이다.

실행: 10배의 내부 우위

핵심 외부 제약을 통제하고 나면 스케일링업 성과 플랫폼을 통해 여러분의 사업모델에서 그것과 동일한 가치를 찾아낼 수 있다. 이것이 바로 10배의 경쟁 우위를 내부에서 제공하는 X-팩터라는 것이다. 이런 우위는 기업의 주변에 경쟁자의 도전을 막는 해자를 강화할 뿐 아니라 훨씬 더 많은 자원을 보유한 잠재적 인수자에게는 내가 가진 우위로 무엇을 달성할 수 있는지를 넌지시 알려주는 역할을 한다.

지금은 고인이 된 웨인 하이징아는 블록버스터가 대여한 비디오의 가격을 경쟁사들이 지불한 가격의 11분의 1 수준으로 협상할 수 있었다. 존 라틀리프가 운영하는 애플트리앤서즈 콜센터는 직원 유지율이 업계 평균(18%)보다 10배(200%)나 뛰어났다. 배럿 에르섹이 운영하는 해피론즈는 업계 평균이 5주인 대출 승인 시간을 5분으로 단축하여 고객을 확보했다. 스티븐 아델의 회사는 배송 박스 하나당 경쟁사보다 5배의 매출을 올리는 방법을 찾아냈다. 이 4개 회사는 모두 엄청난 가치로 매각되었다.

이러한 내부 우위는 마치 구매자가 구매하려는 주택에는 "다락방의 렘브란트"가 있다는 사실을 알고 있는 것과 같다. 구매자들은 이처럼 엄청난 내부 우위를 확보하기 위해 호가보다 훨씬 더 높은 가격을 기꺼이 제시할 것이다.

귀사는 경쟁사보다 5~10배 더 뛰어난 면이 있는가? 이것을 발견하는 순간 여러분의 가치가 치솟을 것이다.

현금: 꾸준한 성장

업계 내부의 광범위한 문제를 해결하여 10배의 우위를 점하는 것도 안정적인 성장의 비결이 된다. 매출, 이익률, 그리고 특히 매출총이익 면에서 지속적인 성장을 이루어왔다면 불규칙한 성장을 해왔을 때보다 훨씬 더 큰 가치를 인정받을 수 있다.

B2B 환경의 영업 성과를 향상하는 전문 컨설팅회사 세일즈벤치마크인덱스의 그레그 알렉산더는 스케일링업 성과 플랫폼을 사용하여 해당 업계에서 10년 동안 연평균 30%의 꾸준한 성장률을 기록함으로써 1억 6200만 달러에 기업을 매각했다.

여러분 회사의 성장률은 꾸준하고 변동이 없는가? 경제가 혼란한 시기에도 사업의 통제력을 증명할 수 있다면 기업의 가치는 급등한다.

결론: 4가지를 모두 마스터하라

소유주가 경영에서 손을 떼도 문제가 없게 만들고, 산업 제약을 통제하며, 10배의 내부 우위를 달성하고, 지속적인 성장을 창출할 수 있다면 스케일업으로의 성장 과정이 더 쉽고 재미있어질 것이다. 나아가 기업을 매각할 때 더 큰 가치를 인정받을 것이다.

많은 창업자의 인생에서 가장 흥미진진한 두 날은 그들이 사업을 시작한 날과 사업체를 매각하는 날이다. 적절한 시스템을 갖추는 것은 여러분이 그 과정을 즐겁게 이어가며 무엇보다 성공적인 퇴장을 가능하게 해준다. 이로써 인생의 또 다른 무대에서 새로운 기회를 맞이할 수 있다.

기업을 매각하기로 정했다면, 지금부터는 오랫동안 피와 땀과 눈물을 흘린 결과물을 최고의 보상으로 바꿀 수 있는 엑시트 프로세스를 탐색하는 것이 과제가 된다.

인수자의 농간

사업주들은 오랫동안 기업의 가치를 쌓아오다가 정작 매각 시기가 되어서는 가치의 상당 부분을 잃어버린다. 왜 그럴까? 정통한 기업 인수팀과 사모펀드 팀들은 가장 노련하고 정통한 소유주들이 잘 활용해온 방식을 무력화하여 결국 대폭 할인된 헐값에 매각할 수밖에 없게 만든다.

그들의 의심스러운(그리고 더러운) 속임수를 지금부터 살펴보자.

약속, 약속

첫 번째 단계는 직관에 어긋나기 때문에 오히려 효과가 있다. 인수자(대개 상당히 규모가 큰 회사)는 소유주에게 기업에 대해 터무니없이 높은 가격을 제시하고, 수주 안에 거래가 성사될 것처럼 이야기한다.

가격은 대개 이자비용, 세금, 그리고 감가상각 및 무형자산상각비 차감전 이익 EBITDA의 배수를 사용하여 간접적으로 표현되는데, 소유주가 생각하는 회사의 가치보다도 오히려 25~100% 더 높게 부르는 경우가 보통이다. 이 시점에서 소유주는 대단한 거래를 성사시켰다고 생각하면서도, 인수자가 이익을 언급하면 비용을 좀 더 절감해야겠다는 생각이 번뜩 든다.(이에 관해서는 나중에 자세히 설명한다).

인수자는 왜 이런 행동을 할까? 판매자의 경계심을 늦추려는 의도다. 기업에 프리미엄 가격을 부르는 것보다 더 빨리 관계를 쌓는 방법은 없다.

이제 소유주 부부는 거래 후에 새로 살 집, 요트, 휴가와 같은 삶을 꿈꾸기 시작한다. 잠재 인수자가 그들과 함께하는 저녁 식사에서 화제로 삼는 것도 바로 이런 이야기다. 그러나 인수자가 무심코 그들에게 별장이나 요트에 관해 물어보는 것 같지만, 그것은 절대 무심코 하는 말이 아니다. 이럴 때 가장 조심해야 한다!

인수자가 지불할 생각도 없는 가격을 제시한 데는 판매자가 앞으로 몇 달 동안 다른 잠재 인수자와 대화할 수 없게 만들어 독점 계약을 체결하려는 저의가 숨어있다. 그러면서 한편으로는 실사를 진행하겠다고 한다. 물론 빨리 끝날 것이라는 말을 빼뜨리지 않는다.

판매자들은 보통 독점 계약에 서명하면서 좋은 가격을 받을 것이라는 생각에 안도한다. 다른 인수자와는 협상해봐야 또 엄청난 시간만 걸리니 만날 필요도 없다고 생각한다.

심리전

서류에 서명이 끝나면 인수자는 실사라는 명분으로 몇 달이나 시간을 끌면서도 한편으로는 모든 것이 곧 마무리될 것이라고 약속한다. 판매자가 "2주만 더 있으면 된다"는 말을 들을 때마다 5센트가 생겼다면 아마도 우리 모두 벌써 은퇴를 즐기고 있었을 것이다.

인수자가 판매 가격은 EBIDTA의 배수와 연동된다고 언급했기 때문에 판매자는 핵심적인 고용, 마케팅 지출 또는 교육/계획 모임 등 사업 운영에 필요한 지출을 미루기 시작한다.

설상가상으로 인수자는 진작부터 기념일, 계획된 휴가, 산업 전시회 등 주요 계획을 물으면서 그 악명 높은 "긴급 회의"를 통해 판매자의 생활 리듬을 방해하기 시작한다. 판매자가 하필 가족 휴가나 주요 산업 전시회를 위해 출발하기 전날 저녁 M&A 팀이 전화를 걸어와 거래에 문제가 있다고 말하면서 다음 날 회의에 나와서 해결해줄 수 없냐고 묻는다.

거래가 무산될까 당황한 판매자는 출장 일정을 취소한다. 이제 가족과 회사 직원들도 거래를 빨리 성사하라고 압박을 가하기 시작한다. 압박이 계속 증폭된다.

실적 저하

EBITDA를 끌어올리기 위해 중요한 지출을 줄이고 휴가 반납 및 고된 실사 과정으로 인해 사업주가 정신적으로 탈진하면서, 대체로 기업이 잠깐 침체에 빠진다. 이 모든 것은 인수자가 미리 계획한 농간의 일부다. 인수자는 11시 59분에 가격을 낮추는 거대한 망치로 쓸 수 있게 회사의 실적이 조금이나마 타격을 받기를 원한다.

그들은 의도적으로 협상의 여지를 남겨둔 가계약서의 어떤 내용을 붙잡고 늘어질지도 모른다. 하나의 전형적인 예는 "운전자본 기준"이다. 회사가 "현금도 없고, 부채도 없는" 상태로 팔리는 경우가 많다. 이 말은 판매자가 부채를 갚기 위해 순현금을 빼내고, 회사 운영을 위해 적정선의 운전자본을 남겨두는 것을 뜻한다. 최근의 전형적인 재협상 기법을 하나 소개하면, 인수자들이 판매자에게 회사에 남겨두라고 요구하는 "타당한" 운전자본 규모가 예상보다 더 큰 경우다.

판매자는 이 모든 과정에 지친 나머지 이런저런 막판 요구와 양보에 마지못해 굴복하고, 결국 원래 제시했던 가격에서 대폭 깎는다. 인수자는 큰 이익을 얻고, 판매자는 수백만 달러를 협상테이블에 두고 떠나야 한다.

입찰 전쟁

그렇다면 어떻게 이런 상황을 피하면서도 기업을 팔 수 있을까? M&A 업무에 경험이 있으면서 판매자를 대변해줄 탁월한 조언가를 영입해야 한다.(지금은 아마추어가 낄 시간이 아니다.) 모든 프로 운동선수와 연예인들이 에이전트를 두는 데는 그럴 만한 이유가 있다. 더러워지지 않고 자신을 대변하는 것은 불가능하다. 거래 상황이 어려울 때는 악역이 필요하고, 또 항상 그럴 때가 찾아온다.

판매 측 조언자가 해야 할 가장 중요한 임무는 재무적 인수자가 아니라 전략적 인수자를 찾는 것이고, 당신 기업의 전략적 시장가치를 높여줄 "다락방의 렘브란트"를 찾아내도록 도와주는 것이다. 그러면 그들이 우리 회사에 입찰할 준비를 할 것이다. 절대로 잠재 인수자에게 주도권을 넘겨주지 마라. 어떤 판매 측 조언자는 23명의 전략적 인수자를 찾아냈고, 그중 7명이 이 기업에 입찰하기 위해 테이블로 나왔다.

진지한 잠재고객이 독점 계약을 원한다면, 귀사의 판매 측 조언자가 (이전에는 한 번도 하지 않았던) 일종의 경매 시장을 연 후에 계약하되 협상 기한을 30일로 정하라. 이것은 인수자가 실사를 빨리 끝내도록 압박하는 효과를 발휘한다. 그리고 실사 기간에 방패로 활용하기 위해 미리 실사 자료를 준비하는 것이 좋다. 사실 가장 좋은 방법은 인수자보다 훨씬 앞서서 우리 회사에 대해 전면적인 "역 실사"를 진행하는 것이다. 이 방법은 핵심 이슈를 미리 파악하는 데 도움이 된다. 실사 과정에 발견되는 예기치 못한 요소로 거래가 결렬되는 경우가 너무나 많다.

실사 주의 사항

실사 과정에서 지금은 거래를 재협상할 때가 아니라 의향서LOI를 작성할 때 협상한 내용을 확인할 때라는 점을 강조한다. 바로 여기서 판매 측 조언자가 핵심이다. 인수 측의 무리한 재협상 시도는 독점을 깨뜨릴 수 있는 중대한 사유이므로 용납되지 않는다는 점을 조기에 분명히 해야 한다.

마지막으로, 가능한 한 여러분을 보호할 장치를 마련해야 한다. CFO나 신뢰할 수 있는 다른 경영진이 판매 측 조언자와 함께 인수자와의 중개 역할을 하도록 하여, 팀을 이끄는 일에 집중을 잃지 않도록 하라. 무리한 막판 회의 요구는 단호하게 물리쳐야 한다. 가족 휴가 취소 문제로 배우자와 싸우지 말고, 협상할 때마다 침착한 태도와 맑은 생각을 유지해야 한다.

전체적으로 평정심을 유지하고 마지막 수표를 받는 순간까지 거래가 성사되지 않을 것처럼 계속 사업을 유지하라!! 항상 거래를 포기할 수도 있다는 여러분의 태도야말로 인수자의 가장 강력한 경쟁자다. 그런 태도는 협상에서 가장 강력한 위치를 확보하고,

시장에서 우리 회사의 전략적 가치를 배가시킬 수 있다는 것을 아는 인수자들 간에 경쟁을 유발한다.

적합한 전략적 인수자를 찾음으로써 단순히 우리 회사를 "원하는" 것이 아니라 그들의 전략을 발전시키기 위해 "반드시" 인수해야 하는 집단을 만들 수 있다. 이로써 권력의 균형은 완전히 나에게로 기울어진다. 내 회사를 사기 위해 두 명 이상의 입찰자가 경쟁하게 만드는 것과, 단독 인수자가 나에게 엄청난 호의를 베푸는 것처럼 행동하는 것은 전혀 다르다.

주가 배수

우리는 기업주가 자기 회사를 매각하고 싶다고 말할 때마다 판매 측을 전담해온 조언자와 대변인을 만나보도록 권한다. 처음은 자신의 회사를 매각하기 위해 메이저급 회계법인과 계약을 앞둔 친한 친구였다. 그 회계법인의 매력은 글로벌 지사를 확보하고 있고, 그 친구가 속한 업계에서 중요한 인물들과 같은 분야의 회사들을 많이 중개해본 경력이 있다는 점이었다.

이런 대형 회계 및 M&A 회사들은 판매자를 대변한다고 주장하지만, 인수자들과 훨씬 더 긴밀한 관계를 맺고 있고 인수자들은 앞으로 수십 건의 거래에서 그들을 도와줄 가능성이 크다. 반대로 친구 쪽은 이번 한 건에 불과하다. 그들은 누구에게 더 충성스러울까?

더 나쁜 것은 M&A 회사가 여러분의 업계에서 많은 거래를 했다면, 그들의 명성을 지키기 위해 당신에게 이전 수십 건의 거래보다 여러분 회사의 가치를 훨씬 더 높게 매길 여유가 없다는 것이다. 귀사는 결국 재무 논리에 따른 거래 공식에 묶이게 되어 업계 표준인 이익의 3~7배 정도의 가치밖에 인정을 못 받게 된다.

이들 대형 중개회사로서는 여러분 회사가 또 하나의 거래 대상일 뿐이다. 그들은 인수자를 위해 이익의 질 조사나 가치평가 등 다른 업무도 맡을 수 있어 갈등을 빚을 수도 있다. 이에 반해 제대로 된 판매 측 조언자는 오로지 귀사의 수익을 극대화하는 데 초점을 맞춘다.

독특한 전략적 우위

여러분은 수십 년은 아니더라도 몇 년 동안은 기업의 규모를 확장하는 데 시간을 투자해왔다. 대부분의 순자산이 이 모든 노력과 연동되어 있을 것이다. 우리는 여러분 회사의 독특한 전략적 우위를 발견하는 방식을 이용한다.(여러분은 그 이점과 너무나 가까이 있어서 미처 보지 못할 수도 있다. 그래서 새로운 시각이 필요하다.) 그런 다음 최대 200명의 잠재 인수자 집단을 찾는다.

판매자의 시장에 진출할 기회에 높은 가치를 두는 해외 인수자를 협상에 끌어내는 것도 중요한 일이다. 결국 적합한 판매 측 조언자란 2~3개의 회사가 우리 회사를 인수하기 위해 치열하게 경쟁할 때까지 소수의 인수자 사이에서 준 경매 환경을 조성할 줄 아는 사람이다.

그러기 위해서는 꽤 긴 시간이 필요하며, 큰 거래로 이어질수록 수수료도 매각 대금에 비례하여 커지게 된다.(그래야 하지 않겠는가?) 운 좋게도, 내 친구는 적합한 판매 측 조언자를 만났고, 원래 생각하던 금액의 3배 가격에 회사를 매각했다. 수천만 달러를 더 벌었다는 것은 보통 일이 아니다.

스케일링업의 고객 중에는 이익의 15배, 20배, 30배 혹은 그 이상의 배수로 회사를 매각한 사람이 많다. 사실 그 회사들은 대부분 스케일링업 도구와 기법을 사용하여 성장함으로써 대기업들에 훨씬 더 큰 매력을 주는 회사가 되었다. 상장 기업들은 특히 분기별 관행과 회의 주기, 록펠러 습관 2.0이 조직에 스며든 모습을 높이 평가한다. 이런 대기업은 우리 고객의 경영이 자기들보다 더 낫다는 점에 주목한다! 우리가 코치한 CEO 중에 글로벌 500대 기업의 CEO나 고위 임원이 된 사람이 적지 않은 이유가 거기에 있다.

골프 또는 테니스 프로

향후 6~36개월 이내에 회사를 매각할 의향이 있는 분은 다음의 이메일 주소로 연락 주시면, 해외의 전략적 인수자가 귀사의 가치를 어떻게 바라보는지 무료로 상담해 드릴 수 있다. (verne@scalingup.com)

처음으로 사업을 매각(또는 확장)하는 것은 골프채나 테니스 라켓을 처음 잡는 것과 같다. 여러분이 뛰어난 운동선수가 될 수는 있겠지만 노련한 선수에게는 상대가 되지 못한다. 게다가 이 시장과 M&A 분야에서는 세계적인 선수들과 맞붙어야 할 경우가 허다하다.

여러분은 엄청난 위험을 감수하고 인생에서 가장 중요한 거래를 하게 될지도 모른다. 앞으로도 영향력을 계속 확대할 수 있도록 최선을 다하라!

다음 단계

당장 해야 할 5가지

> 회의 주기와 분기별 테마/목표를 실행하여 생산성이 크게 향상되었습니다. 얼마나 효과적인지 믿을 수 없을 정도입니다!
> - 데이비드 리, 우간다 비영리단체 월드임브레이스의 COO

이 책을 읽어주신 것에 감사드린다. 지금까지 설명한 개념을 곧바로 행동에 옮겨 그 효과를 확인하기 위해 지금 당장 해야 할 5가지 내용을 아래에 열거한다.

1. 전체 경영진(및 직원)이 이 책을 읽거나 듣게 하라. 2.5일간 진행되는 버네의 스케일링업 과정 전체를 ScaleUpU.com에서 찾아볼 수 있다. 이를 통해 조직의 모든 구성원이 실행에 필요한 공통의 언어와 배경을 얻을 수 있다. 그런 다음, 무료로 4가지 의사결정 진단서를 작성해 보고 4가지(인력, 전략, 실행, 현금) 중에서 어떤 것을 먼저 추구할지 정하라. 해당하는 4개의 부로 가서 다음 분기 동안 한 달에 한 장씩 읽고 집중적으로 실행하라.

2. 주간 "자문회"를 구성하라. 주간 경영회의를 구성하는 것 외에, 소수의 핵심 리더를 모아 회사의 전략과 당면한 더 큰 기회와 도전에 대해 논의하라. 전략의 7 스트라타 워크시트를 작성하고, 유력인사 명단을 작성하고, 마케팅의 4P나 4E를 실천하는 데 집중하라.

3. 분기별 테마를 시작하라. 사업의 병목(밤에 잠을 못 이루게 하는 것)을 해결할 측정 가능한 목표를 정하여 향후 몇 주 동안 회사 전체가 이를 달성하는 데 집중하라. 시간이 부족하다면 테마를 화려하게 꾸밀 필요는 없지만 이름은 붙여야 한다. 회사의 공용 공간에 화이트보드로 된 게시판을 설치하고 일일회의에서 진척 상황을 관리하라. 분기 말에는 축하 행사를 주최한다. 도전적이나 실행 가능한 목표를 정

하여 조직이 속히 성공을 맛보도록 하라.

4. 일일회의를 시작하라. 경영진부터 먼저 시작하라. 리더들이 이 습관에 익숙해지면 리더별로 해당 팀에서 시작하여 조직 전체에 의사소통 주기를 계단식으로 내려가면서 실행한다. 세부 사항을 공유하되 문제를 해결하려는 함정에 빠지지 말라. 하루를 시작하는 이런 회의는 15분 이하로 유지하라.

5. 첫 분기별 또는 연간 사외 모임 계획을 세워라. 다음 전략계획 모임의 날짜를 정하고 준비를 시작하라. 직원 및 고객 설문조사, 중간관리자의 SWOT 분석, 고위 경영진의 SWT 분석 등이 포함된다. 사외 모임에서는 다양한 한쪽짜리 성장 도구의 칸을 작성한다. 처음에는 비전 요약 워크시트에 표시된 기본 결정(핵심가치, 목적, 브랜드 약속, 크고 대담하고 도전적인 목표BHAG 및 우선순위)에 집중하고 록펠러 습관 체크리스트 중에서 다음에 실행할 습관을 몇 가지 선택한다.

가장 중요한 것은 여유 있게 프로세스를 진행하는 것이다. 수천 개의 회사가 록펠러 습관 2.0을 실행하여 성공을 거두었다.

한 번에 한 단계씩

어떤 일이든 한꺼번에 모든 것을 하려고 하면 안 된다. 우리가 제공하는 4D 프레임워크는 기업의 한 측면을 하나씩 진행하여 압도당하는 사람이 아무도 없도록 고안되었다. 모든 도구와 기법, 습관이 조직의 DNA가 되는 데는 일반적으로 2~3년이 걸리고, 깊이 터득하기까지는 다시 2~3년이 더 걸린다.

록펠러 습관의 전체 실행 과정을 추진할 담당자를 선정하는 일이 가장 중요하다. 창업자들이라면 이 책임을 조직의 2인자에게 부여하는 것이 가장 나은 선택일 것이다. 버네는 특히 기업가들을 대상으로 〈올바른 2인자를 선택하는 법Hire the Right #2〉이라는 칼럼을 썼다. (scalingup.com에서 사본을 다운로드할 수 있다.)

여러분은 혼자가 아니다: 코칭, 학습 및 기술

우리 도구의 실행을 지원하고 가속화하며 이 프로세스를 좀 더 즐겁게 수행할 수 있도록 우리는 6개 대륙에 걸쳐 다음과 같은 서비스를 제공하는 팀을 구축했다.

코칭: 코치 없이 최고의 성과를 달성한 사람은 없다. 이런 도구를 구현하는 데 도움이 필요한 경우 전 세계 어디서나 인증을 획득한 코칭 파트너로 구성된 정예 팀을 만나볼 수 있다. 코치를 활용하면 실행 속도를 높이고 경영진의 부담을 덜 수 있어 상당한 매출과 이익을 훨씬 더 빨리 창출할 수 있다. 30분 무료 전화를 예약하여 4가지 의사결정 진단에 관한 설명을 들어보라.

학습: 공개 및 비공개로 진행되는 일일 스케일링업 워크숍을 신청하라. 아이디어를 한층 발전시키려면 팀원 한 명에게 온라인 학습 및 코칭 프로그램을 통해 스케일링업 마스터 실무자 인증 과정을 밟게 하라. 이 담당자는 향후 조직 내 실행을 지원할 수 있다.

더 나아가, 우리 성장 연구소는 광범위한 온라인 단기 과정을 제공한다. 이 과정에서는 경영 분야 최고의 사고 리더들이 귀사와 경영진에게 리더십, 마케팅, 영업, 채용 분야에서 경쟁을 주도할 수 있는 경영 교육을 제공한다. (growthinstitute.com에서 여러분은 사무실이나 집에서 편안하게 이 모든 콘텐츠를 활용할 수 있다.)

기술: 우리는 1만 명 이상이 사용하는 스케일링업 스코어보드라는 온라인 서비스형 소프트웨어SaaS 경영책임 시스템을 제공한다. 이것은 계단식 우선순위, KPI 및 책임감을 관리하는 CEO(또는 COO)용 도구다. 이 유익한 도구는 특히 기업의 성장세가 소수 직원의 역량을 넘어서고 팀이 여러 지역에 퍼져 있을 때 발생하기 쉬운 엑셀 작업의 악몽으로부터 여러분을 구해줄 것이다. (scalingup.com/software/에 접속하라.)

이런 지원 시스템은 투자 대비 10배의 수익을 제공한다. (관련 정보는 scalingup.com에서 확인할 수 있다.)

성공할 사람

《록펠러식 성공 습관 마스터》가 처음 출간되었던 2002년에 버네는 MIT 캠퍼스에서 자신이 설립하고 의장을 맡았던 경영자 프로그램의 10주년 모임을 개최했다. 이 프로그램은 여러분이 이 책에서 배운 내용의 시초가 되었다.

질의응답 시간에 졸업생 중 한 명이 그에게 중요한 질문을 했다: "귀하는 오랜 세월 동안 기업의 수많은 리더의 성공과 실패를 지켜봐 왔습니다. 그중에서도 혹시 뛰어난 인물들에게서만 발견되는 구체적인 특징이 있었습니까?"

그 질문에 대한 버네의 대답은 그때나 지금이나 똑같다. 성공은 오직 다음 2가지 성격을 가진 사람들의 전유물이다.

1. 배움에 대한 끝없는 열망
2. 억누를 수 없는 행동 지향적 태도

성공하는 사람은 끊임없이 발전하고 개선하는 방법을 찾는다. 그들은 가만히 앉아서 다른 사람들이 지나가도록 놔두지 않는다. 그들은 자기가 가진 도구와 자원을 사용하여 제약을 해결하고 뭔가를 이루어 낸다.

이 책과 당신의 사업을 통해 성공하기를 원하는가? 끊임없는 **학습**과 **행동**을 통해 성장하라.

스케일업

초판 1쇄 발행 | 2024년 3월 15일

지 은 이 | 버네 하니시, 스케일링업 팀
옮 긴 이 | 김동규
펴 낸 이 | 이은성
펴 낸 곳 | e비즈북스
기   획 | 이한솔
편   집 | 홍순용
디 자 인 | 다든

주   소 | 서울시 종로구 창덕궁길 29-38, 4-5층
전   화 | (02) 883-9774
팩   스 | (02) 883-3496
이 메 일 | ebizbooks@naver.com
등록번호 | 제2021-000133호

ISBN 979-11-5783-332-0 03320

e비즈북스는 푸른커뮤니케이션의 출판브랜드입니다.